国家重大出版工程项目
"十二五"国家重点图书

◎戴志坚 陈琦 著

中国古建筑丛书

福建古建筑

中国建筑工业出版社

审图号：GS（2015）2780号

图书在版编目（CIP）数据

福建古建筑 / 戴志坚，陈琦著. —北京：中国建筑工业出版社，2015.12

（中国古建筑丛书）

ISBN 978-7-112-18366-1

Ⅰ.①福… Ⅱ.①戴…②陈… Ⅲ.①古建筑-介绍-江苏省 Ⅳ.① K928.71

中国版本图书馆CIP数据核字（2015）第187218号

责任编辑：唐　旭　李东禧　杨　晓　吴　绫

书籍设计：康　羽

责任校对：姜小莲　党　蕾

中国古建筑丛书

福建古建筑

戴志坚　陈琦　著

*

中国建筑工业出版社出版、发行（北京西郊百万庄）

各地新华书店、建筑书店经销

北京嘉泰利德有限公司制版

北京顺诚彩色印刷有限公司印刷

*

开本：880×1230毫米　1/16　印张：23½　字数：619千字

2015年12月第一版　2015年12月第一次印刷

定价：368.00元

ISBN 978-7-112-18366-1

（25814）

版权所有　翻印必究

如有印装质量问题，可寄本社退换

（邮政编码100037）

《中国古建筑丛书》总编委会

总顾问委员会：

罗哲文　张锦秋　傅熹年　单霁翔　郑时龄

总编辑委员会：

主　任：吴良镛　周干峙

副主任：沈元勤　陆元鼎

总主编：陆　琦　戴志坚

委　员（按姓氏笔画排序）：

丁　垚　王　军　王　南　王金平　王海松　左满常　朱永春

刘　甦　李　群　李东禧　李晓峰　李乾朗　杨大禹　杨新平

吴　昊　张玉坤　张兴国　张鹏举　陆　琦　陈　琦　陈　颖

陈　蔚　陈伯超　陈顺祥　范霄鹏　罗德启　柳　肃　胡永旭

姚　赯　徐　强　徐宗威　翁　萌　高宜生　唐　旭　黄　浩

谢小英　雍振华　蔡　晴　谭刚毅　燕宁娜　戴志坚

《福建古建筑》

戴志坚　陈琦　著
顾　问：郑国珍　黄汉民
审稿人：郑国珍

总　序

中国历史悠久，地大物博，人口众多，是一个多民族的国家，文化遗产极为丰富。中国古建筑是世界建筑史上的四大体系之一，五千年来，光辉灿烂，独特发展，一脉相传，自成体系。在建筑历史发展过程中，从来都没有中断过，因而，积累了大量的极为丰富的优秀建筑文化遗产。中国古代建筑的实践经验、创作理论、工艺技术和艺术精华值得总结、传承和发扬。

中国古代建筑具有强大的生命力，首先是独特的地理环境。中国位于亚洲东方，北部有长白山、乌苏里江高山河流阻挡，西有天山、喀喇昆仑山脉和沙漠横贯，西南有喜马拉雅山脉，东南则沿海，形成封闭与外界隔绝的地域，加上地处热带、温带和寒带，宽阔的地理和悬殊的气候，促进建筑与环境的巧妙和谐结合。

其次，独特的民族性格。中国是以汉族为主的多民族所组成。以中原文化为主的汉族人民团结、凝聚着居住和生活在各地的少数民族。由于各民族的历史、文化、宗教信仰、生活习俗与审美爱好的不同，以及他们所处地区的自然条件和地理环境的差异，长期的劳动实践，形成了各民族独特的性格和绚丽灿烂的建筑风貌。

其三，文化的独特体系。中国文化是以黄河流域中原文化为中心，周围有燕赵文化、晋文化、齐鲁文化、吴越文化、楚文化、秦文化和巴蜀文化所烘托，具有历史渊源长久、人类智慧集中、思想资源丰富的特点。中国传统文化思想的集中表现是以儒学、道学为代表，其后，佛教的传入与中国传统文化的结合，形成以儒学为主的儒、道、释三者合一的中国传统文化思想。归纳起来，就是天人合一的宇宙观念，以人为本、和为贵的人文思想，整体直觉的思维方式，真善美相结合的美学观念。

封闭而独特的地理环境，团结凝聚而又富于创造的民族性格，以儒学为主的文化独特体系，创造了中华民族的雄伟壮丽的建筑工程。长期的经验积累，独树一帜，虽经战争的炮火，民族之间的斗争与融合，外来文化之传入及本土化，但中华民族建筑始终一脉相传，傲然生存下来，顽强发展，独树一帜而不倒，在世界建筑史发展中是罕见的、独有的。

中国古代建筑发展经历了原始社会、奴隶社会和封建社会三个历史阶段。

旧石器时代，原始人群利用天然崖洞作为居住场所。南方湿热多雨，虫害兽多，出现巢居。1973年，在浙江余姚河姆渡村发现大约建于6000～7000多年前的、长约23米、进深约8米的木构架建筑遗址，推测是一座长方形、体量相当大的干阑式建筑，这是我国最早采用榫卯技术构筑房屋的一个实例。

原始社会晚期，黄河流域有广阔而丰厚的黄土层，土质均匀，含有石灰质。黄河中游的氏族部落，在利用黄土层作为壁体的土穴上，用木架和草泥建造简单的穴居，逐步发展到浅穴居，再到地面上的房屋，形成聚落。

奴隶社会，夯土技术逐步成熟，宫室建于高大的夯土台上，木构建筑逐步成为中国古代建筑的主要结构方式。等级制度出现。工程管理有了专职的"司空"，以后各朝代沿袭发展成为中国特有的工官制度。

封建社会初期，高台建筑盛行，修建了长城、驰道和水利工程。东汉时代，建筑中已大量使用成组的斗栱，木构楼阁增多，城市和建筑类型扩充，中国古代独特的木构建筑体系基本形成。

两晋南北朝是我国历史上充满着民族斗争和民族融合的时期，佛教的传入，宗教建筑大量兴建，高大的寺庙、壮丽的塔幢，石窟中精美的雕塑和壁画，这是我国古建筑吸收外来文化使之本土化的创造时期。

隋、唐统一全国，开凿贯通南北的大运河，促进了我国南北物资和文化的交流和发展。唐代的长安、洛阳成为世界上最大的城市。木构建筑的宫殿、楼阁和石窟、塔、桥，无论布局或造型都具有较高艺术和技术水平，唐代建筑已发展到成熟的阶段。

宋、辽、金时期，南方在经济和文化方面居于先进地位。由于手工业分工更加细致，国内商业和国际贸易活跃，城市逐渐开放，改变了汉以来历代都城采用的封闭式里坊制度，形成沿街设店的方式。建筑的设计和施工达到一定程度的规格化、制度化，公元12世纪初在总结经验的基础上编写了《营造法式》这一部重要文献。

元代大都建立，喇嘛教和伊斯兰教建筑影响到各地。明、清时期官式建筑已经达到完全程式化、定型化阶段。明代后期出现资本主义萌芽，清代在城市规划上、建筑群体布局和建筑艺术形象上有所发展，例如北京城、故宫、天坛等。民居、园林和民族建筑遍布各地，呈现一片繁荣景象。

中国古建筑有明显的特征。在城市规划上，严谨规整、对称宏伟，表现出庄重威武的中华民族性格。单体建筑中，雄伟的飞檐屋宇、大红的排列柱廊、高大的汉白玉台基，呈现出崇高壮丽又稳定的形象。黄河流域盛产的木材资源，形成了中国古建筑木构架体系的特色。室外装饰的富丽堂皇、金碧辉煌，室内陈设装修的华丽多样、细腻雕饰，体现了中国古建筑绚丽多彩的民族风格。

聚居建筑方面，包含民居、祠堂、家庙、书院等遍布全国各地，它们与人民生活息息相关。各地各族人民根据自己的生活习俗、生产需要、经济能力、民族爱好和审美观念，结合本地的自然条件和材料，因地制宜、因材致用地进行设计与营造。他们既是设计者，又是营建者、使用者，可以说设计、施工、使用三位一体，因而，这种建造方式所形成的民宅民间建筑，既实用简朴，又经久美观，并富有民族风格和地方特色。

中国古园林的特征。以自然山水即中国山水画为蓝本，并以景区、景物和建筑、山水、花木为构件，由景生情，产生意境联想，达到艺术感受。皇家园林因其规模大、范围广，其园林布局自秦、汉时期的一池三岛，到唐、宋以山水画为蓝本，明、清仍沿袭池中置岛古制，但采用人工造山置水的方法。

明、清私家园林因属民间，士大夫文人常在宅后设园休闲宴客，吟诗享乐，其特点是以最小的场所造成无限的景色为目的。因其规模小，常以叠石或池水为主，峰峦洞壑、峭壁危径或曲径通幽取胜。在情景中则采用巧于因借、精在体宜的手法。

我国是一个人口众多的多民族国家。相传秦汉以前，中华大地上主要生存着华夏、东夷、苗蛮三大文化集团，经过连年不断的战争，最终华夏集团取得了胜利，上古三大文化集团基本融为一体，历史上称为华夏族。春秋、战国时期，东南地区古老的部族称为"越"，逐渐为华夏族所兼并而融入华夏族之中。秦统一各国后，到汉代都用汉人、汉民这个称呼，直到隋、唐，汉族这个名称才固定下来。

由于各民族的历史文化、宗教信仰、生活生产、习俗性格的不同，又由于各族人民所处地区的自然条件和环境的不同，导致他们各自产生了富有特色的建筑和民宅，如宏伟壮丽的藏族布达拉宫，遍布各族聚居地的寺院庙宇、寨堡围村、楼阁宅居，反映了绮丽多彩的民族风貌。

中国传统文化渗透了中国古建筑，中国古建筑深刻地体现了中国文化。

新中国成立后，作为全国性有领导有组织地编写中国古代建筑史，第一次是1959年，由原建筑科学研究院组织"编写三史"开始。当时集中了全国高等院校、科研部门分工编写，1962年由中国工业出版社出版《中国建筑简史》第一册（古代部分）。随后，又组织有关院校、文化、历史、考古等单位对古代建筑史有研究的人员，经多次修改，由刘敦桢教授执笔主编的《中国古代建筑史》，于1966年完成。由于"文化大革命"，未能出版，1980年才由中国建筑工业出版社正式出版。作为高等院校的中国建筑史教材则由全国高校教师编写，参考了上述专著，由中国建筑工业出版社1982年出版。

作为系统的、全面的、编写中国古建筑丛书是从1984年开始，当时作为《中国美术全集》中的一个门类——建筑艺术，称为《中国美术全集·建筑艺术编》，共6辑，包含宫殿、坛庙、陵墓、宗教建筑、民居、园林，1988年完成出版。

第二次编写从1992年开始，编写的原因是《中国美术全集·建筑艺术编》6辑出版后，各界反映良好，但感到篇幅不够，它与我国极为丰富的建筑文化遗产大国不相适应。于是，再次组织编写《中国建筑艺术全集》丛书30辑，其中古建筑24辑，近现代建筑6辑。古建筑部分仍按类型编写。该丛书中的24辑于1999年5月出版。

由于这两次丛书都是全国性编写，按类型写，又着重在艺术，因此，一些地方特色和民族特色的、中型的优秀古建筑就难于入选。为了弘扬和传承优秀传统建筑文化体系，总结经验和规律，保护我国优秀传统建筑文化遗产，因此，全面地、系统地、按省（区）来编写古建筑丛书是非常必要的、合时宜的。

本丛书编写的主要特点是：其一，强调本省（区）古建筑的民族特色和地方特色；其二，编写不限于建筑艺术，而是对本省（区）古建筑的全面叙述，着重在成就、价值、特色、技术和经验、规律等各个方面，这是我国民族和地区的资料比较全面和丰富的传统建筑文化丛书。

陆元鼎

2015年1月10日

前 言

福建在中国版图上所占的面积不大，可以说是中国面积比较小的省份之一，但是福建在中国建筑史学上的地位并不低。福建古建筑像一颗颗五彩缤纷的宝石，在古老的八闽大地上熠熠生辉。它们以其鲜明的地方特色、悠久的技艺传承、优美的建筑造型、丰富的文化内涵在中国建筑史上当之无愧地占有一席之地，具有珍贵的历史、科学和艺术价值。

综观福建古建筑，其特色可以用一早、二杂、三奇来归纳。

"早"指的是福建古建筑的历史悠久。据考古发现，在三明市万寿岩船帆洞下层，发掘出距今4万年左右的旧石器时代晚期人工铺就的砾石地面，说明福建是目前已知的最早在原始聚落点以石铺地的地区之一。2000多年前的城村汉城遗址是武夷山世界文化与自然遗产的重要组成部分，是长江以南保存最完整的汉城遗址。福建地处我国南方，气候温热潮湿，对木构建筑为主的古代建筑保存不利，但仍有遗构保留至今。如建于北宋乾德二年（公元964年）的福州华林寺大殿，重建于北宋大中祥符二年（1009年）的莆田元妙观三清殿，是中国现存较古老的木构建筑，日本"大佛样"建筑也深受此类建筑风格影响。罗源陈太尉宫始建于唐末，是我国现存年代最早又共存有宋、明、清时期建造手法的民间祠庙建筑之一。遍布福建各地的石构建筑更是证明了其建造历史的不朽：建于唐天复元年（公元901年）的福州迥龙桥是福建现存最早的大型石梁桥；建于北宋皇祐五年（1053年）的泉州洛阳桥是首创"筏形基础"、"种蛎固基"的我国第一座跨海港石梁桥；建于后晋天福六年（公元941年）的福州崇妙保圣坚牢塔是国内现存形体最大、叠涩出檐最长、保留有大量五代雕塑艺术品的石塔。英国李约瑟博士在其《中国科学技术史》中说："中国古代桥梁在宋代有一个惊人的发展，造了一系列巨大的板梁桥。特别是福建省，在中国其他地方或外国任何地方，都无法与之相比。"他这里说的只是桥梁，但引申到其他建筑形式也同样适合。

"杂"指的是福建古建筑有不同的工匠体系、多样的建筑形式。从西晋开始至清代的1700多年间，历代都有北方汉人移民迁居至福建各地，和当地的土著融合，成为福建的主要居民。不同时期的汉人南迁，带来了中原不同时期的汉语言，在不同定居地与当地土语结合，形成了福建不同的方言。不同时期的汉人南迁，还带来了中原不同时期的建筑形式和风格，对福建传统建筑的形式和风格的形成影响极大。福建境内山峦起伏，江河纵横，人们被山脉河流分隔在不同的区域，各地区的来往十分困难，形成了相对独立的小经济区域。这种地理特点以及多元文化的碰撞，造成了福建各地建筑文化的差异。也就是说，不同的方言区有不同的民情习俗，不同的民情习俗形成了不同的工匠体系，不同的工匠体系采用了不同的施工技术、建筑材料与建筑装饰工艺。这就是为什么在福建这样一个小小的地方，形成的建筑类型会如此多样，建筑形式会如此丰富的主要原因。福建的古代建筑以其鲜明的地方特色而闻名于世。在建筑的类型上，不管是金碧辉煌的寺庙、宫观，还是雕梁画栋的祠堂、民居；不管是防卫森严的土堡、土楼，还是坚如磐石的城堡、城墙；不管是傲然挺立的古塔、牌坊，还是长虹卧波的石桥、廊桥，都表现出既是中原文化的延伸，又具有自身独特的风格。在建筑色彩上，闽南、莆仙民居的红色与闽东、闽北民居的灰色，福州民居的白粉墙与闽中土堡、闽西土楼的黄土墙形成了鲜明的对比。在福建几乎是每个方言区的民居都有自己的建筑风格，甚至每个县之间的差异也明显可见。

"奇"指的是福建古建筑造型的奇特、结构的奇巧、装饰的奇妙。由于在地理位置上远离封建统治中心，福建的能工巧匠往往较少受官方法式的束缚，能根据当地的地质条件、地理环境和生产生活的需要有所创新。福建闽西南的生土建筑和沿海宋、元时期的石桥、石塔，都是这种创新的产物。福建土楼被称为"世界建筑之瑰宝"，已列入世界文化遗产名录。福建古塔自成系列，仿木构楼阁式的石塔独具特色，福州崇妙保圣坚牢塔、仙游天中万寿塔、泉州开元寺东西塔、石狮万寿塔、石狮六胜塔等诸多佛塔无不以独特的造型和雕刻艺术闻名遐迩。宋元以来福建便有"闽中桥梁甲天下"的美誉，在我国桥梁史上占有突出的地位。如泉州洛阳桥有"北有赵州桥，南有洛阳桥"之誉，泉州安平桥有"天下无桥长此桥"之誉，漳州江东桥有"江南石桥，虎渡第一"之誉，都是中外建桥史上的奇迹。福建境内的寺庙宫观数量众多，装饰精美，存留下来的建筑别具特色。如占地面积7.8万平方米的泉州开元寺，殿宇轩昂，结构奇巧，尤以大雄宝殿和甘露戒坛的斗栱间雕饰——姿态飘逸的飞天乐伎造型最为称著。泉州清净寺在整体上具有仿中东地区10世纪以前伊斯兰礼拜大殿的形式风格，是我国南方仅存的一座古波斯式清真寺。由于福建在文化上具有相对的独立性和封闭性，福建古建筑保存着中原传统建筑文化的不少精华，许多明清建筑在风格、做法上常常留下北方唐、宋时期的特征。如盛行于宋代的"虹桥"在北方早已绝迹，但在闽东、浙南一带至今仍有留存，而且绝大多数出自福建匠师之手。因此木拱廊桥被认为具有"活化石的价值"，其传统营造技艺已列入联合国教科文组织《急需保护的非物质文化遗产名录》。

福建古建筑是福建传统文化宝库中珍贵的遗产。只要你来到福建，静下心来好好地走一走、看一看，就一定会发现福建古建筑独特的艺术魅力。加上石雕、木雕、砖雕、灰塑、剪粘、交趾陶等多种装饰手法与建筑的完美结合，真的是美不胜收，会让你拍案叫绝！

戴志坚　陈琦

2015年3月6日

目 录

总 序

前 言

第一章　绪　论
第一节　历史沿革与自然环境 / 〇〇二
　一、历史沿革 / 〇〇二
　二、自然地理环境 / 〇〇二
第二节　闽文化源流与特征 / 〇〇三
　一、多元性 / 〇〇三
　二、地域性 / 〇〇五
　三、融合性 / 〇〇五
第三节　福建各区建筑文化 / 〇〇六
　一、闽南区建筑文化——海洋文化 / 〇〇六
　二、莆仙区建筑文化——科举文化 / 〇〇七
　三、闽东区建筑文化——江城文化 / 〇〇七
　四、闽北区建筑文化——书院文化 / 〇〇八
　五、闽中区建筑文化——山林文化 / 〇〇八
　六、客家区建筑文化——移垦文化 / 〇〇九

第二章　城镇与村落
第一节　概述 / 〇一三
　一、选址布局 / 〇一三
　二、聚落空间布局形式 / 〇一四
　三、传统村镇聚落的特征 / 〇一八
第二节　古城、城堡 / 〇二六
　一、武夷山城村汉城遗址 / 〇二六
　二、惠安崇武城 / 〇二六
　三、霞浦大京城堡 / 〇二七
　四、漳浦赵家堡 / 〇二七
第三节　古镇 / 〇三〇
　一、宁德市蕉城区霍童镇 / 〇三〇
　二、顺昌县元坑镇 / 〇三三
　三、平和县九峰镇 / 〇三六
　四、永安市贡川镇 / 〇四三
第四节　古村落 / 〇四七
　一、武夷山市武夷街道下梅村 / 〇四七
　二、尤溪县洋中镇桂峰村 / 〇五一
　三、连城县庙前镇芷溪村 / 〇五七
　四、长汀县三洲乡三洲村 / 〇六一

第三章　寺庙宫观
第一节　概述 / 〇六九
　一、福建宗教建筑的发展 / 〇六九
　二、福建寺庙宫观的特点 / 〇七一
第二节　实例 / 〇七六
　一、福州鼓山涌泉寺 / 〇七六
　二、福州华林寺大殿 / 〇七七
　三、泉州开元寺 / 〇七八
　四、晋江安海龙山寺 / 〇七九
　五、厦门南普陀寺 / 〇八二
　六、平和三平寺 / 〇八四

七、泉州清净寺 ／〇八五
八、泉州天后宫 ／〇八六
九、永定西陂天后宫 ／〇八八
十、莆田元妙观三清殿 ／〇九一
十一、厦门青礁慈济宫 ／〇九二
十二、龙海白礁慈济宫 ／〇九三
十三、古田大桥临水宫 ／〇九四
十四、平和城隍庙 ／〇九五
十五、东山关帝庙 ／〇九七
十六、建瓯东岳庙 ／〇九八

第四章 祠堂、文庙
第一节 概述 ／一〇三
一、福建祠堂的分类 ／一〇三
二、福建祠堂的发展 ／一〇四
三、福建祠堂的特点 ／一〇六
四、文庙 ／一〇九

第二节 实例 ／一一二
一、罗源中房陈太尉宫 ／一一二
二、福州闽王祠 ／一一四
三、福州林则徐祠堂 ／一一五
四、南靖塔下德远堂 ／一一六
五、平和九峰中湖宗祠 ／一一七
六、晋江陈埭丁氏宗祠 ／一一八
七、晋江衙口施氏大宗祠 ／一一九
八、安溪湖头贤良祠 ／一二〇

九、永安贡川陈氏大宗祠 ／一二一
十、福安廉村陈氏宗祠 ／一二四
十一、屏南双溪陆氏宗祠 ／一二四
十二、连城芷溪黄氏家庙 ／一二六
十三、上杭官田李氏大宗祠 ／一二七
十四、福州府文庙 ／一二九
十五、泉州府文庙 ／一三〇
十六、安溪县文庙 ／一三一
十七、建瓯文庙 ／一三二
十八、漳州府文庙 ／一三四

第五章 民 居
第一节 概述 ／一三九
一、福建民居的发展 ／一三九
二、福建民居的主要类型 ／一三九
三、福建民居的分区 ／一四一
四、福建民居的特点 ／一四五

第二节 实例 ／一四六
一、泉州亭店杨阿苗民居 ／一四六
二、南安官桥蔡氏古民居建筑群 ／一四七
三、漳浦湖西蓝廷珍府第 ／一五〇
四、厦门海沧莲塘别墅 ／一五二
五、莆田荔城大宗伯第 ／一五四
六、福州宫巷沈葆桢故居 ／一五六
七、闽清坂东宏琳厝 ／一五七
八、霞浦半月里雷世儒宅 ／一五九

九、福鼎白琳洋里民居 / 一六〇
十、泰宁城关尚书第 / 一六一
十一、尤溪厚丰郑氏大厝 / 一六二
十二、尤溪西城卢家大院 / 一六五
十三、武夷山下梅大夫第 / 一六八
十四、连城培田继述堂 / 一六九
十五、清流赖坊彩映庚宅 / 一七四

第六章 土 楼

第一节 概述 / 一七九
一、福建土楼的分布与类型 / 一七九
二、土楼的产生和发展 / 一八二
三、土楼的特色 / 一八三
第二节 实例 / 一八六
一、华安大地二宜楼 / 一八六
二、华安岱山齐云楼 / 一八九
三、漳浦锦东锦江楼 / 一九〇
四、平和芦溪厥宁楼 / 一九一
五、平和西安西爽楼 / 一九二
六、永定高北承启楼 / 一九三
七、南靖梅林怀远楼 / 一九六
八、永定洪坑振成楼 / 一九七
九、南靖梅林和贵楼 / 二〇〇
十、永定高陂遗经楼 / 二〇二
十一、永定洪坑福裕楼 / 二〇五
十二、南靖书洋田螺坑土楼群 / 二〇七

第七章 土 堡

第一节 概述 / 二一三
一、福建土堡的定义 / 二一三
二、土堡产生的原因 / 二一三
三、土堡的发展过程 / 二一四
四、土堡的分布 / 二一五
五、土堡的类型 / 二一六
六、土堡与土楼的异同 / 二二四
七、土堡的特点 / 二二四
第二节 实例 / 二二五
一、永安槐南安贞堡 / 二二五
二、永安青水福临堡 / 二二九
三、大田均溪芳联堡 / 二三〇
四、大田桃源安良堡 / 二三三
五、大田建设琵琶堡 / 二三六
六、尤溪台溪茂荆堡 / 二三九
七、尤溪书京天六堡 / 二四二
八、尤溪书京瑞庆堡 / 二四五
九、尤溪中仙聚奎堡 / 二四八
十、沙县凤岗双元堡 / 二四九
十一、漳平灵地泰安堡 / 二五四
十二、德化三班大兴堡 / 二五七
十三、闽清坂东岐庐 / 二五八
十四、福清一都东关寨 / 二六〇

第八章　桥　梁

第一节　概述　/　二六七

一、福建桥梁的发展　/　二六七

二、福建桥梁的类型　/　二六八

三、福建廊桥的形式与特征　/　二七〇

四、福建古桥的特点　/　二七四

第二节　实例　/　二七七

一、泉州洛阳桥　/　二七七

二、泉州安平桥　/　二七八

三、漳州江东桥　/　二七九

四、福清海口龙江桥　/　二八〇

五、福州闽安迥龙桥　/　二八一

六、屏南长桥万安桥　/　二八一

七、屏南棠口千乘桥　/　二八二

八、寿宁下党鸾峰桥　/　二八三

九、古田鹤塘田地桥　/　二八四

十、政和外屯洋后桥　/　二八六

十一、政和杨源坂头花桥　/　二八六

十二、永安贡川会清桥　/　二八八

十三、连城罗坊云龙桥　/　二八九

十四、连城莒溪永隆桥　/　二九三

十五、松溪渭田五福桥　/　二九五

第九章　塔幢、牌坊

第一节　塔幢　/　二九九

一、概述　/　二九九

二、实例　/　三〇四

第二节　牌坊　/　三一六

一、概述　/　三一六

二、实例　/　三一九

第十章　建筑材料与装饰

第一节　建筑材料　/　三三二

一、木材　/　三三二

二、泥土　/　三三二

三、石材　/　三三三

四、砖　/　三三四

第二节　建筑装饰　/　三三六

一、石雕　/　三三六

二、木雕　/　三三八

三、砖雕　/　三四〇

四、彩绘　/　三四二

五、灰塑　/　三四三

六、剪粘　/　三四六

七、陶塑　/　三四八

八、水车堵　/　三四九

福建古建筑地点及年代索引　/　三五〇

参考文献　/　三五六

后记　/　三五八

作者简介　/　三五九

福建古建筑

第一章 绪 论

第一节　历史沿革与自然环境

一、历史沿革

福建简称"闽",地处我国东南沿海,北邻浙江省,西接江西省,南连广东省,东与台湾省隔海相望。现有人口3627万,以汉族为主,畲族、回族、满族、蒙古族、高山族、苗族、壮族等少数民族约占全省人口的1.5%。

在至少18万年以前,古人类已经在福建境内生息和繁衍。距今3000年前后,福建先民在长期的劳动生息中逐步形成史籍称作"七闽"的多个部落群体。秦设闽中郡。汉高祖五年(公元前202年)立闽越族首领无诸为闽越王,建都于东冶(今福州)。汉武帝时,灭闽越国,置东部侯官,后设冶县。三国吴时置建安郡,西晋析为建安、晋安两郡,南朝梁时从晋安郡分出南安郡。唐朝中期,福建境内有福州、建州、泉州、漳州、汀州。唐开元二十一年(公元733年)设立区域军事长官,取福州、建州各一字,称福建经略观察使,始有"福建"之称。五代十国,王氏据闽,福建一度称"闽国"。北宋设立福建路,辖福、建、泉、漳、汀、南剑六州和邵武、兴化二军,故福建有"八闽"之称。元代中叶,福建境内设福州、建宁、泉州、兴化、邵武、延平、汀州、漳州等8路(明、清时改设府)。明改设福建布政使司,清改为省。清康熙二十三年(1684年)增设台湾府,隶属福建省管辖。光绪十一年(1885年)析台湾单独设省。1949年8月24日,福建省人民政府成立。

二、自然地理环境

福建全省土地面积12.4万平方公里,海拔200米以上的山地丘陵约占85%,素有"东南山国"和"八山一水一分田"之称。

福建的地势自西北向东南下降,形成以武夷山脉为主的闽西大山带和鹫峰山、戴云山、博平岭等山脉组成的闽中大山带。丘陵、平原主要分布在东部沿海地区。武夷山脉位于福建西部与江西交界处,绵延达530公里,海拔700～1500米,是闽江水系、汀江水系与鄱阳湖水系的天然分水岭。浙江西南部的仙霞岭与武夷山相衔接,其支脉向东南伸入浦城一带,成为闽、浙两省水系的分水岭。在武夷山和仙霞岭支脉中,有许多与山脉直交或斜交的垭口,以"关"、"隘"、"口"命名,是闽赣间、闽浙间的交通孔道和军事要冲。著名的有浦城的枫岭关,崇安的分水关和桐木关,光泽的铁牛关和杉关,邵武的黄土关,建宁的甘家隘,宁化的姑岭隘,长汀的古城口以及武平的黄土隘等。

鹫峰山—戴云山—博平岭斜贯福建中部,长约550余公里。闽江以北是鹫峰山,海拔700～1000米,长约100公里,向东北延伸,与浙江的洞宫山脉、括苍山脉连接。闽江与九龙江之间是戴云山脉,海拔700～1500米,长约300公里,是本列山脉的主体部分。九龙江以南是博平岭,北起漳平,向西南延伸入广东境内,海拔700～1500米,在福建境内长约100公里。这一列山脉是福建境内一些河流的发源地,如闽江大樟溪、晋江、交溪、木兰溪、九龙江西溪等。

在两列山脉之间,是一条长廊形谷地,谷底海拔在100～300米之间。谷地北起浦城县和松溪县,南至永安市,延伸约240公里,建溪和沙溪干流蜿蜒于谷地之中。

福建境内的溪流纵横交错,共有29个水系、600多条河流。河流沿岸谷地和盆地交错分布。较大的河流有闽江、九龙江、汀江、晋江、敖江、交溪、木兰溪、霍童溪等。除交溪发源于浙江、入海于福建,汀江发源于福建、入海于广东外,绝大部分河流都是发源于福建并在本省入海。这些水系多自成系统,如闽江流经闽北、闽中、闽东,九龙江流经闽西、闽南,晋江流经闽南,汀江流经闽西,交溪流经闽东。在这些河口多形成平原地貌,著名的有漳州平原、泉州平原、莆仙平原和福州平原。山脉的阻隔、自成一统的水系和交通的不便,限制了人们的来往,这是福建省各地文化、语言、风俗和建筑风格各异的原因之一。

福建东濒东海,海岸线长达3752公里,大小港湾有125处，较大港湾有22个，最大的是兴化湾和三都澳。海岸线漫长曲折、多深水良港的特点极有利于发展海洋渔业、海洋运输业和对外贸易。福州港、泉州港、漳州港、厦门港是四大古港。福州港早在汉代就与越南通航，泉州港在三国、西晋时已有海船往来，明代漳州亦成为商港，清初厦门成为闽南最大港口。1842年鸦片战争后，福州、厦门成为"五口通商"的口岸。

福建的大部分地区属亚热带海洋性季风气候，年平均气温16～22℃，无霜期长达9～11个月。福建是全国多雨省份之一，年平均降雨量1000～1800毫米，逐月相对湿度75%～85%。为了遮阳、通风、排水、防潮，传统建筑通常采用大进深、深出檐、广设外廊、双坡屋顶、设石柱础等做法。福建省各地区风速差异较大，沿海一带年平均风速达每秒5米，内陆盆地如三明、龙岩、南平地区年平均风速都在每秒2米以下。每年在夏秋之季常有台风侵袭，对建筑物危害极大。为了抵抗风力侵袭，沿海地区民居在迎风面多建单层，屋面不做出檐，瓦上用石头压牢或用筒瓦压顶。

第二节 闽文化源流与特征

闽文化一方面受到汉民族文化底蕴的影响，另一方面由于独特的自然地理环境、社会经济条件以及历史背景等文化因素，又有一些色彩鲜明的地域文化特征，呈现出多元性、地域性和融合性。

一、多元性

闽文化的主体构成是多元的。纵观福建文化的发展历程，闽越文化遗风、中原文化传入、宗教文化传播和海外文化冲击是其形成的主要源流。

（一）闽越文化遗风

福建古为闽越地，战国秦汉时代由闽越族人建立了闽越国。在闽越立国前后的一段时期内，闽越文化呈蓬勃发展态势。武夷山市城村发现的占地面积达48万平方米的大型汉城遗址，就是闽越社会先进经济和文化的缩影。

秦汉之前，闽越文化在福建占有重要地位。随着中原汉人的逐渐南迁，汉族成为福建的主要居民。闽越人的主人地位慢慢被替代，但是其悠久的历史文化传统却不同程度地保留下来。例如，闽越人的图腾为蛇，这是因为其祖先生活在温湿的丘陵山区，溪谷江河纵横交错，许多蛇类繁衍滋生，对他们的生命造成极大的威胁，所以人们在近山的岩石上刻画蛇形以祈求神灵保佑，并建庙供奉。这种崇拜延续至今，现在福建还有不少地方保留有蛇王庙。武夷山一带闽越人的悬棺葬距今已有3000多年的历史，有些悬棺是空棺，这是为同族死者准备的，因为在血缘氏族社会，同族必须葬在一起。这种葬俗至今仍在一些地方流行。闽越族"好巫尚鬼"的传统，与陆续从中原传来的巫术相结合，相沿成习，为福建民间信仰的滋生提供了肥沃的土壤。

（二）中原文化传入

中原文化传入是闽文化覆盖层中最厚的一层。中原文化的传入方式是以大量移民的途径为主。中原汉人曾四次大规模进入福建。第一次是西晋末年的林、陈、黄、郑、詹、邱、何、胡八姓入闽。这八姓多为中州世族，文化素养较高，为避永嘉之乱而携眷南逃，多定居在闽江流域和晋江流域。第二次是唐初陈元光开发漳州。陈元光实行屯垦耕战政策，招抚土著，安定地方。随陈氏父子一起南征的五十八姓丁壮也随之定居并开发漳州，成了今日大多数漳州人的祖先。第三次是唐末五代王审知治闽。王审知实行保境安民政策，一向落后的福建经济文化开始出现繁荣景象。第四次是宋室南渡前后。中原百姓为避战乱，大批涌进福建。此外，从永嘉之乱前至明、清，都有中原人士陆续入闽定居。这四次大移民和陆续入闽的移民，都不同程度地带来了中原的先进文化，加快了福建的开发和进步。如隋朝谏议大夫黄鞠避祸南迁，在宁德霍童定居后，将中原地区的农耕文化、生产技艺，尤其是水利灌溉引进霍童，使五六千亩农田皆成沃土。当年开凿的霍童涵洞水利工程，至今还在造福于民。

另外还有不少闽人北上访学，也将中原文化带回闽地。如理学开创者周敦颐、张载、程颢、程颐、邵雍等都在北方中原一带，不少闽人投奔其门下。建阳人游酢、将乐人杨时就曾受业于二程，留下了"程门立雪"的佳话。他们返闽后大力传播理学，后被朱熹改造发扬为"闽学"。和全国相比，福建本来是落后的地区。南宋以后福建文化发展很快，被称为"海滨邹鲁"，其中一个重要原因就是朱熹及其后学提倡理学。从一定意义上说，南宋以后福建文化的发展史，就是闽学的发展史。

（三）宗教文化传播

宗教对闽文化的构成和发展起到极其重要的作用，其影响已渗透到世俗生活的方方面面。宗教哲学、文学、音乐、美术、建筑等已成为闽文化的组成部分。

佛教发源于公元前6世纪~公元前5世纪的古印度，大约在东汉初年传入中国，传入福建约在西晋年间。福建最早的佛寺是福州城北的绍因寺（原名乾元寺，现已废），建于西晋太康三年（公元282年）。佛教在福建经过六朝的传播，到唐代已相当兴旺，武则天时期兴起的禅宗发展尤甚。福建一些著名的佛寺，如福州鼓山涌泉寺、福州长庆寺（今西禅寺）、闽侯雪峰崇圣禅寺、泉州开元寺、漳州南山寺都是这一时期创立的。唐武宗会昌五年（公元845年），朝廷禁止佛教，波及福建，许多寺院被毁，僧尼逃尽。唐宣宗以后，佛教得到长足的发展，僧尼数大增。王审知治闽时笃信佛教，全力扶持佛教，闽中塔庙之盛甲于天下。宋、元、明、清至近代，佛教在福建也始终没有衰竭过。福建佛教在长期发展过程中，不仅对福建士大夫的思想产生极为深远的影响，而且建造了许多有特色的寺庙、塔幢，留下了石刻碑文、造像、佛像等许多珍贵的文物。

福建早在原始社会就有方士活动萌芽。东汉时道教开始传入福建，魏晋时得到发展。宁德霍童山为道教"三十六洞天、七十二福地"的三十六小洞天之首，武夷山被列为十六洞天，洞宫山、连江炉山都是七十二福地之一。西汉时浦城子期山、福州九仙山、南平衍仙山等都有道士在修炼。晋时福建就有道坛庙观。唐代道教在福建有很大发展，各地修建了许多宫观。五代闽国时，王审知及之后的闽国统治者优礼道教、敬重道士，道教发展很快。宋代道教在闽地发展达到鼎盛，不少道士屡受朝廷赏赐，新建道观如同雨后春笋。明代道教被取消"天师"称号，福建出现正一道和全真道。清代因为乾隆宣布黄教为国教，道教被认为是汉人的宗教，诏令禁止传布，所以开始衰落。但在福建，民间祈祷斋醮之事及服饵丹道之术仍旧流行，并逐渐成为民间习俗。

伊斯兰教自7世纪中叶开始传入中国，穆斯林旋即进入福建，于唐中叶由海路传入泉州。宋元时期泉州跃为东方大港，海外贸易兴盛，数万阿拉伯人云集泉州经商，使之成为我国最早的三个伊斯兰教区之一。有金、丁、马、铁、郭、葛、黄、夏、蒲等十余姓的穆斯林后裔在泉州生息繁衍，建造了极具伊斯兰教色彩的清真寺，留下了安葬伊斯兰先贤的灵山圣墓。始建于北宋大中祥符二年（1009年）的泉州清净寺，是我国现存最早的伊斯兰教清真寺之一。此外还有不少穆斯林分布在福州、邵武、厦门、漳州等20多个县市，留下了清真寺、墓址、亭、祠等伊斯兰建筑。

天主教于元代传入泉州，明中后期正式在闽传教。受明丞相、闽人叶向高邀请，意大利耶稣会士艾儒略到福州等地区传教，前后达24年，建立教堂23座，被称为"西来孔子"。明末菲律宾教省派传教士11人抵厦门、福州，开创"多明我会"传教区。基督教传入福建的时间约为1840年前后，并由厦门、福州向各地辐射。鸦片战争后，西方不同派系的传教士纷纷在闽抢占地盘，天主教、基督教建的教堂、学校、医院、慈善机构几乎遍布全省各地。

除了以上五大宗教以外，福建的地方宗教也不少。最有名的是将儒、道、释三教合一的"三一教"，清中叶曾发展到中国台湾、新加坡一带。福建民间信仰的神祇多达百个，最著名的是妈祖——林默、临水夫人——陈靖姑和保生大帝——吴夲。这三尊神原型都是人，后被逐渐演化为神，赋予类人而又超人的"神"力，再借以护佑人们自身。这种带有区域性的民间宗教，因有旺盛的生命力而持久不衰，至今在福建民间仍有广泛影响。"妈祖信俗"已成为世界人类非物质文化遗产，妈祖庙、天后宫是福建宫观建筑中数量最多的一种。

（四）海外文化冲击

福建东濒海洋，深水良港星罗棋布，海岸线占全国五分之一。早在闽越时代，福建就与海外有联系。海外文化的冲击主要来自国际贸易、外商定居闽地、闽人越洋后回归故里等方面。

唐末五代王审知治闽时，闽地与海外商贸往来蓬勃发展。宋元时期，福建海外交通和贸易日趋繁荣，泉州港誉称为东方第一大港。据《元史》载，当时泉州港有海舶15000艘，船运和营商规模不但超过广州成为全国最大港口，而且成了世界有名的大港。无数阿拉伯人、波斯人、印度人为世界贸易大港所吸引，定居当地而不返，被称为番客。明代统治者多次在福建沿海实施严厉的海禁，漳州的月港（今龙海市海澄镇）逐渐成为东南沿海最大的走私贸易港口。明隆庆元年（1567年）取消海禁，每年孟夏之后，月港有数百艘商船远洋四海，蔚为壮观。清初朝廷为断绝沿海人民与郑成功军队的联系，下诏大规模迁界，沿海三十里地尽为弃土，人民大量逃散。至康熙二十二年（1683年）清政府统一台湾后才全部复界，福建对外贸易逐渐形成以福州、厦门为中心。

人多地少的现实和海上交通的便利，促使闽人特别是闽南人出海谋生，向海外如日本、朝鲜、东南亚诸国发展。17世纪前后，东南亚的闽籍华人已不下50万人。这些华侨身在外邦，心系故里，大多与家乡保持不同程度的联系，经常有人回乡探亲，带回形态各异的海外文化，还有不少华侨在家乡办学校、建住宅、修坟墓。随着海外交通和对外文化交流的不断发展，他国的文化、民俗、信仰便逐渐与福建文化融汇渗透在一起，各类中西合璧的建筑应运而生。

二、地域性

造成地域文化千差万别的原因主要有两个：一是自然环境。福建境内山岭耸峙，丘陵起伏，河谷、盆地穿插其间。河流流程较短，水流湍急，而且大多独流入海。在两条河流之间往往有高大的分水岭阻隔，所以住同一流域的人民在社会、交通、经济、文化等方面显示出某种独立性。二是方言。不同时期的汉人南迁，带来了中原不同时期的汉语言，在不同定居地与当地土语相融合，形成了福建三大方言群、16种地方话和28种地方音。同时，由于北方移民的迁移时间、路线、定居点各不相同，历史上长期交通不便，各地域之间交往甚少。纷杂的地方方言与各自文化传统的差异造成文化交流的隔阂，形成了闽文化风格各异的基础。

根据方言分布和自然地理条件的不同，福建可分为6个区：闽南区、莆仙区、闽东区、闽北区、闽中区、客家区。不同方言区的文化存在相对独立的地域性。例如，福建境内流行闽剧、高甲戏、莆仙戏、芗剧等民间戏曲，但用福州方言演唱的闽剧在闽南等地无法流传，莆仙戏在莆田、仙游以外的地区没有市场，同是用闽南方言演唱的高甲戏和芗剧则分别流行于泉州和漳州。

受到闽文化的影响，福建传统建筑在长期的历史演变中逐渐形成自己独特的性格，具有鲜明的地方风格和丰富的建筑文化内涵。从福建各地的传统民居来看，就表现出地域性的特点。例如，流行于闽西、闽南山区的土楼和流行于闽中山区的土堡虽然都是防御性建筑，但在结构、布局等方面存在差异。再看土楼这种建筑形式，根据所处区域还可分为闽南土楼和客家土楼。虽然它们同被学术界称之为"福建土楼"，在外观造型上有许多相似之处，但在平面布局等方面却有所不同。

三、融合性

闽文化并不是封闭的地方文化。无论是历史上，还是近现代，它都通过海外交通和各种文化交流，广泛吸收海内外的优秀文化，同时把自身文化传播到东南亚等各国和台湾等地。尤其是闽台文化的交融，是闽文化的一个显著特点。

一水相隔的福建和台湾地缘相近、血缘相亲、文缘相承、商缘相连、法缘相循，许多学者往往将闽台同划为一个文化区。福建和台湾都是以中原南徙的移民为主体而建构起来的社会。稍有不同的是，中原移民南徙入闽，至宋代已基本完成；而在台湾，则是自明末清初开始才由南徙入闽的中原移民的后裔再度大规模迁入台湾。在台湾汉族人口中，福建人约占全岛汉族人口的83.1%，其中闽南人占绝大多数。

福建人移民台湾，大多是以姓氏宗族聚族而居，或是以同府同县同乡聚居一处，建立"血缘聚落"和"同乡聚落"，因此最大限度地保留了祖籍地的传统文化和风俗习惯。例如，闽南话成了台湾的主要方言；妈祖、保生大帝、临水夫人、清水祖师等也是台湾同胞信奉的神祇。除了闽文化对台湾文化产生了恒久的影响外，台湾文化也对闽地的风俗文化有所影响。通过台湾人到闽地任职、闽籍台湾人返回大陆探亲、台湾商人到闽地经济贸易等形式，台湾本土文化艺术、风俗民情、耕作方式、经营方式等输入了闽地。

闽台传统建筑的形式极其相似。台湾许多寺庙和深宅大院完全模仿祖籍地的建筑形式，而且木材、石材、砖瓦等建筑材料大多从闽地运来，工匠也是从大陆聘请来的。清光绪时期之后至21世纪初仍有不少漳、泉名匠师应聘抵台，亲自施工或授徒。例如，来自惠安溪底村的泉州派大木匠师王益顺在台停留12年，鹿港龙山寺、天后宫、台北的孔庙、龙山寺及新竹城隍庙、南鲲鯓代天府等都出自这支叫作"溪底师傅"的木匠帮之手。又如，漳州派大木匠师陈应彬原籍漳州南靖，出身台湾本土，北港朝天宫、木栅指南宫、台北保安宫、桃园景福宫等都是其杰作。由于各地语言、环境、风俗等的不同，台湾传统建筑形式也有所差异，其建筑流派可分为闽南派（泉州派、漳州派）、客家派，个别的还有潮州派和福州派。各地传统建筑的结构、风格大致反映着移民祖籍地的建筑特色。

第三节　福建各区建筑文化

一、闽南区建筑文化——海洋文化

闽南区包括今泉州市、漳州市、厦门市以及漳平、大田一带，范围最大，人口也最多。

闽南最早的移民来自三国时期，孙氏政权先在晋江设东安县（后改南安），在今漳浦以南设绥安县。六朝之后移民大量增加，唐代已有大量移民进入该地区。唐武后垂拱年间，陈政、陈元光父子从潮汕带兵入闽，平定畲乱，随陈政戍闽的五十八姓兵壮先后入籍漳州，这是外省人进入该地区最多的一次。

闽南的真正发展是在宋元时代。两宋时期，北方纷争战火不断，南方却相对平安。尤其是南宋偏安之后，商贸经济的中心移至福建，闽南经济有了较大发展，人口不断增长。人多地少，促使闽南人以其面临大海的自然优势，从海上向外发展谋生，渔业、盐业、养殖业和海上贸易都蓬勃发展起来。闽南人具有敢于冒险、勇于进取的传统。早在公元6世纪的南朝，泉州湾内的泉州港就与海外有联系。北宋元祐二年（1087年）泉州设立了市舶司，此后海上交通大为发展。宋元时泉州成为国际贸易大港，被称为"涨海声中万国商"，与36个岛国有贸易关系。许多阿拉伯人在此通商、定居，建造清真寺，今日泉州的蒲、丁、郭姓均是阿拉伯人的后裔。同时，也有不少闽南人定居海外。明末清初，泉州港衰落，漳州月港兴起，又掀起一轮出海热潮，大量闽南人出海谋生。明代统治者厉行海禁，但月港依然帆樯如林，客商云集，成为当时全国最大的走私港。由于统治者实行海禁、迁界，月港终于衰竭，但清后期"五口通商"后，新兴城市厦门港开始兴旺。

海上交通的发展促进了中外文化的交流，使闽南建筑明显地刻上海洋文化的痕迹。如泉州一带的民居，用红砖砌成多种图案，创造出绚丽多彩的红砖文化，这与古代伊斯兰建筑手法相通。闽南一带大量中西合璧建筑的存在，也证实了海洋文化的深层影响。

闽南建筑从地域上可分为泉州、漳州两大匠派。民居的平面格局大多是以"三合天井"型或"四合中庭"型为核心向纵、横或纵横结合发展起来的，在城镇人口密集地区还演变出"竹筒屋"的特殊形式。出于防卫的需要，乡村修建了土楼、土堡。传统建筑的外部材料以红砖、白石为多，内部材料以木构架为主。沿海的石构建筑完全用花岗岩建造。泉州"出砖入石"（利用碎砖与石头有规则混砌）的墙面独具特色。惠安石雕闻名全国，精美异常。传统建筑中精巧的砖雕、木雕、泥塑、剪粘和丰富生动的屋面形式也很有特色。

二、莆仙区建筑文化——科举文化

莆仙区包括今莆田市及所辖仙游县。唐代莆、仙归泉州管辖，北宋太平兴国四年（公元979年）析泉州另立兴化军辖之。北宋以来木兰溪流域始终自成一个二级政区。

在三国时已有先民经海路进入该区，定居于木兰溪流域。唐末、五代、宋初，北方汉人入迁莆仙地区进入高峰期，莆仙平原的开发逐渐从莆田中部向沿海及山区推进。到了北宋年间，聚族而居的局面已基本形成。北宋嘉祐、治平年间，先后在萩芦溪和木兰溪修起了大规模水利工程，如南安陂、木兰陂。近出海口处又开了许多小沟渠，形成了河网地带。从此农业生产年年丰收，水稻一年两熟，荔枝闻名全国。

经济发展，带动文化教育兴盛。莆仙地区科举文化之发达世所罕见。宋代300年间出过990个进士、5个状元、6个宰相。历代世家名宦辈出，人才济济。如蔡襄、刘克庄、郑樵等都是有全国影响的大家，致仕为官一方，同时又兼诗人和学者。妈祖文化则流传五大洲。出外之后能衣锦还乡、光宗耀祖是他们的追求。体现在传统建筑中，受中原京城居住文化影响至深。

莆仙区处于闽南区与闽东区的交叉点，传统建筑既保持了泉州民居注重外部装饰的优点，又带有福州官家大宅的气派和威严。城区人口密集的地方，不乏深宅大院，多是纵向多进式合院布局，具有官式建筑的气派。山区民居多为横向布局，浅进深，宽开间。建筑外观竭力追求规模气派，细部过分堆砌，铺满墙面的装饰使得建筑外立面极其花哨，具有明显的炫耀性。外墙面采用"砖石间砌"（在勒脚或窗台以上的红砖墙上交错地砌上小块花岗石）和"红壁瓦钉"（专门烧制的红壁瓦钉在土墙或木构架上）的处理手法，有其独到之处。

三、闽东区建筑文化——江城文化

闽东区范围较大，以福州为中心，包括今福州市、宁德市所辖县市。

该区是福建最早置县之处，汉代在闽江口置冶县，有汉人经海路到此。三国以后，江淮移民大量在此定居，分置若干新县，唐代以之为中心置福州。福州平原是北方汉民入闽后最先定居的地点之一，中原文化传入的历史与闽北区一样，相对比福建其他地区更为悠久。经过唐朝和五代时期300余年的发展，闽江下游已经成了以福州为中心的发达地区。福州是一座历史文化名城，成为统领全闽的大都会已近1500年。到闽国（公元909～945年）时期，福州所辖县份有12个：闽县、侯官、长乐、福唐（今福清）、连江、永泰、古田、尤溪、宁德、罗源、闽清、长溪（今霞浦）。除长溪、宁德在闽东沿海属交溪流域外，其余都在闽江下游。这个范围，便是现在人们所说的"十邑"。这"十邑"地处闽江下游两岸，人口密集、交通便利，又占有省城之利，历来是全闽政治文化中心。福州港又是福建北半部出海口，闽北、闽中的山货沿江而下，海外洋货从此入口，使之成了经济中心。地处全省政治、文化、经济中心，闽江口一带人受到民族文化熏陶较深，见识政治风云的机会也较多，因而数百年间涌现了不少政治家、军事家和文学家。如入宋以来的陈襄、许将、黄干，明清以来的叶向高、张经、陈第、陈若霖、林则徐、沈葆桢、陈宝琛，近代的黄乃裳、林森、萨镇冰、严复、林纾，现代的郑振铎、高士其、谢冰心、邓拓等人，都是具有全国影响的人物。

作为省会城市，又有闽江下游富饶肥沃的土地资源，加之悠久的传统文化底蕴，使闽东建筑具有鲜明的江城文化特色。历代不乏达官贵人在此修庙造塔、建宅立业，建筑类型较多，工艺水平也较高。纵向组合的多天井式布局是福州民居常见的布局形式，多变的风火山墙是闽东建筑最为突出的外部特征。风火山墙的曲线多变，其轮廓或圆或方，显得活泼、流畅、自然。福安民居屋顶的木悬鱼也很有特点。在内部装修上，以制作精良、雕刻生动、构图活泼、变化丰富而极富审美价值。在墙体材料上，福州民居的外围护墙采用"城市瓦砾土"墙（瓦砾土、黏土、石灰按比例掺水搅拌后，用夯土墙版分层夯筑而成），福清民居采用灰包土夯筑墙，可谓匠心独具。

四、闽北区建筑文化——书院文化

闽北区为西晋政区的建安郡范围，包括今南平市和三明市所属部分县市。

该区是福建最早开发的地区。从陆路进入福建的汉人最迟在东汉末年已从浙江和江西越过仙霞岭、武夷山，经浦城、崇安一带，进入建溪流域。然后顺流而下，移居到建瓯、建阳、南平等处，随后又散布到整个建溪和富屯溪、金溪流域。福建省地名的福、建二字取自福州和建州，可见当时建州地位和福州同等重要。两宋时期是闽北经济文化发展的鼎盛时期。当时的闽北经济繁荣，文化发达，人才辈出。仅宋代的建安（今建瓯）一县，出过进士994人，占全省进士7607人的近七分之一。在这一时期，麻沙成为全国出版中心，建瓷、建茶驰名四海，铜银冶炼在全国举足轻重。杨时、柳永、严羽、宋慈、真德秀、李纲等名臣大家相继而出。当时闽北书院如林，学者如云。特别是朱熹，在闽北讲学数十年，他热心教育，门徒众多，使闽北成为理学中心。

闽北东片建筑以南平为中心，建筑形式丰富多彩，如民居有合院式、干阑式、天井式、虚脚楼等。闽北西片建筑以武夷山为中心，这里是朱熹讲学、著述之地，书院文化发达。大型多进合院式民居中常设有书院或读书厅，体现了理学之邦的书院文化的延伸。闽北盛产木材，尤其是杉木，所以民居至今仍沿用木作穿斗式结构、吊脚楼和大出檐瓦屋面。木材表面不施油漆，显得朴实、简洁、轻巧、实用。规划水平甚高的村落布局、错落有致的马头墙、工艺精湛的砖雕艺术、厚重朴实的生土墙等，既是闽北民居建筑的成功经验，也体现了闽北建筑深厚的文化底蕴。

五、闽中区建筑文化——山林文化

闽中区包括今永安市、三元区、沙县三地。

闽中移民大部分是闽北移民的分支，只是他们从浙江、江西过来之后走得更远，从建溪南下到达闽江上游沙溪流域。闽中区本来只有一个沙县，地盘大、人口少。在明代分置永安县，沙溪上游才有了进一步开发。

闽中区的地理和气候决定了该地区的特点：青山长绿，植被多样，极少干旱，宜于农耕。但是由于谷地狭窄，水陆交通不够畅通，与外地交往历来较为困难。闽中人千余年来都以传统农业作为生存的最主要方式，这就养成了人们知足常乐、眷念故土、安土重迁、"父母在，不远游"的小农经济思想。与之相应，民风较为纯朴敦古。特殊的社会环境和地理环境，也使闽中区逐步形成独处山区、自成一体、淡泊名利的文化现象。体现在建筑的风格上，形成了外观纯朴、不求奢华、讲求实用的山林文化气质。

闽中区地处福建腹地，南面为闽南区，东面为闽东区，北面为闽北区，西面为客赣混杂地区，各种文化成分混合交融。加上闽中是福建开发最晚的地区，外地移民众多，带来了各自原住处的建筑文化，因此呈现出多元建筑文化现象。传统民居的主要类型有"一明两暗"、"三合天井"、"土堡围屋"和"连排屋"等。闽中地处林区，满山遍野生长的各类木材是人们取之不尽、用之不竭的建筑资源。传统民居采用木构架承重，院落式民居主要墙体材料为砖、石，建造土堡围屋的主要材料为生土。

六、客家区建筑文化——移垦文化

福建的客家人主要居住在原汀州府的属地，客家区包括今龙岩市大部分县市和三明市的部分县市。

"客家"的得名是与当时的"土著"相对而言的。秦汉以来中国北方的汉族先民分批南来，到了宋代户籍立册，认为先到为主，称为主籍（如福建南部讲河佬语系的先民），后到为客，称为"客籍人"或"客家人"。从入闽时间来看，相对于闽海人，"客家人"都是后来者，平原地区九龙江、晋江等河口三角洲已被先来主籍捷足先登，客家人无法插足，不得不避住山区。福建有宁化、清流、上杭、长汀、永定、连城、武平七个纯客住县，均位于闽、粤、赣交界地区。

客家人和闽海人一样都是南迁的中原汉人，入闽之前已经历了数次大动乱。为了生存和发展，客家先民进行长途迁徙，经过几代人的艰苦跋涉，定居在这块贫瘠的土地上，"逢山必有客，无客不住山"便是客家移垦文化的写照。团结和奋进是客家精神的核心。在饱尝颠沛流离的痛苦之后，客家人更加巩固和加强了宗族、家族观念，聚族而居、敬祖睦宗显得十分突出。客家人聚居区域属丘陵山地，地瘠民贫。客观环境造成的生活压力也要求客家人必须精诚团结，以增强与自然、与社会抗争的能力。在恶劣的自然条件下，客家人炼就了吃苦耐劳的性格，并以此生生不息、代代相传。

福建客家民居最具有神秘色彩和引以为豪的是土楼。客家土楼造型独特、高大雄浑，以10多米的高度、2米多的夯土厚墙和宽出檐而令人吃惊。封闭的土墙内部又有开放的空间，数百人聚居在此，亲密无间，充满生活气息。在闽西客家聚居区有一种院落重重、天井多多的合院式建筑，称为"九厅十八井"，同样适应了客家人聚族而居、尊祖敬宗的心理需求。

福建古建筑

第二章 城镇与村落

福建城镇与村落分布图

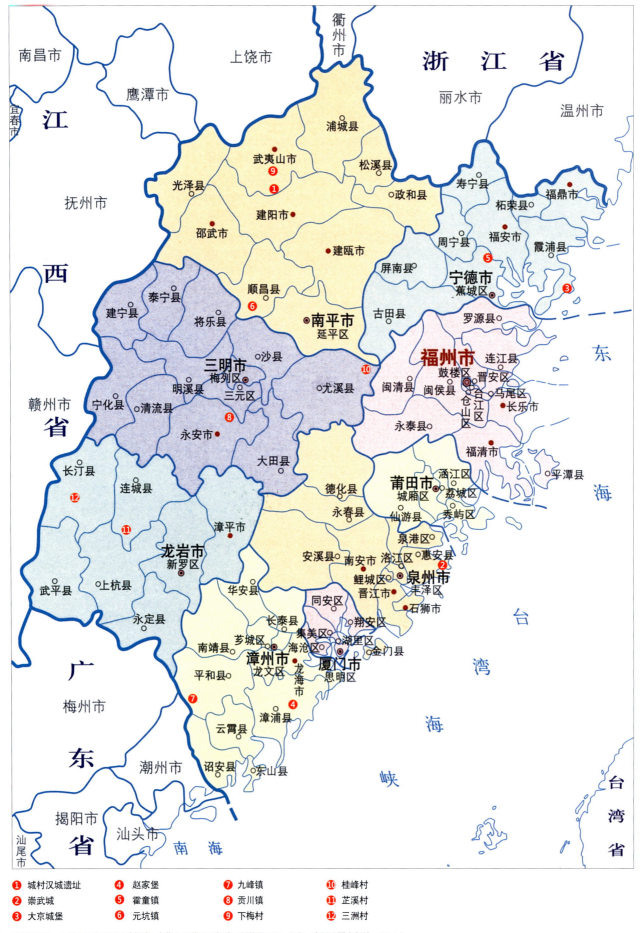

① 城村汉城遗址　④ 赵家堡　⑦ 九峰镇　⑩ 桂峰村
② 崇武城　　　　⑤ 霍童镇　⑧ 贡川镇　⑪ 芷溪村
③ 大京城堡　　　⑥ 元坑镇　⑨ 下梅村　⑫ 三洲村

（地图引自：中华人民共和国民政部编.中华人民共和国行政区划简册 2014.北京：中国地图出版社，2014.）

第一节　概述

古建筑是传统聚落的一分子，而聚落又是一个地方或区域的组成部分。聚落因都市的出现而分为城市和村落，以及介于两者之间的集镇。本书在介绍福建的城镇与村落时，侧重介绍村镇聚落，因为它们是城市聚落形态的初始状态，是产生乡土建筑的沃土。

一、选址布局

村镇聚落的选址主要考虑的是在小农经济下的农业生产与生活。福建境内山岭众多、海岸绵长、溪流纵横，山脉和水系对聚落选址布局的影响往往起决定作用。由于地理条件的制约，各聚落在形成过程中对山、水的追求有所不同，从而出现了各具特色的选址布局。

（一）山地聚落

福建以山地丘陵地貌为主，许多聚落便坐落在地形起伏的山坡上，或群山环绕的山坳中。这些山地聚落往往位于山的阳面，以便获得避风向阳的良好环境。

如尤溪县洋中镇桂峰村位于群山丛中，只在西北面有一个出口。村落的建筑以蔡氏祖庙与宗祠为中心，沿等高线呈内凹的弯曲形式布局，由山麓一直延伸至山腰，形成半圆形内敛的空间。村落借助山势作为屏障，形成了天然的防御系统。

（二）山环水依的聚落

有山有水、依山傍水是人们乐于选择的居住环境。这样既可以以山为屏障抵御冬天冷空气的入侵，又可以利用水流以便饮用、灌溉、洗涤和交通，宜耕、宜居、宜行。根据聚落与山水的亲疏关系，大致有以下几种情况：

1. 临水而建

这样的聚落位于群山环抱的盆地之中，一般选择临水而建，与山保持一定的距离，中隔田畴。根据具体的地理环境，有的在水的一侧沿水岸展开布局，有的在水的两侧同时建房。对于以水为轴的聚落而言，建筑与水的关系主要有街道面水和前街后河两种。

街道面水的聚落，建筑因地形的变化而高低错落，道路因河流的变化而蜿蜒曲折，颇有水乡的意趣。如屏南县棠口乡漈头村沿鲤鱼溪两岸形成临水的南北两条街，沿溪民居面水而建，形成水—街—建筑的布局方式（图2-1-1）。数座小桥横跨小溪之上，还有伸入水中的踏步供人们汲水和洗涤。

前街后河的聚落，街道不直接临水，建筑的背面临水。如福安市社口镇坦洋村夹在两山之间，坦洋溪由西向东贯穿而过，溪南岸形成一条繁华热闹的茶行街，溪北岸也形成一条商品种类齐全的新街，街市背水而建，形成水—建筑—街的布局方式（图2-1-2）。光泽县崇仁乡崇仁村则是沿北溪一侧呈带状展开布局。明清以来，崇仁就沿溪西岸形成了号称"五里长街"的古街，成为光泽北路的重要商埠和水运码头。古街随着河岸的形状曲折变化，民居背水而建，也是水—建筑—街的布局方式（图2-1-3）。

2. 背山面水

这种聚落一般位于山麓坡度较缓的地方，或是山水之间的开阔地上。聚落一侧临水，一侧沿山麓向纵深方向延伸，形成山环水抱的格局。

如清流县赖坊乡赖坊村坐落在大丰山北麓的低山丘陵及河岸台地上。村落以高大的后垄山为靠，南北两侧有连绵起伏、山势较低的护龙，文昌溪从村庄西侧蜿蜒流过，溪流前方远处还有一些不高的小山包，形成背山面水的地理环境。村落的建筑基本上是沿溪展开布局，向纵深腹地推进，直达山麓。

3. 渔村聚落

为了减弱风浪或潮汐涨落的影响，渔民聚居的村落多选择在河汊或海湾处，总体布局随海（河）岸的变化而曲折蜿蜒，建筑的朝向以面海为主。一般在临水一面留出一片滩地，既可作为防止潮涨时被淹的缓冲地带，又可用于晒网或补织渔网。

如莆田市湄洲湾北岸管委会山亭乡港里村坐落在黄螺山上，环山面海，南面与湄洲岛隔海相望，

图 2-1-1 屏南县棠口乡漈头村沿溪民居

图 2-1-2 福安市社口镇坦洋村街巷

图 2-1-3 光泽县崇仁乡崇仁村街巷

青山如黛,海景壮观。村落的建筑先是分布在贤良港天然澳口方便渔业往返处,以后逐渐往山坡上发展,多集中在海拔20～100米之间。村内道路随坡起伏,建筑单体顺应地形,布局自由灵活。

二、聚落空间布局形式

聚落在形成和发展过程中受到宗法礼制、宗教信仰、防御意识、商品经济、风水观念等影响,空间布局形式有一定的规律。这些因素的影响往往是交错进行的,一个聚落可能具有综合性的布局特点。

(一)以祠堂为中心布局

福建的家族制度鼎盛,宗族、血缘成为维系乡土社会的重要纽带。聚落布局首先强调的是宗祠的位置。宗祠大多位于村落的核心地带,也有的建在村落的最高处,或道路交通的枢纽地位。民居环绕着宗祠建造,形成以分祠拱卫总祠、以民居拱卫祠堂的布局特点。

如赖坊村的村民除30余人姓黄外皆为赖姓,是客家民系赖氏一门中较为完整的支脉。赖氏祖庙建在村东部地势较高之处,风水好,景色佳。赖氏宗祠位于桥头真武庙旁,交通便利,四通八达。各支房民居以各自的支祠为中心环列而建,形成组团布局。

这种以宗族血缘为中心的聚落布局形式在福建极为普遍,连少数民族的聚落也表现出这一特点。霞浦县溪南镇半月里是一个畲族村,保留了同姓近亲聚居开发的传统。雷姓族人将宗祠建在山坡的高处,民居逐渐往山下发展,并在清乾隆、嘉庆年间围起堡墙,界定了以血缘为中心的村落内外空间界限。

(二)以宗教建筑为纽带布局

福建人的宗教信仰表现出多元化的特点,儒、释、道共存,民间信仰更是盛行。设置供奉神祇的宫庙既能满足乡土社会保境安民、福荫土地的心理，往往也成为聚落最重要的公共空间。有些聚落的神灵空间不以庙宇的形式体现，如廊桥中大部分设有神龛、佛座，供奉神佛。宗教建筑或位于聚落的四界，或位于村头、村尾，或处于各个组团的中心，成为聚落布局的重要纽带。

港里村是妈祖的诞生地，由上后厝、宫兜、港尾等自然村组成。上后厝是林姓的聚居地，天后祖祠位于聚落进出的主要地段，民居以之为中心进行布局。宫兜的标志建筑是祀妈祖的灵慈东宫，港尾也以灵慈西宫（图2-1-4）为中心展开布局。港里村中还有吴祖宫、福慧寺和五帝庙等十几座宫庙，以祀妈祖的庙宇为主，充分展示了妈祖信仰文化对聚落布局的影响。

漈头村宫庙的选址很有讲究。慈音寺、观音堂与临水殿建在村头一公里处，成为漈头上村与漈头下村的空间界限。在鲤鱼溪流出村外的转折处，水北建土主庙，水南建观音亭，组成优美的水口景观。在村内最热闹的凉亭上建有供奉齐天大圣的猴王庙，成为这一建筑组团的中心。

（三）内向封闭的布局

福建历史上不断受到战乱、盗匪、倭寇以及宗族械斗的威胁，防御成为聚落布局要考虑的重点。内向封闭的布局主要指的就是聚落的安全防御特征。安全防御最重要的举措是在聚落的外围筑城建堡，形成坚固的防御工事。福建传统聚落中的城、堡、寨，既有居一方政治、经济、文化中心的府城、县城，也有作为军事要塞的卫城、所城、巡检司城，还有民间筹资建造的寨、堡、城。

卫城、所城、巡检司城、水寨城等城址依山临海，地势险要。城墙一般以条石叠砌，设拱形城门，有的还加筑月城。城内官衙、民宅、兵营、庙宇和演武场等设施一应俱全。民间建的寨、堡、城，福建各地尚存较多。这些寨、堡、城建无定式，或用鹅卵石、毛石垒砌，或用三合土夯筑，或兼而有之，里面生产、生活设备齐全，以保护围在其内的村庄或家族的安全。

龙海市隆教畲族乡镇海村依山面海，地势险峻。镇海卫城始建于明洪武二十年（1387年），是一座闻名遐迩的海防重镇。城墙周长2881米，用鹅卵石和条石混合垒砌，有女墙，开垛口720个。开东、西、南、北4个城门和水门，南门外加筑瓮城。现保存4个城门及其城墙各1段，城墙残高6.8～7.2米，厚4.2～4.5米（图2-1-5，图2-1-6）。镇海卫城址为全国重点文物保护单位。

连江县筱埕镇定海村位于闽江口黄岐半岛南侧，与马祖列岛隔海相望，既是古代海上交通重要港口，也是福建海防要地。定海所城始建于明洪武二十年（1387年），设易守难攻的三重城门（图2-1-7），城墙周长600余丈，嘉靖年间增筑230丈。现存长500米、高8米、宽6米的石砌城墙，西面瓮城尚完整。

图2-1-4　莆田市山亭乡港里村灵慈西宫

图2-1-5　龙海市镇海卫城东门

图 2-1-6　镇海卫城内的石牌坊与民宅

图 2-1-7　连江县定海所城设三重城门

福安市溪潭镇廉村为抵御倭寇侵扰，于明嘉靖三十九年（1560年）兴建城堡。廉村城堡平面呈椭圆形，周长1258米，墙基宽约4米，顶宽约2米，残高约3米。其外墙用块石、鹅卵石垒砌，内用土夯筑，壕沟用块石叠建（图2-1-8）。东、西面各有3个城门。东墙外为鹅卵石铺设的泊岸，岸南端有明代修建的宽大石码头。城堡内长500多米的明代古官道横贯东西，官道两侧尚存明清时期民居20多座、清代祠堂3座。

（四）以街市为中心布局

这种聚落一般处于交通要津，商贸较为发达。集市为人们的交换活动提供了固定的时间、地点。为了能就近进行贸易活动，人们围绕集市安家落户，于是形成最早的贸易聚落。

如南平市延平区南山镇大坝村地处水陆要冲，商贾聚集，商贸发达。村落沿吉溪南岸呈长条布局，逐渐形成一条曲折的千米古街，两边商铺、民居林立（图2-1-9）。随着人口的增加，民居向南、北纵深发展，以一条条长短、宽窄不一的小巷与主街相连，村落范围逐渐扩大。

（五）风水影响下的聚落布局

风水是中国独特的文化现象。以风水理论为指导，聚落在选址、布局时往往要按照觅龙、察砂、观水、点穴等方法来确定。

福安市溪潭镇廉村（图2-1-10）是一个经过精心规划的村落，选择坐酉（西）朝卯（东）的最佳朝向，以绵延起伏的灵岩山为祖山，以鹦哥山为案山，以南北两侧的大小山丘为左右护龙。廉溪起西北归东南，村落位于河曲之内。因为某些格局不太完善，又采取一系列"风水补救"的措施：掘凤池、上池、下池以"荫地脉，养真气"；以龟石和古榕锁水口，同时在水口处建造文峰塔以"聚财源，利文运"，建妈祖庙以保佑本地兴隆安定；在靠廉溪一侧密植一条风水林带，以挡风聚气。其选址和布局符合风水讲究的后有靠山、前有流水、侧有护山、远有秀峰、住基宽坦、水口紧锁的原则。

在风水说盛行的古代，人们认为水即财气，留住水就是留住财气，因此必须紧锁水口。处理水口的手法多种多样，可以造桥、修庙、建塔、植树、立牌坊等。久而久之，这些作为关锁的建筑便成为当地的象征和标志。有些村落甚至在入口处形成了水口园林。如周宁县浦源镇浦源村的水口位于鲤鱼溪的出口处，村口的路左侧是一座八角亭，右侧是一对"情侣树"，树下有一座鱼冢。往前是圆形的池塘，池旁垂柳依依。一座石拱桥将池塘一分为二，前有"五鱼"雕塑，后有三层

图 2-1-8 福安市廉村堡城墙

图 2-1-9 南平市延平区南山镇大坝村

亭阁，一侧以回旋形的飞梯与池岸相连，另一侧以荷叶状的磴步与岸边相接。在鲤鱼溪与池塘的连接处建一座重檐歇山顶的廊桥，两侧是船形的郑氏宗祠与猴王庙，后有观音阁。整个水口空间的建筑造型丰富，形成了富有文化内涵、人鱼同乐的独特景观（图2-1-11）。

此外，建筑的方位朝向也受到风水的影响。如坦洋村的民居由于地形所限，多为坐东朝西。这种朝向不符合坐北朝南的传统观念。为了补救，坦洋民居的主体建筑前往往建有门埕，在门埕转折朝南或朝北处建一座门头亭。如果因地形限制无法建造门头亭，会把门开在建筑中轴线的南侧或北侧。这些做法客观上让民居的入口空间充满了变化。

图 2-1-10　福安市溪潭镇廉村

三、传统村镇聚落的特征

(一) 开疆拓土，建设家园

福建的开发主要来自两个方向：一是由海路迁入大批北方移民，他们先在各江河出海口定居，然后又沿河谷向内地推进；另一个方向是由陆路从浙江、江西越过仙霞岭、武夷山进入闽北，在闽江上游各流域居住，然后到达闽中、闽西南。入闽的移民沿途择地定居，在八闽大地繁衍生息，开拓发展，促成了福建境内众多的聚落形成。

邵武市和平镇位于邵武市西南，是古代邵武沟通闽西北和江西的交通枢纽。据旧志载，"入闽三道，建州通浙为险道，漳州通海为间道，以邵武为隘道"。愁思岭隘道位于和平镇北面殊山武阳峰，是由江西进入邵武的两条必经隘道之一，中原人士多由此隘道进入福建开拓发展，故有"福建八府，殊山起祖"之说。古镇保留了旧市街等完整的古街巷和聚奎塔、和平书院、黄氏大夫第等明清建筑，历史文化底蕴深厚（图 2-1-12）。

宁化县石壁镇是世界公认的客家祖地。石壁是历史上由赣南进入闽西的必经要冲，自中原南迁由赣入闽的客家先民，多半选择在此居留，经历数代繁衍后，再向外拓展。近亿客家人、210 个姓氏以上与石壁有渊源关系，故有"北有大槐树，南有石壁村"之说。石壁镇的陈塘修齐堂、石壁张氏家庙、大禾头张宅等传统建筑具有浓厚的地域特色。

武平县中山镇地处闽、粤、赣三省结合部，是客家民系自中原辗转南迁的中转站之一。这里也是闽西重要的军队驻扎地，明洪武年间曾设立千户所，建所城。因此，中山虽然人不逾万、户不盈千、方圆不过 2 平方公里，却是举国罕见的"百姓镇"，并保存有被誉为"语言活化石"的"军家话"。永安桥、相公塔、武平所城址等古迹和精巧的砖雕门楼就是昔日"小京城"繁华的见证（图 2-1-13）。

(二) 灵秀山川，地杰人灵

福建秀丽的山光水色、宜居的自然环境、深厚的文化底蕴，滋润着闽地子民，养育了历史名人。许多聚落为地杰人灵之地，历代人才辈出。

武夷山市五夫镇是朱子理学的形成地，有"邹鲁渊源"之誉，也是北宋著名词人柳永和南宋抗金将领刘子羽的故乡。理学宗师朱熹在五夫生活、求学、讲学达 40 多年，现镇内有兴贤古街、紫阳楼、兴贤书院（图 2-1-14）、屏山书院、朱子社仓、刘氏家祠、五夫街街坊、连氏节孝坊等大量朱子文化史迹。

南平市延平区南山镇凤池村的村民系北宋理学家游酢的后裔。全村不足百户，仅明清两代却有举子 218 人，有官职者 64 人。最著名的是明代理学家、尚书游居敬，一家"五世宦仕"，朝廷为之立牌坊 6 座。现村中有游定夫祠、游定夫书院、游居敬御葬墓等史迹。

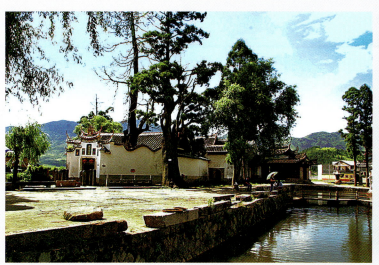

图 2-1-11 周宁县浦源镇浦源村水口

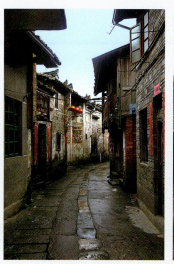

图 2-1-12 邵武市和平镇街巷

图 2-1-13 武平县中山镇古城门

　　莆田市涵江区白塘镇洋尾村坐落在"一塘映月，景胜三潭"的白塘湖畔。洋尾的李姓先祖之一李富为南宋抗金名将。有岳飞、文天祥、张孝祥等名人题词的《白塘洋尾李氏族谱》至今存留，李富祠（又称李制干祠）、李氏大宗祠等古建筑是外地客人到洋尾必游的景地之一。

　　安溪县湖头镇不仅市场繁荣，有"小泉州"之誉，而且人文荟萃。明、清两朝，入科第者99人，其中榜眼1人、进士22人。最为出类拔萃的是清康熙文渊阁大学士兼吏部尚书李光地。古镇保留的明清古建筑以李光地府第、祠堂为代表，有四五十座清代民宅大院，体现了山区与沿海交接点的民居建筑特色（图2-1-15）。

　　福州市仓山区螺洲镇因有曾任清代刑部尚书的陈若霖和曾为末代帝师的太子太傅陈宝琛而闻名，陈氏宗祠（图2-1-16）中的横额"父子叔侄兄弟同榜进士"令人刮目相看。螺洲古迹最著名的是陈氏五楼（图2-1-17）（即陈宝琛故居，为赐书楼、还读楼、沧趣楼、北望楼、晞楼的总称），此外还有天后宫、孔庙（图2-1-18）等古建筑。

　　福州市仓山区城门镇林浦村从宋至清出了18位进士，林翰家族在明代出了七科八进士、三代五尚书，成为古代科举史上的奇观。现村中还保存曾作为宋端宗赵昰行宫的泰山宫（图2-1-19）、福建已很少见的木牌坊、造型别致的尚书里石牌坊等多处古迹。

图 2-1-14 武夷山市五夫镇兴贤书院

图 2-1-15 安溪县湖头镇李光地府第（新衙昌裕堂）

图 2-1-16 福州市仓山区螺洲镇陈氏宗祠

图 2-1-17　福州市仓山区螺洲镇陈宝琛故居

图 2-1-18　福州市仓山区螺洲镇孔庙

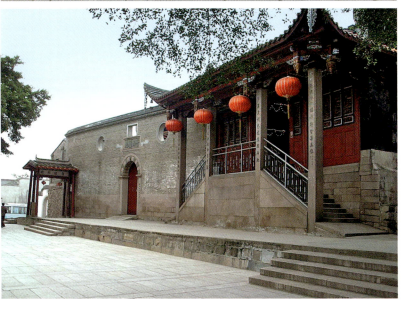

图 2-1-19　福州市仓山区城门镇林浦村泰山宫

城镇与村落

(三)贸易活跃,文化繁荣

一般而言,历史上曾经兴盛的福建村镇聚落,或是曾经作为县治、乡镇级治所;或是分布在古驿道、古渡口等水陆交通便利之处,商贸活跃;或是农耕文化传统深厚,崇文重教历史悠久。在这些聚落中,从村镇布局、生活方式到传统建筑类型、传统建筑装饰,都有不同程度的遗存。

屏南县双溪镇有"千年古镇"之称。清雍正十三年(1735年)建屏南县,设县治于双溪村。直至1950年,双溪均为屏南县城所在地。新中国成立后,双溪一直作为镇级治所,为闽东重镇之一。古镇的传统建筑类型多样,有作为古县城标志的文庙(图2-1-20)、城隍庙、瑞光塔,也有廊桥、宗祠等公共建筑。镇中的传统民居多达150余座,有些老宅堪称古建筑精品。

漳平市双洋镇地处九龙江北溪上游,双洋溪在货物流通上起了沟通南北的中转站作用。双洋镇曾是原宁洋县城所在地。从明隆庆元年(1567年)至1956年,宁洋县存史389年。县城虽小,但作为一个县治中心的应有设施,如城墙、县署、坛庙、书院、兵营、亭塔、桥梁等一应俱全。双洋古镇现存古迹以麟山塔、宁洋文庙、关岳庙、化龙桥等四座廊桥(图2-1-21)和继述堂、成德堂等古民居最有特色。

南平市延平区峡阳镇古为闽江上游的主要商埠、交通要道,是闽中、闽北商品货物的重要集散地和省际主要驿路之一。清乾隆十三年(1748年)设分县衙署于此,现城墙、城楼、城门、码头的

图2-1-20 屏南县双溪文庙大成殿

图2-1-21 漳平市双洋镇古廊桥

遗迹尚存。街区早年分为八隅十三坊，清至民国时期有七条街，两旁有较完整的明清民居建筑群。峡阳民居俗称"土库"，为封火砖墙围合、多进院落组成的达官富豪宅第，以气势宏伟、用材硕大、结构独特、雕饰精美而著称，现存"土库"较典型的有大园、石坂坪、大衙、进士府、下马坪等（图 2-1-22）。

连城县宣和乡培田村在明清时期是汀州府通往连城、永安官道上的驿站，经济上又是汀州府、漳龙道之间商品物资的水陆中转站，因此出现了经济发展、商贸活跃的盛况。培田村被誉为"辉煌的客家庄园"。培田村古建筑群由30幢大宅、21座祠堂、6处书院、1条千米古街、2座跨街牌坊（图 2-1-23）、4座寺庙道观组成，其布局讲究，设计精巧，工艺精湛，为全国重点文物保护单位。

泉州市泉港区后龙镇土坑村自刘氏迁此开基创业，至清康乾时期进入鼎盛。为官或经商者荣归故里皆建造豪宅，明、清时期建有大厝40多座。这些民居每座既是二进或三进的独立建筑，又与邻座连成整片民居群，以刘氏家庙为中心，南、北侧各四排，前后平行排列。古民居规模壮观，装饰华丽，石雕、木雕、砖雕、灰塑等各种手法并用，尤其是精湛的石雕，令人叹为观止（图 2-1-24）。

龙海市东园镇埭尾村四面环水，水通九龙江南溪和西溪。南溪港曾是繁荣的闽南重要古港，船只可直通厦门、台湾。埭尾水上古民居群傍水而建，坐北向南有序排列。整齐划一的街巷、秩序井然的布局、风格统一的民居，是该村落最鲜明的特色，其规划布局的完整性在全省现存的传统聚落中十分罕见（图 2-1-25）。

福安市溪柄镇楼下村位于柏柱洋盆地，是闽东现存山地聚落的一个典型。村中成片成组地保留30多座传统建筑（图 2-1-26），以民居为主，多为大型木构建筑，形制相对统一。民居以楼居为主，二楼一般全部开敞，可进行晾谷、打谷、酿酒等生产劳作，并作为谷仓，其平面布局和建筑形态独具特色。古民居的门窗隔扇雕刻精美，楹联、匾额、灰塑作品等随处可见。

连城县四堡乡是中国明、清时期四大雕版印刷基地之一（图 2-1-27）。原有书坊堂号60余个、150多处，从事雕版印刷业者占总人口60%左右，可谓"家家无闲人，户户有书香"。四堡书坊建筑群为全国重点文物保护单位，多为四合院式土墙木构民居，中轴线上有前厅、中厅、后厅，两侧各有1~3排横屋，周以围屋或围墙，便于聚族而居，又适合作为家族雕版印刷作坊。现存明、清书坊建筑80余处，较典型的有大厅厦、林兰堂、中田屋、素位堂、子仁屋等。

图 2-1-22　南平市延平区峡阳镇下马坪土库

图 2-1-23　连城县宣和乡培田村口的"恩荣"牌坊

图 2-1-24　泉州市泉港区后龙镇土坑村

图 2-1-25　龙海市东园镇埭尾村

图 2-1-26　福安市溪柄镇楼下村刘氏宗祠

图 2-1-27　连城县四堡乡雕版印刷展览馆

第二节 古城、城堡

一、武夷山城村汉城遗址

城村汉城遗址（图2-2-1）位于武夷山市兴田镇城村西南1.5公里的低山丘陵。1958年发现，1959年开始发掘，1980年开始全面勘探和重点发掘。经发掘考证，为西汉时期闽越国王城，年代上限不早于汉高祖五年（公元前202年），下限止于汉武帝元封元年（公元前110年）。

城址平面近似长方形，南北长860米，东西宽550米，占地面积约48万平方米。城墙大部分建在起伏的山丘上，依山脊修建，用黄土夯筑而成，宽约6～8米，周长2896米。墙外少数地段地形陡峭，东、西、北三面崇溪环绕。东、西城垣共保留3处豁口通道遗迹，应为当年的城门所在（图2-2-2）。

城内高胡坪、下寺岗尚存有大型宫殿或台榭建筑群遗址。以高胡南坪建筑规模最大，占地面积达2万平方米。这是一组封闭式的宫殿建筑群基址，坐北向南，位于砖包砌的台基上，由前庭、中宫、后院组成。前庭平面呈长方形，庭外东、南、西三面为厢房，南面开两个大门，北面与中宫相连接。中宫有中央主殿及其两旁的侧殿和东、西天井。主殿面阔五间，进深六间，面积约930平方米，是一座木地板架空的木构宫殿建筑。后院有院、廊、水井、围墙等。

城外有庙坛、冶铁作坊、官署建筑、居住区、陶窑址、墓葬区等遗迹。出土数以千计的陶器、铁器、铜器和大量砖瓦等建筑构件，器物的形制和装饰具有明显的地方特色，板瓦、筒瓦、瓦当等具有西汉初期的特点。

城村汉城遗址是江南保存最完整的汉城遗址，也是2000多年前闽越文化的实物例证。1961年福建省人民委员会公布为第一批省级文物保护单位，1996年国务院公布为第四批全国重点文物保护单位。

二、惠安崇武城

崇武城（图2-2-3）位于惠安县崇武镇崇武半岛东端海滨，左扼湄洲湾，南控泉州港，面对台湾海峡，形势险要，是我国东南海疆的军事要塞。

明洪武年间，江夏侯周德兴奉命经略海防，设"崇武守御千户所"，始建城池，置千户所，以备防

图2-2-1 武夷山市城村汉城遗址

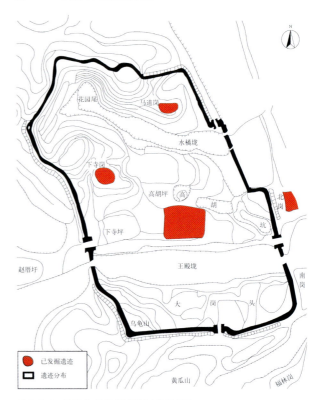

图2-2-2 武夷山市城村汉城遗址总平面图

图2-2-3 惠安县崇武城

御,并于明洪武二十年(1387年)重新修整崇武石城。至清代,先后进行过18次大规模整修。崇武城平面呈梯形,占地面积约37万平方米,设4个城门(图2-2-4),并建门楼;东、西、北三门各有城门两道,加筑月城;南城门外筑照墙为屏蔽。现存城墙周长2567米,城基宽4米,高(含女墙)8米,外侧用条石丁字砌,内侧用块石和鹅卵石花砌,中间夯以三合土。上有跑马道两或三层,垛口1304个,箭窗1300个,方形望敌台5处。城内有军房987座,设公署、兵马司、演武厅、仓廒、铁局等(已圮)。城内外有井15口,4条排水沟通连大海。

崇武城是福建现存规模最大、防御体系最完整的明代所城,1985年福建省人民政府公布为第二批省级文物保护单位,1988年国务院公布为第三批全国重点文物保护单位。

三、霞浦大京城堡

大京城堡位于霞浦县东冲半岛东侧的长春镇大京村,是当时福建海疆四大所城之一。大京,亦称大金。明洪武二十年(1387年),江夏侯周德兴奉旨兴建城堡,并在此设"福宁卫大金守御千户所",以防倭寇侵扰。明万历二年(1574年)扩建,初建"周长三里许,后扩建为五里"。

城堡平面呈长方形,北面靠山,东、西、南各设一城门;东门加筑瓮城(图2-2-5),开双重门,砌石缝均以铁水浇固。城上窝铺、炮位等设备齐全,与外海烽火门、南日山互为犄角,形成坚固的防御体系。面海城墙外有长850米的护城河环绕。城墙(图2-2-6)用方块乱毛石干砌,依山势砌筑,长2815米,高6.5～9米不等,基宽5.2米,顶宽3.6米,有城垛8个。西门屏壁上有"千户福宁"、"海涯屏藩"题字。城内古街道长1200米,宽7米,以条石拼铺。还保存有4座木亭,明万历年间、清康熙年间开凿的水井,明万历二年拓建西南城碑记等。

大京城堡是福建目前保存较好的海疆城堡之一,1991年福建省人民政府公布为第三批省级文物保护单位。

图2-2-4　崇武城南门

图2-2-5　霞浦县大京城堡东门(瓮城)

图2-2-6　大京城堡城墙

四、漳浦赵家堡

赵家堡俗称赵家城,位于漳浦县湖西畲族乡赵家城村,始建于明万历二十八年(1600年),是赵宋皇族后裔修缮而成的大型城堡。

赵家堡始祖赵若和是宋魏王赵光美的十世孙,宋理宗时封为闽冲郡王,宋末随宋端宗赵昰南逃,在广东崖山一战中逃出,辗转至漳浦。后裔匿名赵姓为黄姓,隐居于此,明洪武间复姓。明隆庆年间十世孙赵范以进士官至浙江按察使司副使。致仕后，深感沿海长期倭患猖獗，"就寻先王缔造故处"，按北宋故都汴京布置立意，修建了该城堡，以寄托对祖先帝业的思慕。万历四十七年（1619年）赵范之子赵义扩建了外城和府第，崇祯七年（1634年）又续建了一系列堂屋，家族世代聚居。

赵家堡南靠丹灶山，北对朝天马山，城墙北向为官塘溪，由外城、内城和完璧楼三个部分组成，平面基本呈方形，占地面积约10800平方米（图2-2-7）。外城墙周长1200米，基宽4.3米，高6.3米，墙体为条石砌基的三合土墙，上有城垛。开4个城门，均建有城楼，南门因风水的缘故不用。现存3个城门，门额为石刻横匾，东门镌刻"东方矩障"，西门为"丹鼎钟祥"，北门"硕高居胜"为正门，设瓮城（图2-2-8）。内城位于外城东南侧，周长222米，高6.2米，中心建完璧楼。城堡正中主体建筑为4座并列的府第（俗称官厅），两侧建3组厢房。府第前与城北墙之间开莲花池，池塘被长堤分成内外两个，内池建由石梁桥与石拱桥组成的汴派桥。池东建两组各三座五开间的堂屋，两组堂屋之间为辑卿小院，作为居住区。池西为小山，布置了佛庙、禹庙和聚佛宝塔等祭祀建筑，庙周围保存了一批原始状态的岩山，留下了历代碑刻十几处，形成一个园林区。

官厅为四座同样式的府第，均为五进深，占地面积7263平方米。正座面阔19米，进深67.4米，厢房由两列相对的平房组成（图2-2-9）。主座第一进为独立的平房，既作为照壁，也可供居住。第二进为正门，依次为门厅、正堂、后堂、后楼。正厅面阔五间，进深三间。第五进为两层楼阁，俗称梳妆楼，为内眷住宅。主座前三进已维修，后两进仅存残墙。府第前宽阔的广场用石板铺成，广场上遗有上马石、旗杆石底座等遗物。

完璧楼是赵家堡中最具有防御能力的堡垒（图2-2-10）。该楼为三层，平面呈正方形，边长22米，高13.6米。一、二层各10个房间，三层无隔墙，作回形大通间。天井比楼底层低1.2米，西北角设石台

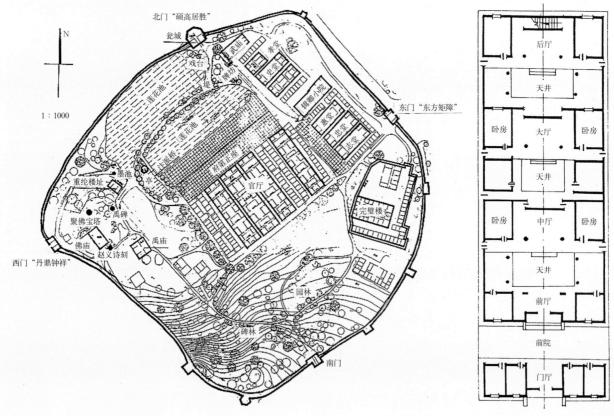

图2-2-7 漳浦县湖西乡赵家堡总平面图

图2-2-9 赵家堡官厅正座平面图

图 2-2-8 赵家堡北门"硕高居胜"(瓮城)

图 2-2-10 赵家堡完璧楼

阶，台阶边开暗道直通城外。土楼内外墙都用三合土夯筑，楼墙开枪眼，底层用条石纵横交错砌筑，厚1米。楼门北向，大门上建木结构雨棚，门额嵌青石匾，镌刻"完璧楼"，取完璧归赵之意。与楼门相对的是一座五开间的二层小楼，两边两座小平房，围成一个前院，院中有一口水井。整组建筑占地面积814平方米。

赵家堡内还有上下三堂，为六座基本同式的堂屋群。靠南侧一组为上三堂，称志堂、忠堂、惠堂。北侧一组为下三堂，称守堂、史堂、孝堂。堂屋均以门厅、天井、庑廊、后堂组成，围绕着每组的左、右、后建有三组厢房。

赵家堡具备了防御、居住、生活等功能需要，是一个闽南城堡建筑的博物馆。1985年福建省人民政府公布为第二批省级文物保护单位，2001年国务院公布为第五批全国重点文物保护单位。

第三节 古镇

一、宁德市蕉城区霍童镇

（一）古镇概况

霍童镇位于宁德市蕉城区西北部，镇中心霍童村距宁德市区49公里。

霍童镇坐落在河谷盆地之中，霍童溪由西北向东南穿盆地而过，霍童山绵延溪流两岸。古镇在霍童溪南河谷曲折的凸面发展起来，三面环山，一面靠水（图2-3-1）。

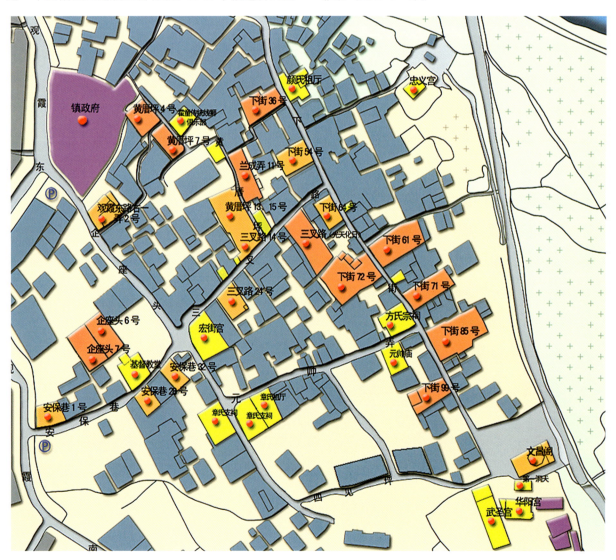

图2-3-1 宁德市蕉城区霍童镇总平面图

霍童山属于鹫峰山系，在山中常可看到一缕缕云雾飘起，形成"山峰隐紫雾，万云叠海间"的自然奇观。霍童溪集松溪、政和、周宁、屏南、宁德五县之水，经八都入海。霍童的青山碧水吸引了许多佛、道修行者和文人墨客。霍童山成为福建道教发展的重要基地，被道教封为"三十六洞天第一"，有"仙窟"之誉；霍童支提山作为天冠菩萨的道场，被尊为佛教的"天下第一山"，有"佛巢"之称。

霍童开发于周秦，先秦时就有中原汉人迁入闽东开发霍山，此后北方移民与众多修真之士相继在此落脚。隋唐时期，随着以朱福和黄鞠等为代表的中原大族的入迁，先进的中原文化和生产技艺被带入，霍童的生产和经济得以升华，逐渐成为宁德西北商贸、经济、文化往来的中心集镇。凭借便捷的通海水路，霍童镇上连周宁、屏南、松溪、政和数县，下及三都澳沿岸的宁德、霞浦、福安、罗源等地，成为方圆数百里海产品与山货的集散地。现霍童镇仍为邻近咸村、洪口、赤溪、九都4个乡镇、10多万人口的商贸集散地。

霍童镇旧时的街市以石板条铺路，长达2公里多。街面店铺林立，衣食住行无所不有。如今的下街，仍保留约1公里的古街，有些民居的大门旁还立着柜台。与下街垂直相交的是三叉路，三叉路与安保巷相连，称为"横街"。与横街垂直相交、形成十字交叉的街巷是企座头与四见坪，称为"直街"。下街、横街、直街是霍童古镇的主街，横街与直街的交会点是最繁华的地段（图2-3-2）。其他街巷分别与主街或垂直相交，或回环交错。小巷较窄，一般仅容两人侧肩而过。

霍童镇的入口由文昌阁（图2-3-3）、武圣庙、华阳宫和功德坊组成。镇内分为万全境、华阳境、忠义境和宏街境，四境以各自的宫庙（万全宫、华阳宫、忠义宫和宏街宫）为中心展开布局，表现出浓郁的宗教精神。

霍童宗祠的建筑风格大同小异，布局为门楼、下厅、两庑走廊接上厅，前设半月池，有的还设"砚池"等，寓后世书香不绝。

霍童各姓的民居分别以各自宗祠为中心展开布局，相对集中居住。民居中有以姓氏聚居的建筑群，

图2-3-3 霍童镇文昌阁

当地称"某厝里"。结构是数座住房比邻而建，只用一道照墙相连，设一个公共的门楼或门亭，门楼大门一关，便成了一座城堡。在霍童，规模较大的有"黄厝里"、"颜厝里"、"陈厝里"等。

（二）建筑特色

霍童的古建筑以民居建筑最为精彩，保存较好的古民居基本分布在下街、横街、企座头与黄厝坪两侧。霍童民居主要有两种平面布局形式：一种是前店后宅式，一般位于街市之上；另一种是纯住宅式，一般以四合院为基本组成单元，入口门厅，中设屏门，正屋面阔五开间，两侧厢房或廊庑，内合天井。在此基础上纵横发展，形成多进的住宅，在地形许可的情况下左右灵活布置侧屋。由于地狭人多，民居以楼房为主。门厅多为1层，主楼2～3层。

民居的门楼一般以三跳或四跳的斗栱挑出木披檐，两边出垛头拱卫。门楣上既有灰塑、彩绘，又有匾额、对联、字句，精美中蕴含文化气息。

封火墙为青砖空斗墙，高高耸起的墙垛形如马鞍。建筑装饰以木雕、灰塑、彩画见长。木雕主要集中在大厅的梁枋间、雀替、斗栱、斜撑、屏门、窗户、神龛以及神主牌位等部位。灰塑、彩画主要在门楼与封火墙的垛头以及门楣、照壁等处（图2-3-4）。

霍童镇下街99号陈宅建于清中期。二进三开间布局，楼梯设在一进右廊中。大门挑出的木门楼雀替、三跳斗栱木雕精细，两边垛头拱卫，狮子绣球等灰塑立体生动。门额中书"瞻仰聚星"，两边是动植物、人物等灰塑。由门楼进入室内，迎面是照墙，保证了住宅的私密性。左右两侧均有门进入内部，由庭院两厢的廊道通往厅堂。主厅堂2层，高大开敞，采用抬梁、穿斗混合式木构架，梁枋间木雕形象生动（图2-3-5、图2-3-6）。

霍童镇三叉路8号黄宅建于清乾隆年间。平面为四进五开间，边厢部分受地形限制不完全对称。大门门楼较为完整，垛头的灰塑做工精细。第一进

图2-3-2　霍童古镇街巷

图2-3-4　霍童镇民居入口门楼

屏门由四扇隔扇组成,隔扇木雕精细、繁复。大厅上的匾额"福膺天爵"为镏金大字。二楼厅堂神龛的木雕精致。二楼正中部分左右各开一圆窗洞,内嵌立体透雕,为莲花、水仙等花草造型;侧圆窗中设有"前后双面狮"镇煞。第二进大厅因占据三开间显得特别开阔。第三进屋顶正中设一瓦镇辟邪(图2-3-7)。

二、顺昌县元坑镇

(一) 古镇概况

元坑镇位于顺昌县西南部,距县城17公里。

元坑镇地处山环水抱的山间盆地。盆地西南是大明山、金笼山。蛟溪出于两山之间,环绕古镇的西面,然后从盆地北面的鞍山、光济山之间穿出,北流汇入金溪。

元坑最早的名字是"九村",其范围包括元坑盆地内的元坑、东郊、峰下(今福峰)、村尾(今秀水)、

图 2-3-5　霍童镇下街 99 号陈宅门楼立面图

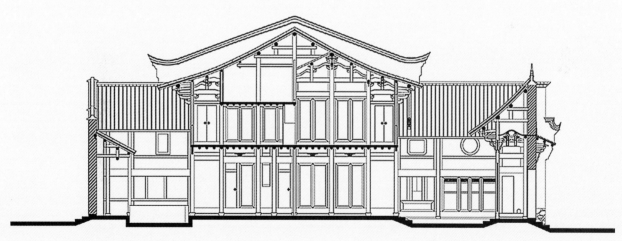

图 2-3-6　霍童镇下街 99 号陈宅剖面图

图 2-3-7　霍童镇三叉路 8 号黄宅剖面图

后福、光济山、方厝等9个村落。现元坑镇区由东郊、秀水、九村、福峰4个行政村组成（图2-3-8）。

元坑盆地在远古时期就有人类居住，但得到开发是在北宋时期。历代先民平整田畴，兴修水利，创建祠堂，修建庙宇、桥梁，至明代基本形成现有的聚落格局。这里崇文重教，宋至清代有进士百余名。北宋理学大师杨时、游酢和南宋名臣廖刚、朱熹的得意门生廖德明等人，都在元坑留下丰富的人文史迹。

历史上元坑是建宁、泰宁、将乐等县通往南平、福州的要衢，贯穿元坑境内的金溪是明清时期闽北重要的水运通道之一。因此这里成为商贸中心，边贸和经济十分繁荣。清代至民国，是元坑各家族的发达时期，也是元坑与外界联系最多的时期。许多元坑人在外做官或经商，返乡后纷纷倡修祠堂、建筑豪宅，至今古镇仍保存不少工艺精湛的古建筑。

古镇的布局依山就势，由东往西展开。九村是蔡姓与朱姓的聚居地，秀水主要是吴姓与张姓聚居，东郊是陈姓的聚居地，福峰则是萧姓的聚居地。各姓的祠堂建在村落的高处，或交通便利之处，民居以宗祠为中心布置。由于地形限制，建筑的布局不拘泥于南北朝向，而是依山形水势建造。

元坑古镇至今完整保留着古街古巷和沟渠水网。福峰村的东面为镇政府所在地，绝大部分民居在村落西面，古街格局保留完整。九村的路网复杂

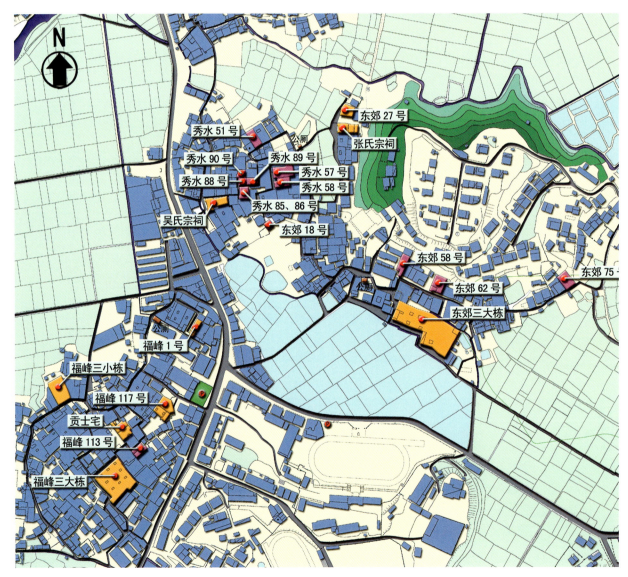

图2-3-8 顺昌县元坑镇总平面图

多变，主要街巷在交会处会留出一定的空间，称为"空坪"，成为村民日常聚会的小广场。东郊村的建筑依龟山西麓、南麓而建，南麓以岭头街为中心分成南、北两部分，地势北高南低。秀水村的南部建筑群与东郊的建筑毗连，北部建筑群依光济山南麓而建，古民居相当密集，街巷保存非常完整。水圳傍路而行、穿村而过，既为村民洗涤、冲污提供便利，也使古街巷充满韵味，在古朴之中不乏活泼灵动。

（二）建筑特色

1. 祠堂

祠堂是元坑最威严也最精美的建筑，有砖雕精细的门楼、木雕繁复的门厅（兼作戏台）、空间高大的厅堂，有的还附设书斋。现存较好的祠堂有九村的蔡氏宗祠与朱氏宗祠、秀水村的吴氏宗祠、东郊村的张氏宗祠（图2-3-9）。

蔡氏宗祠建于清乾隆二十五年（1760年），占地面积402.17平方米，坐东向西。中轴线依次为门埕、门楼、门厅、天井、大厅、后天井，前天井两侧设回廊，主体左侧有一座学堂。围墙左侧建外门楼，围墙前有池塘。该祠的砖雕门楼极为精彩，为六柱五间五楼八字牌坊式，屋顶仿木构砖雕斗栱承托出檐，壁面砖雕为历史典故、花草、祥禽瑞兽以及菱花纹、金钱纹（图2-3-10）。封火墙跌落，墀头翼角飞翘。大厅为抬梁、穿斗式木构架，悬山顶。

吴氏宗祠建于清嘉庆元年（1796年），占地面积302.48平方米，坐西北向东南，由门埕、门楼、门厅、大厅、天井等组成。天井中有两口水井，寓意为双龙之眼。门埕前戏台已毁，现门厅兼作戏台。砖雕门楼为六柱五间五楼八字牌坊式，以砖雕斗栱承托出檐，壁面砖雕丹凤朝阳、文房四宝和花格等图案（图2-3-11）。门厅、大厅明间为抬梁式构架，厅堂前廊与天井两侧廊均施卷棚轩顶。柱础有方斗状、南瓜状、瓶状和圆形等，其中瓶状柱础高1米多，造型独特。

2. 民居

元坑古镇保存较好的古民居有70多座，多为清代建筑。依规模可分成小型、中型和大型民居三类。小型民居数量最多，平面布局为三合院式和四合院式。中型民居的形式多样，有纵深多进式，也有左右多路并列，或在中轴建筑的两侧设侧屋。如福峰村贡士宅的布局为三进三开间，但后堂由3个

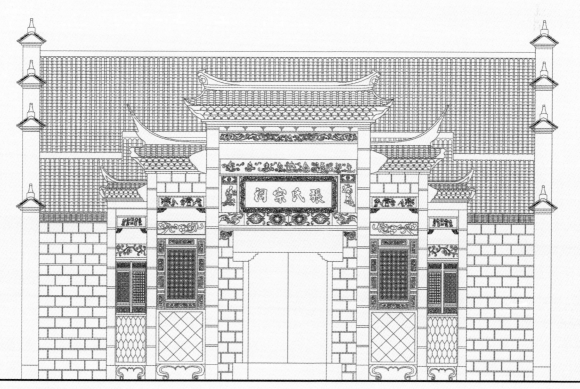

图2-3-9 元坑镇张氏宗祠立面图

图 2-3-10 元坑镇蔡氏宗祠

图 2-3-11 元坑镇吴氏宗祠

并列四合院组成。大型民居由多进多路合院并列组合而成，当地称之为"三大栋"。元坑现存的东郊三大栋、福峰三大栋和福峰三小栋，其布局极有特色，是元坑豪富之家的体现。

元坑陈氏民居（即东郊三大栋）为省级文物保护单位。该宅建于清中期，坐东北向西南，由一字排开、大小不一的六路合院式建筑相邻共建而成，各路二至四进不等，内部由廊院相接，占地面积4718.76平方米（图2-3-12、图2-3-13）。建筑群南筑围墙，东蓄池水，西、北两面沟渠环绕。每座院落结构、布局基本相同，布局为门、前厅、正厅、后厅，前、后厅之间设置天井、回廊和一处凉亭。院落沿轴线前后多进相接，设前、中、后院门，自成天地。左右各座又在大厅前廊处设门，相互贯通。该宅大门的门罩为木构披檐，以造型别致的象鼻承托。宅内梁架、雀替、窗扇的木雕精巧生动。大厅以太师壁分隔前后堂，太师壁两侧上部设神龛，神龛镏金，木雕十分精美。

3. 宫庙

东郊新庙为省级文物保护单位。该庙奉祀吕洞宾，由大殿及戏台组成，保存较多早期建筑手法。庙坐北向南，面阔三间，进深七柱带前廊、后天井，抬梁、穿斗式木构架。庙的对面建有戏台。戏台高1.5米，面阔三间，进深二间，台前设廊，单檐歇山顶，梁枋雕饰"福"、"禄"、凤凰、梅花鹿、牡丹等图案。

三、平和县九峰镇

（一）古镇概况

九峰镇位于平和县西南部，距县城47公里。

九峰镇地处九峰溪畔，四周群山环抱。城区北依县后山，南以塔山为案山，碧绿的溪水自东向西绕城而过，形成"枕山襟河"的格局（图2-3-14）。

九峰又名"九和"，古有闽越人散居其间，元末明初为南靖县地。明正德年间，时任都察院左佥都御史的王守仁（世称阳明先生，卒谥文成）奉旨率师征剿闽粤边界"贼寇"，奏请朝廷"添设县治以控贼巢，建立学校以易风俗"。正德十三年（1518年）获准置平和县，县址几经选择，设在地形险固的九峰。之后，筑城墙、建县署、双塔，辟九街、十八巷。同时，建文庙、文昌宫、明伦堂、城隍庙等，传入孔子、朱熹等学术思想。至1949年7月县政府东迁小溪镇，历经431年，九峰都是全县政治、经济、文化的中心。现古镇有保存完好的宫庙、宗祠、民居、双塔、牌坊等古建筑近60座，还有俞大猷纪事碑刻、王文成祠碑记等文物。

九峰西与广东省饶平县、大埔县交界，是闽粤边境的交通要衢。九峰溪向西汇入韩江，明清时船只可通航至潮州，两省的商品、客流在此聚散。优越的区位和便捷的交通，使九峰成为沟通闽、粤2

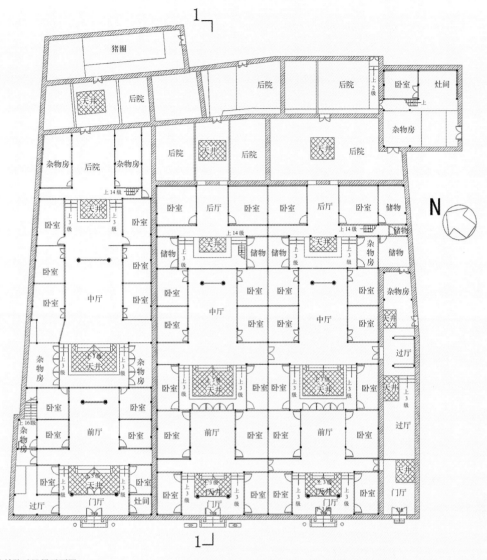

图 2-3-12　元坑镇陈氏民居平面图

图 2-3-13　元坑陈氏民居剖面图

图 2-3-14 平和县九峰镇总平面图

省 4 县 10 个乡镇的贸易中心和闽西南最大的茶叶市场，素有"闽粤边贸重镇"之誉。

九峰目前聚居的主要有曾、朱、杨、李、龚等姓，建筑布局体现了血缘聚落的特色。如西街主要是曾姓的聚居地，在主要路段修建了曾氏家庙。各房又建造了支祠，各房住宅以各自的支祠为中心展开布局。镇内最有特色的是西街下街巷这段古街，为民国时期著名的商业街，现还基本完整保留骑楼建筑的特点（图 2-3-15）。

九峰是客家人聚居地。这里既是客家文化与闽南文化交融之地，也是闽粤文化习俗交汇之地，集众多民俗风情于一体，因此古建筑具有独特的艺术魅力。

（二）建筑特色

1. 宫庙

宫庙建筑是九峰现存古建筑的重要代表，最著名的是城隍庙、文庙。

平和城隍庙介绍详见第三章。

平和文庙为省级文物保护单位，始建于明正德十四年（1519 年），明嘉靖、万历、清康熙年间重修，现仅存大成殿与明伦堂。大成殿坐北向南，占地面积约 500 平方米，面阔五间，进深三间，四面出廊，抬梁式木构架，重檐歇山顶。梁架上瓜柱、穿枋多作浮雕、透雕，殿内一对盘龙石柱，雕刻生动精美（图 2-3-16、图 2-3-17）。

2. 祠堂

九峰现存的祠堂数量不少，单曾姓祠堂就有十几座。这些祠堂以中湖宗祠、曾氏家庙、杨氏宗祠、朱氏宗祠最为典型。

中湖宗祠介绍详见第四章。

曾氏家庙始建于明万历元年（1573 年），后被烧毁，清雍正年间重建。占地面积 380 平方米，坐东向西，面阔三间，由下厅、天井、上厅组成，两侧设走廊。下厅与大门连成一体，大门设在中柱之间。大门两侧窗棂以"卍"字镂空石雕装饰，门前一对辉绿岩瑞兽抱鼓石。上厅进深三间，歇山顶，空间高敞明亮。厅堂梁架细部雕刻十分讲究，木构架和斗栱有 150 多组雕刻，图案生动逼真（图 2-3-18）。

图 2-3-15 九峰镇骑楼建筑

图 2-3-16 平和文庙大成殿

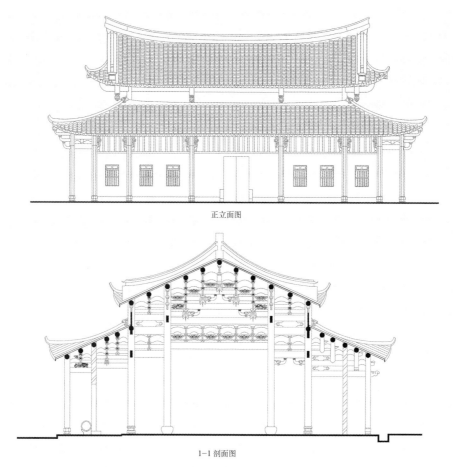

图 2-3-17 平和文庙大成殿立、剖面图

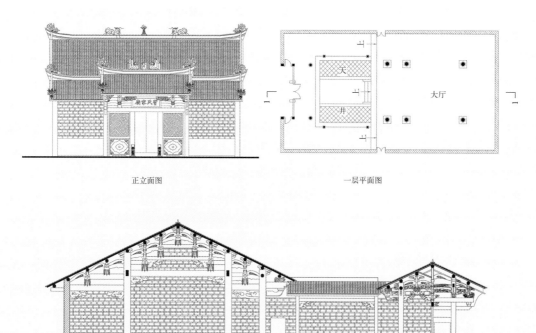

图 2-3-18 九峰镇曾氏家庙

图 2-3-19 九峰镇杨氏宗祠

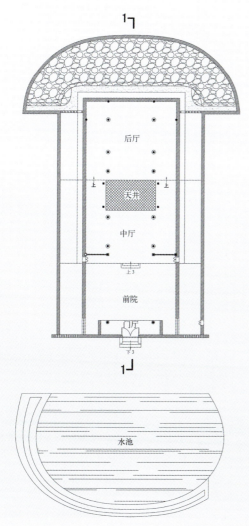

图 2-3-20 九峰镇杨氏宗祠平面图

杨氏宗祠又称"追来堂",为省级文物保护单位,建于清康熙年间,历代有重修,占地面积1876平方米,坐东北向西南,二进三开间布局,由半月塘、门楼、前厅、过水廊道、主堂等组成。主堂进深三间,空间高敞明亮,抬梁、穿斗式木构架,悬山顶。大门为五间三楼牌坊式,屋顶飞檐翘角,灰塑、剪粘造型生动;门脸上部为石窗,窗内透雕草龙组成"寿"字;墙裙以青石拼砌"亚"字形与龟田纹。门楼前一对雕饰双凤的辉绿岩抱鼓石。该祠门楼的做法与九峰其他祠堂不同,显得特别气派(图2-3-19～图2-3-21)。

3. 民居

九峰的传统民居类型多样,有前店后宅的骑楼建筑,有具有闽南民居特点的合院式民居,还有被誉为"世界建筑之瑰宝"的土楼。

合院式民居由门厅、天井和正堂组成,两侧为厢房;堂前有廊,堂屋三开间,明间为客厅,次间作卧室;大门一般略有凹进。向横向或纵向扩展,可形成中、大型民居。

九峰境内现存较好的土楼有40多座,主要为圆形、方形和半月形,采用单元式布局,各单元设独立门户和楼梯。龙见楼规模宏大,是单元式圆楼的典型。该楼建于清康熙二十年(1681年),坐北向南,高三层,外径82米,占地面积5278平方米。环周50个开间,各单元的平面布局均为前院、前厅、小天井、后厅和卧房。有八个合二为一的单元,即前院、前厅共用,后半部才完全隔开,成为两个单元。各单元二、三层朝向内院窗外,挑出窄窄的走廊,环楼户户相通。祖堂设在环楼后部居中的三个开间中。楼内为向心式大天井,面积961平方米,既增加了各单元的采光和空气流通,也成为公共活动的场地。

4. 牌坊

九峰的牌坊有功德坊、贞烈坊和百岁坊,以位于城隍庙旁的"龙章褒宠"坊最有名。

"龙章褒宠"牌坊于明隆庆元年(1567年)为旌表南京东城指挥司曾璋之父曾宗龄、母张氏而建。

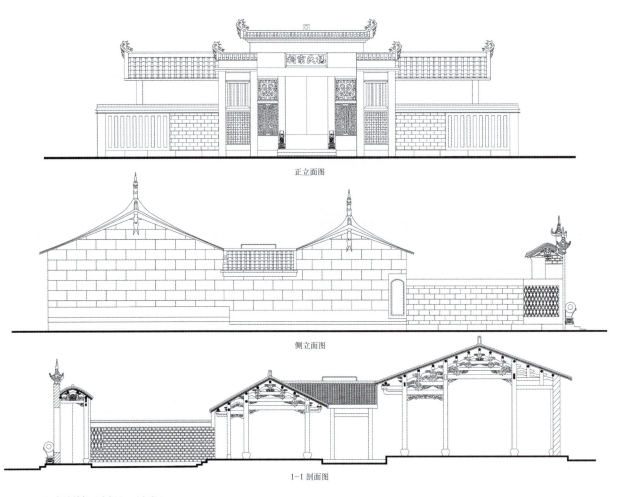

正立面图

侧立面图

1-1 剖面图

图 2-3-21 九峰镇杨氏宗祠立、剖面图

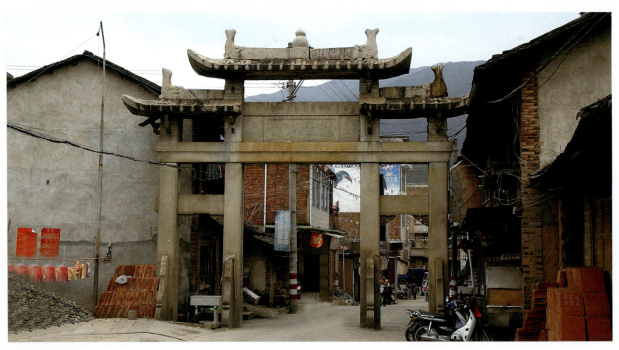

图 2-3-22 九峰镇"龙章褒宠"牌坊

该牌坊坐西北向东南，全石结构，四柱三间三楼，高10米，宽10.7米，方形石柱的柱脚置有夹杆石。坊顶盖下梁枋隔为三层，枋上刻有"恩荣"、"龙章褒宠"等字，各层有人物、花鸟等浮雕，工艺精湛（图2-3-22）。

四、永安市贡川镇

（一）古镇概况

贡川镇位于永安市北部，距永安市区16公里。

贡川镇地处河谷盆地之中，沙溪流贯南北，由东向西流淌的胡贡溪在此汇入沙溪。古镇远有群山环抱，近有二水绕流，形成了背山面水、山环水抱的格局（图2-3-23）。

贡川古称"挂口"、"发口"，意为枝繁叶茂的口岸。宋代以来贡川出了2名探花，16名进士，13名举人，24名贡生。因贡生迭出，又居沙溪之滨，明朝改名为"贡川"。贡川真正得到开发始于唐代。唐开元二十九年（公元741年），在朝廷任中丞之职的陈雍携子定居、开发此地，并带来了中原的儒家传统文化。陈雍后人陈瓘、陈渊都是宋代的理学家。唐末，黄巢起义军将这里作为军垦之地，后发展成村落。贡川为永安北大门，是九龙溪流域客家经济与南平、福州贸易交往的必经之地。宋代，贡川因水陆交通发达而成为物资集散地。明代中期，这里已是永安四大集镇之一。而且这里手工业和商业发达，贡川生产的草席被誉为"贡席"，笋干远销闽、浙、赣三省。

贡川的主街由龙凤路、四桥路、延城路和正顺巷（即原来的前街、后街、官街）组成，首尾相连形成环路。曲折幽深的巷道分布在主街围合的空间内，小巷两旁住宅密集，较有名的有禾鳝巷（旧名金狮巷）、胜利巷（旧名进士巷）、朱紫巷、后巷，其中胜利巷现存最为完整。路面主要用鹅卵石铺设，重要的巷道铺条石。以禾鳝巷为中心的区域，成片保留着一批家祠与民居，形成古意悠悠的氛围。很多公共建筑散落在街巷中，与周围民居在布局、结构、装饰等方面和谐统一。

（二）建筑特色

1. 城墙

贡川城墙为省级文物保护单位。贡川建城墙是为了防御匪贼而特批建造的。据《永安县志》记载："贡民谋筑堡，请诸抚、按、本道，咸报可。下本

图2-3-23 永安市贡川镇总平面图

府，于四十一年委官督造。"城墙于明嘉靖四十一年（1562年）修筑，东、南面环水，西、北面依山，环绕贡川镇一周，长2000米，高7米，有墙垛和瞭望口。设七个城门，由西到南到东到北分别为：延爽门（图2-3-24）、小水门、南门、新城门、临津门、攀龙门与观成门。除了小水门，城门上都建有城楼。墙基用鹅卵石、花岗石等砌筑，墙体为青砖包砌。砖上印有"贡堡"、"贡川"字样，并有烧制工匠的姓名。城墙现存约900米，城门现存5个，攀龙门至会清桥这一段城墙保存较为完整。

会清桥介绍详见第八章。

2. 宫庙

贡川庙宇之多居永安之首，现存最好的是正顺庙。正顺庙始建于宋代，清康熙五十九年（1720年）重建，祀日月盈光大帝谢佑夫妇。该庙坐西向东，占地面积237.3平方米，二进三开间布局，由门厅、过廊、大厅与后天井组成，重檐悬山顶。砖门楼为三屋顶跌落，砖雕精美。大厅中施藻井，藻井外为四边形，内为八边形，中彩绘双龙戏珠。大厅两侧壁画为山水、动物，淡雅古朴（图2-3-25、图2-3-26）。

图2-3-24　贡川城墙延爽门

图2-3-25　贡川镇正顺庙

3. 祠堂

贡川是多姓聚居的聚落，各姓都有宗祠或家祠。目前保留祠堂十几座，以陈氏大宗祠、机垣杨公祠、刘氏家祠、姜氏宗祠（图2-3-27）最有代表性。

陈氏大宗祠介绍详见第四章。

机垣杨公祠也称"宏绪堂"，建于清乾隆五十八年（1793年），坐西北向东南，大门朝西南。占地面积598.56平方米，四进三开间布局，由门厅、前厅、大厅与后院组成。四进建筑不在一条直线上，每进空间都转折一定的角度，估计是出于风水的考虑。该建筑的石雕门楼设在第二进，为三屋顶跌落，以二跳砖雕的丁头栱承托出檐；门楼砖雕牡丹、梅花、卷草纹等图案，均精细生动。前厅后的院落没有侧廊，是整幢建筑最大的庭院。前厅、大厅明间采用抬梁式木构架，而且一厅施两组连续的五架梁，比较少见。月梁、三架梁、脊檩、卷棚的檩都以雕花的垫托承托，垫托木雕构图复杂。穿枋处理成中间胖、两端卷翘的形状，形似飞翔的蝙蝠。雀替以镂雕花草为主。脊檩处理成梭状，中部雕绿地红花牡丹图案（图2-3-28）。廊檐以二跳丁头栱承托出檐。柱础造型多样，有镜鼓状、八角状、莲花状等。

4. 民居

贡川传统民居以合院式为主。平面布局有三个特点：一是入口处理独特。大门一般开在侧面。有些民居虽然门与厅的朝向一致，却偏一边，进门后是个小天井，天井的侧面再设一个门楼，转折进入建筑主体。

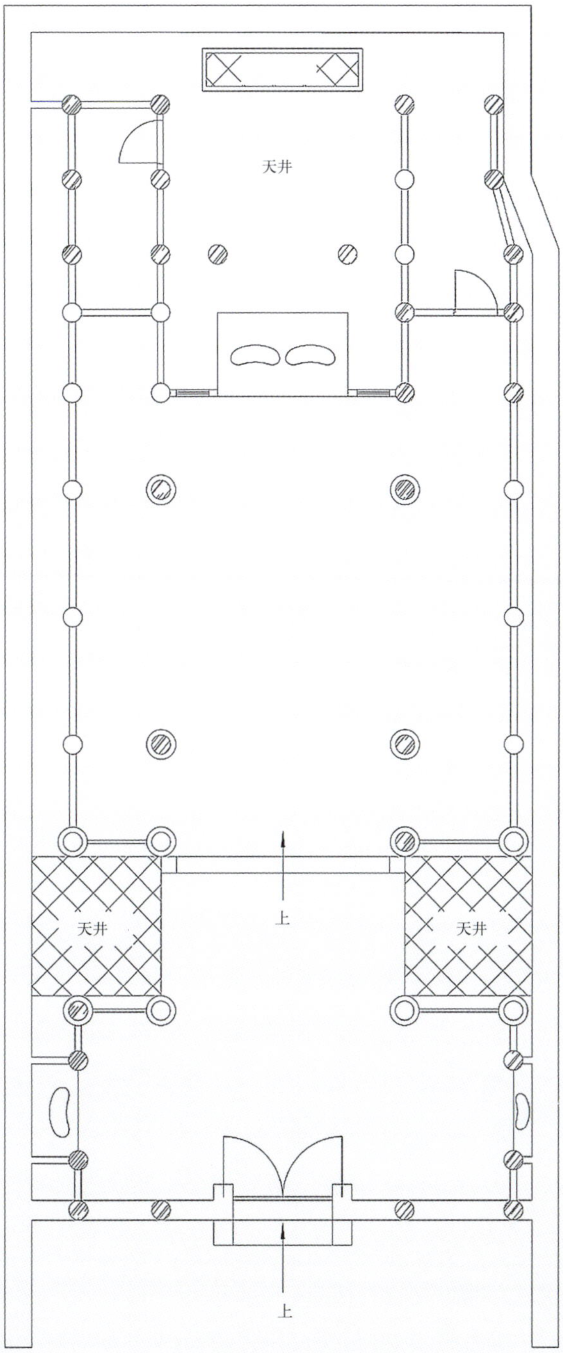

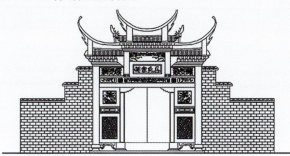

图2-3-26 贡川镇正顺庙平面图

图2-3-27 贡川镇姜氏宗祠立面图

图2-3-28 贡川镇机垣杨公祠梁架

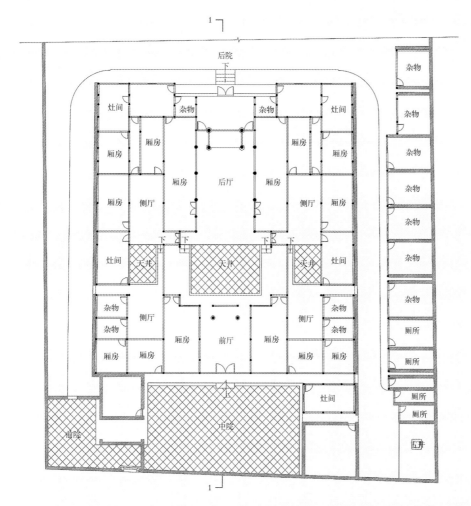

图2-3-29 贡川镇金鱼堂平面图

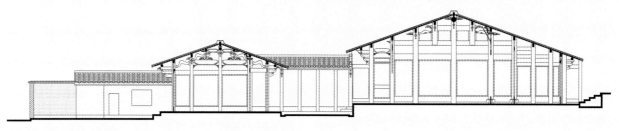

图2-3-30 金鱼堂剖面图

二是面阔大。面阔五间的民居非常普遍，面阔七间的为数不少。当地做法是将七开间的中间三开间或明间辟为厅堂，梢间或次间作为卧室，卧室的两侧为侧厅，侧厅前设置小天井，位于厢房的侧面。这样既巧妙地规避了"逾矩"问题，又满足了方便使用的需求。金鱼堂、严进士宅均属于这种布局。三是大宅中往往附设学堂或书楼、书院，用于培养本家子弟学文习武。现禾鳝巷6号姜宅、12号张宅还保留当年的书院、书楼。

金鱼堂建于明天启四年（1624年），占地面积1577平方米，坐西北向东南，二进七开间布局，由前厅、大厅与后院组成。主体建筑周围留通道，采光、通风良好。第一道门朝东南，第二道门转折朝西南，大门又转折朝东南，前厅内有一照墙。大厅中心三开间为主厅堂，两梢间开间较大作侧厅，前留小天井，尽间为卧室。不施柱础，有明代建筑遗风。挡溅墙墙头处理成葫芦状，灰塑彩绘淡雅。月梁、穿枋、雀替、廊檐等部位的做法与机垣杨公祠大同小异（图2-3-29、图2-3-30）。

5. 笋帮公栈

笋帮公栈为省级文物保护单位，建于清顺治三年（1646年），是我国迄今发现年代最早的笋业行会旧址。其占地面积约100平方米，坐北朝南，由门厅、天井、厢廊、大厅等组成，围以风火山墙。门厅、厢廊为一面坡顶，大厅为双坡顶，均为穿斗式木构架，大厅前部减柱造。大门上方石门匾刻"笋帮公栈"四字。

第四节 古村落

一、武夷山市武夷街道下梅村

（一）村落概况

下梅村位于武夷山市区东南12公里处，距武夷山风景名胜区仅4公里。

下梅村地处梅溪下游的冲积盆地，坐东向西，背倚黄竹岭，面对后山岭，南接芦峰，北连夏主岭。梅溪自北向西怀抱下梅后，汇入崇阳溪，与梅溪成"丁"字交汇的当溪呈东西向横贯全村。这里气候温和湿润，是盛产粮食、培育茶树的好地方（图2-4-1）。

3000多年前的商周时期，下梅已有了村落。北宋以前，下梅称"当坑坊"。从明代到清康熙初年，下梅逐渐发展成崇安县（今武夷山市）武夷岩茶制作、收购、贩卖为一体的茶叶集散地。康熙年间，以经营茶叶贸易致富的邹家出巨资对当溪进行改造，接通流到村口的梅溪，形成交通水网。乾隆、

图2-4-1 武夷山市武夷街道下梅村总平面图

嘉庆年间，下梅以茶叶交易为中心的经贸活动十分活跃。当溪两岸店铺林立，茶市兴盛，商业繁荣，"盛时每日行筏300艘，转运不绝。"下梅在陆路方面还曾经连接晋商路，山西榆次商人常氏就曾在下梅进行茶叶交易。

下梅的村落布局以长900余米的当溪为中轴发展起来，形成南北两条街，两街跨溪流有小桥相通。临水的街道以单坡顶覆盖，形成长长的风雨廊，两岸设美人靠。岸边设井台，堤边设踏步，方便人们汲水与洗涤。沿溪还修建了9处码头，供船只、竹筏停靠装卸（图2-4-2）。

村内建筑面水而建，沿街多为前店后宅的形式。邹氏家祠、镇国庙等主要的礼制中心、宗教中心均坐落在当溪两岸。下梅最大姓——邹姓村民的民居大都以邹氏家祠为中心，沿当溪两岸展开布局，方姓、陈姓等他姓民居相对距当溪较远。20多条窄巷或与两街垂直，或与古街平行，将村落推向纵深，营造出曲径通幽的氛围。

（二）建筑特色

1. 祠堂

邹氏家祠是下梅村唯一的祠堂，由邹茂章四兄弟于清乾隆五十五年（1790年）合资兴建，占地面积264.6平方米，坐北向南，由门楼、天井、祠厅等组成。九山跌落的砖雕门楼相当壮观，门楼为七间三门牌坊式，砖雕图案精美繁复。门前设有拴马石、抱鼓石。祠厅面阔三间，进深三间。主厅开敞式，两侧为房间，楼上设观戏台。最为独特的是，正厅的两根立柱用的不是大圆木，而是由4块90度角的木料拼成，寓意邹氏四兄弟团结一致共创家业。以硬木横向做成柱础，颇具当地特色。封火墙为双坡造型，线条优美流畅（图2-4-3）。

2. 民居

在清代，下梅首富邹氏家族模仿广州、苏州、杭州等地的建筑样式，结合本地特点，建造了70余座豪宅，方、岳、程、陈等几姓也修建了住宅，由此构成布局严谨、用材考究、工艺精湛的民居建筑群。

图2-4-2　下梅村当溪

图2-4-3 下梅村邹氏家祠

下梅古民居的平面布局大多以三合院为基本单元进行组合，天井狭长，两侧为廊，不建厢房。正厅高大开敞，廊檐出檐深远。以此为基础，往进深方向不断延伸，形成中轴对称、主次分明的二进、三进甚至四进、五进的深宅大院。民居的外墙底部用鹅卵石与条砖做基础，山墙多为青砖空斗墙，或青砖与夯土分段砌筑，顶部作跌落式或弧形。下梅民居几乎家家都有青砖雕砌的门楼或门罩，门楼上的砖雕图案题材丰富，造型逼真（图2-4-4、图2-4-5）。

下梅村中至今保存较完整的古民居30多座，最有代表性的当数邹氏大夫第、闺秀楼、儒学正堂、参军第、程氏隐士居。

邹氏大夫第介绍详见第五章。

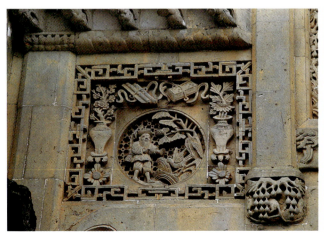

图2-4-4 下梅村砖雕1

图2-4-5 下梅村砖雕2

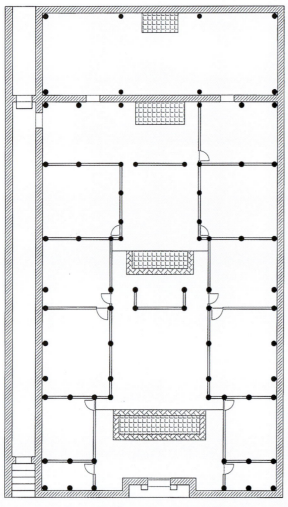

图 2-4-6 下梅村参军第平面图

图 2-4-7 下梅村参军第

图 2-4-8 下梅村参军第门楼砖雕

儒学正堂建于清乾隆年间（1736～1795年），占地面积588.9平方米，坐北向南，二厅三进布局，曾设私塾，上厅有赏月楼等附属建筑。出檐砖雕门楼保存完整，砖雕以浮雕为主，檐口作彩绘。厅堂面阔三间，进深二间，穿斗式木构架，木质柱础，硬山顶。大厅梁架、窗户木雕较精致，尤以窗棂为最。该宅因屋主陈镛获吏部赐授"候补儒学正堂"而得名，至今留有捷报、牌匾等。

参军第建于清乾隆年间。因方氏镇守边关的将士殉职，卫国有功，故宅居被封为"参军第"，至今"参军第"匾额保留完好。其占地面积410平方米，坐南向北，二厅三进布局。厅堂面阔三间，进深二间，木质柱础，穿斗式木构架，硬山顶。五山跌落式砖雕门楼非常精美，砖雕以浮雕为主，也有镂空雕，雕刻细腻生动，艺术价值很高（图2-4-6～图2-4-8）。

二、尤溪县洋中镇桂峰村

（一）村落概况

桂峰村曾名"桂岭"，又称"岭头"、"蔡岭"，位于尤溪县的东北部。

桂峰地处海拔550米的半高山谷地。村落背靠后门岭与后门山，两边以后门田等小山为砂山，前临峡谷，一条小溪由东到西贯穿全村，形成了藏风聚气、负阴抱阳的风水格局（图2-4-9）。

桂峰有文字记载的历史可追溯到唐乾宁年间，但当时尚未建村。南宋淳祐七年（1247年），蔡襄的九世孙蔡长为避战乱带着族人从莆田迁居到此，在今祖庙处结庐而居。至元代初年，桂峰其他族姓或外迁或消失，而蔡氏子孙繁衍很快，开始大规模开荒造田，建设村庄，桂峰逐渐成为蔡氏家族的独居地。

明嘉靖三十九年至清乾隆三十年（1560～1765年），是桂峰发展的鼎盛时期，有"小福州"

图2-4-9 尤溪县洋中镇桂峰村总平面图

之美称。主要原因是尤溪至福州的一条官道从桂峰经过，这里成为达官贵人、商贾小贩和艄排工人往返尤溪至福州的必经之地和食宿的唯一中转站。村中心的石印桥周围形成了商业、服务业的中心，酒肆、茶楼、旅馆、商铺林立。乾隆后官道改道，桂峰的商业也逐渐萧条。

明清时期，桂峰村功成名就者比比皆是，经商发财者不乏其人。他们广置田产，营造华屋，并建起蔡氏宗祠，重修蔡氏祖庙。现村中保存的近40座古建筑，是其悠久历史和经济繁荣的见证。

桂峰村的建筑因地制宜分布在三面山坡上。蔡氏祖庙和宗祠是村落的核心建筑，位于地势较平坦的谷地中。民居以祖庙、宗祠为中心，从下往上傍山而建，由山麓一直延伸至山腰。建筑结合地形的高差布局，层层叠叠，高低错落。四通八达的石台阶连接着每座房屋，不仅蜿蜒曲折而且还有高程变化。拾级而上，步步高升，颇有韵味（图2-4-10）。

以石印桥为中心，水街、下坪古街和百二层岭这三条主干道呈放射性分布。东西向的水街是桂峰最主要的街道。溪水将村落分为两大部分，建筑枕溪而建。下坪古街由南向北通往村尾的古官道，百二层岭则由北往南伸向村落的南坡顶。主干道的周围分布着长短不一的小巷。所有街巷的路面都用石板条或石块铺砌。

（二）建筑特色

1. 祠堂

蔡氏祖庙是蔡氏最早的肇基之地，始建于宋元时期，清乾隆五十五年（1790年）毁于火，次年重建。其占地面积1390平方米，坐南向北，由下堂、天井、正堂组成，天井左右为厢房。正堂三层，面阔五间，明间采用抬梁式木构架，次间与尽间为抬梁、穿斗式木构架，歇山顶。三楼大厅两侧分置两个圆形花窗，寓丹凤之双眼。门厅两侧也置两个圆窗，次间各置两扇大门。梁柱用材硕大，木雕雕刻细致，彩画色彩艳丽，笔触细腻（图2-4-11、图2-4-12）。

蔡氏宗祠建于清康熙八年（1669年），占地面积948平方米，坐南向北，二进五开间布局，单檐歇山顶。主体建筑由门楼华表、中堂、正堂组成，前为大埕，后有五层花台，天井两侧有厢房。正堂面阔五间，进深三间，抬梁、穿斗式木构架，梁架出二跳斗栱承托。木柱、梁架用料较大，多有雕刻、彩画。厅中悬挂清乾隆文华殿大学士兼礼部尚书蔡新题写的"人心知水源木本，庙貌报祖德宗功"联筒。门楼华表小巧华丽（图2-4-13）。

2. 民居

受到地形限制，桂峰民居的平面布局具有短进深、宽面阔的特点。民居以两进为主，大型民居最深的不过三进。民居面阔五开间极为普遍，大型民

图2-4-10 尤溪县桂峰村

图2-4-11 桂峰村蔡氏祖庙

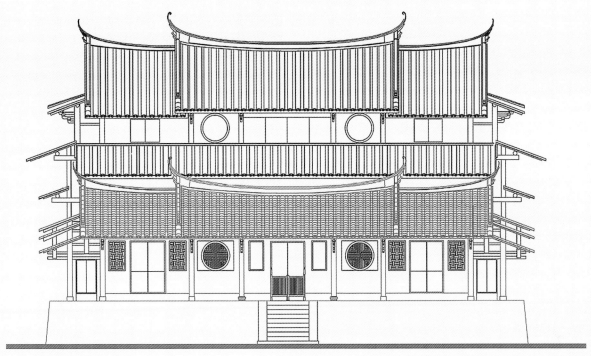

图 2-4-12　桂峰村蔡氏祖庙立面图

居的厅堂面阔甚至达到七开间。有些民居往平地发展的空间有限，只好往高处发展。一座民居各进空间往往不在同一等高线上，层高一至三层不等。

桂峰民居既具有独特性，又表现出对各地建筑风格的兼容并蓄。民居在三合院或四合院的基础上纵横发展，两旁的附属建筑根据地形、功能的要求灵活布置；天井较狭小，厅堂却高大开敞，以两至三层为主。这样的布局方法与闽北民居相似。屋顶正脊分成几段，由舒展平缓的曲线向两端吻头起翘成燕尾，这种做法有闽南建筑的特色。封火墙有弧形、马鞍形、折线形等造型，这是受福州地区建筑的影响。木雕、石雕、彩绘的工艺水平很高，木雕有闽东、莆仙木雕的精致，石雕则不失惠安石雕的细腻。为了培养本家子弟读书，几乎每幢大厝里都建有书斋。

现桂峰保存较好的传统民居有30多座，楼坪厅大厝、后门山大厝、后门岭厝、后门田厝、石狮厝、下坪街厝等较有代表性。

楼坪厅大厝又名"龙豪故居"，为省级文物保护单位，建于清顺治年间（1644～1661年），占地面积1200平方米，抬梁、穿斗式木构架，二进五开间布局，由大门、正堂、楼坪厅、书斋等组成，主体建筑两层。门楼左右各设一座钱库。正堂左侧为书斋，有洗砚池和石构花架。"楼坪厅"两侧为藏书楼等。大门额书"绩绍西山"，乃清顺治十三年（1656年）黄绍芳所题，两旁彩画古朴淡雅。梁架、隔扇的雕刻异常精细，挡溅墙泥塑、彩画形象逼真，富有立体感（图2-4-14）。

后门山大厝位于后门山地势最高处，乃全村的最高点，建于明末清初，耗时十年之久，占地面积3000多平方米。石砌护坡有14层，高近30米。建筑坐东北向西南，抬梁、穿斗式木构架，二进五开间。正堂两层，第二层后部有一圈走廊，可眺望四周风景。厅堂的梁架、槛窗木雕精致，题材多样。挡溅墙彩画与泥塑相结合，形象逼真。主体建筑右侧为附厝，左侧为附厝、书斋、书楼、洗砚池及崖刻。书斋正厅壁上贴有当年考取功名的捷报（图2-4-15～图2-4-17）。

图 2-4-13 桂峰村蔡氏宗祠

图 2-4-14 桂峰村楼坪厅大厝梁架

图 2-4-15 桂峰村后门山大厝

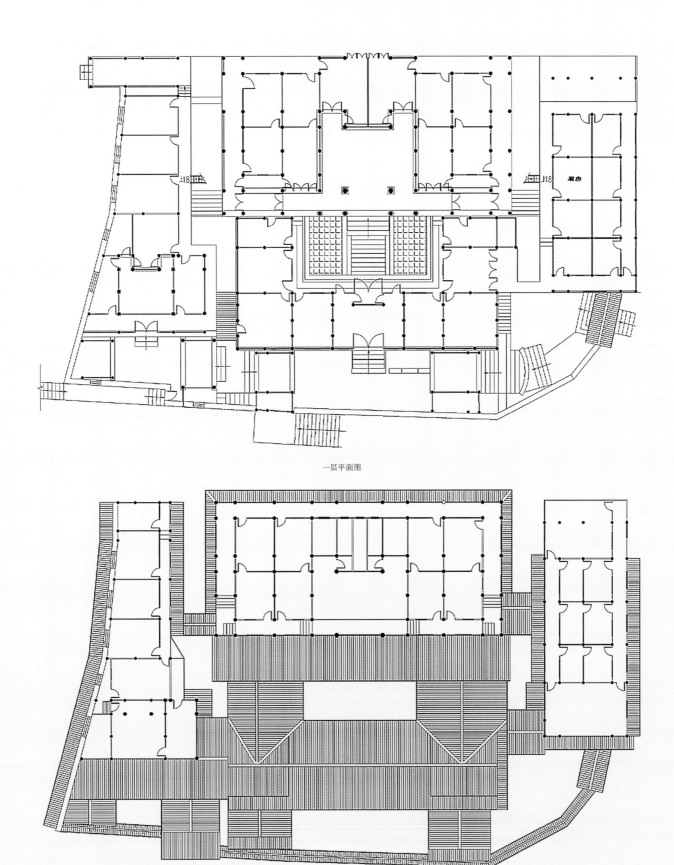

一层平面图

二层平面图

图 2-4-16 桂峰村后门山大厝平面图

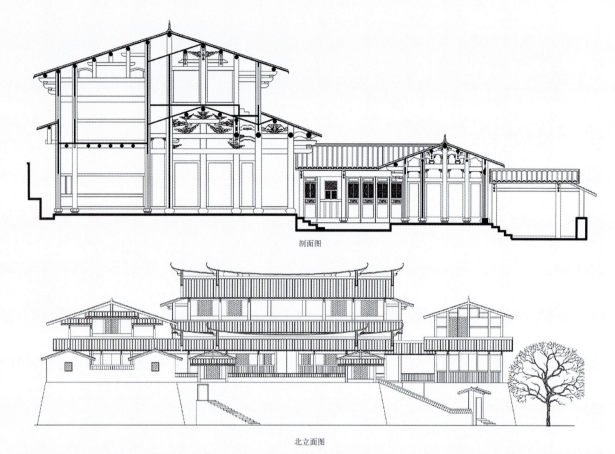

剖面图

北立面图

图 2-4-17 后门山大厝立、剖面图

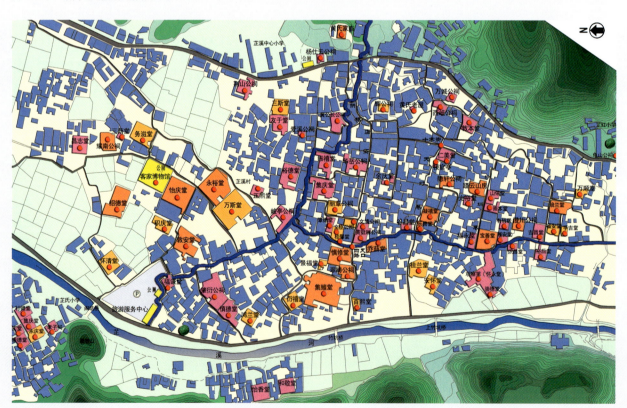

图 2-4-18 连城县庙前镇芷溪村总平面图

三、连城县庙前镇芷溪村

（一）村落概况

芷溪村位于连城县南部，距连城县城52公里，距龙岩市区65公里。

芷溪坐落在群山环抱的小盆地上，东面是连绵起伏的桃源山，芷水由东南向西北蜿蜒穿过村落，形成山环水抱、负阴抱阳的格局（图2-4-18）。

芷溪村包括芷溪、芷红、芷星、芷民、坪头、芷联六个行政村。北宋以前，邱、华两姓客家人就定居于芷溪。宋末元初和明成化年间，杨、黄两姓客家人先后到此开基。现芷溪人以黄姓、杨姓居多。黄、杨两姓的先祖分别在村落东面的桃源山、南面的背头山麓建宅立基，他们在地势较高之处奠定了祖祠的基址，并以此为基点，向地势较平坦的地方发展。民居的分布表现出以各姓各房分祠为中心，相对集中布局的血缘聚居的特色。从今天的聚落布局看，芷水东岸的芷溪、芷红、芷星主要是黄、杨两姓的聚居地，芷水西岸的芷民村是邱姓的聚居地。

由于人多地少，有许多芷溪人外出谋生，多从事商业活动，经商致富殷实之家不少。对外经商活动的成功带动了本地商业经济的发展。尤其是清康熙时期，随着朋口至新泉、新泉至上杭和潮州的航运开通，芷溪的商业发展到鼎盛，成为连南一带商业中心之一。繁荣的商业经济活动也发展了拱桥店、凉棚街、三角坪和十字街等几条繁华的商业街，如今拱桥店、十字街依然是芷溪的商业活动中心。

芷溪的路网较复杂。一条曲折的南北向的街道横穿全村，三条东西向的街道与横街相交，但有的街道在相交时有所错位，形成了两个"十"字街口与三个"丁"字路口。其余的街巷以这几条主街为中心，或平行，或以不同的角度交叉。最长的是东西走向的沙圳巷，长约500米，曲曲折折贯穿芷红大半个村子。小巷宽仅1米左右，两边是密集的住宅，户户相连，封火墙耸立。主要街巷边必伴有水圳。水圳或流经各家各户的门前，或流经农田与菜地，最后汇入芷水的水尾，作为排洪、灌溉、消防、洗涤之用。

（二）建筑特色

1. 祠堂

芷溪宗祠建筑为省级文物保护单位。芷溪宗祠有74座之多，目前尚存40余座，一部分建于明末清初，多数建于清朝中叶。其形制有两种：一种是纯粹的宗祠，仅用于祭祖联宗；另一种是祠居合一的建筑，中轴厅堂为宗祠，横屋为住宅。建筑形式以"九厅十八井"为主，门楼的设计精美，内部装饰考究。典型代表有黄氏家庙、翠畴公祠、澄川公祠、杨氏家庙、杨辉公祠等。

黄氏家庙介绍详见第四章。

翠畴公祠建于清光绪十八年（1892年），历时7年竣工，占地面积约900平方米，坐东向西，大门朝南。中轴线上依次为半月塘、雨坪、门楼、门厅、大厅，两侧各有一列横屋，侧后方有花园、鱼池、亭台等，还有专门作为子弟读书的学堂。厅堂面阔三间，用于祭祀，横屋居住黄姓本支的后人。该祠的外门楼为八字石门楼，三屋顶跌落；内门楼为四柱三间木牌楼，五跌落歇山顶以层层出挑的斗栱承托。祠内天花板、额枋部位的彩画色彩鲜艳，下厅两壁的壁画生动传神，月梁两端部、雀替等部位深镂雕花草、鸟兽，并施以彩绘，八边形石柱础上高浮雕四季花卉等题材。下厅八块隔扇的木雕，以龙凤蝠鹿寿喜等图案烘托，用双龙组合出"千秋享祀，百世流芳"的字样，令人拍案叫绝（图2-4-19～图2-4-21）。

图2-4-19　芷溪村翠畴公祠

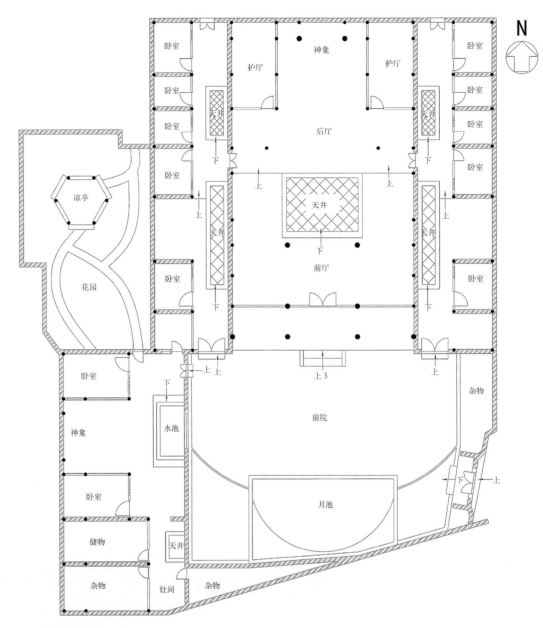

图 2-4-20 翠畴公祠平面图

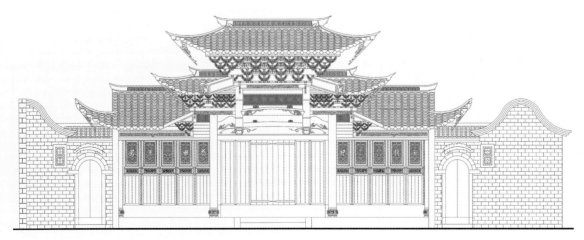

图 2-4-21 翠畴公祠正立面图

澄川公祠建于清道光三年（1823年），占地面积约450平方米。该祠的石牌楼为芷溪一绝。门楼六柱五楼五间，屋顶以石雕斗栱承托出檐，每层斗栱中隔一条石板，雕刻花鸟、山水等。屋脊翼角石雕鳌鱼、凤凰。明间嵌匾额"澄川公祠"，匾额下额圆雕双狮戏球，上额浮雕五组历史典故，左右两侧是天官与寿星。两次间分别额书"流芳"、"衍庆"，上下额与雀替均雕刻"凤舞牡丹"。整座门楼设计精巧，雕工精湛，展示了芷溪石雕的最高工艺水平。

2. 民居

芷溪传统民居的布局多为"九厅十八井"形式，屋脊的灰塑精美，不少民居的大门建成牌楼。由于地形所限，朝向多为坐东向西，因此往往将大门转折开向南面，创造出丰富多变的入口空间。

芷溪现存较好的民居有60座左右，其中保存状况最好、最有技术与艺术价值的有集鳣堂、凝禧堂、绍德堂、培兰堂、慎修堂、敦安堂、乔荫堂、永裕堂、怡庆堂、宝善堂等。

集鳣堂也称"渔溪公屋"，建于清康熙末年（1722年），占地面积5356平方米，坐东向西，大门朝南，门前立一对旗杆石。主体建筑由雨坪、门厅、下厅、大厅与后堂组成，两侧各有两列横屋，共有大小房间101间。设有内、外学堂，供子弟学文、习武。外门楼为八字石构，三屋顶跌落，门额上的匾额题"南离辉映"，每字故意缺一笔。内门楼门脸用青砖砌筑，门框、门额为石构，匾额周围饰以红砖透雕的铜钱纹。梁架用料硕大，雀替、卷棚托座、窗花、神龛的木雕精美。厅堂匾额"集鳣堂"为清代名士邱振芳所题，还有书法家伊秉绶题写的12块寿屏以及林则徐、何绍基等名人题字，艺术价值较高（图2-4-22、图2-4-23）。

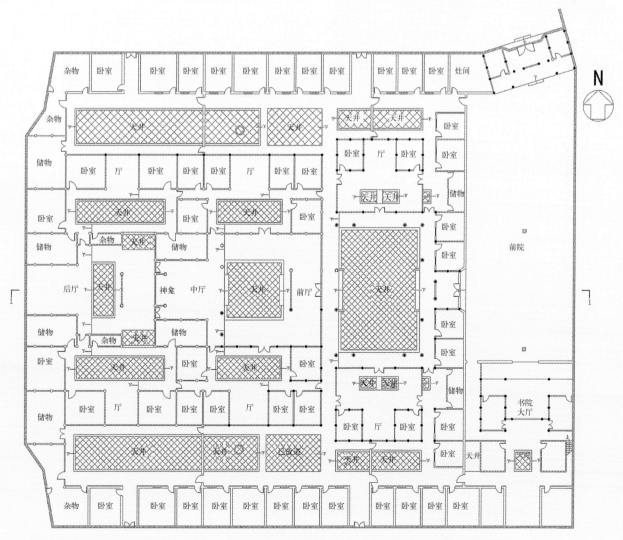

图2-4-22 芷溪村集鳣堂平面图

图2-4-23 集鳣堂厅堂

绍德堂建于清嘉庆年间（1796～1820年），坐东向西，大门朝南。主体建筑由倒座、下厅、大厅与后厅组成，倒座前是宽敞的雨坪，两侧有两列横屋。第一进是书院部分，书院围绕着宽敞的前花园，空间相对独立。雨坪南北两侧各设一道琉璃花窗镶嵌的照墙，照墙后为花厅。八字形砖雕门楼，匾额周边红砖雕刻柳条纹，门首两侧为青砖龟田纹，色彩冷暖相映。大门的铜铺首状如层层相叠的莲花，甚为别致。大厅次间的窗花镂雕与浮雕相结合，福禄寿的图案异常精美（图2-4-24、图2-4-25）。

3. 书院

芷溪在明朝中叶就开办"桃源精舍"，清代又有多所书院建成。宗祠和民居中也附有内外学堂。内学堂学文，外学堂习武；或者内学堂用于培养本家子弟，外学堂用来培养族内无力延师授课的子弟。现存比较完整的书院有蹑云山房与三荫堂。

蹑云山房建于清同治年间（1862～1874年），

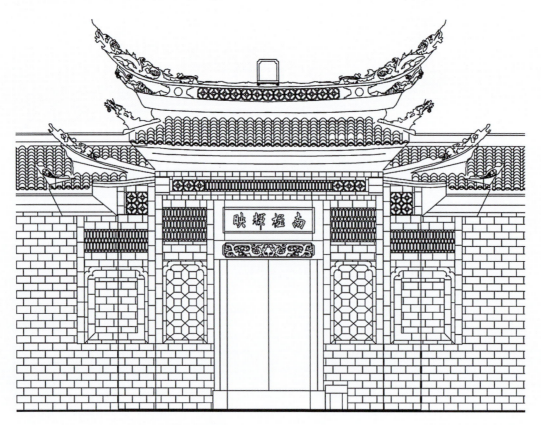

图2-4-24 芷溪村绍德堂门楼

图2-4-25 绍德堂内"福禄寿"砖雕

图2-4-26 芷溪村跛云山房

为园林式布局。由入口经过一段游廊，转入一道带有圆洞的照墙，便进入建筑的主体。厅堂三开间布局，前为天井、雨坪和宽阔的池塘。从雨坪往里走，是一座假山、过楼。假山后是雅致的书楼，为两层的小四合院，二楼墙壁上有大量的壁画和书法，充满浓郁的书香气。书院旁是一个小花厅，花厅的两次间做成"雪洞"之状（图2-4-26）。

四、长汀县三洲乡三洲村

（一）村落概况

三洲村是三洲乡政府所在地，位于长汀县城南部34公里处。

三洲地处河间盆地。南山河与汀江的汇合处形成"丁"字形，将陆地分隔成三块，三洲村以东北块为基址发展起来。村落背后有主山为靠，两侧有山势较低的护龙，前有宽阔的农田，汀江与南山河蜿蜒流过，远处山丘起伏隐现。北高南低的地势既能减缓冬天北风的侵袭，又能收纳夏天南风的吹拂，是一个理想的安居之所（图2-4-27）。

三洲的历史悠久，《长汀县志》有"没有汀州，先有三洲"的记载。三洲的开发、发展与中原移民的入迁有很大关系。最早有七姓先民迁入，后有温氏等姓入住，唐末戴氏先民从江西迁居至此，明代又有黄氏迁入繁衍。现三洲村民中戴姓占三分之二，其余多为黄姓。

三洲古为汀州府重要的商埠码头。依托汀江繁忙的航运功能，三洲成为闽粤赣边界重要的水上交通枢纽与货物集散中心。三洲也是上杭至长汀官马驿道的必经之路，明代设立的三洲驿是汀州府的三大驿站之一。重要的地理位置和便利的交通条件，使三洲逐渐形成集镇规模，南宋时已有三洲圩，明清发展到了鼎盛时期。集镇内形成繁华的上街和下街，两边商铺林立，商客、乡民云集。如今随着汀江河床的抬高和公路交通的发达，三洲水陆交通枢纽的地位已基本丧失。

三洲村中的建筑沿着山水之间的缓坡地带布置。上街和下街统称老街，长约百余米。上街为南北走向，从三角店开始街道拐弯为东西走向的下街。其他街巷以老街为主干，随着民居的增加主要往南、往东发展。上街以北主要是黄姓聚居地，民居布局基本围绕黄氏家庙展开。上街以南主要是戴姓聚居地，这里分布着十几座戴氏的祠堂，各房的民居以本支系的祠堂为中心展开布局。在戴姓的聚居地当中，穿插了俞、温、邱等姓的住宅，也分别以各自祠堂为中心形成一个个小组团。

元末，为防兵患匪患，怀远将军戴应寿发动村民修建了城墙和六处城门，并在村中建造鼓楼、文昌阁。城墙与城门直到20世纪60年代末才陆续被拆除。

三洲现存宫庙建筑较多。较有特色的是始建于清代的圣帝庙，前殿供奉关公，后殿供奉孔子，反映了三洲人崇文尚武的精神。

（二）建筑特色

1. 祠堂

三洲现存的祠堂不少，一种是纯粹的宗祠，如戴氏家庙、黄氏家庙；另一种是由民居改造发展而来的祠居合一的建筑，如咸熙祠、庆腾公祠。

戴氏家庙为省级文物保护单位。该祠是戴氏的总祠，明代始建，清代重建，占地面积332平方米，单檐硬山顶，由门埕、门楼、下厅、上厅组

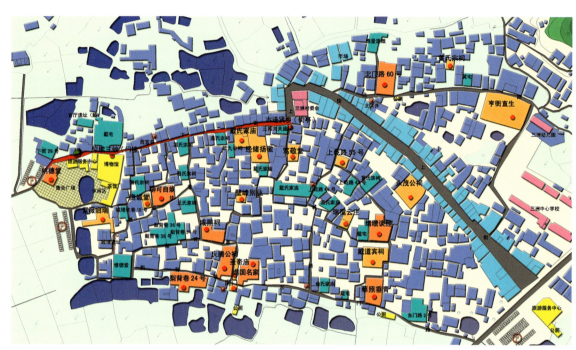

图2-4-27 长汀县三洲乡三洲村总平面图

图2-4-28 三洲村戴氏家庙

成。上厅明间抬梁式木构架,次间硬山搁檩。大门为砖质牌楼式,八字五间五山跌落,中间三开间正向,尽间八字开。门楼梁、柱、枋由红砂岩构筑,楣额间灰塑,中额书"戴氏家庙",柱上有两幅楹联。下厅两侧封火墙五山跌落,上厅封火墙七山跌落,翼角飞翘,鳞次栉比(图2-4-28、图2-4-29)。

2. 民居

三洲现存的古建筑中数量最多、规模最大的是民居建筑。民居基本采用"九厅十八井"的合院建筑布局形式。小型民居一般是二进厅堂加一列或两列横屋,大部分民居是三进厅堂加一列或两列横屋,大型民居一般是四进两列的布局。一些豪富之家还在宅中设置书院、学堂。三洲民居的艺术特色主要是通过门楼、封火墙和细部雕刻展现出来的。尤其是恢宏大气的砖质门楼和优美多变的封火墙,具有浓郁的客家建筑风格。传统民居以新屋下、风火屋、"聊可自娱"、"亨衢直生"、"礼门贻矩"、"藜照垂青"、"谯国名家"(图2-4-30)

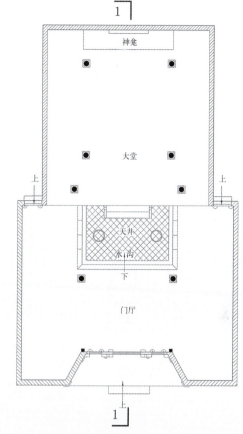

图2-4-29 三洲村戴氏家庙平面图

图2-4-30 三洲村"谯国名家"宅

较有代表性。

新屋下民居为省级文物保护单位，建于明正德八年（1513年），后有修葺。其占地面积715平方米，坐西北向东南，主体由外门、门埕、门厅、大厅与后楼组成，左右各有一列横屋，后楼两层。门厅三开间通透，未施隔断。大厅面阔三间，进深八柱带卷棚式前步廊，穿斗、抬梁式木构架。木构件，特别是垂莲柱及雀替的雕刻刀法流畅，做工精细。二门做成三山跌落的门楼，石门楣阴刻"绪缵谈经"。

"聊可自娱"宅建于清道光年间（1821～1850年），平面为三进三开间右侧横屋。门厅、大厅明间一层，次间有两层阁楼。后楼两层，面向沿街的

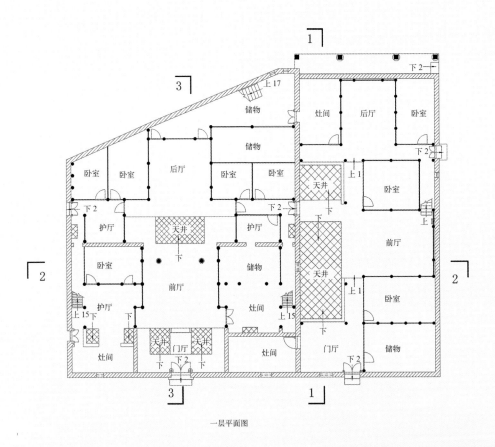

一层平面图

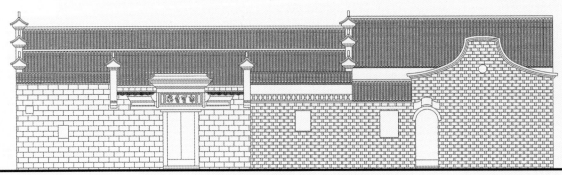

北立面图

图2-4-31 三洲村"聊可自娱"宅平、立面图

后部做成骑楼，带有西式风格。横屋两层，天井中做过亭，天井边做美人靠。宅内花窗造型多样，花纹处理巧妙，有的在窗中嵌入"喜"、"寿"、"福"字，有的漏窗做成对联"宜交尽鸿儒，丰时无白丁"。大门上做三山跌落的门罩，中额书"聊可自娱"（图2-4-31、图2-4-32）。

"礼门贻矩"宅建于清道光年间，平面为二进三开间两侧横屋。门埕的右侧有一个花厅，作为族内子弟晚间学习的场所，宽阔的门埕则是子弟习武的地方。该宅的左侧附建一座三开间的四合院，是主人为培养族中子弟而设的学习场所，也是教师居住的地方。

图2-4-32 "聊可自娱"宅剖面图

福建古建筑

第三章 寺庙宫观

福建寺庙宫观分布图

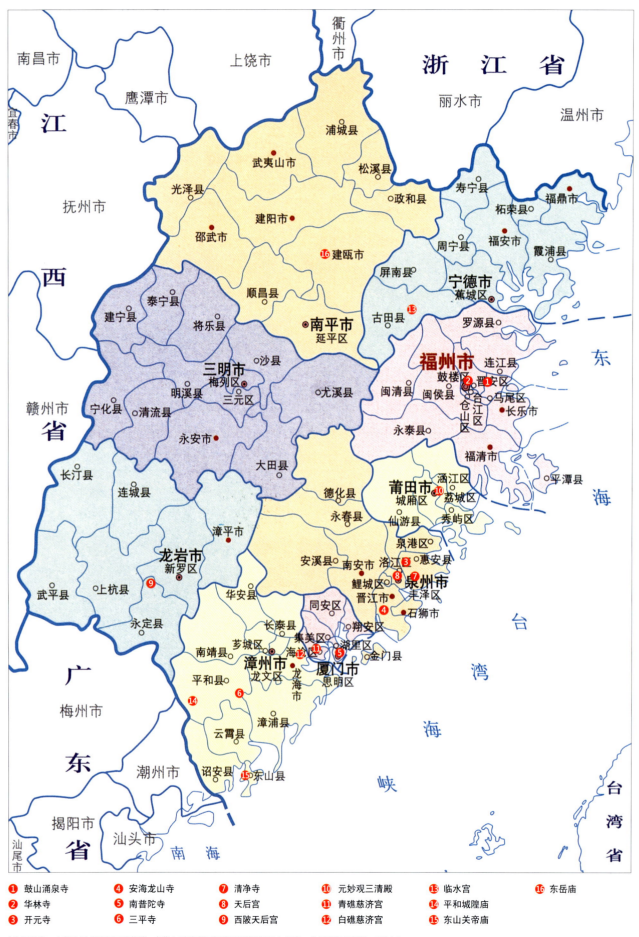

① 鼓山涌泉寺　④ 安海龙山寺　⑦ 清净寺　⑩ 元妙观三清殿　⑬ 临水宫　⑯ 东岳庙
② 华林寺　　　⑤ 南普陀寺　　⑧ 天后宫　⑪ 青礁慈济宫　　⑭ 平和城隍庙
③ 开元寺　　　⑥ 三平寺　　　⑨ 西陂天后宫　⑫ 白礁慈济宫　⑮ 东山关帝庙

（地图引自：中华人民共和国民政部编．中华人民共和国行政区划简册 2014．北京：中国地图出版社，2014．）

第一节 概述

一、福建宗教建筑的发展

福建的宗教建筑不仅历史悠久，影响深远，而且数量众多，豪华气派。历代遗存的寺庙宫观蕴涵着中国文化艺术的丰富宝藏，展现了福建古代建筑的高超水平。

（一）佛寺

佛教约在西晋之际传入福建。西晋太康三年（公元282年），晋安郡太守严高在郡北无诸旧城（今福州）建造绍因寺，这是见诸文字记载的福建第一个寺院。南安县九日山下的延福寺建于西晋太康九年（公元288年），为福建省第二座佛寺，也是闽南最早的寺院。同时期修建的瓯宁（今建瓯）林泉寺是闽北最早的寺院。长乐市鹤上镇的龙泉寺原名西山寺，建于南朝梁承圣三年（公元554年），中国禅宗第九祖百丈怀海禅师落发于此。建瓯市的光孝寺始建于南朝陈武帝永定二年（公元558年），在福建佛教界素有"南开元、北光孝"之称。莆田市城厢区的广化寺初名金仙院，也是建于南朝陈永定二年，隋开皇九年（公元589年）扩建为寺，是著名的闽中古刹。到隋唐时期，佛教在福建有很大发展，唐代新增寺院735所，一些在全国乃至东南亚享有盛名的寺院，大都是这一时期创立的。如仙游县大济镇的三会寺和晋江市安海镇的龙山寺始建于隋大业年间（公元605～618年），泉州市鲤城区的开元寺始建于唐垂拱二年（公元686年），漳州市芗城区的南山寺始建于唐开元二十四年（公元736年），平和县文峰镇的三平寺始建于唐咸通七年（公元866年），福州市鼓楼区的西禅寺始建于唐咸通八年（公元867年），闽侯县大湖乡的雪峰崇圣禅寺（图3-1-1）始建于唐咸通十一年（公元870年）。五代时闽王王审知笃信佛教，原有的寺院得到重修扩建，还增建了267座佛寺。厦门市思明区的南普陀寺、泉州市鲤城区的承天寺（图3-1-2）、福州市晋安区的鼓山涌泉寺（图3-1-3）都成了历史上有名的禅寺。福州市鼓楼区的开元寺始建于南朝梁太清三年（公元549年），五代闽国时兼并了邻近的几座寺庙，成为福建最大的寺院。宋、元时期，特别是南宋偏安临都之后，福建的佛教继续得以繁荣，修建了许多寺庙。明、清时期，对寺庙进行了大量的维修、重建工作，福建现存的佛寺大多是这一时期留下来的。

福建现存的寺院以福州市鼓楼区的华林寺大殿最为典型。华林寺建于北宋乾德二年（公元964年），现存大殿基本为北宋初遗构，是我国江南现存最古老的木构建筑。典型的寺院还有：泉州市的开元寺、邵武市的宝严寺大殿、顺昌县大干镇的宝山寺大殿、福安市溪柄镇的狮峰寺、安溪县蓬莱镇的清水岩寺、晋江市的安海龙山寺、浦城县水北街镇的云峰寺大殿、泉州市鲤城区的崇福寺、仙游县的三会寺、宁德市蕉城区的华藏寺、福州市仓山区的龙瑞寺大殿、莆田市涵江区大洋乡的永兴岩寺、永泰县同安镇的凤凰寺大殿、松溪县河东乡的罗汉寺大殿、莆田市城厢区的云门寺、厦门市的南普陀寺、平和县的三平寺等。

图3-1-1　闽侯县雪峰崇圣禅寺

图3-1-2　泉州市承天寺

图 3-1-3　福州市鼓山涌泉寺

图 3-1-4　莆田市元妙观三清殿

(二) 宫观

道教传入福建较早，晋时就有道坛庙观。如西晋太康年间（公元280～289年）泉州建有白云庙，后改称元妙观。建瓯市的东岳庙始建于东晋，当属福建现存始建年代最早、最大的道教建筑。南朝梁大通二年（公元528年）宁德霍童建有鹤林宫，分上下两座，有三间大殿，108根石柱，现唯留刻有"霍童洞天"、"天宝敕封"的残碑一方。唐代道教在福建有很大发展，其标志是各地修建了许多宫观。如侯官（今福州市）于唐贞元十二年（公元796年）建冲虚观，唐乾宁五年（公元898年）建紫极宫；崇安（今武夷山市）于唐天宝年间（公元742～756年）建武夷观；晋江于唐神龙年间（公元705～707年）建开元观；光泽于唐大和年间（公元827～835年）建福宁道院。现唐朝之前的道教建筑已基本无存。莆田市荔城区的元妙观创建于唐贞观二年（公元628年），北宋大中祥符二年（1009年）重建，道观规模宏大，中轴线上依次为三清殿、玉皇殿、九御殿、四官殿、文昌殿，东、西分别排列东岳殿、五帝庙、林忠烈祠、太子殿和西岳殿、五显庙、文昌三代祠、关帝庙、福神殿。三清殿是元妙观建筑群中遗存下来的一殿（图3-1-4），与福州华林寺大殿、宁波保国寺大殿齐名，为江南三大宋代木构建筑。宋、元时期，道教在福建发展达到鼎盛阶段。各地兴建的道观多达161座，较出名的有福州的真庆观、莆田的万寿宫、延平（今南平市）的元妙观、闽县（今闽侯县）的崇禧观、沙县的宜福观和松溪的文昌观等，但这些建筑今已无存。遗存下来比较有名的是华安县华丰镇的南山宫、泉州市丰泽区东海镇的真武庙、莆田市涵江区的江口东岳庙、仙游县的万寿观、漳平市新桥镇的虎符祖殿等。明代对一些道观进行了重修，使之得以保存至今。清代虽然因为道教被认为是汉人的宗教而逐渐衰落，但在闽地民间祈祷斋醮之事及吸饵丹道之术仍旧流行。

与佛寺相比，道教建筑的门类要复杂得多，除了正统的道教宫观，城隍庙、关帝庙以及许多带有纪念性的祭祀建筑和奉祀俗神的宗教建筑也被归入其中。例如，开漳圣王陈元光唐初随父入闽，率众平乱，奏置漳州，出任刺史，漳州一代多建威惠庙祀之。妈祖林默是北宋莆田湄洲岛的渔家妇女，乡人感其生前为民治病、海上救人的恩德，建妈祖庙、天后宫祀之，被视为航海保护神。临水夫人陈靖姑相传为唐中叶福州南台下渡人，嫁给古田人刘杞为妻，24岁时死于难产，灵魂赴闾山恳请许真君再传救产保胎之法，因此人们建临水宫祀之，被视为妇女儿童保护神，古田县大桥镇的临水宫是海内外临水宫的祖庙（图3-1-5）。保生大帝吴夲是北宋泉州府同安县白礁人，以医术高明、医德高尚闻名于闽南一带，因攀岩采药不慎跌落深渊身亡，人们在他的出生地和炼丹施药处分别修建慈济宫奉祀，被视为健康保护神。

在福建现存的道教和民间宗教的宫观庙宇中，最著名的是莆田市荔城区的元妙观三清殿、泉州市鲤城区的天后宫、东山县西埔镇的关帝庙、龙海

图 3-1-5 古田县临水宫

图 3-1-6 莆田市平海天后宫

市角美镇的白礁慈济宫、厦门市海沧区的青礁慈济宫、古田县大桥镇的临水宫、莆田市秀屿区湄洲镇的湄洲妈祖祖庙、建瓯市的东岳庙、平和县九峰镇的城隍庙。典型的宫观还有：永定县高陂镇的西陂天后宫、泉州市丰泽区的真武庙、三明市梅列区的正顺庙、华安县的南山宫、莆田市秀屿区的平海天后宫（图3-1-6）、惠安县山霞镇的青山宫、屏南县甘棠乡的龙漈仙宫、周宁县玛坑乡的林公忠平王祖殿、泉州市泉港区南埔镇的沙格灵慈宫、南靖县的武庙、沙县的城隍庙、石狮市永宁镇的永宁城隍庙、莆田市荔城区的兴化府城隍庙、政和县杨源乡的杨源英节庙（图3-1-7）、平潭县的五福庙、莆田市荔城黄石镇的浦口宫、云霄县的威惠祖庙、南平市延平区的樟湖蛇王庙等。

（三）清真寺

早期的伊斯兰教由海路传入福建。唐代泉州已成外商云集之地，宋元时期有数以万计的穆斯林涌入泉州。侨居福建各地的穆斯林需要过宗教生活，于是修建了许多清真寺。如泉州，仅宋、元时期可考的清真寺就有六七座。现存较有代表性的伊斯兰教寺院，有始建于北宋大中祥符二年（1009年）的泉州清净寺，始建于元至正年间（1341～1368年）的福州清真寺，始建于元至元十三年（1276年）的邵武清真寺（图3-1-8），建于清道光三年（1823年）的厦门清真寺。最具特色的是位于泉州市鲤城区的清净寺。该寺整体上具有仿中东地区10世纪以前伊斯兰礼拜大殿形式的风格，寺内保存的古阿拉伯文《古兰经》等刻石、《敕谕》碑、元明时期重修清净寺碑等，都是研究中国伊斯兰教历史和对外文化交流史的重要文物（图3-1-9）。

（四）教堂

明代艾儒略等耶稣会传教士到福建传教，明天启五年（1625年）在福州城内宫巷建起三山堂（泛船浦天主教堂的前身），在福清水陆街建立天主教堂。明末，郭奇等多明我会会士在福安溪东村建立闽东第一座天主教堂。分布全省各地的西方传教士修建的天主教、基督教堂，大大小小不尽相同。最有代表性的有哥特复兴式风格的福州仓前基督教石厝教堂、英国哥特式风格的福州苍霞洲基督教堂、罗马式风格的卫理公会莆田总堂和漳州的多明我会天主教堂、平面采用巴西利卡式样而室内以数个尖拱形成主厅的福州泛船浦天主教总堂和厦门鼓浪屿天主堂等，现存都较完好。

二、福建寺庙宫观的特点

（一）数量众多

从古到今，佛教、道教在福建长盛不衰，寺庙宫观之多为全国之冠。如五代闽国时期，王审知全力扶持佛教，王氏家族对佛教也极为热衷。据不完全统计，王氏主闽期间共新增寺院460余座。当时福建僧人猛增，仅福州一府就有僧尼6万多人，鼓山涌泉寺、雪峰崇圣寺的僧人多达一两千人。两宋时福建佛教更加兴旺，共新建寺院1493座，寺院之多为历代之最，僧尼之多亦为全国之首。宋代谢

图 3-1-7　政和县杨源英节庙戏台

图 3-1-9　泉州市清净寺

图 3-1-8　邵武市清真寺

泌在《长乐集总序》中写道："潮田种稻重收谷，山路逢人半是僧，城里三山千簇寺，夜间七塔万枝灯"，就是对闽地多寺院、多僧尼这一历史事实的生动描绘。

道教在福建根深蒂固，民间诸神崇拜遍布城镇乡村。随着道教由山区向城镇推进，产生了遍布各城镇的宫观庙宇。虽然这些宫观大多为民间俗神信仰范畴，但由于福建道教长期不断从民间信仰中吸收新神，日趋世俗化，道观与民间俗神信仰的宫观有时难以分辨。福建人的宗教信仰表现出多元化的特点。许多地方寺观合融，儒、释、道共存，神、佛、人全祀。如南靖县梅林镇的梅林天后宫始建于明崇祯年间（1628～1644年），由前殿和后殿组成。前殿单层，祀关帝；后殿两层，底层祀保生大帝和观音菩萨，二层祀妈祖。这种诸神兼容、神禅合混的现象，适应了更多民众的要求。

（二）影响广泛

随着闽人移居东南亚各国和港澳台地区，佛教、道教和民间俗神信仰也向海外发展。许多寺庙宫观在海内外影响较大，香火不断。例如，晋江市安海龙山寺奉祀大樟树雕成的千手观音，其香火随着移民的足迹漂洋过海，传播到东南亚、台湾等地。台湾以龙山寺命名的寺庙有400多座，最著名的是鹿港龙山寺和台北艋舺龙山寺，它们大多模仿安海龙山寺的建筑形式，供奉的也是千手千眼观音。平和县三平寺主祀义中禅师，其支脉分布极广，香火传播到东南亚、台湾一带，每年由这些地区回乡到三平寺进香的香客达数十万人之多（图3-1-10）。安溪县清水岩寺始建于北宋元丰六年（1083年），祀清水祖师，其庙宇遍布印尼、新加坡、马来西亚、菲律宾、越南、中国台湾等地（图3-1-11）。东山县关帝庙建于明洪武二十年（1387年），祀关羽、周仓，早在

图 3-1-10　平和县三平寺

图 3-1-11　安溪县清水岩寺

图 3-1-12　东山县关帝庙

图 3-1-13　泉州市通淮关岳庙

明清时期，香火便衍播于澎湖、台湾，是台湾众多关帝庙挂香分灵入台的祖庙（图3-1-12）。泉州市鲤城区的通淮关岳庙重建于清同治六年（1867年），主祀关帝，民间增祀岳飞（图3-1-13），在菲律宾、中国台湾等地有分灵70多座。泉州市鲤城区的富美宫始建于明正德年间（1506～1521年），主祀萧太傅王爷，为泉州地区王爷信仰的中心，分灵台湾就有2000余处。惠安县青山宫始建于北宋太平兴国年间（公元976～984年），是奉祀青山王张悃的祖宫，在台湾、东南亚各地有较多分炉。

（三）布局巧妙

福建现存的寺庙宫观规模有大有小。大型的寺庙大多为纵轴式布局，即把各主要殿堂井然有序地布置在一条轴线上，由主房、配房等组成严格对称的多个院落形式。规模较小的寺观有的采用廊院式布局，即以佛殿为中心，四周绕以廊屋，形成独立的院落。泉州开元寺占地面积约78000平方米，是福建省规模最大的佛教建筑群。寺内几经修缮，主体建筑大多是明崇祯年间建造，但殿堂楼阁、廊坛院塔仍保持宋代格局（图3-1-14）。永泰县大洋镇的名山室金水洞祖师殿，是小至面阔一间5.6米、进深二间7米的宋代木构建筑。

福建有不少寺观依据山川地势巧妙布局。有的依山而建，高低错落，井然有序。有的巧借山岩构筑，与山川土地融为一体。如清水岩寺位于安溪县的蓬莱山上，背山面壑，整体布局分三层：下层为昊天口，明间设通道石阶；二层为祖师殿，面阔、进深各三间，明间为如意斗栱，穹隆藻井；三层为释迦楼（俗称顶殿），左、右设钟鼓楼、观音阁、檀樾祠、芳名厅、僧舍等。顶殿后有宋代的清水祖师舍利塔。寺前有宋刻《清水岩图》石碑。建筑群构筑精巧，外观似"帝"字形。福建山势陡峭，有些寺庙利用天然岩洞修建，

图 3-1-14 泉州市开元寺

如惠安县的一片瓦寺、泰宁县的甘露岩寺、永泰县的方广岩寺。方广岩寺始建于北宋建隆二年（公元961年），位于葛岭的半山腰，整组建筑依山悬空而筑，木结构的殿宇建在岩洞中，上方由一巨石护盖，俗称"一片瓦"，洞天圣地，堪称奇观。

（四）装饰精美

福建的寺庙宫观多建得富丽堂皇，正如《三山志·寺观》所描绘："祠庐塔庙，雕绘藻饰，真侯王居"。精美的装饰与宏伟的建筑融为一体，美化了建筑的外观造型，深化了寺观的精神功能。

在建筑局部的装饰上，福建寺观采用的是中国固有的建筑形式。木构建筑以华林寺大殿最为珍贵。现存大殿为宋代原构，用"材"规格超等级，构件硕大；斗栱组合运用娴熟，灵活而简洁，构件造型独特，梁栿、前檐阑额均为月梁造，梁栿上施动态盎然的云形驼峰，昂嘴砍作曲线，枋面上雕刻团窠并加以彩绘等，既承传唐代风格，又独具地方特色。石构建筑当推建于元至正二十三年（1363年）的顺昌县宝山寺大殿。该寺位于海拔1384米的宝山峰巅，大殿为元代原构，面阔五间15.5米，进深四间12米，台明、地板、梁架、椽瓦、正脊等构件全部采用花岗石仿木构筑，具有独特的建筑风格（图3-1-15）。永定县西陂天后宫的主体建筑在造型上采用七层楼阁式，在平面上一至三层为方形，四层以上转为八角形，在材料上应用石砌、土木、砖木、木构多种结构形式，实为罕见（图3-1-16）。

在建筑细部的装饰上，福建寺观采用的是中国传统装饰技术，如施以斗栱、藻井、天花、雕刻、彩绘、壁画、灰塑、嵌瓷等。许多具有佛教意义的形象如飞天、莲荷、火焰背光等成了佛寺装饰的主要题材。道观常用的装饰图案有八卦、太极、四灵、八仙、鹤、鹿、龟、灵芝等。泉州开元寺的大雄宝殿和甘露戒坛柱顶斗栱均附雕24尊飞天乐伎造型，极为巧妙地将宗教、艺术与建筑融合起来，为国内木构建筑所罕见（图3-1-17）。屏南县的龙漈仙宫重建于明隆庆三年（1569年），其大殿内斗栱三跳叠涩成圆

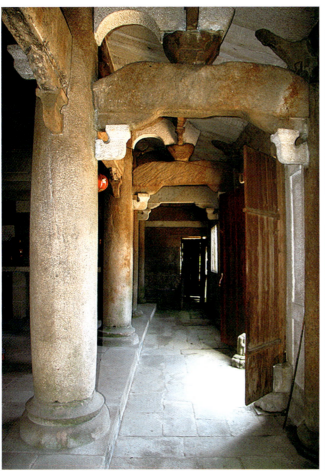

图3-1-15 顺昌县宝山寺大殿内景

图3-1-16 永定县西陂天后宫

图3-1-17 泉州开元寺主殿里的飞天乐伎造型

图3-1-18 屏南县龙漈仙宫

图3-1-19 福安市狮峰寺

形藻井，平板天花和四壁阁板均有清代彩画；屋面重檐，下檐作四面坡，上檐为圆形攒尖顶，呈现出外方内圆、穹隆高起之外观，颇有特色（图3-1-18）。福安市的狮峰寺始建于唐景福元年（公元892年），大雄宝殿于明万历四十年（1612年）重建，殿中的倭角方形石柱和上、下檐双杪三下昂斗栱形状古朴，梁枋、藻井均施花鸟、飞龙、佛像等彩绘，图案精美（图3-1-19、图3-1-20）。

图3-1-20 狮峰寺大雄宝殿

第二节 实例

一、福州鼓山涌泉寺

涌泉寺位于福州市晋安区鼓山半山腰。唐建中四年（公元783年）灵峤创建华严台，五代后梁开平二年（公元908年）闽王王审知重建。北宋咸平年间真宗赐额"鼓山白云峰涌泉禅院"，明永乐五年(1407年)成祖赐名"涌泉寺"。嘉靖二十一年(1542年）毁于火，天启七年（1627年）重建。清顺治、康熙年间又修缮扩建，现主体建筑大多为清光绪年间（1875～1908年）重建。

涌泉寺依山而建，占地面积16000多平方米，坐北向南，基本保持明嘉靖年间的布局。中轴线上有天王殿、庭院（中间为五代建的方池与石券桥，两侧为钟鼓楼、伽蓝殿、闽王祠）、大雄宝殿（图3-2-1）、法堂，东侧有地藏殿、藏经殿、明月楼、白云堂、香积厨、库房、聚香堂、祖楼等，西侧有僧寮、经版库、禅堂、圣箭堂（即方丈室）等。寺前有山门（图3-2-2）、海天砥柱亭、回龙阁、放生池、罗汉泉、千佛陶塔。这些殿堂楼阁高低错落，构成规模庞大的建筑群，分布于山泉古树、层峦叠嶂之中，借山藏寺，布局井然。

天王殿的门额高悬清康熙三十八年（1699年）御书"涌泉寺"匾额。大雄宝殿于清光绪八年（1882年）重建，面阔七间，进深九柱，穿斗式减柱造木构架，重檐歇山顶，戗脊饰灰塑卷草，下饰角鱼。殿内供奉释迦牟尼佛，殿后有铁铸三圣佛像，每尊重1150多公斤。藏经殿建于清顺治十六年(1659年)，前廊后堂，自成院落，面阔五间，进深七柱，单檐歇山顶，收藏经书3万册和清御藏菩提叶经、生血经，以及明、清经版11375块。

涌泉寺内保存着大量历史文物。天王殿前矗立1972年由福州市南郊龙瑞寺迁来的宋元丰五年（1082年）烧造的千佛陶塔一对，它们与大殿内入火不燃的"海底木"供桌、藏经殿内的血写经书并称为涌泉寺的三宝。钟楼上悬挂一口清康熙三十五

图 3-2-1　福州市鼓山涌泉寺大雄宝殿

图 3-2-2　涌泉寺入口至山门间甬道

图 3-2-3　福州市华林寺大殿

年铸造的金刚般若钟，重约2吨，铸有《钟铭》和《金刚经》全文。圣箭堂前有三株铁树，相传其中一株是王审知手植，一株是开山祖师神晏种植。法堂之后有神晏国师塔，造型古朴独特。

鼓山涌泉寺历史悠久，规模宏伟，为福建五大禅寺之一，现为省级文物保护单位。

二、福州华林寺大殿

华林寺位于福州市鼓楼区华林路屏山南麓。北宋乾德二年（公元964年），吴越国据有福州之郡守鲍修让为祈求国境安宁而建，寺初名越山吉祥禅院。宋为福州名刹，张浚贬谪福州，寓居寺内，称所居为绝学寮。高宗御书"越山"、"环峰"，残碑犹存。明初寺废。明正统九年（1444年）赐额"华林寺"。清道光年间，林则徐主持修建，在大殿的原构外增建一圈重檐。

20世纪50年代，华林寺除大殿外尚有山门、天王殿、经房、僧寮、普济堂、明离殿等建筑。1986年至1990年，大殿落架迁建，由原址东移14.6米，南移8.3米，并恢复为单檐九脊顶，新建山门、东西配殿、回廊等附属建筑，周以红墙。

华林寺大殿坐北向南，面阔三间15.24米，进深四间14.7米，抬梁式木构架，高15.5米，建筑面积572平方米。用材规格超等，构件硕大，造型古朴。梭形柱，斗底作皿板形，阑额、乳栿均属"月梁造"；斗栱组合严谨、简洁，檐下四周外向用"双杪三下昂重棋偷心造七铺作"，内转铺作均按需随宜加减；运用了插棋和云朵状驼峰等做法。经C14测定，确认大部分为千年前原有构架，虽经明、清两代重修，其主要梁架、斗栱等做法仍具有唐宋特征。日本镰仓时期"大佛样"、"天竺样"建筑，深受此类建筑风格影响（图3-2-3、图3-2-4）。

华林寺大殿是我国长江以南最古老的木构建筑，1961年福建省人民委员会公布为第一批省级文物保护单位，1982年国务院公布为第二批全国重点文物保护单位。

三、泉州开元寺

开元寺位于泉州市鲤城区西街。唐垂拱二年（公元686年）黄守恭献桑园建莲花道场，后称莲花寺，武周天授三年（公元692年）改为兴教寺，唐神龙元年（公元705年）改为龙兴寺，开元二十六年（公元738年）更名开元寺。宋代有支院百余所，元世祖至元二十二年（1285年）并为大寺，赐额"大开元万寿禅寺"。元末寺焚毁，明洪武年间（1368～1398年）重建。明、清及民国多次重修和重建，1989年落架大修。现存主要庙宇为明、清两代修建。

开元寺占地面积约78000平方米，是福建省规模最大的佛教建筑群之一。中轴线自南而北依次有紫云屏、山门（天王殿）、拜亭、拜庭、东西两廊、月台、大雄宝殿、甘露戒坛、藏经阁。东翼有檀樾祠、准提禅院（俗称小开元寺），西翼有功德堂、五观堂、尊胜院、水陆寺。大雄宝殿前拜亭的东、西两侧庭院分别置镇国、仁寿两座石塔。

紫云屏为照壁，俗称"粉墙"，明万历四年（1576年）建，屏北面正中嵌有隶书横写"紫云屏"石刻。

山门（天王殿）始建于唐垂拱三年（公元687年），现存木构架为明代。单檐硬山顶，正面五间六柱，山面四间五柱，通面阔25.94米，通进深13.59米。拜亭在山门北，卷棚歇山顶，面阔、进深均一间。

拜庭面积2800多平方米，用加工平整的花岗岩条石铺成，两旁列置唐、宋、明各时期建造的石经幢、舍利塔、宝箧印经式塔15座，造型优美，雕刻精细。

大雄宝殿又称紫云大殿，现存为明代建筑。面阔九间，进深六间，高20米，前后有廊，抬梁式木构架，重檐歇山顶，建筑面积1338平方米。供奉五尊金身佛像，名为"五方佛"，代表东、西、南、北、中五个方位，象征佛光普照一切。重檐下横匾书"桑莲法界"。殿内有海棠花式柱、蟠龙柱、方柱、瓜楞柱、

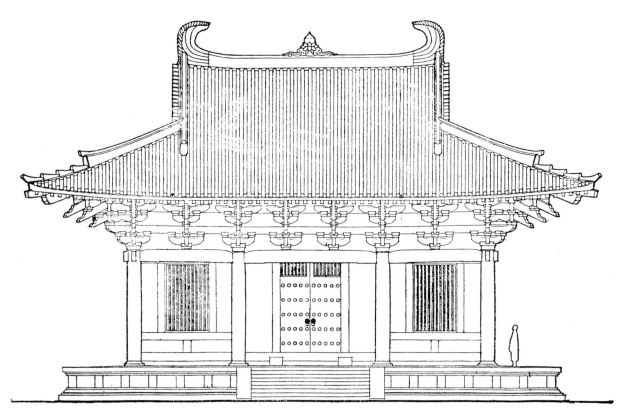

图3-2-4　福州华林寺大殿正立面复原图

圆柱等多种石柱94根,故俗称百柱殿(实减柱6根)。柱上栌斗为仰莲式。最富特色的是前殿柱顶斗栱雕24尊人面鸟体迦陵频迦（意为妙音鸟），象征一年中的24个节气。她们背有翅膀,袒胸露臂,体态轻盈,手执文房四宝,或持乐器,或捧供品,头上的美丽花冠顶住粗大梁架和斗栱,起到支撑的作用。大雄宝殿月台须弥座束腰上嵌72幅人首狮身和狮子青石浮雕,大殿后廊檐有一对刻着印度教大神克里希那故事的十六角形青石柱,均移自泉州元代印度教寺庙（图3-2-5～图3-2-7）。

甘露戒坛始建于北宋天禧三年（1019年），明洪武三十一年（1398年）重建,清康熙五年（1666年）重修。面阔五间22.6米,进深五间36.3米,四重檐,八角攒尖顶,是中国现存规模最大、保存最完整的戒坛之一。坛殿内筑四方形五级坛台,仍仿宋制。明间木构梁架上施圆形藻井,饰如意斗栱,结构复杂精巧。坛顶柱头斗栱附雕手持乐器的飞天乐伎造型24尊,均衣结飘带,翩翩飞翔,与大殿背展双翼的飞天有所不同（图3-2-8、图3-2-9）。

泉州开元寺殿宇轩昂,结构奇巧,是闽南著名的千年古刹。1961年福建省人民委员会公布为第一批省级文物保护单位,1982年国务院公布为第二批全国重点文物保护单位。

四、晋江安海龙山寺

安海龙山寺古名普现殿,又名天竺寺,俗称观音殿,位于晋江市安海镇型厝村北的龙山之麓,相传始建于隋大业年间（公元605～618年），唐代

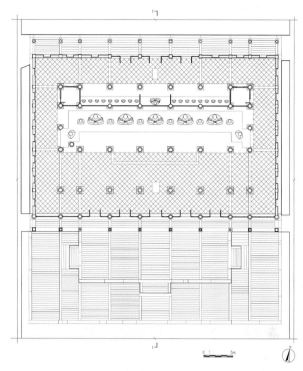

图3-2-5 泉州开元寺大雄宝殿平面图

重修。现存建筑为清康熙二十三年（1684年）施琅等捐资修葺,康熙五十七年（1718年）扩建,道光、同治、光绪年间均有修葺。

寺院坐北向南,由放生池、山门、钟鼓楼、前殿、拜亭、正殿和后殿组成,占地面积4250平方米（图3-2-10、图3-2-11）。

放生池与寺同建,位于寺前,呈半月形。山门两旁石坊耸立,山门坊额上刻"极乐国土",寺前坊额阴刻苍劲有力的楷书"龙山古地"、"天竺钟梵"。周围墙壁上有无数精工细琢的浮雕。正殿前筑拜亭,是供进香信众摆设香案的地方。后殿为大雄宝殿,

图3-2-6 泉州开元寺大雄宝殿立面、剖面图

图 3-2-7 泉州开元寺印度教雕刻

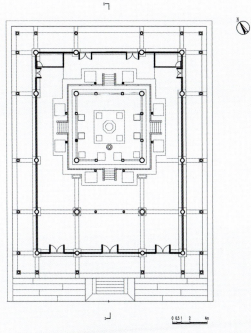

图 3-2-9 泉州开元寺照壁

图 3-2-10 晋江市安海龙山寺

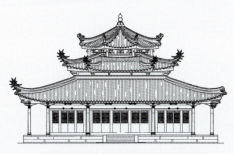

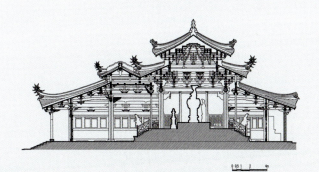

图 3-2-8 泉州开元寺戒坛平面、立面、剖面图

正中供奉丈余金身的释迦牟尼佛像（图 3-2-12）。

正殿是龙山寺的中心，面阔五间，进深五间，抬梁式木构架，重檐歇山顶，屋脊塑双龙护塔。殿前有一对清代重修时立的八角形辉绿岩石浮雕龙柱，石龙俯身盘旋而下，头部却昂然翻腾而上，状若腾云，一双鳞甲相间的龙爪分别捧着一磬一鼓，用细铁条轻轻敲打，能发出磬声和鼓声。如此出神入化，巧夺天工，不愧为闽南独特的石雕工艺杰作。大殿内雕梁画栋，流金溢彩（图 3-2-13）。正中龛台内供奉以樟木雕成的千手千眼观音，上方高悬明代大书法家、邑人张瑞图题写的匾额"通身手眼"。木雕千手观音佛像通高4.2米，身高2.95米，宽2.5米，头戴花冠，身披莲服，两足微露，立于石雕莲花台上。冠正中雕一坐佛，周围雕饰众多戴花冠的小佛首，层层叠作帽状；双手合十置于胸前，两侧雕1008只手，掌中均雕一眼，或空手，或执各种法器，手势各异，如团扇展开，宛如道道金光四射，其雕工之精致、造型之精巧，令人叹为观止。整座立像刻镂既繁复入微又层次清晰，堪为明代木雕艺术珍品。

安海龙山寺以宏伟的规模、非凡的气势、严整的布局、巧夺天工的雕刻艺术而名噪海内外。唐宋以来，其香火便随着安平商人的足迹传播海外，在台湾、东南亚等地尤为兴旺。台湾有400多座安海龙山寺分庙，其中以鹿港龙山寺和台北艋舺龙山寺

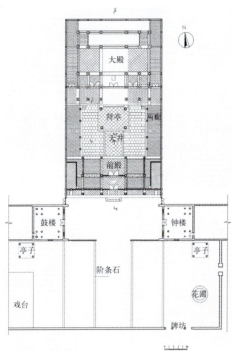

图 3-2-11 安海龙山寺平面图

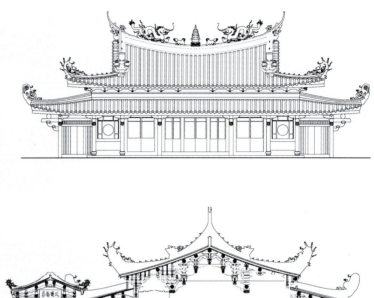

图 3-2-12 安海龙山寺大雄宝殿立面、剖面图

图 3-2-13 安海龙山寺大殿内梁架

最为著名,它们的建筑形式、观音像造型与安海龙山寺大体相同。

安海龙山寺是泉南著名的千年古刹,历史悠久,影响深远。2013年国务院公布为第七批全国重点文物保护单位。

五、厦门南普陀寺

南普陀寺位于厦门市思明区思明南路五老峰南麓,东与厦门大学相邻。始建于唐代,初名普照寺,五代时释清浩改建,改称为泗洲院,后北宋高僧文翠改建,称为无尽岩,北宋治平年间复原名。元至正年间废弃,明洪武年间重建,明末又毁于兵火。清康熙二十三年(1684年),靖海侯施琅从台湾班师回厦门于原址重建,并增建大悲阁,供奉观世音菩萨。因寺院地处浙江普陀山观音道场之南,取名"南普陀寺"。

现全寺占地面积3万多平方米,坐东北向西南。中轴线上依次为天王殿、大雄宝殿、大悲殿、藏经阁,各殿依山势层层升高,两侧有宽大的廊庑相通。主建筑左右有钟鼓楼、厢房及其他附属建筑,寺前设放生池(图3-2-14)。

图 3-2-14　从万石山看南普陀寺

图 3-2-15　厦门市南普陀寺天王殿

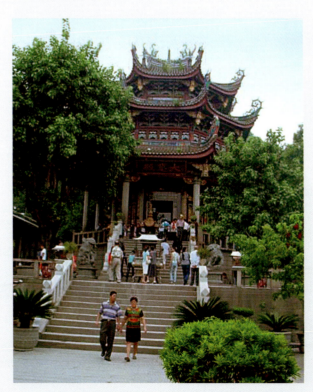

图 3-2-17　南普陀寺大悲殿

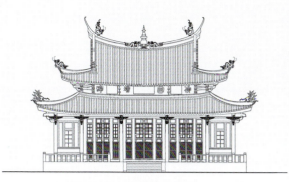

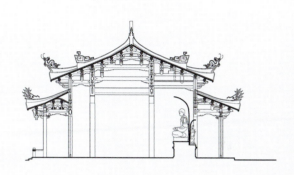

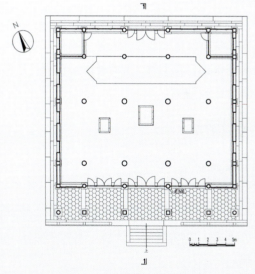

图 3-2-16　南普陀寺大雄宝殿平面、立面、剖面图

天王殿（图 3-2-15）于 1925 年重建，六柱五间，重檐歇山顶，供奉弥勒佛和四大天王。大雄宝殿建于清康熙二十三年（1684 年），1932 年和 1955 年两次重修，供奉"三世尊佛"以及释迦弟子阿难、迦叶众神佛。大雄宝殿为抬梁式木构架，面阔、进深均五间，重檐歇山顶，绿瓦石柱，雕梁画栋，显得金碧辉煌、庄严肃穆（图 3-2-16）。大悲殿（图 3-2-17）建于 20 米高的石砌台基上，1928 年

毁于火，两年后重建，1962年大翻修。平面八角形，三重檐，造型美观，殿内四面塑镏金观音佛像各一尊。该殿以木料斗栱叠架而起，雕画人物、莲花、走兽、飞鸟等，艳而不俗；殿内的穹形藻井也全用木斗栱层层叠架而成，精巧美观；殿顶施以剪粘、彩塑，有仙女驾鹤、麟凤朝阳、蛟龙吐珠等题材，装饰华美。藏经阁建于1936年，为两层楼阁，歇山顶，下层为法堂，上层珍藏中外佛典经书数万卷，以及各种佛像、大量佛教艺术品。

寺内保存有清乾隆御制碑，为有关台湾林爽文、庄大田起义的实物资料。寺外摩崖有明代陈第、沈有容、俞大猷等题名石刻。后山有转逢和尚和太虚法师的藏骨塔、太虚亭。

20世纪80年代以来，重建东西两座山门、荷花池、东西两佛塔、方丈楼、太虚图书馆、普照楼、大禅堂等。

南普陀寺是闻名闽南及海内外的名寺。2005年福建省人民政府公布南普陀寺大雄宝殿为第六批省级文物保护单位，天王殿、五老峰摩崖石刻、乾隆御制碑等为附属文物。

六、平和三平寺

三平寺也写作"三坪寺"，位于平和县文峰镇三坪村的九层岩峡谷中。唐咸通七年（公元866年）由高僧杨义中创建，历代皆有重修。现存主要建筑为清代重建，但仍保留一些唐、宋时期的建筑艺术风格。

杨义中（公元784～872年），祖籍陕西高陵，生于福唐（今福清市）。他先驻持漳州芝山三坪真院，唐会昌五年（公元845年）武宗灭佛，真院被毁后，来平和九层岩创建三平寺。他向当地山民传授桑麻耕织知识，行医传拳，弘扬佛教"众生平等"的佛理。唐宣宗赐号"广济禅师"，当地尊称他为"三平祖师公"。后人于寺中修殿塑像奉祀。

三平寺依山而建，坐北向南，占地面积约3万平方米，建筑面积约3300平方米。中轴线上依次为山门（图3-2-18）、天王殿、钟鼓楼、大雄宝殿、祖殿、塔殿，顺地势递升，侧翼配以斋堂、僧房等建筑，布局严谨独特。

大雄宝殿面阔五间，重檐歇山顶，供奉"三宝佛"和十八罗汉金身塑像，左右单间还供奉"迦蓝爷"和开漳圣王陈元光夫妇。祖殿即义中大师殿舍，始建于唐咸通十四年（公元873年），面阔三间，单檐悬山顶，奉祀广济大师金身塑像。

塔殿位于三平寺最高处，清乾隆四十九年（1784年）重建，道光十七年（1837年）、光绪二十七年（1901年）重修，台基高2米多，面阔、进深均三间，抬梁式木构架，重檐歇山顶。塔殿正中的屋顶有"蜘蛛结网"八卦斗栱相连，围成藻井，别具一格（图3-2-19）。殿正中石龛内供奉广济大师坐像，旁立蛇虎二侍者，龛边有对联"法大无边龙虎伏，道高有象鬼神惊"。龛后左边供奉义中禅师的师傅石巩、慧藏禅师，右边是有功于三平寺的官员像。塔殿后面尚存刻有广济大师石造像的唐代石龛，俗称"石

图3-2-18　平和县三平寺牌坊与山门

图3-2-19　三平寺塔殿藻井

公",龛下为大师墓穴。

寺内保存明万历三十五年（1607年）重刊王讽碑，有李宓书丹的"漳州三平山广济大师行录"碑和清代石碑12通。寺院附近秘氏洞外有宋建石经幢。

三平寺是闽南的一座名寺，其支脉分布极广，香火传播到台湾、东南亚一带。2005年福建省人民政府公布三平寺塔殿为第六批省级文物保护单位。

七、泉州清净寺

泉州清净寺本名艾苏哈卜清真寺，又名圣友寺、麒麟寺，位于泉州市鲤城区涂门街。始建于伊斯兰历400年，即北宋大中祥符二年（1009年），元至大三年（1310年）波斯人艾哈玛德·本·穆罕默德·贾德斯重修，元至正十年（1350年）、明万历三十七年（1609年）又两度重修和扩建。

清净寺占地面积2184平方米，坐北向南，由门楼、奉天坛和明善堂等组成，迄今仍是泉州回教徒礼拜、嫁娶婚礼举行之处（图3-2-20）。

门楼朝南，面临大街，高12.3米，宽6.6米，用白色花岗岩和辉绿岩砌成（图3-2-21）。门楼甬道由四道拱门、三个隔间组成。第一隔间为星形穹隆，由辉绿岩雕砌的龙骨状尖拱门连接半穹隆的顶盖构成，穹顶悬垂一朵莲花，四周镶砌呈放射星形的枝肋。第二隔间用花岗岩雕刻嵌成半穹隆、穹隆的凹壁，饰以蜂巢状图案（图3-2-22）。第三隔间为正方形石砌石壁，上砌尖头拱形圆顶。门廊和甬道的侧壁上有六个尖券形壁龛。门楼顶层是望月台，台三面筑"回"字形砖垛。

奉天坛在门楼西侧，现仅存四壁，东西长24.6米，南北宽24.3米。奉天坛石墙厚达1米，用长条花岗石砌成，不仅结构合理，而且墙面呈现出顺砌的长方形与丁砌的正方形相间的图案，古朴而自然。奉天坛东墙有一尖券形大门，门楣上有三行古体阿拉伯文《古兰经》石刻。西墙中部向外突出，形成一个拜坛空间，坛正中外墙上是一个尖券形大壁龛，左右墙上开两个门；拜坛两侧的西墙上对称

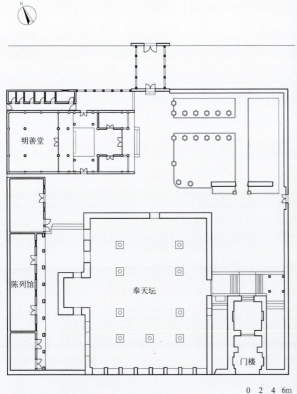

图3-2-20　泉州市清净寺平面图

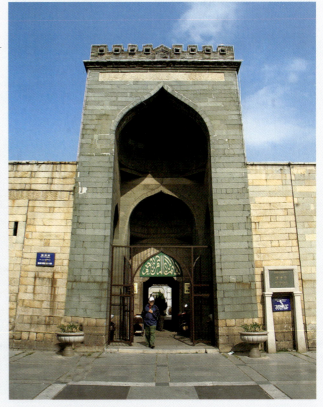

图3-2-21　清净寺门楼

图3-2-22 清净寺入口的穹隆顶

图3-2-23 清净寺墙上的阿拉伯文石刻

开四个门洞，门间墙上砌有六个较小的尖券形壁龛，龛上都刻有《古兰经》文（图3-2-23）。南墙沿街连排开八个长方形大窗，窗额上均镶嵌《古兰经》浮雕铭文。北墙上只有一个门洞，内壁嵌明永乐五年（1407年）成祖颁发保护清真寺及伊斯兰教的《敕谕》碑刻。

明善堂是寺西北角的小礼拜堂，砖木结构，四合院式建筑，始建于明隆庆元年（1567年），清代重建，1998年重修。堂壁上嵌宋、元时代古阿拉伯文石刻。门楼北侧有近年复建的石构祝圣亭，亭内立两通明代重修碑。

泉州清净寺是我国现存最早的伊斯兰教清真寺之一，也是我国南方仅存的一座古波斯式清真寺，是泉州发展海外交通贸易的重要史迹。1961年国务院公布为第一批全国重点文物保护单位。

八、泉州天后宫

泉州天后宫又名顺济庙、天妃宫，俗称妈祖庙，位于泉州市鲤城区天后路。南宋庆元二年（1196年）始建，奉祀海上女神林默，以北宋宣和五年（1123年）宋徽宗赐额"顺济"为庙号。元至元十五年（1278年）封为天妃宫。明永乐五年（1407年），郑和下西洋，曾奏请修庙，此后历代多次修葺、添建。清康熙二十三年（1684年），施琅以妈祖显圣助阵完成统一台湾大业，上奏晋封天后，又行重修、扩建，庙遂称天后宫（图3-2-24）。

天后宫占地面积7200多平方米，坐北向南，由山门、戏台、东西阙、正殿、东西廊、四凉亭、东西轩、两斋馆、寝殿和梳妆楼等组成。现存正殿（天后殿）、寝殿、轩廊等为明代或清初建筑。

1990年迁移清代晋江文庙棂星门到天后宫作为山门。山门面阔三间，牌楼式，辉绿岩石龙柱，木构斗栱，重檐歇山顶，整体结构华丽壮观。戏台接山门后檐，面向正殿，高8米，宽6.4米，深5.15米，雕脊画枋，藻井精美（图3-2-25）。

正殿坐于高出地面1米的基座上，面阔、进深均五间，殿前设廊，抬梁、穿斗式木构架，重檐歇山顶，占地面积635.5平方米。以圆形花岗岩石柱承托屋架，柱头为圆形浮雕仰莲坐斗，挑出横栱承托梁架，作九架梁。祭坛前减去金柱2根，中柱后移，脊檩由隔架科斗栱承托。柱头科和平身科用方形斗栱四跳，明间平身科斗栱两攒，次间一攒。门窗、弯枋、雀替雕花精致细密，纹饰丰富多彩。内

图 3-2-24　泉州市天后宫

图 3-2-25　泉州天后宫戏台

图 3-2-26　泉州天后宫正殿

檐两侧的员光部位朱绿相间彩雕对称的夔龙图案。殿内圆形花岗岩石柱，辉绿岩石柱础有圆形、八角形、瓜瓣形等形状，并浮雕动物花卉。屏墙存清道光年间绘画的湄洲岛写实图，长 3.5 米，宽 4.8 米。大殿前廊檐下有一对清代透雕蟠龙辉绿岩石柱。台基用花岗岩石铺砌，浮雕"鲤鱼化龙"、"八骏云火"、"鹤舞云中"等图案。歇山顶做燕尾脊，正脊、戗脊、圆脊的剪粘造型精美，色彩艳丽（图 3-2-26～图 3-2-28）。

寝殿又称后殿，大部分保留明代木构架，木柱置于仰莲圆形石础之上。面阔七间 35.1 米，进深五间 19.8 米，悬山顶。殿前廊檐下有一对从原泉州印度教寺庙移来的辉绿岩八角形石柱。

正殿和寝殿之间的两侧为东、西两轩，旧时是

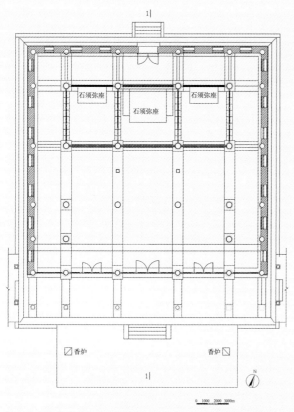

图3-2-27 泉州天后宫正殿平面图

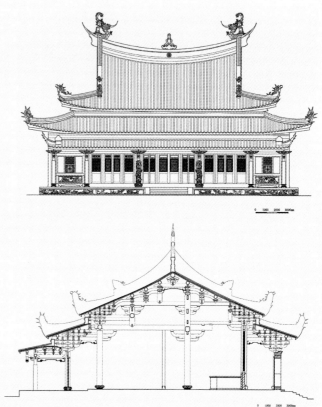

图3-2-28 泉州天后宫正殿立面、剖面图

接待香客、供香客歇息之所。

泉州天后宫以在海内外同类建筑中规格最高、年代较早、规模较大著称。1985年福建省人民政府公布为第二批省级文物保护单位，1988年国务院公布为第三批全国重点文物保护单位。

九、永定西陂天后宫

西陂天后宫位于永定县高陂镇西陂村。明嘉靖二十一年（1542年）建，清康熙元年（1662年）重修，清雍正、同治、道光年间先后三次重修。

天后宫占地面积6435平方米，坐南向北，依次为宫门、戏台、大殿、正殿、登云馆、后门，两侧有回廊、厢房和平台等，规模宏大，整体建筑布局和谐（图3-2-29，图3-2-30）。

宫门辉绿岩石框，高2.6米，宽2米，面雕花卉图案（图3-2-31）。门前置一对抱鼓石和一对高大的石狮。门内为木构戏台，半圆穹形顶，台柱镌对联："一派是西河，潺潺声杂管弦曲；七层朝北斗，叠叠影随文武班"，横额"鸾凤和鸣"。戏台两侧有化妆室和戏班住房，壁上留有清末墨写的部分演出剧目（图3-2-32）。

大殿面阔三间11.2米，进深三间13.55米，高7米，抬梁式木构架，重檐歇山顶，梁柱雕有龙凤图案（图3-2-33）。

正殿又称文塔，是天后宫的主体建筑，建于明万历元年（1573年），高40米，七层楼阁式，一至五层可登临。一至三层平面呈方形，二、三层有开敞式回廊，四层以上平面转为八角形。须弥座石构。底层为主殿，高6.5米，进深14.4米，面宽12米，中立四根圆木大柱，直通顶层，支撑全塔重心。塔基用石块干砌，基面土墙厚1.1米。一至三层为夯土墙，四、五层为砖墙，六、七层以板木为墙，中间用圆木柱构建。以圆木柱为轴心向八个方向辐射形成八角攒尖顶，五色球形葫芦刹，檐角悬数十个铃铎。主殿供奉妈祖，二至五层分别供奉关帝、文昌帝君、魁星、仓颉等，反映了闽西客家特有的多

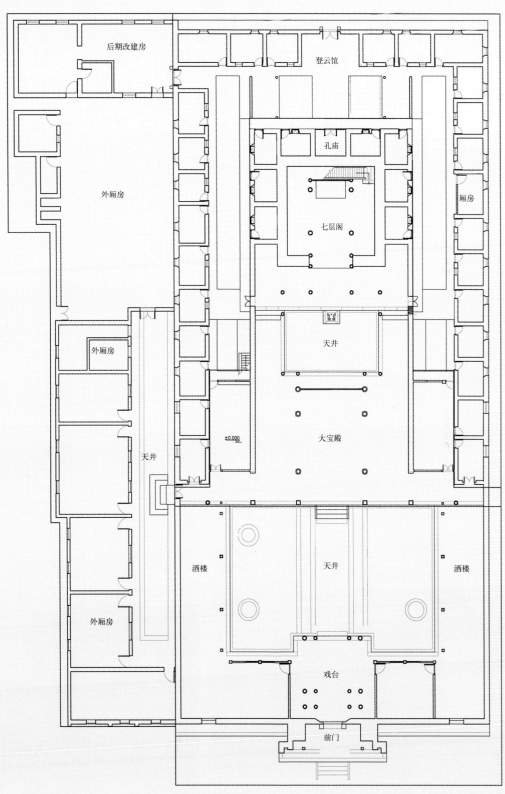

图 3-2-29 永定县西陂天后宫平面图

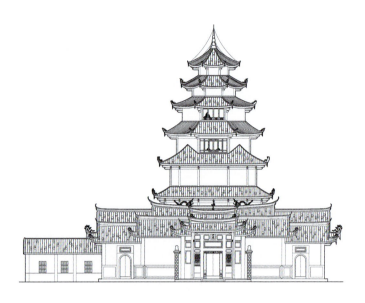

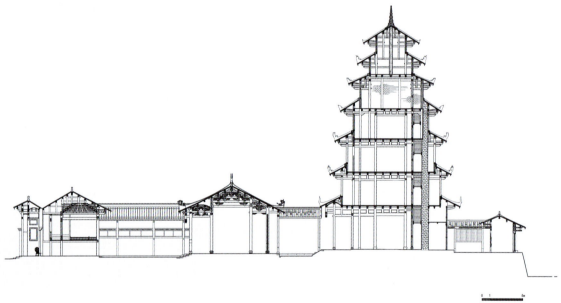

图 3-2-30 西陂天后宫立面、剖面图

图 3-2-31 西陂天后宫宫门

图 3-2-32 西陂天后宫戏台

图 3-2-33 西陂天后宫大殿梁架

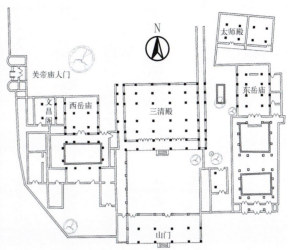

图 3-2-34 莆田市元妙观现状平面图

神共祀现象。

西陂天后宫是罕见的用塔的形式建造的宫庙,气势宏伟,结构奇特。1991年福建省人民政府公布为第三批省级文物保护单位,2006年国务院公布为第六批全国重点文物保护单位。

十、莆田元妙观三清殿

三清殿位于莆田市荔城区梅园东路,是始建于唐贞观二年(公元628年)的元妙观遗存下来的一座大殿,北宋大中祥符二年(1009年)重建,北宋元祐七年(1092年)、明崇祯十三年(1640年)和1956年多次重修。

道观原建筑规模宏大,现存山门、三清殿、东岳殿、五帝庙、西岳殿、五显庙和文昌三代祠等(图3-2-34)。

三清殿占地面积约700平方米,重檐歇山顶,坐北朝南。殿原面阔、进深各三间,八架椽前后乳栿对四椽栿用四柱。明代重修扩展,现存殿面阔七间,进深六间,当心间及左、右两次间仍保持宋代建筑风格。柱头铺作,华栱两跳用单材挑出,七铺作双杪双下昂重栱偷心造。补间铺作,前后檐各斗底为皿板,斗欹有颛。殿内立有木石相接的圆柱20根,柱头微具卷杀,覆莲柱础。两柱之间只施阑额,不用普拍枋。斗栱与椽檩间彩绘有飞鸟、果盘、蝙蝠、书卷、炼丹炉、葫芦等有关道教图画。梁架部分为楠木(图3-2-35)。脊槫专题识"唐贞观二年敕建,宋大中祥符八年重修,崇祯十三年岁次庚辰募缘修建"。

三清殿东厢为碑园,保存宋徽宗瘦金书《神霄玉清万寿宫碑》,记载宋代海外贸易史料的《祥应庙记碑》,以及苏东坡、文天祥、文徵明等人的题刻。

元妙观三清殿虽经历代修葺,仍保存宋代建筑艺术风格,是中国现存最古老的木构道观建筑之一。1961年福建省人民委员会公布为第一批省级文物保护单位,1996年国务院公布为第四批全国重点文物保护单位。

图 3-2-35 元妙观三清殿梁架

图 3-2-36　厦门市青礁慈济宫

图 3-2-37　青礁慈济宫廊檐

十一、厦门青礁慈济宫

青礁慈济宫又称慈济东宫，位于厦门市海沧区青礁村岐山东鸣岭下。原为祀北宋民间名医吴夲的"青礁龙湫庵"，南宋绍兴二十一年（1151年）高宗赐建"青礁龙湫庙"，乾道二年（1166年）赐号"慈济"，由此称青礁慈济庙。淳熙十二年（1185年）重修，淳祐元年（1241年）再修，改庙为宫。

现存主体为清代建的三进宫殿式建筑，占地面积3060平方米。坐西向东，抬梁、穿斗式木构架，重檐歇山顶。分前、中、后三殿，自东向西依地势递高。前殿两层，由门廊、楼阁式门厅和两庑钟鼓楼组成。底层面阔五间，进深二间；二层面阔五间，明、次间进深各三间，梢间进深六间，即后部延长为钟、鼓楼，外观呈三檐角楼形式。中殿为奉祀保生大帝的正殿，面阔五间，进深三间，前设露天拜亭。后殿面阔五间，进深三间，供奉佛道诸神。三殿由两侧廊庑通连（图3-2-36～图3-2-39）。

青礁慈济宫保留不少历代的石雕、木雕、彩绘。

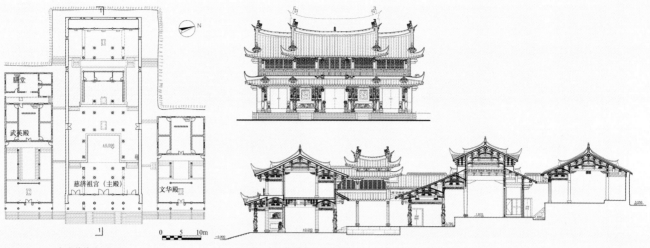

图 3-2-38 青礁慈济宫平面图　　图 3-2-39 青礁慈济宫立面、剖面图

一对石雕卧狮式门枕为宋代遗构。全宫有 12 根盘龙大石柱，雕刻着盘龙腾云、八仙游山等图案，刻工精致。木构件多数加雕作，圆雕、浮雕、镂雕并用，丰富细腻（图 3-2-40）。木栱结构形如蛛网，以人、兽、鸟、花层层套叠，轻巧美观。绿色琉璃瓦顶，屋顶上檐采用闽南"断檐升箭口"的做法，即将中部屋顶向上抬高一架而与两侧明显断开，使之更显华贵。屋脊用彩瓷镶嵌成巨龙、人物、鸟兽、花卉，精致巧妙。

宫内保存清康熙三十六年（1697 年）、嘉庆十九年（1814 年）、咸丰四年（1854 年）、光绪二十二年（1896 年）重修碑记四通，其中康熙三十六年《吧国缘主碑记》记述了吧国（今印度尼西亚）捐资重建青礁慈济宫的题刻，具有较高史料价值。后山有吴夲当年行医时使用的药臼、丹井、丹灶等古迹。

青礁慈济宫整体建筑宏伟壮观，工艺精湛，台湾各地慈济宫奉其为祖宫。1991 年福建省人民政府公布为第三批省级文物保护单位，1996 年国务院公布为第四批全国重点文物保护单位。

十二、龙海白礁慈济宫

白礁慈济宫又称慈济西宫，位于龙海市角美镇白礁村，与青礁慈济宫相距 15 公里，始建于北宋景祐四年（1037 年），原名"龙湫庵"。南宋绍兴二十年（1150 年）宋高宗敕建，祀民间名医吴夲，乾道二年（1166 年）宋孝宗赐庙号为"慈济"，淳祐元年（1241 年）理宗下诏改庙为宫。白礁慈济宫初为二进庙宇，清嘉庆二十一年（1816 年）重修并增建前殿，成为三进宫殿式建筑。清光绪四年（1878 年）及 1923 年、1991 年修葺。

白礁慈济宫占地面积约 5000 平方米，坐东北向西南，依山势递建，中轴线上依次为门廊、前殿、天井（两侧有双层钟鼓楼）、献台、正殿和后殿，建筑面积 1915.5 平方米（图 3-2-41，图 3-2-42）。

门廊两层，进深三间，红色筒板瓦屋顶。底层面阔十一间，用石柱，设三个大门，中门两侧置石狮一对（图 3-2-43）。二层面阔五间，用木柱，抬梁式木构架。

前殿由正座与侧房组成。正座五开间，重檐歇山顶，屋顶采用"断檐升箭口"做法；侧房左右各三开间，单檐悬山顶；殿前有六根青褐色花岗岩蟠龙石柱。底层殿内方形石柱，面镌竹叶字体对联"慈心施妙法，济众益良方"、"保我德无量，生民泽利长"。楼后两侧建有钟鼓楼，均为重檐歇山顶楼阁式，楼顶木架藻井结构。

献台为宋代遗构，位于前殿与正殿之间的天井中央，用花岗石砌成，双重须弥座，束腰处有宋代浮雕飞天乐伎、双狮戏球等图案，镌刻精美生动。台上置南宋时雕刻的石狮，俗称"国母狮"，为蹲

图 3-2-40　青礁慈济宫精美的梁架

图 3-2-41　龙海市白礁慈济宫

图 3-2-42　白礁慈济宫廊檐

图 3-2-43　白礁慈济宫入口石狮

图 3-2-44　白礁慈济宫石雕

踞状,右前肢上举,握一方印。献台前有一口龙泉井,传吴夲生前于此汲水,为病人洗涤伤口。

正殿台基比前殿高2米,面阔五间,进深三间,抬梁式木构架,重檐歇山顶。殿内明间施朱漆藻井,由五跳如意斗栱叠涩组成;次间的斗栱均不出跳,昂嘴砍成象鼻状;梁枋斗栱均彩绘描金。殿前有四根蟠龙辉绿岩石柱。整座建筑保留了不少历代维修时增加的壁画和石雕（图3-2-44）、木雕。屋顶飞檐高翘,屋脊装饰花草虫鱼、鸟兽飞龙、山水人物,全以彩瓷镶嵌,鲜艳生动。

后殿高于正殿,单檐歇山顶,面阔五间,进深三间。

白礁慈济宫的建筑集宋代以来历代建筑风格和建筑艺术之大成,有"闽南故宫"的美誉,台湾各地慈济宫奉其为祖宫。1991年福建省人民政府公布为第三批省级文物保护单位,1996年国务院公布为第四批全国重点文物保护单位。

十三、古田大桥临水宫

古田临水宫又称顺懿祖庙,位于古田县大桥镇中村,祀临水夫人陈靖姑。始建于唐贞元六年（790年）,元至正七年（1347年）重修,清光绪元年（1875年）毁于火,翌年重建。

临水宫建于坡地高台上,占地面积约2000平方米，坐北向南，有宫门、戏台、拜亭、正殿、后殿、生成宫、太保殿、婆祖殿等建筑。整个建筑群依山而建，红墙青瓦，参差有序。宫内飞檐翘角交错，屋面泄水陡峭，石刻、木雕和壁画精美，堪称清代民间宫庙建筑的佳作（图3-2-45）。

宫门设在东南侧，牌楼式，正中最高，两侧依次对称降低。最上层墙头用歇山顶，正脊用鹊尾。脊正中塑一头象，背驮宝瓶，瓶中插橘，寓意"万象平安大吉"。门墙正中设双开木门，辉绿岩石门框。门的左右设不透漏花窗，分别塑有青龙、白虎。门墙左右立的辉绿岩石雕抱鼓石背面有捐资祈福题刻，捐造时间为明成化二十年（1484年）。抱鼓石后凿有安装门轴、门槛的石臼，应是当年木构宫门的遗存。宫门后为通往正殿的通道，上方盖有雨棚。

戏台坐南朝北，与拜亭隔庭相望，用四柱，单檐歇山顶，檐下出挑刻花弓梁，垂莲柱（图3-2-46）。戏台内顶棚用八角藻井，藻井内出双层如意斗栱，这是宫中最华美的藻井。

正殿供奉陈靖姑神像，面阔五间17.72米，进深三间12.02米，抬梁、穿斗式木构架，硬山顶。顶棚分别用弯椽、天花、藻井，两山封火墙为牌楼式样。正殿大厅四柱础石鼓为镂空石雕。正殿前有拜亭（图3-2-47），左右钟鼓楼相对而建。钟鼓楼为双层，用四柱，单开间，门洞加花罩，不设门，隔扇为镂空花窗。楼上出平坐，周以护栏，栏板精雕细刻博古图案。门楣上出挑楣堵用垂莲柱，其上用三层如意斗栱连续出挑，上承歇山顶。整体造型华美，是宫中最精美的建筑（图3-2-48）。

后殿也称监奶殿，坐落在正殿后院，面阔三间11.33米，进深4.2米，用三柱，出游廊。生成宫也称软身楼，俗称梳妆楼，位于后殿东侧墙外另一院落内，三开间，穿斗式木构架。正殿东墙外有太保殿；西墙外有婆祖殿，塑有三十六婆官像。太保殿和软身楼壁上保留有陈靖姑出生及其降妖除魔传说的清代壁画。

古田临水宫在东南亚一带华侨中有较大影响，对研究清代建筑艺术和中国道教"三奶派"有重要意义。1991年福建省人民政府公布为第三批省级文物保护单位，2013年国务院公布为第七批全国重点文物保护单位。

十四、平和城隍庙

平和城隍庙位于平和县九峰镇区东门，系明代著名理学家王守仁（王阳明）于明正德十四年（1519年）始建并亲自设计，皇帝准以府级规模建置。清康熙三十六年（1697年）、乾隆二十三年（1758年）重修，此后多次修葺。

该庙坐北向南，占地面积1200平方米。前后五座相连，依地势北高南低而建，平面呈"中"字形，中轴线上依次为门厅、仪门（戏台）、拜殿、正殿、后殿，天井两侧为回廊（图3-2-49、图3-2-50）。天井均铺石板，大殿与后殿铺大面红砖，外墙用青砖砌筑。

门厅面阔三间，进深二间，牌楼式歇山顶与悬

图3-2-45　古田临水宫优美的屋脊

图3-2-46　古田临水宫戏台

图 3-2-47 古田县临水宫拜亭

图 3-2-48 古田临水宫钟楼

图 3-2-49 平和县城隍庙

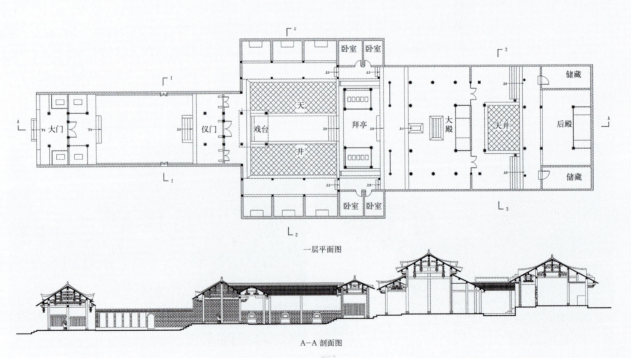

图 3-2-50 平和城隍庙平面图、剖面图

图 3-2-51 平和城隍庙入口大门梁架

图 3-2-52 平和城隍庙壁画局部

山顶屋面。大门的前向，左右有泥塑马将军和马各一；大门的后向，左边塑"大高爷"，右边塑"二高爷"。

仪门面阔三间，进深二间，单檐悬山顶，设三门。仪门前向左壁镶清嘉庆七年（1802年）重建城隍庙石刻碑记。仪门内左右壁各镶道光七年（1827年）、咸丰十年（1860年）重修城隍庙碑记。仪门后连一凉亭，此亭被称为戏台。

拜殿为卷棚顶，与正殿连成一体。塑十二房科立像，左右各五尊。十二房科像后壁，画"平和八景"。拜殿前的天井两边各有一列三间厢房，祀三官大帝、观音、福德正神、五谷主等。

正殿面阔五间，进深三间，抬梁式木构架，重檐歇山顶，供奉东岳大帝与阎罗判官。大殿左右悬挂铜钟、皮鼓各一。

后殿面阔、进深均三间，木构架有前步廊，单檐歇山顶。殿中供奉的城隍尊神（俗称城隍爷）、内宫夫人（俗称城隍妈）是唐代诗人王维夫妇。左右各一室，左为城隍爷和夫人寝室，右为库房。后殿天井两旁为左、右横廊，分别有"二十四孝"、"十八层地狱"壁画。

平和城隍庙的规模和艺术性在当时堪称一流，黄道周曾有"庙宇仓央，甲于他邑"的赞誉。该庙明间采用抬梁做法，雕梁画栋，局部还施以镏金。斗栱及插枋多作浮雕与透雕装饰，花鸟龙凤千姿百态。瓜柱下部瓜形大斗描金彩绘，纹饰繁密（图3-2-51）。石柱有圆形、方形、八角形及高浮雕盘龙柱等多种形式，石柱上镌有清嘉庆、咸丰年号。盘龙石柱雕刻活灵活现，多对抱鼓石雕刻精美。屋顶上剪粘色彩鲜艳，题材丰富。庙中保存40余幅明清时期的壁画，弥足珍贵。其中"十八层地狱图"、"二十四孝图"兼工带写，线条流畅，人物众多，造型生动。"平和八景"虽为实景写真，却不拘于自然描摹，线条、皴法功力高超，颇具宋元遗韵（图3-2-52）。

平和城隍庙保存完整，具有明末清初的建筑风格。2001年福建省人民政府公布为第五批省级文物保护单位，2013年国务院公布为第七批全国重点文物保护单位。

十五、东山关帝庙

东山关帝庙又称铜山武庙，位于东山县铜陵镇岵嵝山东麓，始建于明洪武二十年（1387年），正德三年（1508年）扩建。清康熙三年（1664年）"迁界"被拆焚，康熙十九年（1680年）按原样重建。明清期间多次修葺。

关帝庙倚山临海，坐西北向东南，由牌楼、前殿、回廊、大殿组成，层层升高，建筑面积680平方米。

牌楼俗称太子亭，由六根圆形石柱并两根石梁承托数百木斗栱组成，每栱一斗九升。屋面为歇山顶，上覆绿色琉璃瓦，脊端与檐角高挑飞扬。"太子亭"建筑艺术高超，巍峨壮观，精美绝伦，历数百年台风、地震而安然无恙。

图 3-2-53　东山县关帝庙前抱鼓石和挡门杠　　图 3-2-54　东山关帝庙前的石狮　　图 3-2-55　东山关帝庙梁架

大殿面阔三间，进深六间，抬梁式木构架，悬山顶。大殿正中供奉关帝圣君——关羽金身神像，座前两边奉立随关帝于麦城尽忠的周仓、关平、赵累、王甫四将雕像，上悬清咸丰皇帝御笔"万世人极"镏金匾额，两边柱上挂明武英殿大学士、吏部兼兵部尚书黄道周撰写的楹联："数定三分扶炎汉，平吴削魏，辛苦倍常，未了一生事业；志存一统佐熙明，降魔伏虎，威灵丕振，只完当日精忠"。大殿右侧另辟一神座，奉祀忠勇侯周仓。周仓与关帝平起平坐，独开古今关帝庙祭祀格局之别例。大殿左侧竖立明正德十一年（1516 年）《鼎建铜城关王庙记》石碑，旁悬挂清道光年间铸造的大铜钟一口，重 200 多公斤。

大院回廊左右分别附祀关帝部属马良、廖化二公。左、右回廊墙上嵌石碑，其中清同治九年（1870年）的《重修武庙碑记》详细记载了金门和台湾安平、鹿港及澎湖等处各界人士捐资建庙事宜。

关帝庙的建筑装饰艺术特色鲜明。剪粘遍布屋面脊顶、脊沿、檐角及四垂垂头，如太子亭脊顶有双龙抢珠、八仙骑八兽和取材于古典小说、戏曲故事的人物形象 120 多个，造型各异，色彩鲜艳，极富动感。殿内外众多的石雕作品构思独特，多姿多彩（图 3-2-53）。如大殿丹墀之下镶一方辉绿岩石浮雕龙陛，刻工精致；大院回廊廊沿立四对龙、凤、人物、山水浮雕石柱，精巧典雅；前殿左右墙上的人物堵浮雕，神态逼真；庙前有明、清时雕刻的石狮四对，雕工简约（图 3-2-54）。殿廊里琳琅满目的金漆木雕和镏金画，使庙宇更显得美轮美奂、富丽堂皇（图 3-2-55）。

东山关帝庙是全国四大关帝庙之一，是台湾众多关帝庙挂香分灵入台的祖庙。1985 年福建省人民政府公布为第二批省级文物保护单位，1996 年国务院公布为第四批全国重点文物保护单位。

十六、建瓯东岳庙

建瓯东岳庙又称东岳行宫，位于建瓯市城东白鹤山麓，始建于东晋，明代重建，历代多有修葺，现存建筑为清嘉庆十九年（1814 年）重修。

东岳庙坐北向南，拾级而上为山门（图 3-2-56）、前殿、戏台（图 3-2-57）、主殿、后殿，东西两侧为厢房，占地面积 2600 平方米。

山门檐下用人字如意斗栱多层承托出檐，门前置浮雕瑞兽承托日、月、祥云抱鼓石一对。庭院内有雕花石座。

主殿又称圣帝殿，是东岳庙的主体建筑，面阔五间28.5米，进深六间22.2米，抬梁式木构架，重檐歇山顶。柱头铺作施清式人字斗栱，转角铺作施三杪龙头单下昂，并伴有装饰性象鼻三下昂。藻井为明栿，彻上露明造，四面托以清式如意斗栱。内檐补间铺作为三朵，下施雕工精细的驼峰，造型有羊、鹿等瑞兽。金柱、中柱的柱础为覆盆式过渡到鼓镜式的造型，是较为典型的明代早期风格。屋面举架颇高，保留明末清初北方官式做法的风格（图3-2-58、图3-2-59）。殿内上方横匾"峻极于天"，字体矫健峻拔，为清代武进士建宁府总镇徐庆超手笔。

建瓯东岳庙是福建省最早、最大、最规范的古代道教建筑之一。1996年福建省人民政府公布为第四批省级文物保护单位，2006年国务院公布为第六批全国重点文物保护单位。

图3-2-56　建瓯市东岳庙山门

图3-2-57　建瓯东岳庙戏台

图3-2-58　建瓯东岳庙主殿

图3-2-59　建瓯东岳庙主殿檐下结构

福建古建筑

第四章 祠堂、文庙

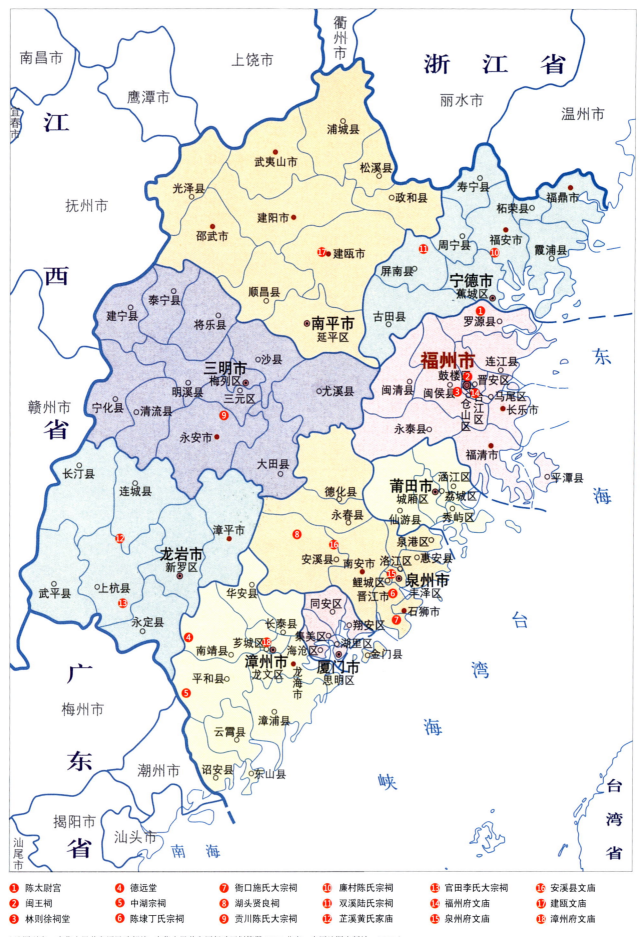

福建祠堂、文庙分布图

第一节 概述

一、福建祠堂的分类

祠堂是祭祀祖宗或先贤的庙堂。福建的祠堂规模较大，建造相对考究，区域分布广，颇具时代气息和地方特色，是古代民间建筑艺术的瑰宝。

从祭祀的对象划分，福建的祠堂可分为两大类：一是祭祀明哲先贤的祠庙，二是祭祀宗族祖先的宗祠。

贤祠祭祀的是对社会民生有过贡献或行为合乎封建道德，堪称典范的清官、名士、哲贤，多由官方或当地士绅倡建，以起到道德教化的作用。这类祠堂多冠以姓名或号。附属于各府、县的名宦祠、乡贤祠则多与文庙同时建造，成为文庙建筑群的组成部分。福建历代名人入祀祠庙的不少，他们有着不同的政声和共同的德声，世代受到人民的景仰和祭祀。例如，福州市鼓楼区的闽王祠（原称"忠懿闽王庙"），祀被尊为"开闽王"的王审知；福州市鼓楼区的林则徐祠堂，祀民族英雄林则徐；福州市鼓楼区于山的戚公祠，祀明代抗倭名将戚继光；福州市仓山区的蔡忠惠公祠，祀宋端明殿大学士、两度知福州的蔡襄；厦门市同安区的芦山堂，祀宋代著名科学家苏颂（图4-1-1）；晋江市安海镇的朱文公祠，祀理学宗师朱熹；安溪县湖头镇的贤良祠，祀清文渊阁大学士兼吏部尚书李光地；南安市石井镇的延平郡王祠，祀民族英雄郑成功；莆田市荔城区的黄滔祠，祀晚唐福建著名文学家、政治家黄滔；邵武市的李纲祠堂（原称"丞相太师忠定李公祠"），祀抗金名将李纲（图4-1-2）；南平市延平区南山镇凤池村的游定夫祠，祀北宋理学家游酢（图4-1-3）；沙县的豫章贤祠，祀北宋理学家罗从彦（图4-1-4）。福州市马尾区的昭忠祠，祀在1884年中法马江海战中殉难的796名官兵，是

图4-1-1　厦门市同安区芦山堂

图4-1-2　邵武市李纲祠堂

图4-1-3　南平市延平区游定夫祠

图4-1-4　沙县豫章贤祠

图4-1-5 福州市马尾区昭忠祠

图4-1-6 晋江市衙口村施氏大宗祠

对为抗击外侮英勇献身的英雄集体的沉痛祭奠（图4-1-5）。现存的纪念历史名人的祠堂多以历史的悠久、蕴含的精神、建筑的宏伟、装饰的精美而成为文物保护单位。

宗祠指宗族的祠堂。福建的宗祠在血缘村落里处于最核心的地位。它既是同族子孙祭祀祖先的处所，也是宗族议事的会堂；既是执行族规家法的场所，也是族民婚丧嫁娶的仪式举行地；既是供奉祖宗牌位的场所，也是炫耀杰出族人的纪念堂。对宗族有重大意义的物品，如圣旨、诰命、祭器、祖宗像、族谱等，也都保存在祠堂里。宗祠大多建在村落的重要位置，而且往往是村落中最雄伟的建筑物。能够光宗耀祖诱导子弟上进的纪念性和旌表性建筑，如牌坊、旗杆石等，大都在宗祠附近，共同形成村落的礼制中心。以宗族立宗祠或家庙一般冠以姓氏。目前福建各地有大量的宗祠、家庙，大多为明清所建，不少仍保持祭祀的功能。典型代表如南靖县书洋镇塔下村的德远堂、漳州市芗城区的林氏宗祠、晋江市陈埭镇岸兜村的丁氏宗祠、晋江市龙湖镇衙口村的施氏大宗祠（图4-1-6）、上杭县稔田镇官田村的李氏大宗祠、长乐市江田镇友爱村的南阳陈氏祠堂、泉州市鲤城区的东观西台吴氏大宗祠、漳浦县旧镇浯江村的海云家庙、永定县下洋镇中川村的胡氏家庙等。

二、福建祠堂的发展

福建民间有些家族祠堂的建造，可以追溯到唐朝和五代时期。在福建一些族谱中，可以看见这种记载。如据高岑《薛氏宗谱》记载，福安市溪潭镇凤林村的福溪补阙祠始建于唐光化二年（公元899年），清乾隆十八年（1753年）重建，祀"开闽第一进士"薛令之及历代祖先。唐及其前朝所建的祠堂难得有遗存。罗源县中房镇大官口村的陈太尉宫堪称我国现存最古老的祠堂之一。这座祠堂保存着宋、明、清各代的木构，被誉为"古代建筑博物馆"。

福建大量的家族祠堂建造始于宋代，盛于明代。朱熹在《家礼》中规定："君子将营宫室，先立祠堂于正寝之东"，把祠堂放在高于一切、关乎家族命运的神圣地位。宋代的社会因素和理学家们的倡导，对兴建祠堂起了极大的推动作用。如李纲祠堂是南宋淳熙十三年（1186年）朱熹在邵武讲学时倡建，南安市眉山乡高田村的凌云叶氏家庙始建于北宋雍熙四年（公元987年），将乐县南口乡温坊村的汤氏宗祠始建于北宋宣和元年（1119年），大田县上京镇桂坑村的林埔祠始建于北宋熙宁三年（1070年），大田县太华镇魁城村的连氏祖屋（又名龙井祠）始建于南宋宝祐二年（1254年），周宁县浦源镇浦源村的郑氏宗祠（图4-1-7）始建于南宋嘉定二年（1209年）。经历代修建、重建，这些祠堂保留着清朝中后期建筑风格。现存的宋代建造的宗祠以漳州市芗城区的林氏宗祠最有特色。该祠又称比干庙，是漳州七县林氏合建的宗祠，确切的建

图 4-1-7 周宁县浦源村郑氏宗祠

筑年代已无考,但其红瓦重檐歇山顶、粗大紧凑的梁架斗栱、上下昂经专家分析鉴定,乃宋、元时期的建筑特征,其精致的镂雕木作,融早期南北派建筑风格于一体。

明代中叶以后,激烈的社会变迁加深了福建民间家族加紧内部控制的紧迫感,商品经济的发展为家族组织的建设提供了经济基础,嘉靖年间家庙祭祖制度的改革则成为民间广建祠堂的契机。于是福建的祠堂建造进入了繁荣时期,民间祭祖不得逾越高祖以下四代的限制也被突破。这时期建造的祠堂以大宗祠、宗祠为主,建筑规模较大,用材较硕大,风格古朴。在现存的祠堂中,晋江市的陈埭丁氏宗祠、长乐市古槐镇洋布村的高应松祠堂、三明市三元区荆东村的垂裕祠、莆田市荔城区新度镇蒲坂村的戴氏宗祠、清流县赖坊乡南山村的马氏宗祠、龙岩市新罗区万安镇竹贯村的温氏家庙、光泽县崇仁乡洋塘村的梁氏宗祠、诏安县南诏镇的许氏家庙、德化县国宝乡格头村的山后连氏祠堂、大田县均溪镇东坑村的郑氏祖祠等均为明代遗构。

清代祠堂的兴修,随着清初战乱、迁界、海禁等社会经济的破坏而陷入低潮,随着清中期社会的稳定、商品经济的恢复、宗族组织的整合而发展兴盛。不仅新建造的祠堂如雨后春笋,还有大量早期修建的祠堂得到重建、重修或扩建。清代修建的祠堂,墙体材料以花岗石和红砖、青砖为主,建筑规模不及明代,但在装饰细部上更为考究。历经修葺维护,福建有不少祠堂仍保留明、清时期的建筑风格,较有代表性的有福安市的黄氏祠堂、莆田市荔城区新度镇蒲坂村的郑氏宗祠、长泰县武安镇的杨氏宗祠、漳浦县赤岭畲族乡石椅村的蓝氏宗祠、平和县九峰镇的中湖宗祠、平和县大溪镇壶嗣村的报本堂(又称吴凤宗祠)、南靖县奎洋镇上洋村的聚精堂、诏安县秀篆镇陈龙村的龙潭家庙、宁化县石壁镇石碧村的张氏家庙(又称上祠)、福鼎县管阳

图 4-1-8　龙海市白礁村王氏家庙

镇西昆村的孔氏家庙等。

随着家族的繁衍发展，许多家族出现分支迁居外地的现象。同一远祖但没有居住在同一地方的族人，往往合建超地域的大宗祠，以奉祀共同的祖先。许多迁居台湾和海外的福建分支子孙，也在台湾及东南亚等地建造宗祠，并与福建始祖宗祠保持密切联系。如云霄县马铺乡枧河村的何地何氏家庙是云霄、平和何氏族人的总祠，台湾有众多分祠；南靖县德远堂的张氏后裔分布在东南亚各国和港澳台地区，台南也依此规制建有德远堂；上杭县官田李氏大宗祠是旅居世界各地和港台地区的李氏后裔寻根谒祖的祠堂；长汀县三洲乡三洲村的戴氏家庙、龙海市角美镇白礁村的王氏家庙（图4-1-8）、光泽县司前乡台山村的毛湛毛氏宗祠是台湾戴氏后裔、王氏后裔、毛氏后裔返乡谒祖的祠堂。

三、福建祠堂的特点

（一）宗祠数量众多

在乡土社会里，宗祠是血缘关系的纽带，是家族组织的象征和中心。福建是聚族而居习俗保存较长久的省份。历史上不同时期从中原南迁入闽的汉人，为了抵御外族和促进自身的发展，往往聚族而居。同族人需要有一处共同祭祀的场所，于是产生了宗祠。与动乱的中原地区相比，当时的福建社会相对稳定，经济较为发达，这就为历史上祠堂建筑的高度发展创造了条件。在家族制度盛行的农村，几乎所有的村落都有祠堂。有的家族不但有一族合祀的宗祠，而且族内的各房、各支房还建造各自的支祠、房祠。因此宗祠在福建分布很广，数量众多，是福建传统建筑的一种重要形式。特别是闽西客家人，有着"求神不如敬祖"的理念，溯本追源、敬宗收族的观念更强，建造宗祠更是不遗余力。如连城县宣和乡培田村只有300多户，1000多人口，在明清时期祠堂竟有49座之多，现存完好的还有21座（图4-1-9）。可以与之媲美的是连城县庙前镇芷溪村，在这个6000余人的村落，从宋代到民国，居然建有宗祠74座，现存比较完整的还有40余座（图4-1-10）。这样的建筑密度，恐怕在全国也很难见到。

图4-1-9　连城县培田村吴氏分祠"久公祠"

图4-1-10　连城县芷溪村澄川公祠

（二）建筑风格各异

福建祠堂的规模大小不一。其布局有宫殿式、民居式、园林式，格局有单殿、两殿、三殿等。单殿式如霞浦县柏洋乡董墩村的金源祠，明嘉靖十四年（1535年）建，由山门、大殿组成，占地面积仅62平方米。两殿式最为常见，一般为二进三间，采用合院式布局，即由门厅、天井、厢廊、正堂组成。大型祠堂为三进建筑，面阔也可增至五间，两侧再布置辅助用房。各进建筑由前向后逐渐增高，主体建筑置于后位。如长乐市南阳陈氏祠堂始建于明永乐十六年（1418年），万历九年（1581年）重修，占地面积达6000平方米，依次为门厅、戏台、正厅、祭祖厅，祭祖厅面阔五间、进深三间。有的祠堂主体建筑前还有照壁、水池、大埕等，有的祠后有风水林。例如，福安市黄氏祠堂由方池、照壁、戏台、祠厅、覆龟亭、寝堂和南侧祭祀厅等组成，前天井两侧为两层的戏楼，厅堂均面阔五间、进深三间，占地面积2516平方米。南靖县聚精堂的主体建筑为二进五开间，前有照壁，后有大片的护坡和风水林，占地面积4300平方米。有功名的家族可在祠堂大门前设旗杆石，上面刻姓名、功名和官职。如在罗源县中房镇林家村林氏祖厅前，有18对明、清两代所立的石旗杆；永定县中川胡氏家庙占地面积4847平方米，大门外矗立着10根明、清石旗杆；在南靖县德远堂前的石坪上，有多达23根的石旗杆冲天而立，蔚为壮观（图4-1-11）。

福建的祠堂均为中轴对称布局，但各地祠堂的形式有所不同，风格各异，这是福建各地区不同的建筑形式和风格在祠堂建筑中的体现。例如，闽南地区、莆仙地区的祠堂以红砖、白石为封壁外墙，红瓦屋顶、曲线屋脊和两端高翘的燕尾，显得格外富丽堂皇（图4-1-12）；闽东地区祠堂的木结构门楼斗栱层层重叠，形如马鞍的封火墙高高耸起，气派中透着优雅（图4-1-13）；闽北地区祠堂仿木构的砖雕门楼既精美又有文化韵味；闽西地区祠堂的入口门楼雄伟壮观，丰富的屋顶跌落处理独具一格（图4-1-14）。闽西客家宗祠有两种基本类型，一种是纯粹的宗祠，仅用于祭祖联宗、商议族中大事；另一种是祠居合一的建筑，中轴厅堂为宗祠，横屋为住宅。以连城县芷溪宗祠建筑为例，黄氏家庙、杨氏家庙属于第一种，平面布局较接近合院式；其他的多为祠居合一的复合型结构，建筑形式以"九厅十八井"为主。

与北方地区不同的是，福建有不少祠堂兼设戏台。有的戏台设在祠堂门厅前，如连城县培田村吴氏总祠衍庆堂的戏台正对着门厅，戏台前是宽敞的内雨坪（图4-1-15）。多数戏台设在仪门或门厅之后，戏台对着厅堂，两厢设一层甚至两层看台，人们在祠堂内看戏，既可避风雨又可获得较好的音响效果。这种布局在闽东地区的祠堂中最为常见（图4-1-16）。

图 4-1-11　客家祠堂前的石旗杆（也称石笔）　　图 4-1-12　闽南长泰县的祠堂

图 4-1-13　闽东廉村陈氏支祠　　图 4-1-14　闽西连城县庙前镇的祠堂

图 4-1-15　连城县培田村吴氏总祠"衍庆堂"戏台　　图 4-1-16　罗源县陈太尉宫戏台

（三）装饰精美华丽

为了表示对祖宗和先贤的敬重，祠堂建筑力求豪华气派，往往集中了较多的装饰。祠堂的入门、屋脊、梁枋、门窗、柱础、神龛等处都是装饰的重点，采用木雕、砖雕、石雕、灰塑、彩绘等装饰手法，都相当华美（图4-1-17）。尤其是木雕最为精彩，精雕细刻的人物、花鸟、瑞兽，皆生动逼真。悬挂在厅堂的匾额、雕刻在柱子等处的对联，是祠堂不可缺少的装饰，也是祠堂文化景观的要素。例如，南靖县聚精堂的梁架满绘彩画，出自清末著名国画家宋赞周之手；主堂18根圆方石柱对联均以"聚、精"开首，寓意深长，令人寻味。晋江市陈埭丁氏宗祠采用闽南传统建筑技术和装饰工艺，兼有伊斯兰文化装饰，是汉回民族文化交融的实物资料。

祠堂的建筑格局规整严谨，但它的建筑装饰中却洋溢着强烈的民间文化气息。祠堂的装饰比民居更加精美华丽，可说是集地方建筑工艺技术与艺术于一身。闽南地区的祠堂，其红砖组砌贴面、精湛的青石雕刻、艳丽的彩绘壁画和剪粘装饰，可与当地最华丽的寺庙相媲美（图4-1-18）；闽西地区祠堂前的石旗杆以其特有的形式、精美的石刻而独树一帜；闽北地区祠堂的砖雕装饰（图4-1-19）、闽东地区祠堂的灰塑彩绘（图4-1-20）都充分表现了各地工匠高超的建造技术与工艺水平。

四、文庙

文庙又称孔庙，是祭祀著名的思想家、教育家孔子的祠庙。汉代以后，历代帝王多崇奉儒学，敕令在京城和各州县建孔庙，祭孔活动规模也逐步提升，明清时期达到顶峰，被称为"国之大典"。而在民间，人们为了尊崇与怀念至圣先师孔子，也在各地孔庙举行不同形式的祭孔活动。文庙不仅是祭

图4-1-18　永春县岵山镇陈氏宗祠

图4-1-17　宁德市霍童镇章氏宗祠书卷式墀头

图4-1-19　邵武市赵氏宗祠的砖雕

祀孔子的圣殿，也是历史上文化教育的场所。从唐代开始，各州县多在学宫旁边建立孔庙，文庙与正统的儒学教育紧密结合，逐渐形成庙学合一的规制，历代相传，遍及全国。

福建在历史上曾被誉为"海滨邹鲁"、"理学名邦"。有宋以来，以朱熹学说为核心的闽学成为福建的主流文化，并逐渐由区域性上升为全国性文化。尊孔重教在八闽大地盛行，文庙建筑得到进一步发展，不仅各府、州、县文庙齐备，有的镇、村也建有文庙。因此福建的文庙数量多，延续时间长，充分体现了历代建筑的技术水平和艺术风格。

全省现存文庙30余处。最具特色的是泉州府文庙、漳州府文庙和安溪县文庙。泉州府文庙占地面积约5000平方米，是我国长江以南现存规模最大、集宋元明清时期建筑风格的府文庙建筑群（图4-1-21）。漳州府文庙大成殿的殿身为抬梁式木构架，草架则为穿斗结构，做法承袭前制，保留有早期闽南建筑特征。安溪县文庙现存建筑为清初重建，建筑群规模宏大，布局严谨，艺术精湛，素有"秀甲江南"、"名冠八闽"之美誉。现存文庙中较有代表性的还有：福州府文庙、漳浦县文庙大成殿、仙游县文庙、建瓯文庙（即建宁府文庙）、永安县文庙大成殿、汀州府文庙（位于长汀县汀州镇）、上杭县文庙、平和县文庙（位于平和县九峰镇）、同安县孔庙（图4-1-22）、屏南县文庙（位于屏南县双溪镇）、惠安县孔庙、永春县文庙（图4-1-23）、黄石文庙（位于莆田市荔城区黄石镇水南村）、闽清县文庙、漳平县文庙大成殿等。

作为中国封建社会普及全国的礼制建筑和祭祀建筑，文庙有一个基本的建筑格局。福建的文庙建筑大小虽然不一，但规制大体相似，中轴线上必有万仞宫墙、棂星门、大成门、大成殿等主体建筑，两侧配以廊庑等相关建筑物。各地文庙在建筑布局上依具体情况各有特色。有的设有崇圣祠、明伦堂等；有的建碑亭、立牌坊；不少地方还附建名宦祠、乡贤祠等；与府学、县学合建一处的，都有半月形

图4-1-20 福州市祠堂的灰塑彩绘

图4-1-21 泉州府文庙大成殿

图4-1-22 同安县孔庙

图4-1-23 永春县文庙

图4-1-24 永春文庙大成殿龙柱

图4-1-25 建瓯文庙大成殿藻井

图4-1-26 安溪文庙大成门屋顶上的通天筒与枭鸟

的泮池。

文庙在建筑上完全承袭中国传统建筑的风格，但按照不同的等级又有所区别。文庙的不同等级可以从大成殿的开间和屋顶的形制体现出来。在福建现存的文庙中，福州府文庙和泉州府文庙的大成殿均面阔七间，其他文庙面阔为五间或三间。泉州府文庙大成殿的屋顶为重檐庑殿式，代表最高的级别，其他文庙多用较高规格的重檐歇山顶。

文庙建筑较简朴庄严，不像一般庙宇的装饰那样华丽。如文庙的门口没有放置石狮，大门不画门神，柱子没有楹联，门窗没有镂刻。尽管在装饰上受到约束，但不少文庙仍通过梁架、斗栱等处的木雕，石柱、壁堵、棂星门等处的石雕，屋脊、脊堵等处的泥塑表现出鲜明的地方特色。例如，泉州、安溪、永春、漳州、平和、同安、仙游、黄石、永定、汀州文庙的前檐柱或殿内金柱使用龙柱，浮雕的蟠龙有腾空欲飞之感（图4-1-24）。福州、建瓯、安溪、仙游、尤溪、长汀、汀州文庙的殿顶施藻井，藻井由斗栱重叠构成，精美别致（图4-1-25）。文庙的屋脊上常设有圆筒（称为通天筒），垂脊上站着一排泥塑的枭鸟（图4-1-26）。通天筒也称通天柱，一说是用以表达对孔子道德的崇敬，另一说是表达对读书人爱书精神的敬佩。枭鸟即鸱鸮，是一种性情凶猛且不孝顺的鸟，可是它飞过孔子讲学之处亦被感化，表现了孔子"有教无类"的精神。在安溪县文庙仍然可以看到这种文庙特有的脊饰，泉州府文庙、惠安孔庙也有枭鸟雕塑。

第二节 实例

一、罗源中房陈太尉宫

陈太尉宫位于罗源县中房镇大官口村，原为高行先生祠，经明、清扩建后，改称太尉宫。

唐乾符三年（公元876年），河南光州固始县华岳村灵潭境贡士陈苏（公元831～915年）入闽，定居罗源新峰里曹峰（今曹湾），教民农桑。卒后，乡人感其德，在家祠内立像祀之，始称高行先生祠。南宋嘉定二年（1209年），其十五世孙陈庆征战有功，死后封为都统伏魔太尉，遂扩建为太尉宫。

陈太尉宫坐西向东，背依小山丘，门前埕地宽敞，占地面积1155平方米，中轴线上依次有宫门、戏台、庭院、左右庑殿、正殿。正殿建于宋代，北庑殿建于明万历年间（1573～1620年），南庑殿建于清乾隆五十三年（1788年），牌楼式宫门和戏台建于清咸丰十一年（1861年）。总体规整和谐，宋、明、清各时代建筑特点兼备（图4-2-1～图4-2-3）。

宫门面阔五间，明三暗五。正间为门廊，廊左右砌屏墙，八字分列。门廊上方由斗栱组成藻井，大门中开，左右各用雕花隔扇一对，廊前檐下为七层清式如意斗栱连迭出挑，上承歇山顶屋盖。宫门的次、梢间砌砖墙，木构架高过墙头，檐柱出三跳插栱承托撩檐，角柱增加45度斜出出挑斗栱，上用角戗使角脊起翘，上承坡顶，坡顶一端插入正间檐下，构成牌楼式宫门外观。戏台的构架、屋顶与宫门互为一体。台口向西，正对正殿，后台及两侧为化妆室、休息室，两侧楼上延伸为看台，其下为出入通道。台前为石铺庭院。

左右庑殿南北相对，建在庭院两侧台座上，与看台接而不连。庑殿均面阔三间，进深二间，前为敞廊，后为殿堂。穿斗式木构架，重檐歇山顶，檐下施斗栱，一栱一耍头。

正殿宋代原构仍完整地保存下来，为抬梁式木构架，面阔一间6.2米，进深二间9.07米，前廊后堂，方形础石，圆柱形磉石，梭形柱，前、中、后六柱等高，不用普拍枋，栌斗施于柱头；柱头斗栱外向为双杪双下昂七铺作单栱偷心造，柱头枋为单栱素枋重复叠置，里转出双杪五铺作；前、后檐补间铺作三朵，山面补间铺作各一朵，高9米；单檐九脊顶。正殿经后代扩建，现为面阔三间，进深五间，周匝均穿斗式木构架，檐下斗栱均被遮盖，加下檐，重

图4-2-1　罗源县中房镇陈太尉宫

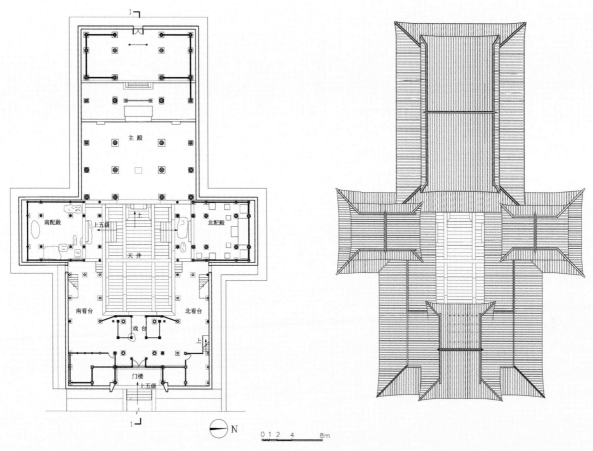

图 4-2-2 陈太尉宫平面、屋顶图

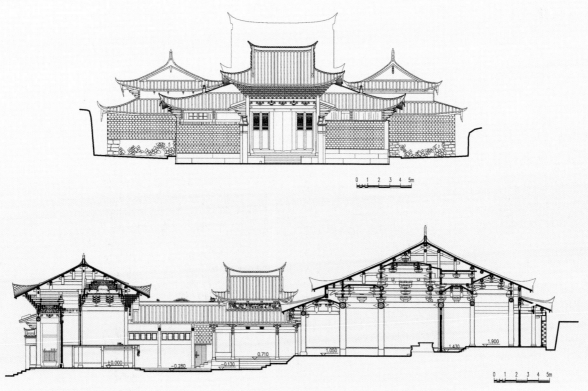

图 4-2-3 陈太尉宫立面、剖面图

檐歇山顶。

陈太尉宫是我国现存年代最早又共存有宋、明、清时期建造手法的民间祠庙建筑之一。1985年福建省人民政府公布为第二批省级文物保护单位，2001年国务院公布为第五批全国重点文物保护单位。

二、福州闽王祠

闽王祠又称忠懿闽王庙，位于福州市鼓楼区庆城路，系王审知府第旧址。

王审知（公元862～925年），字信通，又字详卿，光州固始（今属河南省）人。唐末，从其兄王潮随王绪起兵，唐光启元年（公元885年）入闽。唐光化元年（公元898年）任福州威武军节度使，五代后梁开平二年（公元908年）封琅琊王，五代后梁开平四年（公元910年）受封为闽王。后晋开运三年（公元946年），吴越钱氏据有福州，有感于闽王王审知德政深入人心，遂将王审知旧居略加修饰，辟为庙祀。北宋开宝七年（公元974年）吴越驻福州刺史钱昱奉命重修府第，改为忠懿闽王庙，祀王审知。元代庙毁，明万历二十九年（1601年）奉旨重建，改称闽王祠，后几经修建。

闽王祠占地面积1621平方米，祠前东西原有牌楼式跨街宫墙（俗称东西辕门），红墙青瓦，墙檐下有彩绘花边纹饰，均毁于"文化大革命"期间。今祠坐北向南，依次有碑院、祠厅、后院。门墙为牌楼式，墙檐有宽幅彩画博古花边，红墙青瓦。辟三门，拱券门洞。中门前有一对抱鼓石，旁有石狮，门上嵌竖匾"奉旨祀典"。左右边门分别嵌"崇德"、"报功"额匾（图4-2-4、图4-2-5）。门内前院宽20米，深15米。院中有纵横各3米的方形碑亭，亭内有唐天祐三年（公元906年）哀帝敕立的《恩赐琅琊郡王德政碑》，碑文详细记述王审知家世，在闽军事、政治、经济、文化和对外贸易等事迹，文笔严谨，书法优美，是研究唐末五代闽国史和海外交通史的重要实物资料。宋开宝七年钱昱立的《重修忠懿王庙碑铭》现嵌于闽王祠后墙，碑文叙述王审知生平、治闽功绩及吴越国王为之修庙因由等，也是研究唐末五代史的珍贵资料。

大殿与碑院隔一高墙，两侧各辟一门相通。大殿面阔三间15米，进深二间11米，穿斗式木构架，歇山顶，鹊尾脊。有殿柱18根，前廊4根方形石柱边长0.35米，辉绿岩石柱础高0.4米，四面浮雕马、羊、云彩等，4根内柱组成井字形木构架支撑屋顶。大殿正中仰板用三层斗栱组成藻井，第一层为八角形三横栏斗栱藻井，每角均饰有花鸟图案；第二层也是八角形，分三节，上节为8组城郭，中节为8组人物，下节为8组静物，这24组人与物都是木雕，线条清晰，镂刻精工；第三层为圆形，由六横栏斗栱组成，中间倒悬一朵牡丹花。祠厅匾额"功垂闽峤"，中供闽王王审知塑像，陈列闽王和夫人任氏墓志铭。殿前石铺庭院，左右设廊。祠西侧庭院，为王审知之母董太后享堂及拜剑台遗址。

闽王祠仍保持清代建筑风格，现为省级文物保护单位。

图4-2-4　福州市鼓楼区闽王祠门墙

图4-2-5　闽王祠门墙的彩塑作品

三、福州林则徐祠堂

林则徐祠堂即林文忠公祠,位于福州市鼓楼区澳门路,清光绪三十一年(1905年)建。1983年重修,辟为林则徐纪念馆。

林则徐(1785~1850年),字元抚,又字少穆,侯官(今福州市)人,清嘉庆进士,历任按察使、布政使、巡抚、湖广总督等职,道光十九年(1839年)以钦差大臣身份在广东查禁鸦片,是近代中国"放眼世界第一人"。

祠堂占地面积3000平方米,坐东向西。祠前设屏墙,红墙筒瓦,横额新嵌"林则徐纪念馆"。屏墙两侧设仪门,门额嵌石匾,左门额"中兴宗衮",右门额"左海伟人",屏墙内壁新嵌大型浮雕"虎门销烟"。门庭内是牌楼式大门墙,横额楷书"林文忠公祠",门口有他处移置的大石狮、抱鼓石各一对(图4-2-6)。

进门为庭院,正中有石铺甬道通仪门厅、御碑亭。碑亭为木构,平面呈正方形,亭中立辉绿岩石碑三通。正中立《圣旨》碑,是咸丰帝悼念林则徐的圣旨;左右两碑为《御赐祭文》、《御赐碑文》,由陈宝琛、郑孝胥分别书写刻石。亭前有林则徐遗句对联:"苟利国家生死以,岂因祸福避趋之"。

祠厅在御碑亭北侧,坐北向南,自成院落。祠厅门额题"树德堂"。祠厅面阔三间15米,进深五柱20米,穿斗式木构架,硬山顶,内有天井,周以围墙。厅中供奉林则徐坐像,悬挂道光帝御书"福寿"牌匾(图4-2-7)。

祠厅西侧有小门通往隔墙外两座花厅。花厅南、北相对,中间天井有小型鱼池、假山,左、右有回廊相通。北花厅旁有圆门通园林式的后院。后院西北角有曲尺形的双层楼房,是林家子弟课读之处。西南角原有面阔三间、进深五柱的祭祀平房,现改建为双层馆舍(图4-2-8)。

图4-2-6 福州市鼓楼区林则徐祠堂(魏峰摄)

图4-2-7 林则徐祠堂祠厅(魏峰摄)

图4-2-8 林则徐祠堂后院(魏峰摄)

林则徐祠堂主体结构保存完整。1985年福建省人民政府公布为第二批省级文物保护单位，2013年国务院公布为第七批全国重点文物保护单位。

四、南靖塔下德远堂

德远堂又称张氏家庙，位于南靖县书洋镇塔下村。明代始建，清乾隆二十五年（1760年）重修，后屡有修葺。

德远堂坐南向北偏西，占地面积4000平方米，建筑面积585.16平方米，为二进二廊式建筑，单檐悬山顶，燕尾脊，两侧为对称东西向厢房，前有庭院围墙。围墙东侧设门楼，门额书"张氏家庙"，背面书"派衍西来"。正堂面阔三间，进深三间，寿梁下悬挂"德远堂"镏金大字匾额，匾下排列着历代祖宗神位，堂内存有五方重修碑刻。堂前大院和一、二进之间的天井以鹅卵石做拼花铺地，一进前廊铺花岗岩条石，廊房和二进前厅铺石砖，室内用红砖铺地。一进前廊明间大门置一对雕工精细的青石抱鼓（图4-2-9），屋檐下两侧各有三座古代戏文的泥塑。梁栋、堂屏均精雕彩绘，瓜筒、狮座、托木、斗栱选材考究，雕刻技艺精湛（图4-2-10）。大殿额顶横梁上镌刻宋代朱熹名言"子孙虽愚，诗书不可不读；祖宗虽远，祭祀不可不诚"。大厅两边红柱上漆书清太守张翱作的长联"得姓由轩辕，大儒一人，铭垂二篇，扶汉三杰，功高四相，敕封五虎，博物六史，貂冠七叶，犹是清河族派；扬名显奕祀，位列八仙，鼎甲九成，平兴十策，忍书百字，金鉴千秋，青钱万选，道灵亿尊，依然文献宗支"。联中有"一至十百千万亿"数字，含14个历史典故。正堂张金拔手书对联"德乃祖，功乃宗，行其庭必恭敬上；远而孙，近而子，入是室惟有友于"。德远堂的张氏族人早期主要迁居泰国、新加坡等东南亚各国，后来多数迁往台湾。清同治年间（1862～1874年），其在台裔孙模仿塔下德远堂的建筑布局，在台南兴建了一座家庙，亦名"德远堂"。

祠堂的背面是半弧形草坡地，前面有半圆形的池塘。池塘前两侧的石坪上竖立着23根石旗杆

图4-2-9　德远堂抱鼓石

图4-2-10　德远堂梁架上的"傻人抬梁"

图 4-2-11 南靖县塔下村德远堂

（又称石笔），以彰表本族在科举、文化上有成就和对家族有贡献的人。其中有14根于清乾隆至光绪年间为获得举人、进士的张氏族人所树，最早可追溯到清乾隆三十七年（1772年），后对造福桑梓的海外赤子、百岁寿星等也树杆纪念。石旗杆用花岗岩石雕凿，由台座、夹杆石、杆身三部分构成，高7～8.5米。旗杆的杆身分成三节，各节以石斛或莲花或瓜形石分隔，下部铭刻姓名、官衔、立杆年代等文字，中部浮雕蟠龙纹，旗杆尾雕有两种标志，文官旗杆顶端饰以笔锋，武官则镌坐狮。德远堂的石旗杆是目前全国保存最多、最完好的一处石旗杆群，是闽西南客家人笃重文明教化的历史见证（图4-2-11）。

德远堂与周边的土楼民居相映成趣，构成了独特的人文历史景观。1991年福建省人民政府公布为第三批省级文物保护单位，2006年国务院公布为第六批全国重点文物保护单位。

五、平和九峰中湖宗祠

中湖宗祠又称曾氏始祖大宗，位于平和县九峰镇西街大洋陂巷，始建于明弘治五年（1492年），明、清、民国重修。

该祠坐东北向西南，占地面积1490平方米，建筑面积450平方米。主体建筑前后两落，由门厅、走廊、正堂组成，两侧护厝，前有大埕和照壁，外围以围墙。祠前的大埕宽阔，用石板铺地。门厅硬山顶，门前有五级辉绿岩石台阶和一对雕刻花卉的辉绿岩石抱鼓。大门为"凹肚"式，檐柱、双步梁、挑梁均为石构，其上的垫托、斗栱与穿枋为木构。走廊内顶为卷棚。正堂面阔三间，进深三间，硬山顶，屋脊平缓，梁栱用材硕大、简朴。堂内设神龛，供奉曾氏二世祖"四公"子全公和本祠先祖。两侧护屋是其裔孙习文学艺、应试住宿的场所（图4-2-12）。

图 4-2-12　平和县九峰镇中湖宗祠　　　　　　　　　图 4-2-13　中湖宗祠梁架狮座

该祠的细部处理典雅古朴。门廊石板铺地，地牛石雕大气简洁。门脸以红砖拼砌"万"字回纹，大门两侧墙面施以精致的彩绘。门前挑梁上的垫托圆雕狮子，栩栩如生（图 4-2-13）；斗栱的坐斗下为雕工精细的花篮垫托，坐斗上承弧形穿枋，其上再以小斗与栱承托檩条。门厅明间五架抬梁，其垫托与斗栱处理与门前一致。正堂以红砖铺地，明间七架抬梁，梁架大气古朴，瓜柱雕刻雅致，穿枋处理成鳌鱼状，很有地方特色。柱础八角形，雕刻简洁，用材较大。屋顶不施嵌瓷，但瓦当、滴水十分精美，山墙间的灰塑也很美观。

明正德十三年（1518年）平和县建县之初，因县署未建，该祠曾经作为知县视事的场所。1927年10月，朱德、陈毅率南昌起义军由粤入闽，路经平和时，将总部设在这里。

中湖宗祠简洁大气，古风犹存。2009年福建省人民政府公布为第七批省级文物保护单位。

六、晋江陈埭丁氏宗祠

陈埭丁氏宗祠位于晋江市陈埭镇岸兜村。元末，丁姓祖赛典赤瞻思丁后裔避居于陈埭。明永乐年间（1403～1424年）丁氏四世祖丁善建祠，嘉靖三十九年（1560年）毁于兵燹，万历二十八年（1600年）重建，清代四次大修，1984年全面整修。虽经历代修葺，但形式和规模始终未变（图 4-2-14）。

丁氏宗祠坐北向南，占地面积1359平方米，建筑面积653平方米，由门厅、正厅、后厅和左右廊庑组成。外墙砖石砌筑，素面条石作裙堵，之上红砖封面；内壁与门窗、构架木作。其建筑形制别致，正厅单独建于内院中央的四方形石砌平台上，为"内方形"，门厅、后厅及两侧廊庑环护，成为"外方形"，整体布局呈"回"字形（图 4-2-15）。这是丁姓回族人有意留下的回族文化色彩，使其子孙后代不忘他们的始祖。该祠按汉族传统建筑形式建造，具有浓烈的闽南地方建筑风格，石雕、木雕、灰塑等纯属闽南做法，但兼有伊斯兰文化装饰，祠内遗存多处阿拉伯文《古兰经》雕饰和清代重修碑记一方。

门厅为清乾隆年间重修，面阔21.16米，进深5.3米，八檩七开间，共24柱，硬山顶，燕尾脊。正中门廊三开间8.6米，内凹一个步架的空间。正门门楣上方高悬明代书法家张瑞图题写的"丁氏宗祠"匾额，红底金字，字体苍劲。相向堵各嵌砌两幅辉绿岩石雕，上阴刻山石、修竹、花鸟，镌刻七言律诗各一首。门廊两侧的梢间外墙为砖雕堵，各嵌螭虎辉绿岩石方窗，雕工精细。

正厅是整个宗祠中最高的建筑，石平台地面高于四周廊庑0.8米，距门厅10米，距后厅3.2米。正厅由前廊、祀祖堂、神龛三部分组成，面阔三开间8.82米，进深四间14.2米，明间部分为抬梁式木构架，硬山顶，燕尾脊。正门门楣上方镶着用阿拉伯文字组绘而成的鸟形图案木雕，传说是伊斯兰教"祈求真主赐予吉祥与安宁"的吉祥鸟（图 4-2-16）。前廊相向堵石雕及门上的木隔板以印刷

图 4-2-14　晋江市陈埭镇丁氏宗祠

图 4-2-15　陈埭丁氏宗祠正厅

图 4-2-16　陈埭丁氏宗祠的吉祥鸟标志碑

体阿拉伯文《古兰经》构成图案装饰。堂内为穿斗式木构架，木通梁穿架整个屋面，梁裙上雕草花，尚保留明代风格。神龛供奉丁氏列祖列宗考妣神主，每年隆重的春秋二祭就在这里举行。整个正厅共有20根柱。正厅与左右侧廊之间留有1.95米宽的通道。

后厅面阔五开间21.16米，进深7.2米，穿斗式木构架，共24柱，硬山顶。后厅东北角削角建造，使之形似"回"字的汉字书法转角顿笔。

东西廊庑各面阔八开间27.1米，进深3.18米，穿斗式木构架，前接门厅，后连后厅，形成"回"字形平面的外框。廊前四方石柱上有八对石刻楹联，记述了丁姓的历史和在陈埭的发展史。廊庑的前后左右各有四个较小的门，以便出入。

陈埭丁氏宗祠是福建省内历史最悠久、规模最宏大、保存最完整的回族祠堂。1991年福建省人民政府公布为第三批省级文物保护单位，2006年国务院公布为第六批全国重点文物保护单位。

七、晋江衙口施氏大宗祠

衙口施氏大宗祠位于晋江市龙湖镇衙口村，始建于明崇祯十三年（1640年），清顺治十八年（1661年）迁界时毁，康熙二十六年（1687年）施琅在故址重建。

该祠坐北向南，占地面积1451平方米，抬梁、穿斗式木构架，歇山顶，是典型的闽南皇宫起建筑。平面布局为三进五开间，由门厅、正厅、后堂及厢房组成，前设埕院，正厅及后堂前有石铺天井，主体建筑与厢房之间有火巷（图4-2-17）。入门处，一对辉绿岩雕刻的石狮凛凛生威，大门上首阴刻"施氏大宗祠"五个大字。正厅"树德堂"面阔五间，进深二间，神龛内奉祀始祖公暨衍派下显贵者的牌位（图4-2-18）。后堂是施氏后人纪念施琅的专祠，有施琅石雕像一尊。祠内匾额、楹联、碑刻琳琅满目，如清康熙二十八年（1689年）施琅撰写的《衙口施氏大宗祠记事碑》，康熙皇帝褒奖施琅之子施世纶

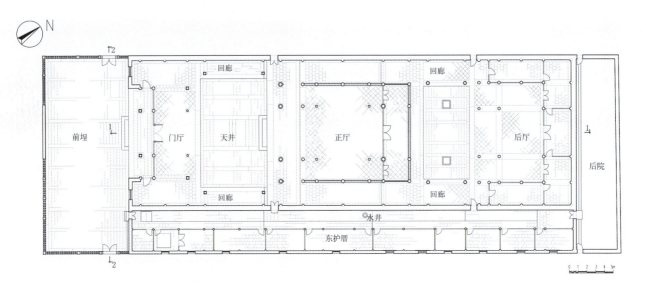

图 4-2-17　晋江市衙口村施氏大宗祠平面、剖面图

图 4-2-18　衙口施氏大宗祠正厅

图 4-2-19　衙口施氏大宗祠后堂

的"天下第一清官"匾额等（图 4-2-19）。

衙口施氏大宗祠规制宏大，雕琢精巧，内涵丰富。1996 年福建省人民政府公布为第四批省级文物保护单位，2006 年国务院公布为第六批全国重点文物保护单位。

八、安溪湖头贤良祠

湖头贤良祠位于安溪县湖头镇湖二村，始建于清康熙二十四年（1685 年），原为李光地的书屋，因榕树成荫，称"榕村书屋"。雍正十一年（1733 年），雍正皇帝为表彰李光地而改为今名。

李光地（1641～1718 年），字晋卿，号厚庵，谥文贞，安溪湖头人。清康熙九年（1670 年）进士，历官翰林院庶吉士、直隶巡抚、吏部尚书、文渊阁大学士等职，是康熙皇帝的得力辅臣，也是清初闽学派的著名领袖。

该祠坐西向东，占地面积约 2000 平方米，采用园林的布局手法（图 4-2-20），中心为三进三开

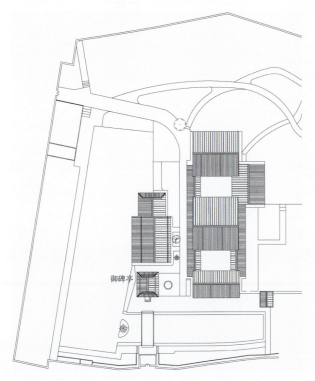

图 4-2-20　湖头贤良祠总平面图

间建筑（图 4-2-21），后有假山花园，南面有御碑亭（图 4-2-22）、荷花池、临水轩（图 4-2-23）和小桥，外围墙大门上额书"榕村"。主体建筑第一进为门厅；第二进为正厅，面阔、进深各三间，抬梁式木构架，悬山顶，正面门额悬"贤良李公祠堂"篆书；第三进为藏书楼；天井两侧为走廊。正厅陈列李光地的大量遗物、遗稿，厅堂墙壁嵌大理石碑，镌刻康熙皇帝御书"太极图说"、"巡子牙河建坝诗"、"恭临唐太宗劝农诏"、"朱文家训"等和雍正皇帝褒扬李光地的《谕祭文》，弥足珍贵。

湖头贤良祠具有很高的历史文化价值。1991 年福建省人民政府公布为第三批省级文物保护单位，2013 年国务院公布为第七批全国重点文物保护单位。

九、永安贡川陈氏大宗祠

贡川陈氏大宗祠位于永安市贡川镇集凤村，为崇祀陈氏入闽始祖陈雍所建，始建于明万历三十三年（1605 年），清康熙三十六年（1697 年）重建，光绪十六年（1890 年）重修。

该祠坐西向东，占地面积 3027 平方米，建筑面积 362 平方米，依次为前厅、天井、大厅、后院，前厅与大厅的两侧建有屋顶跌落的侧厅，作为福建陈氏各地分支的祀厅。前厅面阔七间，进深三间。大厅面阔五间，进深五间，设神龛。抬梁、穿斗式木构架，歇山顶（图 4-2-24）。

图 4-2-21　安溪县湖头镇贤良祠

图 4-2-22　湖头贤良祠御碑亭

图 4-2-23　湖头贤良祠临水轩

图 4-2-24　永安市贡川镇陈氏大宗祠剖面图

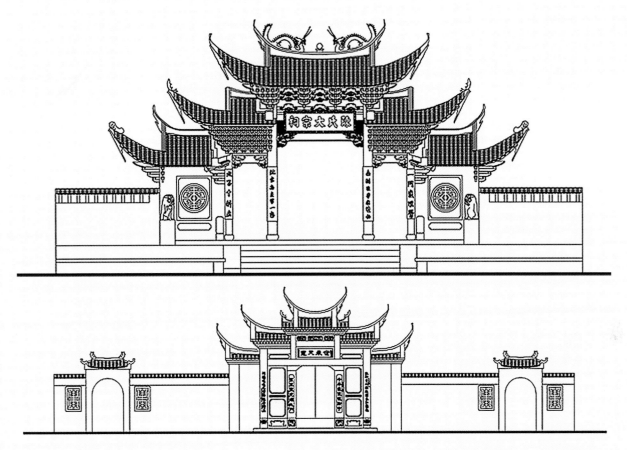

图 4-2-25　贡川陈氏大宗祠木门楼、石雕门楼立面图

该祠入口以三座门楼作为引导，气势非同一般。第一道门楼是石牌坊"大儒里"，牌坊朝北，四柱三开间柱出头，这是宋代皇帝御赐而建的。第二座是木门楼，五开间五屋顶跌落，飞檐翘角，雕梁画栋；正脊饰嵌瓷双龙戏珠，上屋顶以五跳斗栱承托，斗栱间连以雕花板，中屋顶以四跳如意斗栱承托出檐；门楼两侧有石狮和抱鼓石各一对，雕工精湛。第三座是石雕门楼，五屋顶跌落，以二跳砖雕的丁头栱承托出檐，飞檐翘角，线条优美生动；门额中书"世袭天宠"，上部浅浮雕花草纹；门枕石浮雕麒麟，精美生动（图 4-2-25）。

该祠装饰精美，梁架细部考究。大厅明间采用抬梁式构架，施月梁。三架梁、脊檩、卷棚的檩都以雕花的垫托承托，垫托有的厚实稳重，有的通透轻灵，雕花构图复杂，题材以荷花、牡丹、梅花、菊花、瑞草、鳌龙、麒麟、寿字为主，大厅的木雕细部还采用红底镏金的做法。穿枋处理成中间胖、两端卷翘的形状，形似飞翔的蝙蝠。雀替以镂雕的花草或丁头栱为主。脊檩处理成梭状，红底镏金，两头做包袱，中心雕刻牡丹，寓意"花开富贵"。柱础有镜鼓、方斗、八角、莲花等多种造型。挡溅墙与屋脊处的灰塑、彩画色彩鲜艳，立体生动。

该祠保存大量的匾额和对联。如大厅"追远堂"立柱上的楹联"半壁宫花春宴罢，满床牙笏早朝归"为宋代理学家杨龟山（杨时）先生所写；牌匾"群英"为抗战时期福建省政府主席陈仪敬献。此外，还有匾额"状元及第"、"璧耀"、"令德孔诏"、"敦宗爱国"、"积厚流芳"，对联"一门双理学，九子十科名"、"南闽理学无双仕，北宋忠贞第一家"、"美迹著闽南泉惠均称双父母，宗风光阙北邵陈惟羡两先生"、"月映闽疆追本笃亲垂德泽，铭辉理学远谋至孝衍家声"等，昔日的荣耀尽显其中。

贡川陈氏大宗祠气势恢宏，装饰精美，现为市级文物保护单位。

十、福安廉村陈氏宗祠

陈氏宗祠位于福安市溪潭镇廉村,始建于明初,嘉靖年间遭兵焚,清乾隆十八年(1753年)重建。

廉村陈氏家族共建造了四座祠堂,陈氏宗祠是总祠。与祠堂修建的一般规律不同,陈氏宗祠不是位于村落的中心位置,而是建在村东南靠近廉溪的下游高地上。各支祠也没有围绕着总祠修建,二祠位于廉溪上游,长祠和三祠离廉溪较远。这是因为廉村的地势东西高中间低,为了防洪,总祠的修建地点在居住区的至高点,其他的祠堂不能也不允许超过它的高度。从廉村沿溪古商道进入南门,首先看到的祠堂就是总祠,村中官道也主要延伸到总祠。这种布局方法,在凸显宗法血缘的同时,充分考虑到地形环境的特征,体现了因地制宜的原则。

陈氏宗祠坐北向南,占地面积1040平方米,由照壁、门埕、仪门、戏台、天井、大厅、后天井、后堂和前后厢房组成。主体建筑三进五开间布局,每进步步高升,采用抬梁、穿斗式木构架,悬山顶。厅堂空间宽敞明亮,木材用料硕大,明间金柱直径达0.5米,为福建祠堂所少见。

该祠建筑细部考究。门楼深五柱,门廊梁架施斗栱。正门上升起牌楼式雨盖(俗称太祖亭),门额正背面分别楷书"春秋祀典"、"世耀德星",屋脊饰双龙戏珠,翼角灰塑鳌鱼,壮观大气(图4-2-26)。门楼与戏台连接,戏台两侧看台的垂花柱造型别致。梁架施倒人字栱,一斗三升。后廊用格扇门与大厅隔开。大厅、后堂廊檐卷棚下的短柱柱头呈官帽状,出三跳斗栱承托出檐,栱上小斗呈花瓣状。后堂穿枋做成双鳌相戏状,当心间顶棚施方形藻井,井壁斜向收分至顶,顶上彩画"双凤牡丹"。旁悬福宁知府王天禄题赠的"理学名宗"匾额,为清嘉庆十六年(1811年)遗物。两梢间上半部及正间后金柱后均设有神龛,供奉陈氏先祖牌位。神龛前立一面大型木屏风,木雕以历史典故、诗词为题材,采用镂雕、透雕、浮雕等手法,造型古朴,雕镂精致,为难得一见的精品(图4-2-27)。后天井两厢屋顶脊饰灰塑彩画,形象生动。门埕上保留三对完整的夹杆石。

廉村陈氏宗祠保留明、清两代的建筑特征,具有较高的建筑技术价值和艺术价值。

十一、屏南双溪陆氏宗祠

双溪陆氏宗祠位于屏南县双溪镇双溪村。北宋熙宁年间(1068~1077年),陆氏八世祖陆绰正式筹建宗祠于今陆氏宗祠上厅处,其后历经多次重修、扩建,现有宗祠规模形成于清咸丰七年(1857年)。

图4-2-26 福安市廉村陈氏宗祠

图4-2-27 廉村陈氏宗祠主厅屏风

该祠坐北向南，占地面积约1600平方米，中轴线上依次为照壁、半月池、祠门、戏台、天井、正厅、魁星阁。宗祠大门为八扇，大门内建戏台。戏台装饰精美华丽，翼角飞翘，以斗栱承托，中饰藻井，彩画"凤舞牡丹"。天井左右两厢建双层看台，看台栏板上彩画"二十四孝"和陆氏先人的故事。厅堂前天井两侧各有一口水井，寓"阴阳"之意，有石井栏。正厅建在1米高的台基上，面阔五间，进深三间，穿斗式木构架，单檐悬山顶。前廊轩顶，大厅减前金柱成六架梁形式，山墙无柱直接承檩条。正厅正中设神龛，祀双溪肇基始祖陆噩公及游夫人。后方居中开随墙门，通往后院的魁星阁。魁星阁为三层建筑，建于清光绪二十五年（1899年），是宗祠最高点，可登高望远（图4-2-28～图4-2-31）。

屋顶脊饰丰富，屋脊正中安泥塑宝塔，翼角饰鳌鱼。封火墙层层跌落，墀头翼角飞翘，墙身涂赭红色。祠堂南面立一堵照墙，上绘"双龙抢珠"图。门前的半月形水池称"鹅湖"，池边石栏杆围绕，水池两侧有四对旗杆夹杆石。祠内存有牌匾38块，楹联19幅，明代以来重修宗祠纪事碑刻12通。

1938年2月，叶飞、阮英平率闽东红军进驻双溪整训，改编为新四军第三支队第六团，团部设在魁星阁内。现祠内保存着1986年8月叶飞同志亲笔题词："新四军第三支队第六团团部旧址"。

双溪陆氏宗祠整体格局完整，现为县级文物保护单位。

图4-2-28 屏南县双溪镇陆氏宗祠

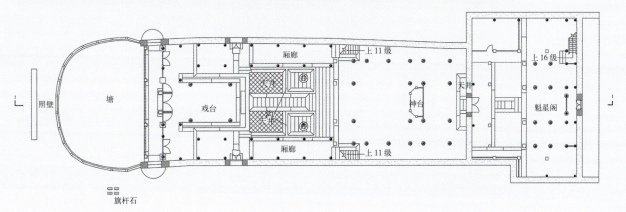

图4-2-29 双溪陆氏宗祠平面图

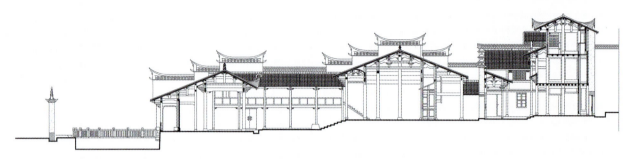

图 4-2-30　双溪陆氏宗祠剖面图

图 4-2-31　双溪陆氏宗祠大厅内景

十二、连城芷溪黄氏家庙

芷溪黄氏家庙也称"庚福公祠",位于连城县庙前镇芷溪村,是芷溪黄姓开基始祖祠堂,始建于清顺治十三年（1656年),嘉庆元年（1796年）重建。

该祠坐东向西,由半月形池塘、雨坪、门楼、下厅、大厅、草坪等组成,外围以围墙,总占地面积3021.5平方米。主体建筑二进三开间,长27.17米,宽27米。下厅作前檐廊,当心间为三山式木门楼,两次间木隔扇可拆卸,以便祭祖时容纳更多族人。上厅略高于下厅,进深二间,两侧各一厢房,穿斗式木构架,硬山顶。上厅正堂设神龛,供奉芷溪黄姓开基始祖庚福公考妣神位。神龛上额悬挂牌匾,上书"木本水源"四个大字。左右各有一小神龛,原是作左昭右穆神主牌位。上厅和下厅两侧各有回廊连接,中间围合天井,形成敞亮的大空间,左右回廊各有一门可出入。地面用三合土夯就,坚固耐磨。厅背后及两旁围墙内有草坪、厨房（图4-2-32～图4-2-34)。

图 4-2-32 连城县芷溪村黄氏家庙

图 4-2-33 芷溪黄氏家庙大厅

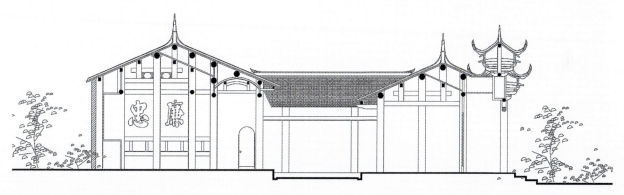

图 4-2-34 芷溪黄氏家庙剖面图

该祠有内外两个门楼。外门楼朝南，为八字石门楼，七屋顶跌落，中额书"积厚流芳"。内门楼为木牌楼，歇山顶三跌落，出五跳斗栱承托主屋顶，出四跳斗栱承托左右次屋顶；斗栱为鸡爪栱，栱上托花瓣状小斗；两朵斗栱之间施横板，板上彩画"凤舞牡丹"、"禄竹平安"；屋顶两翼灰塑鳌鱼、卷草等，灵动活泼。木门楼前立石狮和抱鼓石各一对。

该祠的彩画十分出众，门厅天花板上彩画"大小双狮相戏"、"双凤朝阳"，神龛两侧壁画"凤凰和鸣"，以及大厅两壁板上的双鱼壁画，均色彩鲜艳，形象逼真。祠内梁架用料较大，月梁两端部雕刻花草等图案，施以彩绘。石柱础上高浮雕琴棋书画、暗八仙等题材。祠内保留牌匾和楹联若干，如上厅柱上的楹联"世泽濬源长，孝友无双，千秋祖豆昭前烈；家声遗韵远，文章第一，百代衣冠推先贤"，字为清乾隆时吏部尚书兼太子太师黄锦所书。

黄氏家庙是芷溪宗祠建筑中的精品。2009年福建省人民政府公布芷溪宗祠建筑为第七批省级文物保护单位。

十三、上杭官田李氏大宗祠

李氏大宗祠位于上杭县稔田镇官田村，为李姓入闽一世祖李火德祖祠，始建于清道光十六年（1836年），历时3年，耗银2万余两，宣统元年（1909年）及1984年大修。

李氏大宗祠以"客家第一祠"著称。李火德入闽至今800余年，其后裔遍布闽、粤、赣、桂、港、澳、台等地及东南亚各国。近年来，港、澳、台地区及旅居世界各地的李氏后裔纷纷到此寻根谒祖。

该祠占地面积约5600平方米，坐北向南，为三进四直（当地称"排"为"直"）的砖木结构建筑。平面呈前方后圆，自南而北依次为水池、坪地、

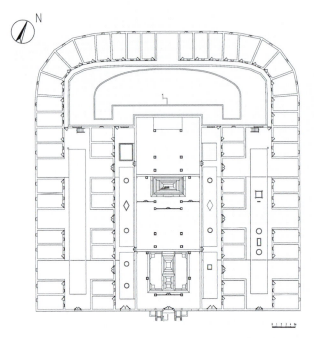

图4-2-37　上杭县官田村李氏大宗祠

图4-2-35　官田李氏大宗祠平面图

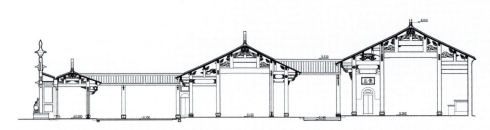

图4-2-36　官田李氏大宗祠立面、剖面图

石门坊、前厅、中厅、后厅、围屋，左右侧为厢房，共有大厅3间，客厅26间，房舍104间（图4-2-35、图4-2-36）。

石门坊高大、粗犷，为四柱三门五楼，以斗栱承托歇山顶，正脊立葫芦；坊中层镶竖匾"恩荣"，坊额横刻"李氏大宗祠"，石柱刻对联"丞相将军府，忠臣孝子门"；柱前立抱鼓石，两对石狮分立左右（图4-2-37）。

厅堂为单层平房，穿斗式木构架，悬山顶，燕尾脊。正厅面阔一间，进深三间，悬挂"陇西堂"匾额；两壁摹文天祥遗墨"忠、孝、廉、洁"四个大字，字体苍劲有力；屏风上刻有明代人所撰《李氏火德翁传》；栋梁屏风均绘龙凤、花卉图案（图4-2-38）。后厅为"惇叙堂"，供奉入闽始祖火德公雕像。围屋为两层楼房，作为李氏各地分支的祀厅（图4-3-39）。

官田李氏大宗祠规模宏大，布局有序，结构独特。1996年福建省人民政府公布为第四批省级文物保护单位，2013年国务院公布为第七批全国重点文物保护单位。

图 4-2-38 官田李氏大宗祠正厅

图 4-2-39 官田李氏大宗祠后院与围屋

图 4-2-40 福州府文庙大成殿

图 4-2-41 福州府文庙丹墀盘龙石雕

十四、福州府文庙

福州府文庙又称"先师庙"、"圣人庙",位于福州市鼓楼区圣庙路。

福州原在城西北置培育生徒的学宫,兼祀孔子。唐大历七年(公元772年)观察使李椅移建今址。五代后梁龙德元年(公元921年)闽王王审知在此置四门学,以招徕四方英秀弟子,后废。北宋太平兴国年间(公元976~984年),转运使杨克让改为孔子庙。景祐四年(1037年)以后在庙旁增设府学,隶属于庙。此后不断扩展,有经史、御书、稽古三阁,养源、仪道、驾说三堂,以及十二斋舍等,规模甚大,占地百余亩。宋熙宁、明洪武、清咸丰年间三度大火,范围渐次缩小。现存庙宇是清咸丰元年(1851年)十二月至四年(1854年)六月所建。

福州府文庙坐北向南,原制前有跨街宫墙,宫门两端有下马碑,碑刻汉满文"文武官员人等至此下马"。中轴线上依次为棂星门、泮池、仪门厅、大成殿,两侧为廊庑、官厅、乡贤祠等,占地面积7552平方米,建筑面积4000平方米。

棂星门亦称先师门,现存石构件属明代所建。六柱三开间,对称布局,每根柱脚用两块夹杆石前后对夹锁固。门口东、西两侧屏墙上镶嵌着"金声玉振"、"江汉秋阳"楷书石刻。

仪门面阔五间,进深二间。中三间屋面高出两边间,有辉绿岩石抱鼓石3对,石檐柱8根。仪门厅左内侧竖《咸丰元年重建福州文庙碑记》石碑2方。左右两廊庑各11间连接大成殿,单坡顶。

大成殿前建有月台,长32米,宽9米,高出埕面1.4米,周边围以栏杆,丹墀盘龙(图4-2-40、图4-2-41)。大成殿高踞在月台上,面阔七间35米,

图 4-2-42 福州府文庙大成殿内景

进深四间 30 米，木构，10 架椽，高 19.6 米，重檐歇山顶。殿内石柱用材硕大，内柱中石柱 8 根，4 根为主柱，每根重约 16 吨，高 12 米，木构架由主柱上部 1 米处洞穿而过；另 4 根石内柱，每根重约 9 吨，高 11 米，上端为凹形承托架椽；22 根石檐柱，每根重约 8 吨。石柱础上接木柱，落地木柱 18 根。上下檐之间铺作层共有四十二攒五跳八铺作的柱头铺作、补间铺作和转角铺作。殿中上部藻井顶部有一幅精美的古星象图。殿后檐间悬有大匾，墨书"仰之弥高"四字。大殿内安放着新制辉绿岩石雕刻的孔子坐像，左右两侧分别安放颜回、子思、曾参、孟子石雕坐像，东、西、北三面立七十二贤人石雕造像（图 4-2-42）。

福州府文庙在福建现存文庙中始建年代最早。1996 年福建省人民政府公布为第四批省级文物保护单位，2006 年国务院公布为第六批全国重点文物保护单位。

十五、泉州府文庙

泉州府文庙位于泉州市鲤城区中山中路。唐开元末年在衙城右侧建"鲁司寇庙"，五代时改为宣圣庙，北宋太平兴国初移建今址。南宋绍兴七年（1137 年）重建"左学右庙"，庙中有先师殿、东西庑、明伦堂、议道堂，明伦堂前还有十二斋，殿堂之南有方池，池前为藏书阁等。嘉泰元年（1201 年）建棂星门。历代多次重修，清乾隆二十六年（1761 年）大修。

泉州府文庙现存建筑部分保存了宋代结构，大部分为清初所建。该庙坐北向南，依次为大成门（东有金声门，西有玉振门）、泮池（上架石拱桥）、石铺院庭、月台、两庑、大成殿，东侧有育英门、水池、明伦堂，占地面积约 5000 平方米（图 4-2-43）。

大成门为单檐歇山顶，面阔三间，进深二间，左为金声门，右为玉振门。门外露庭宽 66 米，深 60 米，东西侧设石构栅栏门。大成门内是半月形泮池，上有元代建造的泮桥。泮桥为梁式石构,中部拱起,桥面铺长条石72块,象征七十二贤人。桥端栏板上雕一对石象,东雌西雄,象征太平景象,为闽南古桥栏柱所罕见。过泮桥为广阔的石铺院庭,东西两侧建廊庑,全长112米,宽10米,原供奉孔子弟子及后代圣贤牌位。

大成殿面阔七间41米,进深五间24米,抬梁式木构架。栋梁用材粗大,构架严谨,仍保持南宋咸淳年间(1265～1274年)重建遗物。大殿立花岗岩石柱48根,覆盆或青莲纹柱础;居中三对前檐柱和正殿前双柱作蟠龙浮雕;檐下斗栱为双杪双下昂七铺作,斗栱使用五等材,横架和纵架用圆木,即所谓"圆作厅";外檐斗栱使用真昂,其跳距外短内长,明间和两次间各用斗栱两朵,梢间各用一朵;屋面坡度平缓。以上这些都具有宋代建筑的特点。大成殿的屋顶为重檐庑殿式,正脊弯曲度大,翼角起翘明显,整体轮廓线显得格外舒缓优美。屋顶正脊两端用彩瓷贴塑双龙抢珠,其余各脊饰以泥塑、剪粘、彩绘,装饰图案有飞禽走兽、花卉草木等。大成殿前月台须弥座,围以扶栏,台座嵌仰莲、覆莲、扶桑、山茶、牡丹等花卉纹饰的宋代辉绿岩石浮雕(图4-2-44、图4-2-45)。

明伦堂在大成殿东侧,面阔七间36.6米,进深五间22.8米,穿斗式木构架,重檐歇山顶。堂前有露庭,两廊已废,庭中尚存方池,上建石桥,直抵育英门。

图4-2-43 泉州府文庙

泉州府文庙是一组具有宋、元、明、清不同时期风格的建筑群。1985年福建省人民政府公布为第二批省级文物保护单位,2001年国务院公布为第五批全国重点文物保护单位。

十六、安溪县文庙

安溪县文庙位于安溪县凤城镇大同路。始建于北宋咸平四年(1001年),原在县治南隅,宣和六年(1124年)迁县治东,南宋绍兴十二年(1142年)迁今址。自始建至清光绪二十四年(1898年),历经迁建、重建、重修、增建达30多次,尤其是康

图4-2-44 泉州府文庙大成殿

图4-2-45 泉州府文庙大成殿的石雕、砖雕

图4-2-46 安溪县文庙

图4-2-47 安溪县文庙大成殿

图4-2-48 安溪县文庙的梁架装饰

图4-2-49 安溪县文庙丹墀龙雕

熙朝名臣李光地的重建，使安溪县文庙更为宏伟壮观（图4-2-46）。

现存建筑为清康熙年间重建，近年重修。该庙坐北向南，南北长164米，东西宽36.3米。沿中轴线自南而北，依次有泮池、照墙、棂星门、戟门、前庑廊、大成殿、后庑廊、崇圣殿、教谕衙；照墙与棂星门之间为露庭，东西两侧设石栅门，分别立"腾蛟"、"起凤"石坊；主体建筑的东边是附属建筑明伦堂。

安溪县文庙不仅规模宏大，布局严谨，而且工艺精湛，地域特色鲜明。如，棂星门的屋顶为歇山式，正脊设有四个通天筒，每条垂脊上立着五只形似鸽子的枭鸟。大成殿面阔、进深各三间，高10米，抬梁式木构架，重檐歇山顶，8条垂脊上均以枭鸟为饰（图4-2-47）。殿内当心间采用如意斗栱交错重叠，构成八卦形藻井，精美别致。在文庙中，不管是檐柱、丹墀的石雕，柱头、弯枋的木雕，还是桷板上的彩绘，屋脊上的剪粘，无不多彩多姿，各尽其美，其中檐下八根辉绿岩石镂雕龙柱和云龙戏珠丹墀石的艺术造诣尤高（图4-2-48、图4-2-49）。

安溪县文庙素有"名冠八闽，秀甲江南"的美誉。1985年福建省人民政府公布为第二批省级文物保护单位，2006年国务院公布为第六批全国重点文物保护单位。

十七、建瓯文庙

建瓯文庙即建宁府文庙，位于建瓯市仓长路。北宋宝元元年（1038年）始建，南宋建炎年间（1127～1130年）重建，绍兴十四年（1144年）毁于水，以后屡有兴废。清同治八年（1869年）重建，至光绪五年（1879年）落成。1985年重修。

该庙坐北向南，由照壁、棂星门、步云桥、泮池、戟门、两庑、拜台、大成殿等组成封闭式建筑群体，占地面积4688平方米。

棂星门为石构，四柱三间冲天式，门楣上施深浮雕，有"凤舞牡丹、双龙戏珠、松鹤延年、禄竹平安、麒麟送子"等题材。两庑及戟门为民国年间修建，

1985年重修。戟门面阔九间,进深二间,戟门前有一对元代石狮,造型活泼。拜台围以栏杆,台前的丹墀石雕刻精细。

大成殿面阔五间33米,进深四间21米,抬梁式木构架,重檐歇山顶(图4-2-50、图4-2-51)。全殿用楠木柱34根,其中金柱、中柱直径达0.5米。檐柱略带宋营造法式做法,三柱侧角,柱生起,内柱之间以横额和普柏枋做90°衔接,内檐柱础皆为宋代遗物。天花由六个长方形藻井组成,每个藻井以出四跳的如意栱承托。藻井中心枋板、斗栱、梁、枋上施彩绘,有飞鸟走兽、琴棋书画及人物故事等,笔法细腻,生动传神(图4-2-52、图4-2-53)。

图4-2-50 建瓯文庙大成殿

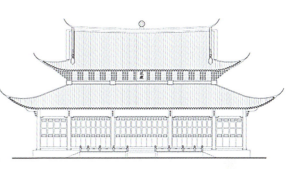

图4-2-51 建瓯文庙大成殿立面图

图4-2-52 建瓯文庙大成殿梁架装饰

图 4-2-53 建瓯文庙大成殿藻井

庙内存明嘉靖二十六年（1547 年）浙江黄岩人符验摹刻、唐吴道子所绘孔子画像碑，还存有清康熙御碑及历代碑刻多方。

建瓯文庙是福建历史上颇具规模的孔庙之一。1991 年福建省人民政府公布为第三批省级文物保护单位，2013 年国务院公布为第七批全国重点文物保护单位。

十八、漳州府文庙

漳州府文庙位于漳州市芗城区修文西路。北宋庆历四年（1044 年）始建，漳州府学也设在这里。北宋政和二年（1112 年）文庙与学宫移于州左，南宋绍兴九年（1139 年）复故址，明成化十八年（1482 年）重修。历代屡有修葺。

漳州府文庙原有的棂星门、泮池、明伦堂等古代建筑已毁，现存建筑有明代的大成殿和清代的仪门、戟门、两庑、敬一亭等，建筑面积约 2600 平方米。文庙坐北向南，文庙前的修文西路有"德配天地"、"道冠古今"两座牌坊。大门以内中轴线依次为戟门、月台、大成殿，两旁是东西两庑及敬一亭等。戟门面阔九间，进深二间。两庑各面阔八间，进深二间。台座正面丹墀雕龙，东、西面设石阶，台沿设护栏。

大成殿建筑面积 625 平方米，建于石台座之上，面阔五间，进深五间，抬梁式木构架，重檐歇山顶。前檐六根廊柱为浮雕蟠龙石柱，圆鼓式石柱础。上檐在额枋上施弯拱叠枋偷心式斗栱一圈，除柱头及墨心角外，补间斗栱施一朵至二朵，斗栱外檐出檐部分为单杪叠下昂制式。斗栱之上安设穿斗架式屋架草架，草架落在柱头科齐心斗上。斗栱之上设井口天花。屋檐起翘显著，两山山尖升起较高，正脊翘起，山花挑出山柱之外。以上诸特点反映了早期

图 4-2-54 漳州府文庙大成殿（李炜摄）

图 4-2-55 漳州府文庙大成殿前檐梁架（李炜摄）

图 4-2-56 漳州府文庙大成殿梁架（李炜摄）

闽南建筑的特征。殿内石柱径 0.8 米，覆盆式柱础（图 4-2-54～图 4-2-56）。

庙中尚存明崇祯年间郡守曹荃书"游圣之门"石匾额，并保存明代以来重修碑四通，为明正统十年（1445 年）汪凯撰文、李增书丹的《重修文庙及诸神祠碑记》，清康熙八年（1669 年）唐朝彝撰文、戴玑书丹的《修建漳郡文庙碑记》，1925 年康有为撰并书的《重修漳州学宫记》，1936 年蒋鼎文撰并书的《重修漳州文庙记》。

漳州府文庙大成殿的斗栱、梁架保留有早期闽南建筑特征，并承袭宋元木构手法，是闽南大型殿堂建筑的重要实例。1996 年福建省人民政府公布为第四批省级文物保护单位，2001 年国务院公布为第五批全国重点文物保护单位。

福建古建筑

第五章 民居

福建民居分布图

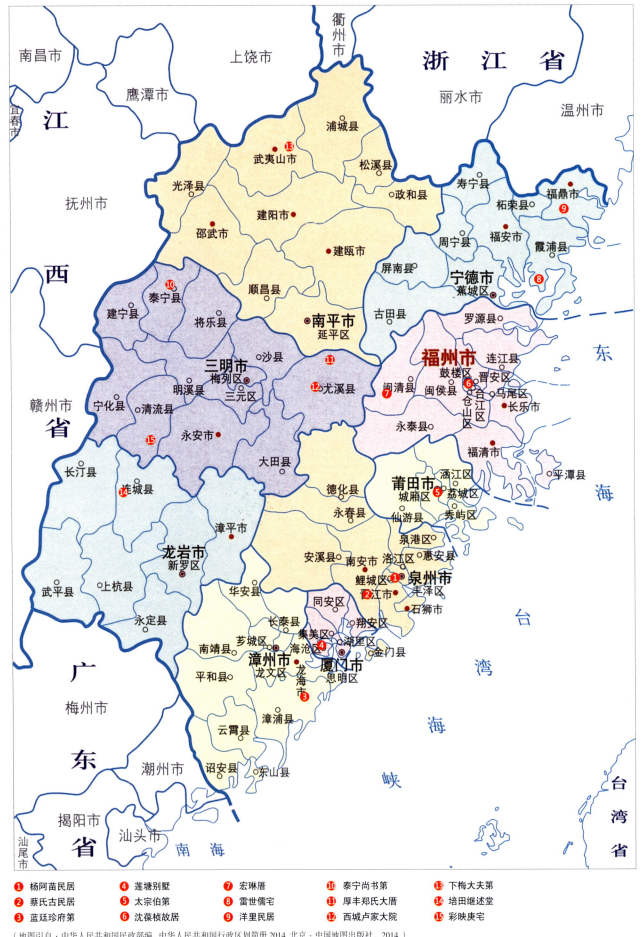

❶ 杨阿苗民居	❹ 莲塘别墅	❼ 宏琳厝	❿ 泰宁尚书第	⓭ 下梅大夫第
❷ 蔡氏古民居	❺ 太宗伯第	❽ 雷世儒宅	⓫ 厚丰郑氏大厝	⓮ 培田继述堂
❸ 蓝廷珍府第	❻ 沈葆桢故居	❾ 洋里民居	⓬ 西城卢家大院	⓯ 彩映庚宅

(地图引自：中华人民共和国民政部编. 中华人民共和国行政区划简册2014. 北京：中国地图出版社，2014.)

第一节 概述

一、福建民居的发展

传统民居泛指除皇室宫殿以外的民间居住建筑，既包括贵族官员的府第，也包括平民百姓的住宅。在福建传统建筑中，民居是出现最早的，也是最基本、最大量的一种建筑类型。

在秦汉之前，福建先民的主要居住形式是干阑建筑。《北史·蛮獠传》说："依树积木，人居其上，名曰干阑。"《新唐书·南平僚传》说：南方"土气多瘴疠，山有毒草及沙虱蝮蛇，人并楼居，登梯而上，号为干阑"。根据考古发掘推知，在距今7000～3000年，福建的原始先民们已经从事以渔猎为主、兼及养畜和种植水稻的生产活动。他们通常聚居在海湾地区或依山面水的小丘上，住在圆形或方形、木骨泥墙的茅屋中，其住屋形式即有"干阑式"的。例如，在东南沿海地区，霞浦的黄瓜山遗址发现有面积达60多平方米的"干阑式"建筑遗迹；在闽西北地区，邵武的斗米山遗址发现有三组构筑在稍做铺垫的生土台上的平面略呈长方形的"干阑式"建筑遗存。战国时进入福建的越人与当地的土著居民经长期融合形成新的闽越族部落，他们喜欢濒临江海居住，亦有住在干阑式房屋中的。随着北方汉文化的南移，干阑建筑被其他类型的建筑所取代。

不同时期的汉人迁移入闽，带来了中原不同时期的建筑形式和风格，土坯土墙住宅就是中原汉人带进福建的。福建民居最为基本的平面格局是"一明两暗"，也就是《明会典》中所载"庶民所居房舍，不过三间五架"。这种"一明两暗"三开间的平面布局较为简便地解决了人们居住生活的基本要求，至今仍然是福建乡村小户人家普遍采用的住宅模式。若将它视为一个基本单元进行扩展和重复，便可形成各种不同类型及用途的住宅。

福建的传统民居，现存的主要是明清时期的建筑。福建民居在建筑构造形式上，既有北方地区抬梁式木构架形式，又有南方地区穿斗式木构架体系。许多中原地区已经失传的构架和构造做法在这里得到延续。在建筑平面布局上，既有三合院、四合院等中原传统建筑形式，又有护厝、排屋、土楼、土堡、竹筒屋等富有地方特色的建筑形式。但是不管福建民居的形式和风格怎么演变，依然保持着中轴线对称、院落组合、木构承重体系和坡屋顶等我国汉族传统民居建筑的共同特征。

福建的中西合璧建筑主要是归国华侨受侨居国建筑形式的影响而建造的。这些中西合璧的建筑有的保留了福建传统民居的布局形式、墙体做法，细部装饰则融进东南亚各国和欧式建筑的特色；有的以欧式楼房建筑为主，融入中式建筑的大屋顶及室内装饰，形成了风格独具的侨乡建筑。

二、福建民居的主要类型

归纳福建民居常见的类型，大致有以下六种建筑平面基本单元（表5-1-1）：

（一）"一明二暗"型

这是最基本的类型，只有正堂、左右房。其平面为正房一间、边房二间或四间，组成三开间或五开间，正堂为五架进深。该类型也称"一条龙"，当人口增加时，可向左右延伸至九间或十一开间。

（二）"四合中庭"型

这是闽南普遍存在和最具有代表性的建筑模式，闽南和广东潮汕一带称之为"四点金"。"四点金"空间结构的最大特点是以中庭为中心，上下左右四厅相向，形成一个十字轴空间结构。这是与北方四合院最明显的不同之处。

这种形制的平面格局是以正方形为基础的九宫格式，中央为庭院，四正为厅堂，四维为正房，形成田字形中心对称格局。这种模式的纵向扩展是三座落或五座落，横向扩展是五间起或七间起、九间起，以此为基本形式可以组合出多种平面形式。但无论如何扩展，均保持以中庭为核心的纵横两条轴线。

（三）"三合天井"型

这种平面布局形式在福建各地大量存在。可分

福建民居六种平面基本单元　　　表 5-1-1

型制	图例

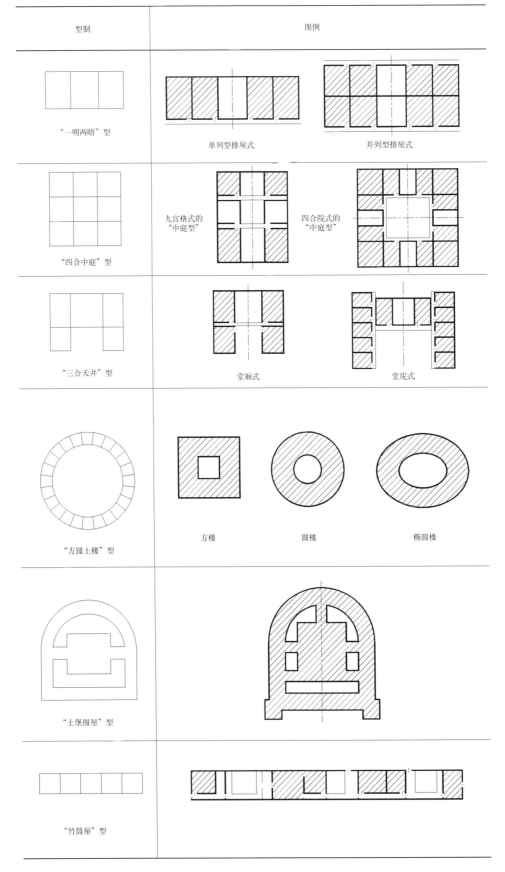

"一明两暗"型　　单列型排屋式　　并列型排屋式

"四合中庭"型　　九宫格式的"中庭型"　　四合院式的"中庭型"

"三合天井"型　　堂厢式　　堂庑式

"方圆土楼"型　　方楼　　圆楼　　椭圆楼

"土堡围屋"型

"竹筒屋"型

为堂虎式和堂厢式两大基本类型："堂虎式"布局模式是正房三间居中，左右为纵向组合的单列型排屋（虎），正房和虎围成一个三合院。"堂厢式"布局模式是在"一明二暗"的三间正房前面的两侧配以附属的厢房或两廊，围合成一个三合天井型庭院，俗称"三间二廊"。

（四）"方圆土楼"型

这是闽南、闽西南山区的一种奇特的建筑形式。这种以满足家族聚落群居和良好的防御功能需要来安排建筑的规模，采用夯土墙与穿斗式木构架共同承重的两层以上封闭式围合型大型民居建筑，学术界称之为"福建土楼"。土楼以方形、圆形为主，还有府第式等形状。

本书将在第六章对土楼进行详细介绍。

（五）"土堡围屋"型

这是福建中部山区一种特殊的建筑形式，由四周极其厚实的夯石生土砌筑的"城堡"环绕着中心合院式民居组合而成，防御性能极强。

本书将在第七章对土堡进行详细介绍。

（六）"竹筒屋"型

竹筒屋是单开间民居向纵向延伸呈带状式的建筑形式，在闽南一带也称"竹竿厝"、"手巾寮"。它的面宽较窄，约3～4米；进深视地形长短而定，短则7～8米，长则20余米。其布局由门厅、天井、正厅、厅后房、小天井、大房、后房、厨房、后尾或后落组成。有二落、三落进深，宅内有一条前后联系的巷路。这种小型民居结构简单，装修也很简洁。

有一种竹筒屋沿商业街道建造，形成前店后宅的模式。前厅临街，作为商铺、作坊场所；后面住家，生活起居的功能齐全。为了增加使用面积，常建起楼房，作为储藏室或卧室。

三、福建民居的分区

福建民居可分为六大区域（图5-1-1）：

（一）闽南民居

合院式建筑是闽南区最为典型的住宅类型。三合院在漳州地区被称为"爬狮"或"下山虎"。四合院在漳州地区被称为"四点金"或"四厅相向"，在泉州地区被称为"三间张"、"五间张"。房屋的大门比前墙面凹进几步，形成一层小天地，俗称"塌寿"，也称"凹寿"、"凹肚"。从平面格局上看，闽南民居有向纵深方向发展的，有向横向方向发展的，也有向纵横两个方向发展的。但不管如何发展，大多是以三合院或四合院为核心或中心单元组合演变而成。最为普遍的布局扩充方式是在横向增建护厝。泉州地区通常将这类大厝称为"皇宫起"。合院式民居建筑具有封闭而有院落，中轴对称而主次、内外分明，以及造型优美、雕绘装饰丰富等特点。较为典型的有泉州市鲤城区江南街道亭店村的杨阿苗民居、南安市官桥镇漳里村的蔡氏古民居建筑群、南安市石井镇的中宪第（图5-1-2）、南安市省新镇满山红村的林氏民居，安溪县湖头镇的李光地府第、漳州市芗城区的蔡氏民居、漳浦县湖西畲族乡顶坛村的蓝廷珍府第、龙海市石码街道的杨氏大夫第、厦门市海沧区的莲塘别墅等。

在闽南城镇街区中，由于土地相对紧张和人口密集，出现了"竹筒屋"的形式。各家共用墙体，平面只有一间宽，但进深很长。连片的街屋有序地共墙连接，形成了整体统一而又有变化的景观。

骑楼于19世纪随华侨由东南亚传入我国南方。闽南的骑楼为两层以上建筑，在一楼住宅前加建一个外廊（当地称"五脚踞"），多为前店后宅或下店上宅。沿街骑楼绵延数百间相接，形成一条能够挡避风雨侵袭和艳阳照射的人行道，如厦门市思明区的中山路、思明路，漳州市芗城区的香港路，泉州市鲤城区的中山路。

（二）莆仙民居

莆仙沿海的平原地区，传统民居大多规模宏大，房间众多，装饰装修也比较讲究，成为该地区民居中的精华。仙游山区的民居，总体布局灵活多变，建筑单体规模小巧，装饰装修较朴实简洁，形成了山区建筑独特的风格。

莆仙民居的基本格局是以厅堂为主轴的单体建筑和以天井为中心的单元院落建筑。单体建筑大体

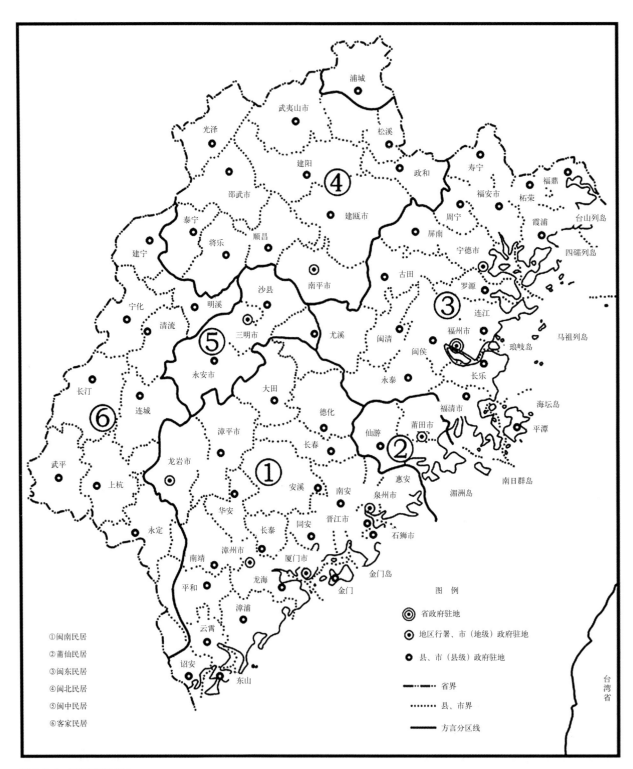

图 5-1-1 福建民居的分区

图 5-1-2 南安市石井镇中宪第

图 5-1-3 福州市鼓楼区"三坊七巷"之黄巷

分为三间厢、四目厅和五间厢。三间厢的平面为一厅二房横向排列。四目厅即一厅四房，平面布局是把中间厅堂的后部隔出一段为福堂（福堂原是出殡前停放灵柩的地方），两旁的房间也分隔为前后房。五间厢是在三间厢或四目厅的两旁再加厢厅及其后房。

莆仙式连体大厝由五间厢扩大和延伸而成。在横向上，五间厢可以扩大为七间厢、九间厢……还可以再加护厝，甚至几重护厝。另一种横向组合方式是"鸳鸯厝"，即两座五间厢或七间厢并排，中间隔一条巷道，在小巷前后加筑一截墙。在纵向上，可以有双座厝（当地称进深为座）、三座厝……为了满足采光、通风和流泻雨水的需要，在左右的厢房（护厝）与前后的座之间，以天井为中心组织院落，在天井四周和天井与天井之间，均有廊道相通。这类超大型的宅第，俗称"百二间大厝"。较典型的莆仙民居有莆田市荔城区的大宗伯第、涵江区萩芦镇梅洋村的江氏民居、涵江区涵江街道的黄氏民居、仙游县榜头镇仙水村的仙水大厅、仙游县盖尾镇前连村的连氏大厝群等。

（三）闽东民居

福州民居常见的布局形式是纵向组合的多进天井式，以福州市鼓楼区的三坊七巷和朱紫坊建筑群为典型代表。"三坊七巷"位于福州市城区中心，南后街自南向北贯穿其中，街的西边是三坊：衣锦坊、文儒坊、光禄坊；街的东边为七巷：杨桥巷、郎官巷、塔巷、黄巷（图5-1-3）、安民巷、宫巷、吉庇巷。这里名人辈出，府第集中，今尚有明、清建筑260多座，被誉为"明清古建筑博物馆"。"朱紫坊街区"位于安泰河边，有大小街巷10条，明、清民居鳞次栉比。三坊七巷和朱紫坊的空间格局精美，坊巷纵横，高墙大院，流畅的曲线山墙，舒展的门罩排堵，错落有致的厅堂、庭院，精美的雕刻艺术，极富地方特色。多进天井式布局由数个四合院沿纵深方向拼接起来，面宽小，进深大，最适宜在城镇人口密集的街巷之间建造。有些合院民居在住宅的后部或侧面设有花厅或书斋，个别还做成楼房形式，并配以假山、楼阁或水榭等。宫巷的沈葆桢故居和林氏民居、衣锦坊的水榭戏台和欧阳氏民居、郎官巷的二梅书屋和严复故居、黄巷的小黄楼、文儒坊的陈氏民居等三坊七巷建筑群就集中体现了这种民居特色。

福州最老式的民居是"柴栏厝"木屋，多为平民百姓居住。柴栏厝以木材为承重和围护结构材料，平面呈矩形，多数建两至三层，一户占一开间，几户或十几户并列共建。底层临街，常作为铺面营业，后面是厨房兼饭厅，楼上为居室，设小阳台用于晾晒衣服和夏天乘凉。这类房子的排架靠榫头紧密联系，相互依靠，即使楼身严重倾斜，也能维持斜而不倒。随着棚户区改造，柴栏厝正逐渐消失。

福清市位于闽东区最南部，民居受到莆仙民居风格的影响。常见的平面布局为三开间或五开间大进深的矩形，进深方向分前后间，类似莆仙民居的"四间房"做法。民居较讲究外门装修，常在门楣上做石雕、石刻，门扇也有考究的油漆和题字。福清还有一种民居为两层的四合院，正屋明间的大厅对中心天井开敞，天井三面走廊环绕，二层的回廊常做成"美人靠"，正面为红砖墙面，侧面前后两个曲线型风火山墙高低起伏。

闽清县位于闽东区西部，院落式民居与土楼、土堡、吊脚楼巧妙组合，显示出独特的风格。大型宅院房间多达几百间，由众多的庭院组合而成。外墙多为土筑，在平面两侧或对角线处通常设有炮楼。住宅外部以实墙封闭为主，极少开窗，屋檐出挑达1.5米以上。最为典型的是坂东镇新壶村的宏琳厝，占地面积达17832平方米。

宁德地区民居以福安民居最有特色，常采用"一明二暗"三开间带前后天井的布局形式，多为两层以上建筑，一层正房做堂屋，二层堆放粮食，三层以上为夹层堆放杂物。建筑组合由主轴线向两侧扩展，灵活布置侧屋，也可纵向扩展，形成多进的住宅。高高的风火山墙，长长的木悬鱼，丰富了建筑景观。宁德地区较典型的民居有福鼎市白琳镇翠郊村的洋里民居、柘荣县乍洋乡凤里村的凤岐吴氏大宅。

（四）闽北民居

闽北是福建重要林区，因此民居的所有柱、梁、板及建筑构配件均由木构件为主要承重构件。外墙体多用生土夯筑而成，或用青砖砌筑。闽北民居平面布局多为天井式，中有大厅堂，两旁各有两间正房，天井两侧为两间或四间厢房，后阁两边为厨房。明清时，不少告老还乡或在外发财的大户回闽北修建"三进九栋"式青砖大瓦房。"三进九栋"式也就是三进院落的合院式民居，其天井、走廊、檐阶一般为石板，房屋四周用青砖或泥土筑造封火墙，整座建筑显得富丽堂皇。大型多进合院式民居中，常设有书院或读书厅，体现了理学之邦的书院文化传统。较为典型的闽北民居有泰宁县的尚书第建筑群、邵武市的中书第、顺昌县元坑镇东郊村的元坑陈氏民居、南平市延平区的峡阳民居、光泽县崇仁乡崇仁村的裘氏民居和福字楼等。

清代，武夷山市下梅村等地富商在本地建筑模式上，模仿广州、苏州、杭州的建筑样式建造豪宅。《崇安县新志》（民国31年铅印本）记："乾、嘉时，下梅邹姓、曹墩彭姓经商广东，仿广式构屋，藻饰华丽。岚谷彭姓经商苏州，仿苏式构屋，栋宇宏深。清时，如城坊万朱二姓之屋，规模宏敞，光线充足，闽北当首屈一指。"这类民居有两个主要特点：一是空间宽敞。整座建筑有大门、门楼、前厅、大厅、后厅、书楼、香阁等。进深多为三进，甚至有四进、五进。二是工艺精美。无论是青砖雕砌的门楼、门罩，还是镂空雕花的木梁、门窗，都经过精雕细刻。典型代表如下梅大夫第。

闽北山区至今保留着"高脚厝"式住房。高脚厝一般建在依山傍溪的村落，为两层木楼房，楼上楼下隔若干间。下层以若干杉木柱为支架，既可防洪，又可避虫蛇，下层往往用竹篱圈围。也有的整座楼只用一根木柱，四面围墙，视木柱高度，可建一至两层。

（五）闽中民居

闽中民居盛行"一明二暗"型的平面布局，正中为大厅，两侧房间根据使用要求分成前后间。"一明二暗"布局就是一座三开间的房屋，也可根据使用需要布置成"一明四暗"（五开间）、"一明六暗"（七开间）和"一明八暗"（九开间）。厨房等附属房间一般放在两侧或后侧。

大户人家建府第式屋宅常用"三合天井"形式。其布局形式是三间正房前的两侧配以厢房或两廊，围合成三合天井型庭院，也称"堂厢式三合天井"型民居。闽中盛产木材，民居建筑采用木构架承重。

主厅堂通常采用抬梁式木构架，次厅堂或卧房用比较简单的穿斗式木构架，因此闽中民居有"百柱落地"甚至"千柱落地"之说，意思是形容民宅中柱子之多。这类民居的典型代表有沙县虬江街道茶丰峡村的大水湾陈氏大厝、尤溪县西滨镇厚丰村的郑氏大厝。

在县镇一类城市用地比较紧张的地方通常采用连排屋式。连排屋一排有若干开间，通常为两层，底层靠近马路的是客厅或店面，进去是卧房，卧房边留一条1米左右的走廊，直通后面厨房，厨房后部有小天井。其平面实际上是"一条龙"和"竹筒屋"式的综合。

（六）客家民居

客家民居绝大多数是由厅堂与横屋组合而成的合院式建筑。其基本单元是"两堂式"，下堂为门厅，上堂是祭祀会客的场所，上堂两侧房间可作为主卧室，下堂两侧房间可作次卧室，中庭两侧的厢房可作厨房。为适应大家族聚居的要求，可以"两堂式"为基础向横向、纵向扩建发展。扩建的首选方式是在两侧加建横屋，堂与屋之间隔着纵长的天井，用廊道相连，这种形式称"两堂两横"。沿横向发展还可以增加到四横、六横……，沿纵向发展则可以增加到三堂、四堂……称"三堂两横"、"三堂四横"、"四堂两横"、"四堂四横"等。较典型的有清流县赖坊乡赖武村、赖安村的赖坊建筑群，长汀县三洲乡三洲村的新屋下民居等。

在长汀、连城一带，有一种称为"九厅十八井"的合院式民居。"九"和"十八"不是确数，而是形容它的厅堂和天井之多。这种建筑形式在闽、粤、湘各省均有存在，只不过叫法不同而已。如闽南的泉州民居被称为"九十九间"，粤北的始兴民居被称为"九栋十八厅"。"九厅十八井"民居是客家民居的典型建筑形式之一，其平面布局也是在"四合两堂"的基础上向横向、纵向扩展而成。这类民居建筑组合体主要是根据客家原祖籍地北方中原一带的合院建筑形式，结合我国南方多雨潮湿的地理气候环境而构建的，因其适合客家人聚族而居、四世同堂、尊祖敬宗的心理需求而得到广泛的应用。典型代表有连城县宣和乡培田村的继述堂和官厅、连城县庙前镇芷溪村的集鳣堂等。

闽西客家有些合院式建筑在大门前加建前坪和庭院门，后面加建后包或者土胎（堂屋与围屋之间形成的半圆形斜坡地，称为"土胎"或"花胎"，是风水要地），有的前坪前还有半圆形的水池。这样的建筑形式与粤东客家聚居区的围垅屋颇为接近，应该是闽西客家建筑与粤东客家建筑的过渡形式。培田村的双灼堂就属于此类建筑。

四、福建民居的特点

（一）因地制宜，形式多样

福建民居的建筑布局顺应地形，适应气候条件，地方特色鲜明。由于自然地理条件的差异，民居村落或依山、或傍水、或组合、或分散，呈现出千变万化的景观效果。民居建筑单体因地制宜，布局形式多样，建筑造型丰富。小型民居的平面有一条龙式、三合院式、小四合院式，以及在这三种基本形式基础上发展而成的变异形式。大型民居一般以合院为基本单位组合而成，各地组合形式不尽相同。闽东、闽北、闽中地区以纵向多进式四合院为主，部分附有左、右轴线建筑或跨院、花厅、书房，其间用高大的封火墙隔开。闽南、莆仙、客家地区以横向组合为主，即以二进或三进的合院为中心，两侧对称地布置护厝，以多排护厝形式向横向发展，自成局部院落。同样的平面布局，在不同的地区其外观、造型各不相同，建筑风格有明显的差异。例如，同为临街的各家共用墙体的联排民居，福州的柴栏厝用木材建造，二层设面向街道的阳台；闽南的骑楼为砖木结构，一楼住宅前有"五脚踞"，形成一条遮阳挡雨的人行道。同为多进天井式布局，闽南民居、福州民居多为一层，宁德民居多为两层以上，闽北民居最后一进是两层楼房。

（二）就地取材，因材施工

福建民居充分利用当地特有的建筑材料，就地取材，因材施工。在建筑单体上，利用穿斗木构架和抬梁木构架的有机结合构成民居的承重构件；在外围护墙上，最大限度地利用当地的土、石、砖、竹等材料，形成和谐、自然、朴实的立面形式；内部采用木板或用竹片、芦苇秆编织成片，外抹草泥，作为内分隔墙。对于乡土建筑材料，既发挥材料的力学性能，又注重材料的质感和美学因素，达到空间功能、结构形式和地方建筑材料的统一协调。例如，闽东、闽南沿海的石构建筑完全用花岗岩石建造，坚固耐久，不怕风吹日晒雨淋；福州的柴栏厝、闽北的高脚厝完全用木材构建，泄水防风，抗震性较好；福建山区大多采用生土夯筑的墙体，不仅具有防御功能，还有保温、隔热、防潮、防风等作用；福州利用城市拆除旧房的碎砖烂瓦夯筑成城市瓦砾土墙；泉州利用地震后碎砖创造了"出砖入石"墙体；闽南沿海用大牡蛎壳有规则地排列砌筑墙体，解决了废旧材料的处理问题，节约了投资，都是成功的范例。

（三）细部处理，丰富多彩

细部处理影响着民居建筑的艺术造型，对于形成福建民居的风格起着重要的作用。福建民居的细部处理有着固有的传统做法和强烈的地方特色。丰富多彩的封火墙、造型生动的坡屋顶、色彩各异的墙面装饰、繁简不同的大门处理、精美细腻的雕刻装饰，都是细部处理的内容和手法。如在民居建筑上，应用了木雕、石雕、砖雕、彩绘、陶塑、灰塑、剪粘等民间技艺，达到令人赏心悦目的装饰效果。木雕、彩绘在福建各地的民居中随处可见，沿海地区一些大型民宅更是雕梁画栋、精雕细刻；石雕技术水平以闽南沿海地区为冠；灰塑作品在闽东民居中最为常见；陶塑、剪粘流行于闽南一带；闽北一带优美的砖雕艺术令人惊叹不已；莆仙民居的外墙面则是木雕、石雕、砖雕、泥塑、壁画、贴面等各种装饰方法共用，墙面满装饰成为莆仙民居的一大特点。

第二节　实例

一、泉州亭店杨阿苗民居

杨阿苗民居（图5-2-1）位于泉州市鲤城区江南街道亭店村，是菲律宾著名华侨杨阿苗（原名

图5-2-1　泉州市鲤城区亭店村杨阿苗民居

杨嘉种）住宅，清光绪二十年（1894年）建，历时13年完工。

杨阿苗民居坐北向南，平面方整，占地面积1349平方米。该宅属"皇宫起"民居建筑，平面布局为二进五开间加双边护，穿斗式木构架，悬山顶，上铺筒瓦，燕尾脊。主体建筑由门厅、两厢、大厅和后厅组成。四合院内院除中心大天井外，在东西厢房（俗称榉头间）与门屋、正屋之间又留出四个小天井，排列状如梅花，当地称"五梅花天井"。这种布局比单纯的合院天井更有利于通风、采光，同时也丰富了内院空间。东、西护厝呈长列布置，由南北穿通的走廊联系，各有大门直通内外，这是闽南民居的典型布局。东侧护厝的前半部与众不同地设置花厅，在护厝入口门厅与花厅之间以卷棚式方亭相连。方亭内设有美人靠，将侧庭又分成两个小巧的庭院，形成一个相对独立的小单元，作为书斋和待客的场所。大门前是宽敞的大石埕，三面围以砖墙（图5-2-2）。

该宅的珍贵之处还在于精美的装饰艺术。它几乎集中了闽南所有的装饰手段，而且工艺精湛，精巧绝伦，像一个闽南建筑装饰博物馆。正立面外墙是最为精彩的部分：白石墙基、辉绿岩石柱础和墙面镶边带饰，红砖组砌贴面和檐口水车堵的泥塑彩绘巧妙组合，构成鲜艳的色彩对比，组成华丽的墙面图案。主入口"塌寿"和大门框斗、匾额的辉绿岩石雕亦属罕见。尤其是门廊侧面顶墙上部的镂空石雕，人物、车马形象生动，雕刻玲珑剔透。单石

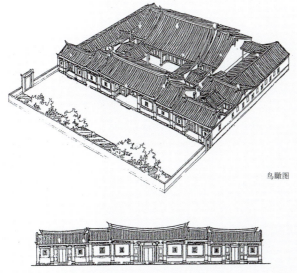

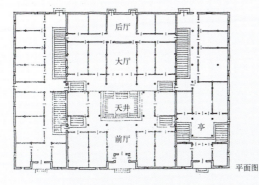

图5-2-2 杨阿苗民居鸟瞰图、立面图、平面图

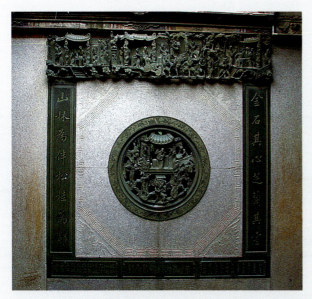

图5-2-3 杨阿苗民居精美的石雕

雕手法就有透雕、浮雕、沉雕三种，精雕细琢了许多珍禽异兽、花鸟虫鱼、山水树木、故事人物、博古图案，还摹刻颜真卿、苏轼、张瑞图、吴鲁等名家的诗词书画。此外，窗洞、柱头、檐下壁间、柜台脚上的辉绿岩石雕也构图奇特，巧夺天工（图5-2-3、图5-2-4）。该宅的木雕也是精益求精的上乘之作。槛窗、隔扇多用楠木、樟木制作，窗花雕刻精细。檐下梁枋、斗栱、雀替、垂花等部位雕刻的人物山水、飞禽走兽千姿百态，极尽华美之能事。该宅的漆画为闽南所少见，在黑色大漆未干透时直接描金绘成的壁画至今仍不褪色，人物、花卉图案刻画得细致入微，充分表现了工匠娴熟高超的技艺。

杨阿苗民居以建筑空间独特、装饰富丽堂皇而闻名遐迩，是闽南传统民居的精品。1991年福建省人民政府公布为第三批省级文物保护单位，2013年国务院公布为第七批全国重点文物保护单位。

二、南安官桥蔡氏古民居建筑群

蔡氏古民居建筑群（图5-2-5）位于南安市官桥镇漳里村漳州寮，多为清末旅居菲律宾华侨蔡资深建造。

蔡资深（1839～1911年），又名蔡浅，16岁时随父蔡启昌南渡菲律宾经商，清光绪三十一年（1905年）因泉郡受灾赈济灾民得诰封为资政大夫。咸丰五年（1855年），蔡启昌回到家乡，开始斥资买地，兴建大厝。其后蔡资深继承父业，继续在漳州寮广购荒地，组织蔡氏族人开垦，筑祠堂、建宅第，由此蔡氏古民居渐成规模。整个工程至宣统三年（1911年）全部完成，历时56年之久。

整组古民居建筑群占地面积3万多平方米，总建筑面积16300平方米。迄今尚存的有同治年间（1862～1874年）兴建的宅第2座、光绪年间（1875～1908年）兴建的宅第13座、蔡氏宗祠1座、宣统年间（1909～1911年）兴建的书房1座，共计房间近400间。其布局分五行排列，有序地毗连分布在东西长200多米、南北宽100多米的长方形

图 5-2-4 杨阿苗民居对看堵石雕

图 5-2-5 南安市官桥镇漳里村蔡氏古民居建筑群

区域中。每座都有二进或三进，有护厝或东西厢房，占地面积从 350 平方米到 1850 平方米不等。座与座之间前后相距 10 米左右，有花岗岩石条铺砌的石埕相连着。埕边凿水井一口。左右两侧山墙间留出 2 米宽的防火通道（俗称火巷），南北长 95 米，笔直贯穿，石路两边都有明沟用于排雨水（图 5-2-6）。

蔡氏古民居最大的一座在村落西端，建于光绪三十三年（1907 年），是群体中唯一的东西向布局的建筑。村落中部偏西另有两座宅第大门朝西，但厅堂轴线依然朝南。其余各座宅第均坐北向南。最小的一座地处东端，建于 1911 年，是群体中建造时间最晚的，其布局完整，装饰精美，为主人聚宴消闲之处。位于东、中部的 12 座宅第布局规整，面积居中。东部 7 座成三排两列组合。第一排有 3 座，建成于同治四年（1865 年）；第二排有 2 座，完成于同治六年（1867 年）；第三排有 2 座，完成于光绪十九年（1893 年）。西部的 4 座成两排组合，前排 2 座建成于光绪二十九年（1903 年），后排 2 座完成于光绪三十年（1904 年）。与东、中两组相比，西部的建筑建造时间较晚，砖石木作的用材较佳，内外装修也较华美，是群体中布局最为完整的建筑群落。其中保存最为完整的是蔡资深自用宅第，额书"莆阳世胄"。该宅兴建于 1903 年，占地面积 1250 平方米，为五间张带双边护布局，轴线对称，等级分明，装修上乘。在建筑群的东北角有一座两层的读书楼，又称"小姐楼"，楼上保留清末状元陆润庠和吴鲁的题词。角端悬出一间小巧的厕所，三面通风，独具匠心。

该建筑群落的主体建筑为红墙红瓦（图 5-2-7），硬山顶，燕尾脊，多为穿斗式木构架，间有少量抬梁式，大多为二进或三进的五间张带双边护或单边护。座座建筑屋脊高翘，雕梁画栋，装饰华丽。在山墙、门框、檐口、梁架、廊壁、隔扇、窗棂、栏杆、柱础等处，饰有以人物故事、祥禽瑞兽、山水花树等为题材的木雕、石雕、砖雕和灰塑、陶塑，构思巧妙，工艺精湛（图 5-2-8）。四处墙壁、门堵上的工笔、写意、水墨绘画，争奇斗艳，情趣盎然。随处可见的题辞，篆、隶、行、楷、草一应俱全，

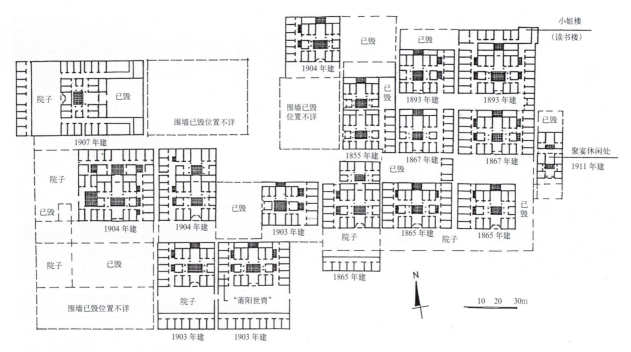

图 5-2-6　南安市蔡氏古民居建筑群总平面图

图 5-2-7　蔡氏古民居建筑群红砖墙面

图 5-2-8　蔡氏古民居建筑群木雕

而且不乏名家手笔。当时许多建筑装修材料都是从菲律宾海运过来的，加上闽南独具魅力的雕刻艺术和装修风格，构成了一幅绚丽的建筑图卷。

蔡氏古民居建筑群规模宏大且布局严谨，设计和施工技术上乘，是闽南传统民居建筑的杰出代表。1996年福建省人民政府公布为第四批省级文物保护单位，2001年国务院公布为第五批全国重点文物保护单位。

三、漳浦湖西蓝廷珍府第

蓝廷珍府第（图5-2-9）位于漳浦县湖西畲族乡顶坛村，清康熙末至雍正五年（1727年）建。

蓝廷珍（1663～1729年），字荆璞，畲族人，历任澎湖副将、南澳总兵，曾出师台湾，为台湾的治理开发做出贡献，雍正元年（1723年）任福建水师提督加左都督衔。

该府第是一座典型的闽南式四合院建筑，规模宏大，布局严谨（图5-2-10）。建筑群面宽52米，进深86米，占地面积约4400平方米。主体建筑中心为一个三座落加双佩剑的中庭型合院，主体建筑后面建一座两层楼房，后加一圈三面的护厝，形成

图 5-2-9　漳浦县湖西乡顶坛村蓝廷珍府第

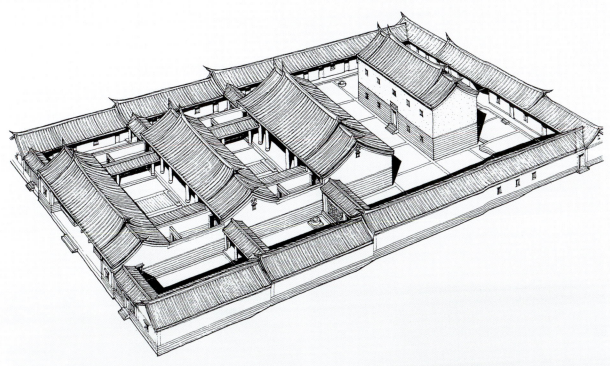

图 5-2-10　漳浦县蓝廷珍府第鸟瞰图

纵向五进的平面布局。中轴线上依次为门厅、正堂、后堂、主楼与后厢房。左右两侧为护厝，与正堂、后堂以过水廊相连，构成大四合院套小四合院的布局。四周建筑犹如城墙环绕，因此当地称为"新城"。

府第大门朝东，第一落七开间。屋顶曲面升起为重脊歇山式，立面中段凹进形成"凸"字形平面的门廊，入口颇为气派。第二落也是七开间，屋顶同样为重脊歇山式。正堂居中，前有廊檐，后有屏风，用于接待宾客。正堂与天井通敞，天井两侧是有屋顶的半开敞的连廊。地坪高低不同，天井的地坪最低，侧廊及门厅次之，正堂的地坪最高。室内空间也是高低不一，正堂最高，而且堂前廊檐带有"翻轩"，围绕天井形成半封闭半开敞的适合举行庆典仪式的大空间。正堂两侧的卧房面对窄长的小院，院中用漏窗隔成一大一小两部分，既保证了私密性，又创造了有层次的庭院空间。第三落是后堂，为供奉神佛、祭祀祖宗的场所。后堂与天井连通，两侧敞廊和正堂的后廊相连，形成全宅最大的室内空间。一至三进围绕两个天井形成两个相互串联的四合院，以对称的布局、变化的空间、超大的尺度表现出提督府的威严。第四落是主楼，为方形土楼，高两层，宽23米，进深10米，大门上石匾书"日接楼"（图5-2-11）。主楼是主人卧房，现内部已毁，外墙仍完整竖立，底层用方整条石砌筑，第二层用三合土夯筑。窗户很小，条石竖棂，显然出于防卫的需要。在府第民居中围着一座土楼，在闽南民居中属孤例，这也正是蓝宅的独特之处。第五落是后厢房。当中一间为敞厅，两端设后门。它与左右厢房护厝连成一圈，围成一个大四合院，土楼居中。楼四周宽敞的庭院用石板和块石铺地。四个过水廊把正堂、后堂两侧窄长的院子分隔成几段。后厢房为族人卧房，左右护厝为附属用房，构成了与正堂、后堂完全不同的富有生活气息的内院空间。

整个建筑结构的特点是砖墙、土墙承重的硬山搁檩与穿斗式木构架相结合。门厅、正堂、后堂为穿斗式木构架，梁柱粗壮。梭柱直径达0.4米，上下两端略有收分。屋面装饰集中在精美的燕尾式屋脊。木梁架上以员光、托日、吊筒做丰富雕饰。石柱础为八角莲花座，雕刻十分精致。建筑台基勒脚为花岗岩石，外墙面红砖、灰砖与白粉墙交相辉映，构成独特的装饰效果，华丽而不花哨。

蓝廷珍府第是闽南现存为数不多的府第式建筑的杰作。2001年福建省人民政府公布为第五批省级文物保护单位，2013年国务院公布为第七批全国重点文物保护单位。

四、厦门海沧莲塘别墅

莲塘别墅位于厦门市海沧区海沧街道海沧新街，清光绪三十年至三十二年（1904～1906年）由同安籍越南华侨陈炳猷（字伯守，号有为，1855～1917年）建造。因它所在的小洲形似莲花，名"莲花洲"，其中有一座建筑自号为"莲塘别墅"，其他建筑与之连成一体，因此统称为"莲塘别墅"。

莲塘别墅是由三座主体建筑（大厝、学堂、陈氏家庙）、两个花园（上花园、下花园）以及两座附属建筑组成的建筑群，功能齐全，能够满足从居住、会客、娱乐到教育、祭祖的种种需要。该建筑群占地面积约30000平方米，建筑面积8235平方米，原四面环水，现四周水道大部已淤为陆地。上花园建在莲花花蕊上（即莲花洲中心），大厝、学堂、陈氏家庙等建筑犹如花瓣绕花蕊而建，不拘泥于坐北向南的朝向。这种布局形式新颖而又特殊，实属罕见。

图5-2-11　蓝廷珍府第"日接楼"

图5-2-12　厦门市海沧区莲塘别墅大厝

大厝（图5-2-12）坐西北向东南，建筑面积1800平方米，为砖石木构筑的三进建筑，穿斗式木构架，两侧为护厝，以过水亭与正厅相接，前有宽敞的庭院。屋面为红瓦硬山顶，第一进为假跌顶双燕尾脊，后两进为单条燕尾脊，护厝则为马鞍脊。

学堂坐西北向东南，建筑面积1450平方米，为"口"字形四合院平脊屋，中轴线上为前厅、天井、亭、正厅，前有庭院。前厅的门额上有"莲塘别墅"四个大字，两边对联为"莲不染尘君子比德，塘以鑑景学士知方"。天井里建有三个戏亭，北面正厅前为演出亭，东西两厢前为观戏亭，现仅存东戏亭。

陈氏家庙名"宛在堂"（图5-2-13），坐东北向西南，建筑面积1512平方米。平面布局二进，两进间为天井，有过水廊与主厅相接。大门门楣上悬挂"陈氏家庙"匾额，匾下对联为"洲号莲花堂名宛在，乡连柯井山插大观"。正厅悬挂着"宛在堂"匾额。

上花园（图5-2-14）占地面积531平方米，现存有假山、双回六边莲花池、观景亭（仅存台面）、拱桥等人造景点，既有古代江南园林的风格，又有欧式建筑装饰的特点。

莲塘别墅建筑工艺考究，保存诸多清末至民国时期精美的石雕、砖雕、木雕、灰塑和彩绘艺术品（图5-2-15）。其高超的石雕工艺体现在大厝、学堂及家庙各个地方。如墙基、墙裙、墙堵之上均浅雕虎爪柜台脚，稳重而又典雅；廊窗、边窗、漏窗多为石透雕，甚至以整块辉绿岩面石透雕成窗；墀头、垂花、抱鼓石等处也精雕细刻，在大厝门厅前的两个墀头上，竟雕刻了一男一女锡克族卫兵形象，这是厦门地区唯一的"红头阿三"石雕（图5-2-16）。莲塘别墅的墙堵上，用红砖组砌成富有特色的图案，如金钱形、五福形、寿字形、宫灯形等，几乎汇集了闽南民居墙面空斗砖砌的全部纹样图案。这里的砖雕为窑后雕，砖雕的面积大、图案多、工艺精。如学堂的天井外墙裙上，装饰着八组用红方砖拼成的砖雕，内容多为动物、植物，构图精巧，别具风格；厅堂内的墙裙上镶嵌108个小砖雕，以百花、百兽为题材，图案生动美观。木雕以陈氏家庙的梁枋雕刻最为精彩，梁架上活灵活现的小狮子、生动

图5-2-13 莲塘别墅"宛在堂"

图 5-2-14 莲塘别墅上花园一角

图 5-2-15 莲塘别墅的墙面装饰

图 5-2-16 莲塘别墅石雕——"红头阿三"

细腻的花卉植物，表现出工匠的高超手艺。在入口"塌寿"、水车堵、山墙和屋脊等处，大量运用灰塑、陶塑等装饰，极大地丰富了建筑立面。

莲塘别墅是迄今厦门发现的最大一处传统建筑群，2009年福建省人民政府公布为第七批省级文物保护单位。

五、莆田荔城大宗伯第

大宗伯第（图5-2-17）位于莆田市荔城区长寿街庙前路，明万历二十年（1592年）建，是陈经邦的府第。第名"大宗伯"是由于陈经邦官拜礼部尚书，根据《尚书·周官》"宗伯掌邦礼"之说，后世以宗伯作为礼部尚书的尊称。

陈经邦（1537～1616年），字公望，号肃庵，明嘉靖四十四年（1565年）进士，官至礼部尚书兼翰林院学士，赠太子少保。神宗曾御书"责难陈善"赐之。万历十年（1585年），陈经邦因与宰辅意见不合，疏请罢归，遂开始筹划建造宅第，至1592年全部落成。

大宗伯第坐西向东，按明制一品官府第规格建造，占地面积2833平方米。整组建筑共五进120间，由外大门、小埕、院埕和前、中、后三进院落组成。每进院落均由院、厅、正房、厢房、护厝组成。最后两进原为御书楼和后花园，已毁。

府第的第一进为院门连着下座照（正厝前院一排面向正厝、背向外院的倒照屋，俗称下座照）。大门立于偏左8米处，门额题"大宗伯第"四个大字，上款"万历壬辰春"，下款"门人罗万化书"。罗万化为明隆庆二年（1568年）状元，他留下"万历壬辰"的纪年，使大宗伯第成为莆仙地区唯一有准确年代的明代古厝。从院门穿过前院，就是第二进的大门。与一般规制不同的是，此门不是设在第一座正厝的厅堂前，而是另成一排，面宽亦七间，进深仅一间五架檩的屋宇。门前置一对抱鼓石，后檐临天井。

正厝为重叠三座七间厢，共九个天井院。其当心间皆为敞口厅，深九架檩（不含廊檐），梁架为抬梁、穿斗式木结构，厢厅则为穿斗式木结构。悬山顶，作三段脊、高低檐。外山墙粘贴一层壁瓦，并加砌条石墙裙，以防止雨水浸湿墙壁。前两座厅堂的后部原来均置有格扇门，20世纪60年代在这里办街道工厂，门扇连门槛被锯掉，故现在成为前后皆敞的大弄堂，从大门口可一直眺望到最后厅。七间厢的横向组合，后两座均依正常规制，从宽7米的当心间向两厢展开，分别为正房、厢厅、厢房。第一座非常特殊，中路有厅无房，两厢则各自成三间厢（实为四目厅）。故厅堂内不见房门，另在厅前廊道两头各置一座高大的过道门，以通向厢厅。正厅宽达11米，在堂前加立两柱，横间距为7米，相当于后两座厅的宽度，与后两根柱一起作为梁、枋的重要承重。厅前中间一块廊沿石长达7米，宽0.82米，厚0.20米。厅额上悬挂"启沃亲臣"匾，以彰显主人曾为国师的尊贵身份（图5-2-18）。

大宗伯第的另一特色是开明代宅第雕饰和彩绘风气之先。莆田遗存的几座明万历以前的宅第，基本为原木白坯，纵有一些小木作，也少有雕凿。而大宗伯第有木雕、石雕、彩绘等艺术装饰。木雕方面如院门额上的门簪、斗栱的简雕、廊桁和正厅大梁上的剔地雕花等，其雕刻工艺尚处于比较稚拙、简洁的阶段。石雕作品有抱鼓石、荷叶墩、鼓形柱础等。尤其是抱鼓石上的双狮戏球浮雕功力深厚，立体感强，形象生动活泼，构图协调和谐，莆田现存抱鼓石雕件无出其右。描金彩绘脊檩则似为陈宅所独创，从院门、大门到三座中厅的脊桁均有施绘，题材有孔雀、牡丹、葫芦、博古和玺印等（图5-2-19）。

图5-2-17　莆田市荔城区大宗伯第

图5-2-18　大宗伯第内景

图5-2-19　大宗伯第后厅明代梁架

大宗伯第是目前莆仙地区保存最完整的明代宅第建筑，2001年福建省人民政府公布为第五批省级文物保护单位。

六、福州宫巷沈葆桢故居

沈葆桢故居位于福州市鼓楼区宫巷11号。明天启年间（1621～1627年）建造，清同治年间（1862～1874年）沈葆桢购置加以修葺居住。

沈葆桢（1820～1879年），字幼丹，侯官（今福州市）人，林则徐的女婿，清道光二十八年（1848年）进士，曾任江西巡抚、福建船政大臣、两江总督兼南洋通商大臣，一生以主办船政、筹建海防、开发台湾等见著。

该宅坐北向南，由中轴对称的正座与西侧的跨院花厅组成，占地面积约2000平方米。前后五进，每进均有墙分隔，厅前为天井，左右为披榭或回廊（图5-2-20、图5-2-21）。

正座包括门房和前后院落。大门口有檐楼，下有门廊，六扇开门，门的下半段三分之一钉上用竹条组成的斜格纹图案。进门厅迎面为屏风（福州称插屏门），两侧耳房。插屏门平时关闭，只有在重大礼仪活动时才开启，日常从两侧进出。屏后是天井回廊，天井宽12米，深6米，东、西廊各宽1.3米，使庭院阳光充足，空气流通。

前院是完整的四合院，宽13米，五开间，进深17米。中间三开间为大厅，称"扛梁厅"，空间高大敞亮，梁栋涂朱描金，两侧回廊置执事牌。两侧穿斗构架间，镶以楠木板，配饰挂屏。正房门为四开式，南向有六扇窗，窗门漏花用骨格编排、榫接成各种花饰。大厅两侧的厢房前面各有一个封闭的小天井，起着通风拔气的作用。

后院共三进。第一进、第二进结构相同，均为单层七柱五开间，中间为厅堂，由屏风隔成前后厅，每进左右各有四间厢房。头进厅堂是家庭聚会的场

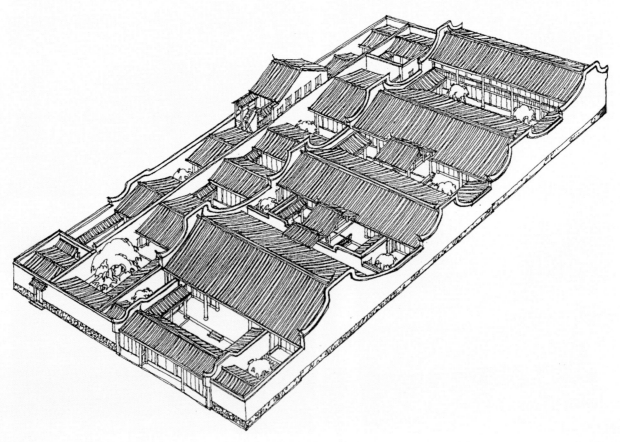

图5-2-20　福州市鼓楼区沈葆桢故居鸟瞰图

剖面图

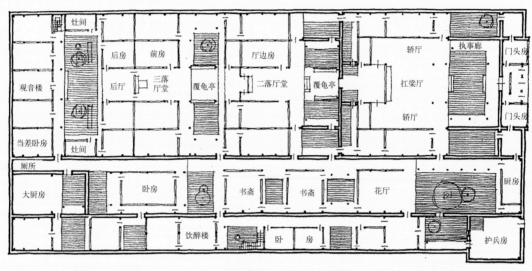

平面图

图 5-2-21 沈葆桢故居平面、剖面图

所，第二进厅堂为祭祀场所。第三进是五开间的两层楼房，称"观音楼"，供奉观世音菩萨，又作藏书楼，收藏古字画。中为厅堂，其余为房，深8米。堂后有通道，两侧木扶梯上楼，楼前一长列花格窗。后院的三组天井各有特色。第一进大厝前的空间由中间的覆龟亭与两堵矮墙分隔成四个小天井，梢间前的天井有院墙围合，私密性较好。厅堂与次间前的天井，两侧为敞廊，中为覆龟亭，亭中设美人靠，很有生活气息。第二进大厝前用覆龟亭分隔成两个较大的天井，两侧为披榭。后进大厝前的天井两端也设披榭，作为小厨房。天井中置盆景、植树木，别有一番情趣。

主座西侧为一宽一窄两个跨院。紧靠主座的大跨院，由南至北依次为花厅、书斋、卧房、厨房，用紧贴主座院墙的通道串联起来。花厅与头落大厝相邻，有侧门相通，是主人会客饮宴的地方。小跨院面宽很窄，是护兵、仆人住处。南端是护兵房，

有门直通宫巷。从南到北由卧房和天井交替组合成数重院落。较为特别的是中间两层的"饮醉楼"，这是登高望远开怀畅饮的好去处。

宅院四周筑风火山墙，墙与木构屋架起伏配合，形成流畅曲线。山墙为马鞍式，在墙头翘角和墙的上部有彩色泥塑的人物、花鸟、鱼虫、静物等。

沈葆桢故居布局严谨，装饰富丽，是明清时期福州典型的官式大院。1996年福建省人民政府公布为第四批省级文物保护单位，2006年国务院公布为第六批全国重点文物保护单位。

七、闽清坂东宏琳厝

宏琳厝（图5-2-22）又名新壶里，位于闽清县坂东镇新壶村，由黄作宾于清乾隆六十年（1795年）开始动工建造，前后历时28年，至道光三年（1823年）才由其长子黄宏琳落成竣工。

宏琳厝坐东向西，平面呈长方形，占地面积

17832平方米。由中轴线上的三进建筑与左右各两排横屋组成，两层半土木结构，穿斗式木构架，双坡顶，围以封火墙。共有大小厅堂35间，住房666间，天井30个，花圃25个，封火墙36堵，大门13个，水井4口。在这座宏大的宅院里，最旺时有同族100多户、1000余人聚居（图5-2-23）。

整座建筑讲究对称，布局严谨，结构精巧。主体建筑是一个九开间的中庭型布局，直进三落，每落都有正厅、官厅、书院、回照、天井、厨房等。各进之间隔一横街，以过雨亭相连。各进以正厅为中心，两边各建一、二、三官房和火墙弄，左右书院各三间，中为书院厅，两旁为书房。三进均建有回照，但结构各不相同，首尾进两边不设开间，二进回照左右各分两间。正厅、书院、回照围为天井。第三进正厅作为祭祖的地方，显得特别气派。正厅与后厅用屏风相隔。二、三进后厅隔后天井为厨房。封火墙东西两旁建横厝，其外复建外横厝。整个宅院由三条横向通道贯穿，并以廊子、门窗、花墙、过街楼分隔成大小不等的院落空间（图5-2-24）。在厝的东北角、西南角各建一方形两层角楼（俗称兔耳），作为应急防御设施。

该厝的建筑细部处理精细。房子均为木结构承重，防火墙分隔。木雕、灰塑、壁画等制作精美，对称之中求变化，使整体建筑更具观赏性。斗栱、垂花、雀替、窗雕等工艺精致，特别是垂花的雕刻玲珑剔透（图5-2-25）。墙檐下有灰塑花堵、彩画装饰，墙端顶有高高翘起的燕尾脊。屋顶部位由弓形山墙分为数段，既打破了立面的长条状呆板形状，又丰富了立面造型，突出了主体。大门上的"宏琳厝"牌匾，为原福建省委书记项南于1981年所书。

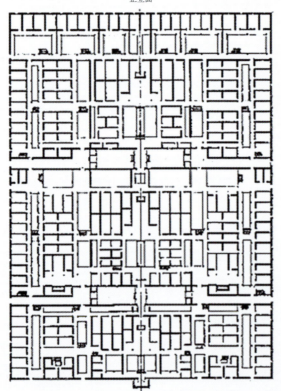

图5-2-23 宏琳厝立面、平面图

图5-2-22 闽清县坂东镇新壶村宏琳厝

图5-2-25 宏琳厝大厅梁架

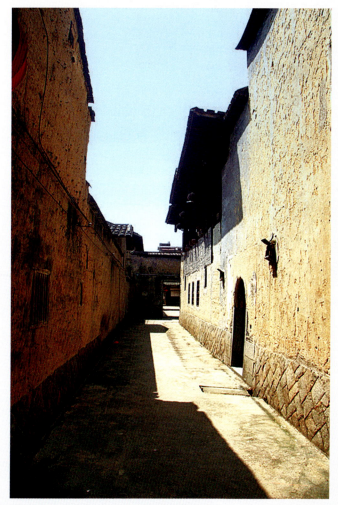

图 5-2-24 宏琳厝内小巷

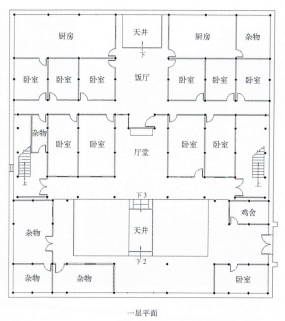

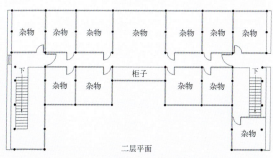

图 5-2-26 霞浦县溪南镇半月里村雷世儒宅平面图

宏琳厝是福建省单幢面积较大的古民居建筑，2005年福建省人民政府公布为第六批省级文物保护单位。

八、霞浦半月里雷世儒宅

雷世儒宅位于霞浦县溪南镇半月里村。半月里旧称"半路里"，是一个畲族聚居村。该宅建于清道光二十八年（1848年），是当地现存体量最大、建造最讲究的一座古民居。

该宅建筑面积701平方米，平面布局为二进二天井双侧通廊，沿中轴线对称（图5-2-26）。出于风水上的考虑，主体建筑坐西北向东南，但大门开在东面，即以左厢房为门厅，转折进入宅内，这是当地常见的布局方式。住宅1～2层(有夹层)，抬梁、穿斗式木构架。外墙体采用青砖空斗墙，基础用乱石砌筑，内部分隔及门的材料为木板。硬山顶屋面铺以小青瓦，封火墙为马鞍状造型，线条有力，极富动势。

该宅大门外设门埕，转折向南方向另有一座门楼。门埕北面与东面原建有两层的小姐楼与书楼，可惜小姐楼已倒塌，书楼已改建为红砖楼。大门双墀头夹峙，立体突出（图5-2-27）。大门、墀头的灰塑和彩画古朴、淡雅、细腻，门额中书"海阔天高"。主体建筑五开间，由前厅、天井、大厅与后天井组成，主体格局保留完整。由东面的入口进入宅内最大的天井，天井用石材铺地，中间走道的高度高于两边，铺设的图案也与两边不同。经厢房的廊道通往高大开敞的厅堂，厅堂高两层，

图 5-2-27　雷世儒宅门楼　　　　图 5-2-28　雷世儒宅厅堂梁架结构

上覆以假屋顶。一层大厅空间高敞明亮，两侧的暗间为卧房。厅堂两侧有单独的楼梯可通往二层。二层较低矮，以储藏空间为主。最后一进主要是厨房和饭厅，天井内的石桌上摆放盆花，充满了生活气息。

该宅的木雕精细。木构架做工考究，梁架穿枋做成双鳌相戏状，以丁头拱承托，富有地方特色（图5-2-28）。大厅前廊出檐以出四跳的丁头栱承托，小斗呈花瓣状，托檐部分斗栱两侧做雕花雀替，结合起来形似凤凰展翅，极为优美。补间部位木雕五福、福、寿等，做工精细，组合方式巧妙。大厅两侧神龛上的挂落木雕花草图案，也很精细、生动。大厅内有一张高脚几案，以"三国"故事为雕刻题材，图案生动逼真。大厅悬"荣增五福"匾额，对联众多，文学气息浓厚。

九、福鼎白琳洋里民居

洋里民居也称翠郊大厝，位于福鼎市白琳镇翠郊村。清乾隆十年（1745年）建，历经13年完成，耗资2万两白银。

该大厝坐西向东，占地面积10560平方米，建筑面积4452.5平方米。平面呈方形，整体布局为三列三进加左右横屋，共有6个大厅、12个小厅、24个天井、192间房（图5-2-29）。宅内建筑均为硬山顶，穿斗式木构架。门楼为砖砌八字牌楼式，门内为木构太子亭。门髹黑漆，下有门枕石。进入门楼，穿过百米长的园林夹道才到达有"海岳钟祥"楣额的大宅门。宅内有三条平行的纵轴线，沿每条轴线分别有一个面阔三间的"一明两暗"三进合院，院落之间用带漏窗的隔墙分隔，并挑出屋檐形成檐廊（图5-2-30）。正房两侧为东、西厢房，厢房外侧又建数幢南北向的附属楼房，宅内被划分成若干院落。首进为单层建筑，二进、三进均为两层楼房。为求气派，轴线上的明间都做成高大的单层敞厅，这也是闽东民居的特色之一。

该大厝既有官式建筑的恢宏气派，又融合了江南民间建筑的精雕细刻。轩顶、托木、斗栱等处木构件雕刻精巧（图5-2-31），石构台明和垂带石等形式较具特色。在入口、大厅、梁架、门、窗上都分布着精美的木雕作品，或人物，或花卉，或祥禽，或瑞兽，栩栩如生，极为美观。刘墉赠予的楹联、萨镇冰题赠的匾额点缀于建筑中，昭示了主人的地位和风雅，也使建筑更加丰富多彩。

洋里民居规模宏大，布局巧妙，做工精细，是福建省罕见的四合院大厝。2005年福建省人民政府公布为第六批省级文物保护单位。

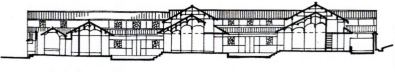
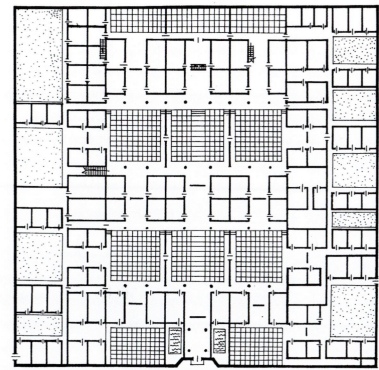

图 5-2-30 洋里民居内廊

图 5-2-29　福鼎市白琳镇翠郊村洋里民居平面、立面图

图 5-2-31　洋里民居托木

十、泰宁城关尚书第

泰宁尚书第也称"五富堂"，位于泰宁县杉城镇尚书街，明天启年间（1621～1627年）建，是李春烨的府第。

李春烨（1571～1637年），字侯质，号二白，泰宁人，明万历四十四年（1616年）进士，天启末年任协理京营戎政、兵部尚书、少保兼太子太师。

尚书第气势宏伟，布局严谨。该建筑坐西向东，南北方向长81米，东西进深60米，占地面积5220平方米。为砖、石、木结构的平房，主体建筑五幢，辅房八幢，共有大小房间120余间。五幢建筑均为三进合院，沿南北向一字形排列，大门前设甬道相连（图5-3-32）。各组建筑入口均有石匾门额，镌书"四世一品"、"柱国少保"等。自北而南第二幢建筑为主幢，开间尺寸最大，门前甬道扩大为前院。整条甬道共设五道门，两端为南北大门。南大门为磨砖门楼建筑，门额嵌有"尚书第"巨幅石匾。北门为轿厅，是三开间硬山式平房木构建筑，明间采用抬梁式木构架，次间采用穿斗式木构架。前面为全封闭式半明子格扇门，明间厅头为过道大门。厅首额枋悬挂"大司马"木匾，前廊门边置一对抱鼓石（图5-2-33），北门东侧设马厩。

五幢主体建筑的结构大致相同，均为抬梁、穿斗式木构架。分客厅、中厅和后厅，隔以天井。大厅对天井开敞，厅前两侧设雕饰精美的高栏杆，这是当地特有的处理手法。主体结构均为杉木，柱、梁、枋用材粗壮，大小比例严格。五幢前厅均用抬

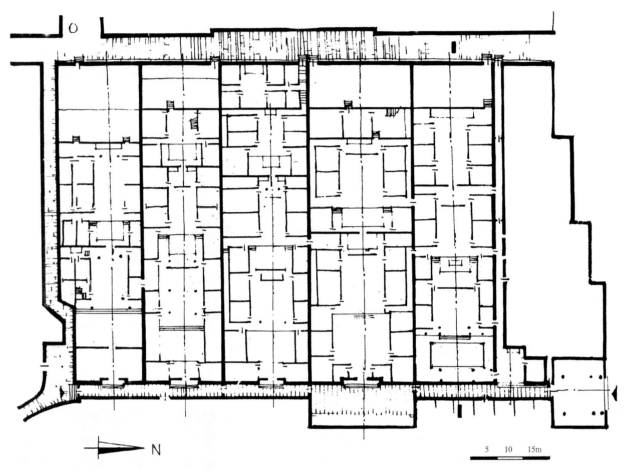

图 5-2-32 泰宁县尚书第平面图

梁、穿斗式木构架，主间采用四根金柱和大额枋抬起梁架。特别是前厅的前金柱柱头，前后挑出二杪斗栱（俗称马腿或象鼻栱），巧妙地托起前后两檩，斗栱两侧露出两叶花舌装饰（图 5-2-34）。中厅堂用减柱抬梁架法，木柱粗大。宅中甬道、庭院、走廊、天井全用琢打的花岗岩石板铺成，最大石材长 5 米多。

尚书第的石雕、砖雕、木雕、彩画做工精细，花样繁多。厅堂的梁头及枋头刻"象头"装饰，配以雕花雀替，更显得精致华丽。石柱础有四角、六角、八角形、圆形等，并雕刻麒麟、锦象、花卉等装饰图案，单厅堂的柱础式样就多达 30 余种。入口门廊精雕细刻，富丽堂皇，体现出府第建筑的气派。第二幢建筑的入口门廊最为精致，匾额、梁柱、斗栱及墙面布满石雕、砖雕、木雕装饰，精工雕刻人物、飞鸟、卷草、团花、仿锦等图案。大门两边有高 2 米的抱鼓石，鼓座上浮雕双狮戏珠、云龙、花卉等图案（图 5-2-35）。

五幢主体建筑的幢与幢之间用高于屋面的封火墙相隔，设廊门相通。进与进之间也根据设计的不同，分别设计 1～2 道封火墙，如主幢在一进和二进、二进和三进之间设封火墙。墙的厚度在 0.4 米以上，墙基深达 2 米，底部平砌大块眠砖至地面 1.2 米左右。上部采用薄砖空斗填土砌到顶。墙脊呈楼阁式压盖大灰瓦，也有的用八字形条石压盖。

泰宁尚书第具有明代建筑风格。1985 年福建省人民政府公布为第二批省级文物保护单位，1988 年国务院公布为第三批全国重点文物保护单位。

十一、尤溪厚丰郑氏大厝

厚丰郑氏大厝又称玉井坊郑氏大厝，位于尤溪县西滨镇厚丰村，建于清乾隆五十五年（1790 年）

图 5-2-33　泰宁尚书第入口

图 5-2-34　泰宁尚书第梁架

图 5-2-35　泰宁尚书第抱鼓石

至嘉庆中期，历时十余年建成，是清乾隆贡生郑孔时（字济正，1764~1856年）所建，因此亦称"孔时公大厝"。

郑氏大厝坐北向南，平面呈长方形，主体建筑由正厝、横厝和左右壁舍组成，占地面积4485平方米，建筑面积2800平方米。厝内有主堂、礼仪堂、大型空坪、扶楼、护厝、壁舍、厢房，计18个厅（其中有2个为演武厅）、108个房间、4个书斋、4个钱库、4个粮仓、8个过水亭、2间武库、2间工具房、2间地契库、2间厕所，建筑功能十分齐全（图5-2-36~图5-2-38）。

郑氏大厝布局合理，结构严谨。整组建筑共三进。门庭为重脊悬山顶，三架梁，面阔三间，进深三柱，左右赭红色的门墙中上部镶嵌着秀丽别致的圆窗。门庭不在大厝的中轴线上，而是处于西南角，朝向也异于主体建筑。门庭后的空坪不远处就是门厅。进入门厅，是一块由两道舒展的内墙围成的半月形空坪。正厝为三层建筑，在福建古民居中极为少见。正厝高12.4米，抬梁、穿斗式木构架，歇山顶，梁柱用材硕大。正堂面阔五间，进深六柱，檐顶为弓形轩，出斗栱承托檩子与屋架。一层明间为议事大厅，前部设隔架，后部的太师壁设神龛，祭祀郑氏祖宗神位。二堂面阔五间，进深六柱，抬梁、穿斗式木构架。明间当中立四根金柱，正后部设太师壁，壁两侧开门，供日常出入（图5-2-39）。整个建筑群由围墙圈护，外墙长260米，高4米，厚约0.6米，墙基用规格划一的菱形块石砌筑。门庭之侧的围墙内挨着一座炮楼，炮楼的墙基用大小不一的毛石砌筑。出入大厝只有一个大门和三个小门，具有较强的防御性能。

郑氏大厝华美壮观，装饰丰富多彩。厝中大量采用石构件，其中二进走廊安装的石板条长达21米、

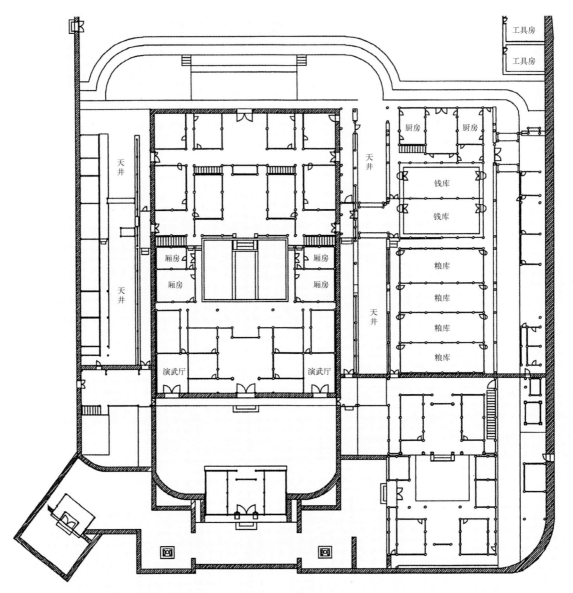

图 5-2-36 尤溪县西滨镇厚丰村郑氏大厝平面图

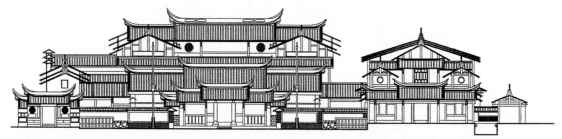

图 5-2-37 厚丰郑氏大厝立面图

图 5-2-38 厚丰郑氏大厝剖面图

图 5-2-39　厚丰郑氏大厝二堂

宽 0.55 米、厚 0.2 米。门厅正门两侧是一对马鞍形石门枕，分别雕刻古朴大气的"鹤寿松龄"、"鹿竹同春"图案。二堂立面的墙裙部分用石板条砌筑，上部安装四组共 36 根石质竹节形栅栏，"竹节"上的纹饰生动活泼。该大厝的壁画颇具特色，线条流畅、准确，而且诗画结合，画联结合。门庭门框镶嵌对联，正面的外联"五色凤毛新羽翼，百年龙马旧家声"；左右相向的内联"文章灿星斗，事业振乾坤"；门后侧两个钱纹圆窗框边绘制吉祥花卉图案。门厅正对面带有照壁性质的南墙砌墙帽重脊，墙中央大书"福"字，旁书对联"坐对贤人语，家藏太史书"。门厅两侧屋顶的挡溅墙彩绘中分别嵌进"学忠孝事"、"读圣贤书"等文字。正厝正堂有十几幅壁画，三层东西花楼窗额上分别横书"文章华国"、"书礼传家"，体现了主人的崇儒风尚和精神追求。该大厝的木雕也不失为精品。二进内厅和边厢走廊的窗花内容丰富，有文书印信、令箭铠甲、狮子戏球、八仙献寿、麒麟送子以及文官武将、仕女稚童等。正厅和二厅左右两侧的梁架上精雕细刻龙、凤、蝙蝠、花卉等图案。尤其是正堂前檐轩顶木雕和扶厝一层、二层大厅山墙和梁架雕花，采用工艺复杂的镂空雕手法，技法娴熟。一层的大小厅堂和走廊地面用三合土夯铺，土丹施色，至今依然红亮油润。

厚丰郑氏大厝是福建省保存最为完整的极富个性的传统民居之一。2001 年福建省人民政府公布为第五批省级文物保护单位，2013 年国务院公布为第七批全国重点文物保护单位。

十二、尤溪西城卢家大院

西城卢家大院（图 5-2-40）也称后山渡民居，位于尤溪县西城镇团结村，清末始建，为卢家祖屋，民国 16 年（1927 年）由卢兴明扩建，历时 5 年竣工。

卢家大院是原国民革命军旅长卢兴明的私宅。

图 5-2-40　尤溪县西城镇团结村卢家大院

卢兴明是尤溪籍军阀、原国民革命军师长卢兴邦的堂弟。1937年抗日战争爆发，卢部以民族大义为重，4700多名将士走向抗战的最前沿，4300多名勇士壮烈牺牲。卢家大院是该部人员补充、集训、战前动员及物质筹备的重要后方基地。1934年7月，粟裕领导的红军北上抗日先遣支队曾进驻卢家大院，至今大院的走廊、照壁、内墙、门厅等处仍保留着大量的红军标语。

大院坐西向东，平面呈前方后圆，中轴对称布局，南北宽65米，东西长57米，占地面积9984平方米，建筑面积3825平方米。为二进砖木结构，由外壕沟、练兵场、山门、围墙、大坪、门厅、中堂、前后厢房、正堂、后跨院、后花台及东西护厝、堡楼、兵营等组成，共有房间208间（图5-2-41、图5-2-42）。石雕、木雕、彩绘别有风味，既有传统技艺，又含有欧式韵味。

大院分三个大台基而建。台基用大块毛石、鹅卵石垒砌，用花岗岩石、砖、土作墙体，围墙带石质墙帽。前大坪及天井用花岗岩条石铺砌。由前大坪上三级台阶进入大门，大门为花岗岩石门框，门上叠涩内缩上承石质门楣，匾状门额上楷书阳刻"范阳世胄"，门框两侧阴刻对联"风云会合征诸时瑞，

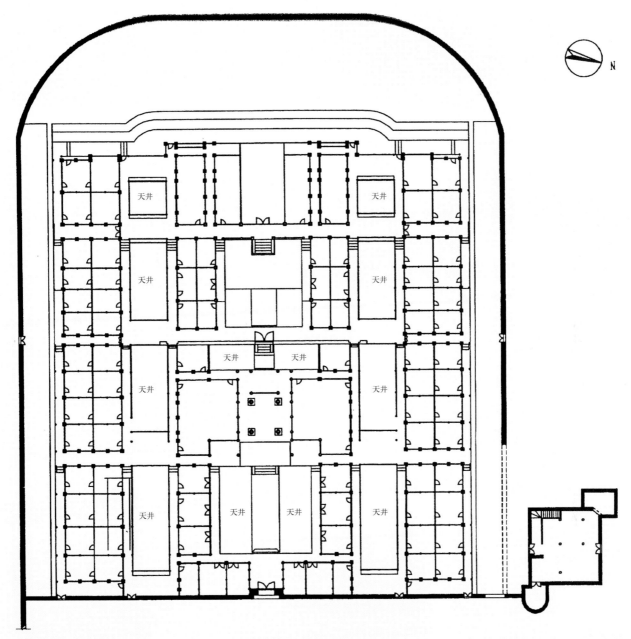

图 5-2-41 西城卢家大院平面图

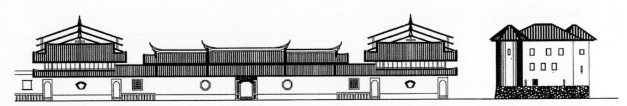

图 5-2-42 西城卢家大院立面图

图 5-2-43 西城卢家大院入口

山川磅礴郁为国华",旁边还刻有花草仙鹤图案（图5-2-43）。门厅为单间,穿斗式木构架,重脊悬山顶。额枋以斗栱隔架,花式童柱,飞马、飞狮做花梁架,廊檐斗栱承短柱,鼓状柱础上刻莲花瓣。门厅两边各有耳房一间。天井为横长方形,中间高起做通道。天井两侧为两室一厅的厢房。中堂与厢房交接处各有三级石阶,厢房与中堂檐下部位立挡溅墙。正间外沿廊檐下整体凹下一方形平面,可做戏台。中堂面阔五间,进深九柱,设太师壁和前后轩,抬梁、穿斗式木构架,重脊悬山顶带前后檐廊。后楼及正堂为穿斗式木构架,重脊悬山顶,一层明间设堂,二层设龛,次间、梢间、尽间为书房和住房。大院北侧筑四层堡楼,梁架结构为穿斗式结合雷公柱,屋面为悬山与四面坡结合,每层设有斗形条窗和竹制射击孔。

西城卢家大院是福建省少有的集民居、兵营和堡楼等为一体的防御性庄园建筑,2009年福建省人民政府公布为第七批省级文物保护单位。

十三、武夷山下梅大夫第

下梅大夫第位于武夷山市武夷街道下梅村,建于清乾隆十九年（1754年）,为邹氏宅第。据说下

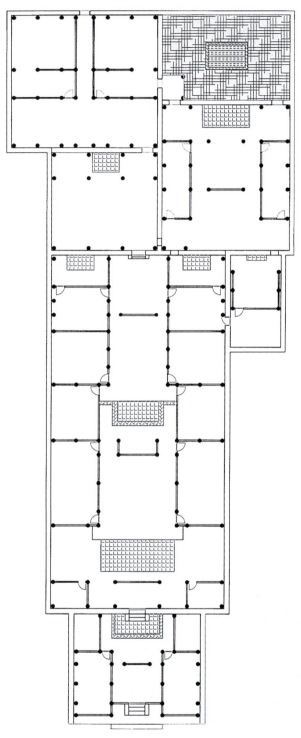

图 5-2-44 武夷山市下梅村大夫第平面图

梅邹氏家族的先人邹元老原籍江西南丰,清顺治年间（1644～1661年）携四个儿子迁居上饶,其子再迁居到下梅,以经营武夷岩茶为生。康熙年间（1662～1722年）邹氏出巨资对当溪进行改造,并

在当溪两旁建房成街，从而形成商埠。由于邹氏家族对下梅的开发与繁荣做出了突出贡献，朝廷诰封邹茂章"中宪大夫"、邹英章"奉直大夫"，因此邹宅有了"大夫第"的名称。

邹氏大夫第坐向朝南，为四列三厅四进结构，前有歇屋两列，右后院造花园"小樊川"，占地面积932.2平方米。其布局井然有序，依次有门厅、天井、厅堂等，并有楼、池、书房等附属建筑，四周砖砌封火墙围护，是以居住为主，辅以议政、休闲、娱乐等生活设施的建筑群（图5-2-44）。

整座建筑群集砖雕、木雕、石雕、彩绘于一体，工艺精湛。大夫第的大门口地面用石板铺设，两旁有拴马石和旗杆石。门楼造型宏阔，面壁全部用砖雕装饰，雕刻手法以浮雕和透雕相结合，题材有人物故事、祥禽瑞兽、花卉植物等，造型优美，形象逼真，具有较高的文化与艺术价值（图5-2-45）。两厢的隔扇窗均饰以木雕，分别雕刻蝙蝠、花卉、几何图案等，把屋宇烘托得富丽堂皇。屋内的梁架、雀替也都用精美的木雕装饰。每个天井都有一高一矮两个石制花架。山墙作层层跌落的马头墙，具有徽派民居的视觉效果。

闽北民居很少带后花园，即使有，也特别小，而下梅大夫第就有后花园，满园的花草为古民居带来了无限生机。园名"小樊川"为唐朝诗人杜牧后代杜光操所题。花园风格古典而流畅，为江南园林的袖珍版。园内有金鱼井、花瓶造型石花架、石水缸、漏窗，其间的屏墙犹如集砖雕与石刻为一体的艺术画廊。虽然只有三四间屋子的空地，主人却在布局上费了一番心思，在这有限的空间里，筑石栏鱼池、对弈台、镜月台，花园与后厅的隔墙嵌上双面镂空砖雕，给人"隔墙花影动，疑是玉人来"的美妙感受。园内有一棵高大的罗汉松，经历近300年的风雨沧桑，仍然枝繁叶茂（图5-2-46）。

下梅大夫第是下梅村中最为豪华的古民居，2001年福建省人民政府公布为第五批省级文物保护单位。

十四、连城培田继述堂

继述堂（图5-2-47）又称"大夫第"，位于连城县宣和乡培田村。主人吴昌同因乐善好施而得朝廷封赠，诰封奉直大夫，晋赠昭武大夫。继述堂建于清道光九年（1829年），历时11年建成。据《培田吴氏族谱》（光绪版）记载，它"集十余家之基业，萃十余山之树木，费二、三万巨金，成百余间之广厦，举先人之有志而未逮者成于一旦"。继述堂的取名来自《中庸》"夫孝者善继人之志善述人之事"。

继述堂是"九厅十八井"合院式民居建筑。其平面布局规模宏大，占地面积6900平方米，有18个厅堂、24个天井、108个房间（图5-2-48）。继述堂前的广场当地人称外雨坪，坪边原有月塘和围

图5-2-45 下梅大夫第门楼

图5-2-46 下梅大夫第后花园

图 5-2-47 连城县宣和乡培田村继述堂

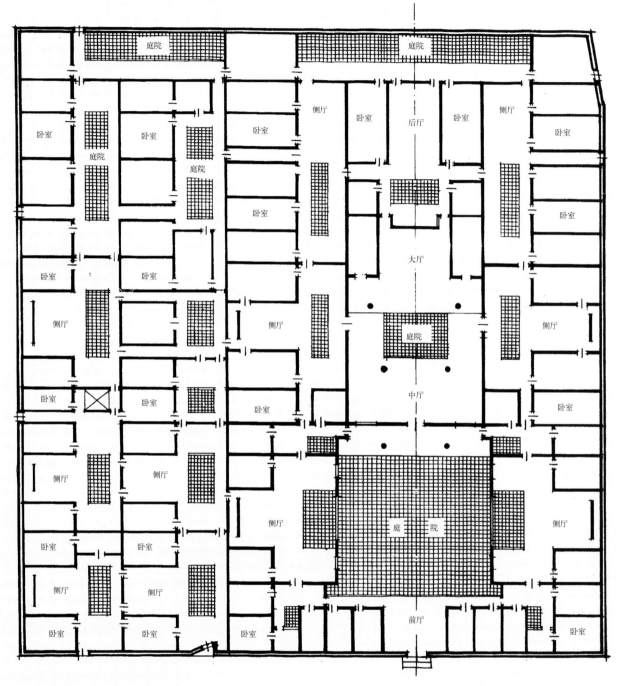

图 5-2-48 培田继述堂平面图

墙,现已毁。门楼高大宏伟,门前刻有对联"水如环带山如笔,家有藏书垅有田",横批为"三台拱瑞",形象地描绘了周边环境之美和主人对耕读文化的追求。主体建筑为四进。过了前厅进入一个大庭院,庭院两侧隔一花窗墙,墙后各设有一个侧厅堂,自成一厅二房带小天井布局。过了大庭院来到挂有"大夫第"牌匾的中厅,过天井上台阶之后进入大厅。中厅、大厅联成一体,雕梁画栋,婚丧嫁娶、会客、议事往往在这里进行(图5-2-49)。大厅两侧设主卧房,分成前后间。再过一个天井进入后厅,后厅

图 5-2-49 培田继述堂内庭院

是主人生活起居的内宅，装饰装修朴素典雅，空间尺度亲切宜人。后厅之后、围墙之前有一个长方形的天井，栽有花卉盆景。

在主厅堂两侧安排横屋，采用的是左边一列、右边三列的不对称布局。因侧天井太长，在其上做了数个过水廊，既解决了交通联系问题，又使侧庭院空间有了分隔，不至于一览无遗。该宅的主厅堂面东，与之成直角的横屋自然是南北朝向。虽然四列横屋房间众多，但因朝向好、光线足、空间大，每个独立单元又采用一厅一井二房的平面布局，使用起来十分方便。从这里也反映出客家人的精明，既考虑到主厅堂华丽高大，满足了礼仪要求，又照顾到平时居家过日子的使用方便，确实是匠心独具。

继述堂的建筑装饰非常精彩。无论是外雨坪中的一对石狮石鼓、两根纹龙旌表，还是门楼燕尾高翘的屋顶、檐下醒目的灰塑，或是厅堂的梁柱、穹顶、窗扇等处，无不精雕细刻。地面以三合土夯铺，由沙子、黄泥、石灰掺入少量的红糖、糯米夯成，不但坚固耐久，而且防潮防滑，经过近200年的风雨

图 5-2-50　清流县赖坊乡赖安村彩映庚宅

侵蚀，至今仍然平整如一块大石板。

继述堂是培田村中规模最大的古民居。2001 年福建省人民政府公布培田民居为第五批省级文物保护单位，2006 年国务院公布培田村古建筑群为第六批全国重点文物保护单位。

十五、清流赖坊彩映庚宅

彩映庚宅（图 5-2-50）位于清流县赖坊乡赖安村，清光绪十八年（1892 年）由世袭郎中赖其章及其父所建。

该宅坐东向西，占地面积 449 平方米，由砖雕门楼、门厅、门埕、下厅、天井、上厅、两侧厢房及左横屋组成。大门、门厅偏于左侧，与下厅、上厅不在一条中轴线上。下厅三开间通透，未施隔断，中设屏门，上悬"父子明经"匾额。上厅面阔三间，进深五柱，中设太师壁，悬"万世恩荣"匾额。

该宅的装饰讲究，尤其是门楼和隔扇的雕刻极为精美（图 5-2-51）。门楼砖砌，八字形四柱三间三楼歇山顶。其门框石构，门额中书"彩映庚"，门额上高浮雕四狮戏球；门额两侧砖雕垂柱，柱中雕

图 5-2-51 彩映庚宅砖雕

刻花瓶与四季花,寓意"四季平安";垂柱两侧及次间额枋上浅浮雕田园家舍、花草树木、牛羊猪犬等图案,寓意"丰足美满";檐下层层叠涩的线脚上浮雕包袱锦、琴棋书画、变体钱纹、花草瑞兽等图案,门脸雕刻龟背纹;屋顶飞檐翘角,正脊两侧正吻雕鳌鱼吐瑞,其余翼角雕瑞草,脊中饰"寿"字砖雕。门楼前有石狮和抱鼓石各一对,雕刻生动。下厅明间为五架抬梁,次间与上厅的梁架为穿斗式,三架穿枋做成月梁状,单架穿枋做成"猫伏"状,梁枋两端部及周边雕刻龙、凤、花草等。厅堂前廊施卷棚轩顶,支撑的穿枋也做成月梁状。隔扇的木雕主要有两种,一种是格心镂雕,以造型多样的龙凤组合成"纲、常、伦、理、福、寿、财"等字;另一种隔扇格心是实心板,板上浮雕花草、祥禽、瑞兽等。两种隔扇相得益彰,绦环板部位的雕刻尤其生动逼真。宅内用条砖铺地,门埕、天井用鹅卵石铺砌,天井以鹅卵石拼砌"八卦"图案,富有地方特色。

彩映庚宅是赖坊古民居中最精彩的一座。2013年福建省人民政府公布赖坊建筑群为第八批省级文物保护单位。

福建古建筑

第六章 土楼

福建土楼分布图

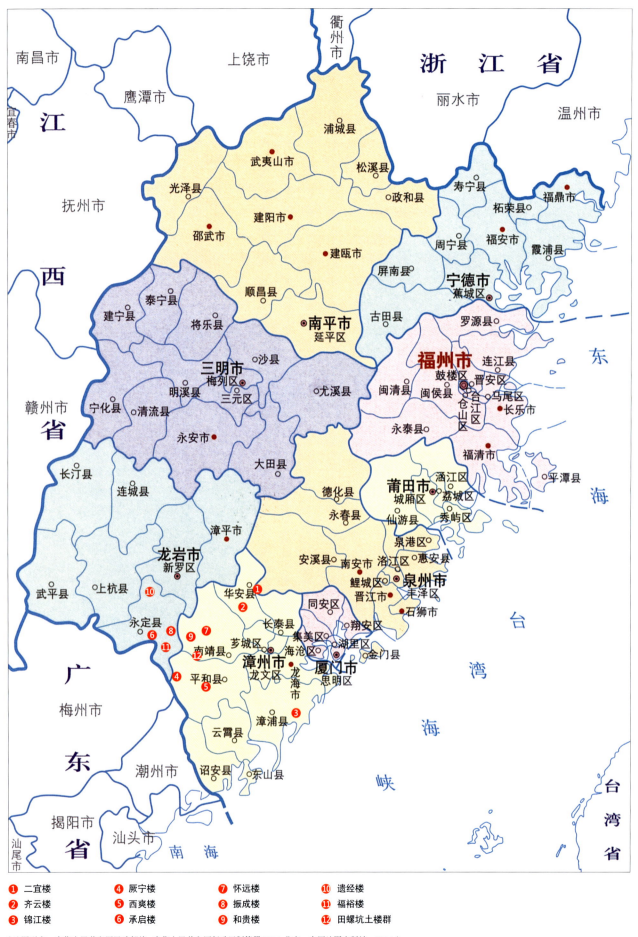

① 二宜楼　④ 厥宁楼　⑦ 怀远楼　⑩ 遗经楼
② 齐云楼　⑤ 西爽楼　⑧ 振成楼　⑪ 福裕楼
③ 锦江楼　⑥ 承启楼　⑨ 和贵楼　⑫ 田螺坑土楼群

（地图引自：中华人民共和国民政部编.中华人民共和国行政区划简册2014.北京：中国地图出版社，2014.）

第一节 概述

一、福建土楼的分布与类型

福建土楼是福建民居的一种独特形式，总数达3000多座。主要分布在闽西和闽南地区，尤以龙岩地区的永定县、新罗区和漳州地区的南靖县、平和县、诏安县、漳浦县、云霄县、华安县最为集中，以山区为多。在与福建省交界的广东省饶平、大埔、蕉岭等县也有这种类型的土楼存在，但因本书讨论的范围仅指福建省境内，故不涉及粤东北的土楼。

按照土楼居民的民系分类，福建土楼可分为闽南土楼和客家土楼两大类型。闽南土楼分布于闽海人（也称福佬人）居住的漳州、泉州等地区。客家土楼分布于客家人独居的永定及客家人、闽南人混居的南靖、平和、诏安等部分地区。

按照建筑平面布局分类，福建土楼主要可分为内通廊式和单元式两类。客家土楼主要采用内通廊式布局，楼内住户垂直拥有每层一个开间的房屋，楼层设通廊连通各个房间，设公共楼梯上下，庭院中间多设祖堂兼作书斋，反映出强烈的公共性和群居性。闽南土楼主要采用单元式布局，整座楼被等分成若干个单元，每单元为一户，各有独立的入口、内庭院、房间，有独用的楼梯上下，体现了较多的独立性和私密性（图6-1-1）。也有土楼采用单元式与通廊式相结合的布局。如云霄县和平乡宜谷径村的树滋楼为三层圆楼，环周二十八开间，每开间是一个独立的单元，自设楼梯上下，但二层、三层设内通廊连接全楼。又如，华安县仙都镇大地村的南阳楼为双环圆楼，外环三层、三十二开间，内环单层、二十四开间；除一个大门、两个边门和祖堂各占一个大开间，其余分隔成四个单元，内外环组合成四个二进的居住单元，各有楼梯；外环第三层设内、外通廊沟通全楼。

按照建筑形式分类，福建土楼基本可分为方楼、圆楼、五凤楼，此外还有诸多变异形式的土楼。

（一）方楼

方形土楼在福建土楼中数量最多、分布区域最广，而且在客家土楼中，建造的历史比圆楼早。

经初步统计，福建全省共有方楼近1200座。其中，南靖县有450余座，新罗区有270余座，永定县有180余座，平和县有90余座，漳浦县有近50座，诏安县有30余座，华安县有20余座，云霄县也有近20座，其余散落在龙岩、漳州、泉州的其他县（区）。

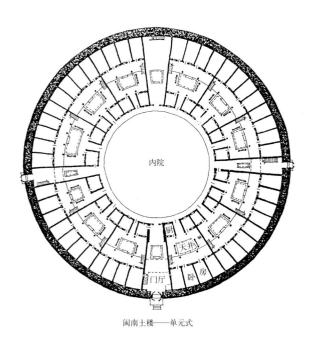
闽南土楼——单元式

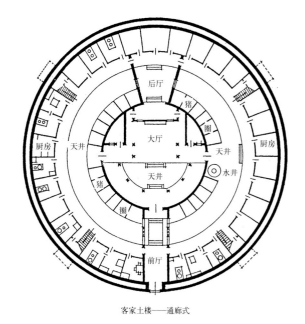
客家土楼——通廊式

图6-1-1 闽南土楼与客家土楼平面比较

方楼的平面呈方形、长方形，一般高四至五层，多为悬山顶或歇山顶。内通廊式方楼四角各有一部楼梯，内院空敞的居多，祖堂设在中轴线尽端的底层。比较讲究的方楼还在祖堂前设客厅及回廊，即内院中套着一个四合院。较为典型的如南靖县梅林镇璞山村的和贵楼、永定县湖坑镇洪坑村的奎聚楼、龙岩市新罗区适中镇中心村的典常楼。单元式方楼常见的平面布局为前面方形、后面两角抹圆，也有的将四角抹圆。一般以分割成若干个的小单元围合，每户从底层到顶层各占一开间，内设上下楼梯，与相邻单元完全隔开，楼内中间有共享的庭院、祖堂等。较为典型的有平和县霞寨镇西安村的西爽楼。

规模较大的方楼，布局较为复杂。有的方楼两侧加护厝，有的大门外又围合前院，有的在方楼内院中又建一座方楼，楼中套楼，蔚为壮观。在大型方楼中，不管房间数量多少，布局如何复杂，都保持纵轴对称，以厅堂为中心布局，整个建筑群主次分明，对称严谨。如永定县高陂镇上洋村的遗经楼，总体布局形式为"楼包厝，厝包楼"。永定县抚市镇新民村的永隆昌楼占地面积23300平方米，由单元式方楼"福善楼"和府第式方楼"福盛楼"组合而成，中心主楼高六层，2010年被上海"大世界吉尼斯"评为最高的土楼。

（二）圆楼

圆形土楼以独特的造型、巨大的规模独领风骚，是福建土楼中最引人注目的类型。

经初步统计，福建全省共有圆楼1100余座，在土楼比较集中的平和县有300余座，永定县有270余座，南靖县有220余座，诏安县有150余座，漳浦县、云霄县各有60余座，华安县也有40余座。

圆楼的外观呈圆形或椭圆形，有单环圆楼与多环圆楼之分。底层外墙厚1.5米以上，向上依次收分。沿圆形外墙分隔成众多的房间，其内侧为走廊。房间呈扇形，大小相同。多为三至四层，一层、二层不开窗，两面坡瓦屋顶。南靖县书洋镇下版寮村裕昌楼的外环楼为五层，是福建土楼中层数最多的内通廊式圆楼。内通廊式圆楼的祖堂一般设在内院中心，平面方、圆不一，建造年代较晚的多数设在正对大门的环楼底层。南靖县梅林镇坎下村的怀远楼、永定县高头乡高北村的承启楼、永定县湖坑镇新南村的衍香楼是内通廊式圆楼的典型代表。单元式圆楼的祖堂一般设在正对大门的环楼底层，个别设在顶层，内庭院为共享空间。华安县仙都镇大地村的二宜楼、平和县芦溪镇蕉路村的绳武楼、平和县九峰镇黄田村的龙见楼是单元式圆楼的典型代表。

多环圆楼一般为外环高内环低，但也有例外。如漳浦县深土镇锦东村的锦江楼，为内通廊式圆楼，由三个同心圆的环形楼组成，从外到内一环比一环高。华安县高车乡洋竹径村的雨伞楼为单元式圆楼，外环三层，内环两层，因建在山坳中相对孤立的山包上，外环顺山势跌落而低于内环，远眺像一把撑开的雨伞。

据目前调查到的资料，最小的圆楼是南靖县南坑镇新罗村的翠林楼，为三层内通廊式，环周十二开间，外径仅13.72～14.25米。最大的圆楼当数平和县安厚镇汤厝村巷口自然村的云巷斋，为两层单元式，共108开间，直径达147米。最小型的圆楼是罕见的，特大型土楼也为数不多，大量存在的是中型土楼。如南靖县的圆楼，有80%以上是二十至四十个开间。

据黄汉民先生总结，圆楼具有以下优点：

1. 没有角房间。这就避免了方楼的四角房间光线暗、通风差、噪音干扰大的弱点。

2. 分配平等。平等、均等是圆楼居住空间的重要特性。与方楼相比，圆楼房间的朝向好坏差别不明显，有利于家族内部的分配。

3. 内院空间大。同样周长围合而成的圆形面积是方形面积的1.273倍，如果用相同数量的建筑材料建造，圆楼可以得到比方楼更大的内院空间。

4. 节省木料。圆楼的房间呈扇形，由于外弧较长是土墙承重，内弧较短是木构架承重，因此比同样面积的矩形房间更省木材。同时由于圆楼消灭了角房间，对大木料的需要也相应减少。

5. 构件尺寸统一。只要确定了圆楼的间数，木匠就能很快计算出各种梁柱构件的尺寸和整座楼的用料。

6. 屋顶施工简便。圆楼的两坡顶要比方楼的九脊顶简单得多，施工也相对简便。

7. 对风的阻力较小。圆楼无角，刮山风以及台风时容易分流。

8. 抗震力强。圆楼能更均匀地传递水平的地震力，因此，与高度相同、墙厚相同的方楼相比，圆楼具有更强的抗震能力。

圆楼的缺陷是房间呈扇形，不利于布置家具。兴建大型圆楼，使得每个房间的弧线接近直线，就可弥补其不足。

（三）五凤楼

五凤楼也称府第式土楼，因平面布局似五凤展翅飞翔而得名。

五凤楼在福建大约有250座，主要集中在永定县境内，南靖、平和、诏安等县也有，但为数甚少。

五凤楼采用中轴线对称的布局方法，以正楼（即后堂）为主体建筑，前为门楼、厅堂，两侧为对称的横屋或横楼，大门前是晒谷坪及半圆形的池塘，屋面以歇山顶为主，屋顶层层跌落。这种府第式土楼，院落重叠，主次分明，反映出强烈的封建等级制度的影响。较为典型的有永定县高陂镇福岭村裕隆楼（又称大夫第）（图6-1-2）、永定县湖坑镇洪坑村的福裕楼。

五凤楼最标准的平面形式是"三堂二横"。"三堂"即中轴线上的下堂、中堂、后堂。下堂的明间为门厅，两侧带厢房；中堂明间为正厅，是家族祭祀的场所，次间作客厅、书房或账房；后堂高三至五层，是全楼最高的建筑，为家长们的住房。"两横"即左右两侧的横屋，紧挨着下堂的为单层，往后靠着主楼的依次递高，单层一般作学堂，其余是晚辈们的住处。小型的五凤楼有的只建三堂，或只有上下两堂。五凤楼的造型可以在中轴三堂的基础上发展为许多形式，如三堂二横加倒座式、三堂二横加后围垅式、三堂四横加后围垅式、四堂式、六堂二横式等多种，建筑立面也花样繁多。但不管如何变化，必有高大的建于中轴线的开敞厅堂，布局形式后高前低，层层跌落，气势雄伟。

（四）特殊形状的土楼

在平和、诏安、云霄、漳浦、永定、南靖县等地，有一些造型奇特的土楼。它们结合地形，布局自由，形式独特，有五边形、八边形、八卦形、半月形等。虽然数量不多，但由于它们的存在，使得福建土楼建筑更绚丽多姿，风采照人。

永定县高头乡高东村的顺源楼是一座五边形的内通廊式土楼。它坐落在溪边一块三角形的陡坡地段，其特点是因地制宜，巧妙利用坡地布局（图6-1-3）。南靖县河坑土楼群中的南熏楼也是一座五边形的内通廊式土楼。

永定县下洋镇中川村的富紫楼平面按"富"字布局，颇为奇特。

漳浦县旧镇秦溪村的清宴楼造型独特，在方楼

图6-1-2　永定县高陂镇福岭村裕隆楼

图6-1-3　永定县高头乡高东村顺源楼

图6-1-4　平和县大溪镇庄上大楼

图6-1-5　诏安县秀篆镇半月楼

的四角突出四个半径2.5米的半圆形角楼，平面形似风车，故又称万字楼、风车楼。

诏安县官陂镇大边村的在田楼是一座八角抹圆的单元式土楼。外环楼三层，按八卦形状布局，共六十四开间。内环楼两层，平面为前方后圆，中轴线与外环楼的中轴线相互垂直。

平和县大溪镇庄上村的庄上大楼是一座外形不规则、平面近似前方后圆的单元式土楼。它占地34650平方米，周长700多米，楼中围着一座小山丘，是目前所知占地面积最大的土楼（图6-1-4）。

半月楼主要集中在诏安县太平、官陂、秀篆诸镇。其特点是依山面水，以祖祠为中心呈马蹄形布局，规模小的有二三环，大的有四五环，环与环之间留有宽大的巷道。诏安县秀篆镇大坪村整个自然村就是一个典型的半月楼（图6-1-5）。

二、土楼的产生和发展

福建土楼是在独特的历史文化背景和特殊的自然地理环境下产生和发展起来的。

对福建土楼产生的年代，学术界有不同的认识。目前普遍的说法是"它产生于11～13世纪（宋元时期），经过14～16世纪（明代早、中期）的发展，至17～20世纪上半叶（明末、清代、民国时期）达到成熟期，并一直延续至今"（见《福建土楼》，中国大百科全书出版社）。但有些专家引经据典，对福建土楼"产生于11～13世纪（宋元时期）"提出质疑。他们认为，这仅仅是一个推断，目前尚缺可靠的实物例证与文献资料印证。"现在只能如此判定：在福建闽西、闽南，明初尚无土楼。福建土楼最早出现的年代是明嘉靖三十七年（1558年）前后。"（见《福建土楼建筑》，福建科学技术出版社）

早期的土楼为防御而造，是当时社会动荡、生活艰辛的反映。不论是中原南迁入闽的汉人与原住民的抗争、地方起义军与朝廷的对立，还是宗族之间的械斗、山区盗贼的猖獗，都使当地居民不得不重视住宅的防卫功能。特别是南宋时期，客家人不断向福建的东、南方向拓展，不可避免地与先期进入福建的闽海人发生冲突。为了拥有生存空间，适应新的生产、生活和防卫要求，他们需要一种既能适应家族共同居住要求、具有高度防御性能，又适合当地特殊地理环境、可以就地取材、便于建造、经济实用的住宅形式。由堡、寨形式演化而来的土楼正是适应这些要求的产物。这个阶段的土楼，规模较小，大多没有石砌墙基，装饰也较粗糙，建筑形式上呈正方形、长方形。

14世纪末至17世纪初，建造土楼渐趋普遍。特别是明朝中期以后，福建沿海与闽西南山区倭寇侵扰，盗匪成灾，修建防范严密的土楼成了当地居民的必然选择。明代极重视海防建设，前期以官军建城为主，嘉靖、万历年间则以民间筑堡和建造土楼为主。漳州地区兴建土楼最盛的时代是明末清初。明万历版《漳州府志》记载："漳州土堡旧时尚少，惟巡检司及人烟凑集去处设有土城。嘉靖辛酉年以来，寇贼生发，民间团筑土围、土楼日众，沿海地方尤多。"至于内陆地区，如今土楼最集中的永定、南靖、平和三县交界地带，是闽南的福佬人与客家人居住的交界地带。两个民系间的矛盾冲突是明末清初这个地区的突出现象。所以无论是闽南沿海还是闽西山区，融防御与居住为一体的土楼建筑被广泛采用，而且形式、布局、工艺得到进一步完善。

17世纪中叶至20世纪上半叶，土楼建造进入鼎盛时期。随着社会、经济的发展和对生态环境认识的提高，居民对住宅的要求更加迫切，提出更高的要求。另一方面，由于人口增长、家族兴旺，为了维护家族的共同利益，让众多的宗亲聚族而居，土楼逐渐向多环发展。因此，清代、民国时期的土楼，建筑形式更加丰富，建筑装饰渐趋考究，功能也向多样化发展，更趋向于中国传统礼制。从19世纪晚期开始，海外文化影响在部分土楼建造中得到了一定的反映，出现了中西融合的建筑形式与装饰，如永定县湖坑镇洪坑村的振成楼、永定县湖坑镇西片村的振福楼、永定县下洋镇霞村的永康楼。

20世纪五六十年代，当地居民仍大量建造土楼。这时期的土楼建筑已淡化了防御功能而成为单纯的居住建筑，比较注重实用性，结构简练，少有华丽的装饰。

2008年7月，由永定、南靖、华安三县的"六群四楼"（永定县初溪、洪坑、高北土楼群及衍香楼、振福楼，南靖县田螺坑、河坑土楼群及和贵楼、怀远楼，华安县大地土楼群）46座土楼组成的福建土楼正式列入世界文化遗产名录。福建土楼的研究、保护进入一个新的阶段。

三、土楼的特色

（一）神奇的聚落环境

福建土楼在选址上，充分重视中国传统的风水理论，追求"天、地、人"的和谐统一。土楼的聚落空间强调负阴抱阳、藏风聚气，注重对周围环境的适应和协调，布局颇为合理。许多土楼依山势而建，依山傍水。它们或自成主体，或组成群落，与当地其他传统民居组合，构成大小不同的村落。村内溪水蜿蜒，山上植被茂密，土楼错落有致，与大自然融为一体，构成一幅幅神奇而又优美的画卷。

永定县湖坑镇洪坑村属低山丘陵地貌，溪水自北而南贯穿全村，山峰隔溪相望，两岸地势狭长。振成楼、福裕楼、奎聚楼、如升楼等土楼沿溪而建，形态多样，与青山、绿水、小桥、田园完美结合，风光旖旎（图6-1-6）。

永定县下洋镇初溪村周围群山环抱，溪水如带自东而西绕过村前。北面山势较为平缓，以集庆楼为代表的36座土楼依山就势而建。土楼群整体坐南朝北，布局合理，错落有致，其磅礴、壮观的气势令人震撼（图6-1-7）。

南靖县书洋镇石桥村三面环山，一面临水，两条溪流从村里蜿蜒穿过。顺裕楼、长源楼等20多座土楼依山傍水建造，随坡跌落，层次丰富，与四周山水交相辉映（图6-1-8）。

南靖县书洋镇塔下村坐落在"九曲十八溪"的

图6-1-6　永定县湖坑镇洪坑村

图6-1-7　永定县下洋镇初溪村

图6-1-8 南靖县书洋镇石桥村

图6-1-9 南靖县书洋镇塔下村

图6-1-10 南靖县书洋镇曲江村河坑土楼群

两岸。有十多座土楼分布在溪两岸，形态各异，大小不一，融山景水色，如诗如画（图6-1-9）。

南靖县书洋镇曲江村河坑自然村三面青山环绕，小溪潺潺自东而西穿过土楼群。20座土楼错落有致分布，像明珠一样撒在狭长的山谷间，构成人与自然和谐共存的美景（图6-1-10）。

南靖县书洋镇上坂村田螺坑自然村坐落在博平岭峡谷中，依山临涧。有一座方形土楼、一座椭圆形土楼和三座圆形土楼，分别建在高低不同的台地上，俯瞰犹如一朵绽放的梅花，堪称福建土楼组群的旷世杰作。

（二）特有的空间形式

福建土楼对外闭合，对内开敞，居住空间沿外围线性布置，建筑空间布局表现出强烈的内向性、对称性和向心性。

圆楼和方楼多由外环和内院两个部分组成。圆楼的外环一般以三至五层的围合型夯土楼房为主体建筑，内环一般有一至三圈、一至两层，客家圆楼在楼内中心位置多设单层祖堂建筑，整体呈外高内低。方楼一般由高四至五层的一重楼墙四边围合而成，内院有的设单层的祖堂，楼外正面建有单层辅助用房围合成外庭院。五凤楼一般呈前低后高之势，楼外正面围以矮墙形成外庭院，左右两侧设门房进出。

土楼的内部空间采用规整的对称布局，厅堂的排列、房间的配置、楼梯的分布、边门的开设都严格对称。每座土楼都有鲜明的中轴线，方楼和五凤楼尤为突出，大门、厅堂、主楼都置于中轴线上，横屋和附属建筑分布在左右两侧。圆楼和方楼的房间一般大小相同，环绕一个中心布局。各户都面朝内院，或朝向中心的祖堂。

圆楼和方楼的居住空间按竖向分配使用。内通廊式土楼的空间分配使用很有特色。每户占一至两个开间，一般主体建筑的第一层为厨房、餐厅，二层为粮食仓库，三层以上为卧室；祖堂及其两廊多兼作学堂，全楼只有两个或四个公共楼梯。单元式土楼的空间处理更为巧妙，既有公共的内院，又有独户使用的前院和小天井，有独用的楼梯；一般主体建筑的第一层为杂物间，二层以上为卧室，顶层是粮食仓库；有些土楼依着墙体设贯通全楼的走廊（俗称隐通廊），便于对外防御。

（三）绝妙的防卫系统

福建土楼具有严密的防卫体系，能满足人们居住安全的需求，也适应了当时社会残酷斗争的现实。

土楼的外墙高大厚实。墙基部分通常用鹅卵石或块石砌筑，高出地面1~2米，上部是夯土墙。沿海地区的土楼如锦江楼、树滋楼，其外墙底层常用花岗岩条石砌筑，上部用三合土（粗砂土加红糖水、糯米浆）夯筑，更为牢固。土楼的大门门框通常用条石砌成，门扇多用实心硬木板门，有的还做双重木门以防撞击。有的木门包上铁皮，在门框顶部设置水槽以防火攻。

土楼的外墙一、二层不设窗，三层以上才开窗，窗口内大外小呈斗状，便于瞭望射击。外墙上设内宽外窄的枪眼，有的土楼还在最高层外墙处设置瞭望台，或在土楼四角设耳楼，用以观察敌情、对外射击。

为了生活和防御的方便，有的土楼在墙脚设弯曲的传声筒，有的利用内院的排水沟作为地下逃生通道。土楼内有水井，有粮仓，有的还有米碓，家家饲养家禽家畜，备足粮食柴草。总之楼内日常生活必需的物质和设施应有尽有，能够满足长时间固守的需要。

（四）巧夺天工的建造技术

用生土夯筑而成的土楼，是闽海人和客家人辗转迁徙到闽南、闽西后将中原生土建筑艺术发扬光大的特殊产物。建一座土楼一般要经过选址定位、开地基、打石脚、行墙、献架、出水、内外装修七个阶段。

1. 选址定位。建造土楼前，先请风水先生选择地点和确定方位。要先确定正门的平面位置，也就是门槛的中点，再定出楼的中轴线。

2. 开地基，包括放线、挖槽。开挖基槽前要先确定土楼的规模、层数、间数、半径，画出内、外墙的位置，并划分开间，依据基础的宽度画好基槽的灰线。基槽的深度一般挖至老土（实土），深0.6米~2米不等，宽度比墙脚略为放宽。遇到软土地基，则用松木打桩，再在木筏式的墙基上砌石墙脚。

3. 打石脚，即垫墙基、砌墙脚。墙基用大块鹅卵石垒砌，缝隙用小鹅卵石填塞。墙脚用鹅卵石或块石、条石干砌，以防墙体被地下毛细水或地面渍水浸泡而坍塌。砌墙脚时，鹅卵石大面要朝下靠稳，并使砌筑面保持向内倾斜。同时鹅卵石块应大头朝内小头朝外相互卡住，这样墙脚不容易被撬开。

4. 行墙，即支模板、夯筑土墙。土楼外墙从下而上逐渐向里收拢，底部的厚度一般是顶部的150%~200%，从而保证建筑的整体稳定性。夯土墙通常不能直接使用生土，要掺上"田底泥"，反复翻锄，敲碎调匀。这样的泥土夯筑成的土墙强度高且不易开裂。一副模版筑成的一段土墙俗称"一版"，一版土墙通常分四层或五层夯筑。为了加强墙身的整体性，每层土之间夹有约一寸宽的长竹片或细杉木条作为"墙骨"，上下层每一版必须交错夯筑，方楼的外墙转角处要用较粗的杉木条或长木板交叉固定成"L"形埋入墙中。由于日晒、风吹，土墙两面干燥的速度不一样，后干的一面墙体较软，土墙会倾向后干的一侧。因此，施工时要适当将墙身略倾向向阳的一侧。

5. 献架，即竖木柱、架木梁。土楼的夯土墙作为承重墙，所以楼层木楼板的外侧支撑在土墙上，内侧由木柱支承。通常的做法是，内圈木柱之间架横梁，每一开间横梁上搁置数根龙骨，龙骨的另一端直接搁置在外墙顶上事先挖好的凹槽中，然后铺上木楼板，并用竹钉固定。

6. 出水，即封顶。建造屋顶时，先架好木结构的梁架。木构架为穿斗式，设有祖堂的建筑多为穿斗、抬梁混合式。然后架檩条，钉望板，铺屋瓦，瓦顶上压砖块以防大风掀瓦。屋面的坡度通常为4.5∶10或5∶10。土楼两坡顶的屋檐出挑较长，且内外出檐不相等，内檐短外檐长，外侧出檐甚至长达3米，以防土墙被雨水冲刷。圆楼瓦屋面的外坡越往外周长越长，内坡越往内周长越短，这就需要使用"剪瓦"的做法。铺屋面瓦垄时，大部分瓦垄仍是标准间距，只是在每开间的外坡做一个"开岔"，将一条瓦垄开岔成二至三条，内坡则将每开间的瓦垄剪掉一至二条。这样只要砍磕少数板瓦，调整一两条瓦垄，就可以适应屋顶弧形的变化，确保排水通畅而不漏雨。

7. 内外装修。内装修包括铺楼板，装门窗隔扇，安走廊栏杆，架楼梯，装饰祖堂等。外装修包括开窗洞，粉刷窗边框，安木窗、大门，装饰入口，制楼匾、门联，砌台基、石阶，铺设内院地坪等。

（五）深邃的文化内涵

土楼的占地面积多在1000平方米以上，几家甚至几十家数百人聚族而居。一座土楼就是一个大家庭，一座土楼就是一个小社会。其同居异财的生活模式、均等的聚居形式独具特色，反映了强烈的宗族观念，体现了家族平等和谐的秩序。

土楼以内院或厅堂为中心布局，楼内的祖堂处于核心地位。祖堂在土楼中所处的位置不尽相同，但必定是空间最宽敞、装饰档次最高的，体现出儒家文化传统敬祖睦宗、尊礼重儒的伦理观念。

几乎每一座土楼都有楼名，大门上设楼门匾，有的还以楼名作藏头嵌字对联，镌刻在大门口。楼内的祖堂、书斋、客厅、卧室、灶间等处多有意味深长、对仗工整的楹联，其内容体现的是耕读为本、忠孝仁义的中国传统思想文化。众多的匾额、楹联，是主人审美观、价值观、人文思想的反映，也是家训文化的一种独特表现形式。

当地居民的婚丧喜庆、岁时节庆、民间艺术、伦理道德、宗法观念、宗教信仰、穿着饮食等，处处展示了土楼人家的淳朴民风，集中展现了家族内部团结互助、开拓进取的精神风尚。

第二节　实例

一、华安大地二宜楼

二宜楼位于华安县仙都镇大地村。清乾隆五年（1740年）由蒋士熊始建，乾隆九年（1744年）蒋士熊病逝，长子蒋登岸主持续建工程。通过蒋士熊6个儿子的共同努力，于乾隆三十五年（1770年）落成，历时31年（图6-2-1）。

"二宜楼"楼名寓有宜山宜水，宜家宜室之意。其选址是中国传统"风水"建筑规划理论的体现。该楼背倚杯石山、蜈蚣山，前瞻大龟山，远眺九龙岭，左有狮仔山逶迤跳跃，右有金面山、虎行山相携低叩，玄天阁金碧辉煌，两条清澈的小溪在楼前交汇后直奔西南而去。四周青山环抱，楼后峰峦叠嶂，近处山丘绵延，楼前平坦开阔，曲水常流，真是一派"宜山宜水"的秀丽风光。楼内有两副楹联，形象地描述了该楼周围的环境："倚杯石而为屏，四峰拱峙集邃阁；对龟山以作案，二水潆洄萃高楼"、"派承三径裕后光前开大地，瑞献九龙山明水秀庆二宜"。

二宜楼为单元式圆楼，坐东南向西北，占地面积9300平方米，由四层的外环楼和单层的内环楼

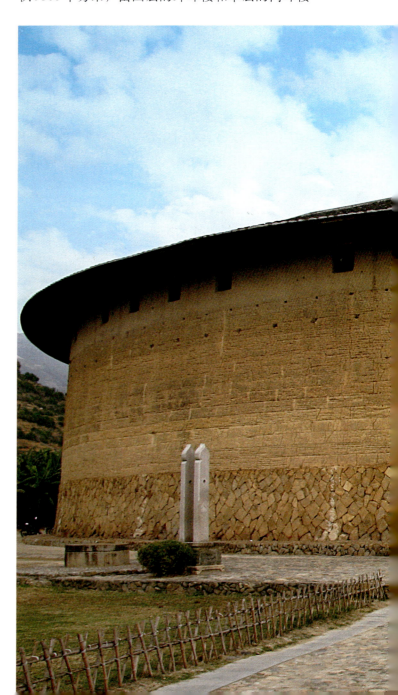

组成。外环楼直径73.4米，共有52个开间、224间房。三个楼门和祖堂占4个开间，其余48个开间分成12个单元，其中四开间单元10个，三开间单元1个，五开间单元1个。每个单元以墙隔开，各备楼梯，完全独立自成体系。内环楼为平房，高4米，分12单元，设厨房、餐厅，并筑廊与外环楼连接（图6-2-2）。

二宜楼的室外空间层次分明，室内空间布局独具一格。全楼由一个大门及两个边门出入，大门是朝西的拱形门，门额上嵌"二宜楼"石匾；北门勒"拱辰"，南门刻"挹薰"石匾。楼中心是一个面积600多平方米的大内院，可以晾晒衣服和农作物，也是人们日常交往和户外活动的公共空间。院内两侧有两口公用水井，俗称阴阳井。两口井的水温不同，冬天阴井水较凉而阳井水较温，夏天则阳井冷而阴井热，令人称奇。每个单元都从大内院设入口，单元内部设有户内私用的小天井以及独用的楼梯，这是一个较有私密性的空间。进入单元内是位于内环的入口门厅，其两侧分别是厨房、杂物间。内外环楼之间连以过廊，围合出单元内的小天井，过廊与天井之间用透空的木隔扇分隔。外环楼的底层作客厅或卧房，二层、三层均作卧房。

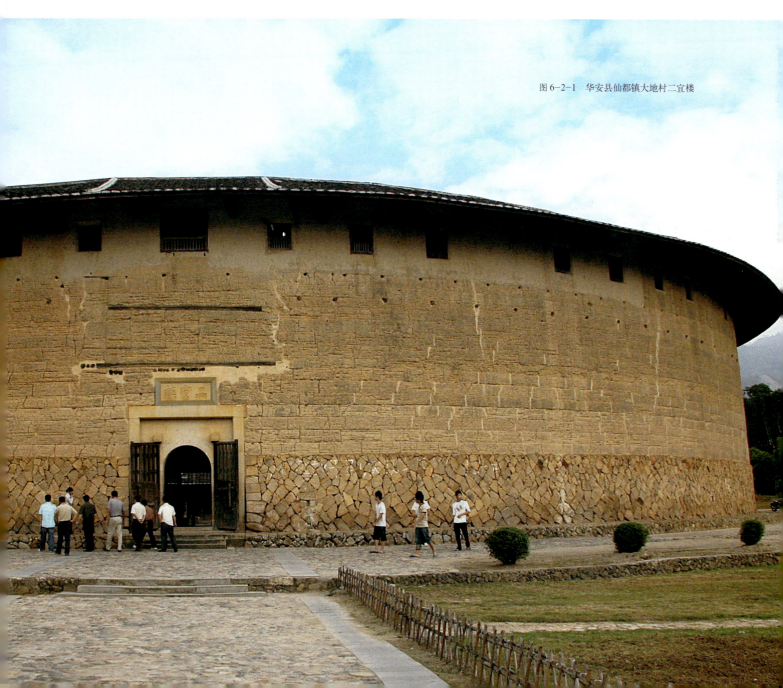

图6-2-1 华安县仙都镇大地村二宜楼

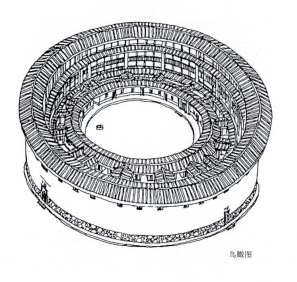
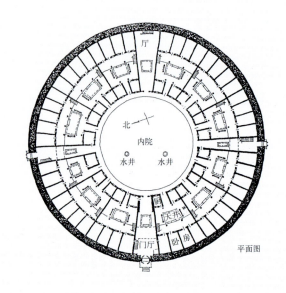

鸟瞰图 　　　　　　　　　　　　　　　　　　　　平面图

图6-2-2　二宜楼鸟瞰图、平面图（黄汉民绘）

第四层中间是大空间的祖堂，由各户单独设置，两侧为粮仓。这样的建筑格局使人们在聚族而居生活的同时保持各户的私密性，正是"宜家宜室"之意（图6-2-3）。

二宜楼的外墙高18米，墙体下部用块石砌筑，厚达2.53米，这样厚的楼墙在福建土楼中实属罕见。每一单元底层石墙上设"之"字形传声洞，供关闭楼门时与外面通话用。二层以上版筑土夯，往上逐层收分，三层墙厚1.8米，四层墙厚0.8米。外墙一至三层都不开窗，只在第四层设观察、射击窗56个，枪眼23个。三个楼门的门框均用花岗岩石砌筑，安装双重硬木大门板，内层铆上铁板，门后有双闩，门顶有泄水漏沙装置，可防火攻。楼内设地下通道至楼外溪畔，平时是下水道，当楼被围困时，人能从暗道逃出。更为巧妙的是，外环墙在第三层与第四层的交接处一分为二，外侧的0.8米筑土墙承接屋顶，内侧约1米设贯通全楼的隐通廊，以弥补单元式土楼防御时各自为阵的不足。全楼有四部公共楼梯可直达第四层的隐通廊。隐通廊与祖堂和各单元房间用木板壁隔断，设小门相通。一旦有敌情，各家丁壮可迅速进入隐通廊把守射击窗口。第四层内圈也设走廊，单元之间有门洞相通，内通廊必要时也可开门相通。隐通廊的窗洞内大外小，呈斗状，窗下的土墙较薄，便于靠近并居高临下投石或射击。

图6-2-3　二宜楼内景

隐通廊的内墙外壁上设有灯龛，用以放置夜间照明的油灯。

在结构布置与构造处理上，二宜楼也与众不同。外环楼房的外围土墙到顶，内围是承重土墙直抵三层，各个单元之间用承重土墙隔开，各单元内部一至三层房间的纵墙也是用承重的土墙分隔。这种纵横土墙的布局，使得整座土楼结构的整体性比只设外围土墙的内通廊式土楼要好得多。更为别致的是，二、三层内圈土墙上又伸出窄窄的木挑廊，形成内廊外的又一个檐廊，方便晾晒衣物，这也是福建土楼中极少见的构造处理。第三、四层间的内侧设腰檐，腰檐上部是整排的窗扇，其窗台加厚，下可供贮物，上可供晾晒。窗扇关闭时为内走廊，全部开启则变成与室外连通的敞廊。

二宜楼的建筑装饰艺术精美，繁简有度。楼内雕梁画栋，题诗作画，令人目不暇接，其内容不但记载了当时中国社会的人生百态，也反映了中西文化结合的历史。例如，10单元三层门楣上绘制一幅西方半裸女像；三楼阳台门绘有15个西洋钟，据考证内容反映了全球各地的时间差的。正对大门的祖堂处在中轴线尽端的显要位置，梁架都做雕饰彩绘。祖堂入口大门两边置一对辉绿岩石雕抱鼓石，上刻如意锁、四龙戏珠等吉祥图案。各个单元顶层供奉神主牌位的厅堂是又一个装饰的重点，梁架雕刻彩绘极为精巧华丽（图6-2-4）。底层小天井前的檐廊也是装饰重点之一，在12个单元入口的大门外又设半门，半门顶部门臼上有12种不同花样的木雕装饰。据统计，楼里共存有壁画226幅593平方米，彩绘228幅99平方米，木雕349件，壁画配对联100副，镌刻于柱上的楹联63副，其内容十分丰富，堪称民间艺术珍品。

二宜楼是福建圆楼中形式独特的一个实例。它的建筑平面与永定、南靖的内通廊式圆楼不同，其内圈没有通敞的内走廊，按类型分应归入单元式圆楼一类。但它又与平和、诏安的单元式圆楼不同，平和、诏安的圆楼每个单元只有一个开间，二宜楼则是由数个开间组成一个单元。每个单元设单独的楼梯，楼层的内圈设走廊，单元之间有门洞相通。门开启，全楼内圈走廊可以环行；门关闭，则各单元自成一体。因此二宜楼兼有单元式与通廊式的特点，单元之间既有分隔又有联系，平面布局形式十分合理、适用。

二宜楼的建筑布局独具特色，防卫系统构思独到，建筑装饰精巧华丽，是福建土楼中不可多得的珍品。1991年福建省人民政府公布为第三批省级文物保护单位，1996年国务院公布为第四批全国重点文物保护单位，2008年列入世界文化遗产名录。

二、华安岱山齐云楼

齐云楼位于华安县沙建镇岱山村，明万历十八年（1590年）建造，清同治六年（1867年）重修。据《郭姓族谱》记载，其开基始祖郭叔资于明永乐年间（1403～1424年）移居岱山，经七、八代传衍，到万历年间已是望族。清道光年间郭氏后裔郭继汲写的《岱山记》曰："吾祖文达公，始入升（平）时，择取而居之，嗣是子姓建楼于（岱）巅，榜其名曰'齐云'。世族环集于此，无复有他姓错处其间，因自成一家业。"

齐云楼为单元式圆楼，同心上两环相套，外环两层，内环单层。它高踞于小山之上，平面呈椭圆形，东西长62米，南北宽47米。外环楼墙底部厚1米多，墙体高13米，用块石垒砌至5米，其上夯土。从底层就对外开窗，每个房间均有一扇宽阔石窗，这种做法在福建土楼极为罕见（图6-2-5）。设一个大门、两个边门。石构大门朝南，门匾刻"齐云楼"三字及"大明万历十八年"等款识（图6-2-6）。土楼中间是两头尖的橄榄形内院，地上没有铺设石子，据说这是块"饱牛睡地"，石子会让牛睡得不舒服。内院中有一口深井。围绕内院共有40个开间，分成28个单元。从内环平房走进任何一个单元，首先是门厅，接着是小天井和主楼中厅，每家都有一部楼梯可上二层楼。

与其他土楼相比，齐云楼有两个特点：一是一般土楼的房间都是均等分割，大小一致，齐云楼的28个单元却大小不一，大部分一开间为一单元，少量的一单元占两三个开间。大单元是为家族里最有地位、最尊贵的人家建造的，其开间数和房间厅堂

图6-2-4 二宜楼梁架装饰

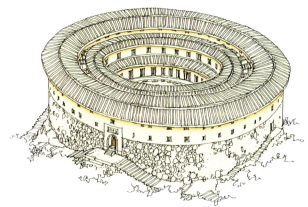

图 6-2-5　华安县沙建镇岱山村齐云楼鸟瞰图（黄汉民绘）

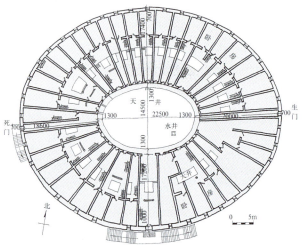

图 6-2-7　齐云楼平面图

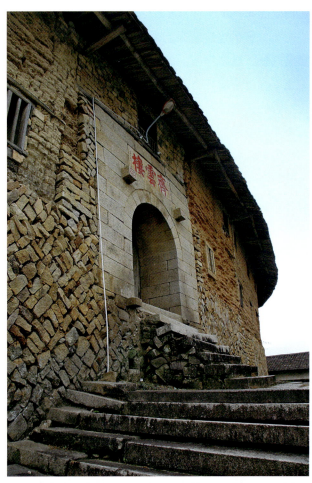

图 6-2-6　齐云楼大门

面积比小单元大出一倍多。二是在土楼的东边、西边各开一个小门，东门叫"生门"，西门称"死门"。"生门"是迎娶媳妇、接生孩子时用的，"死门"则用于楼里死人出殡。两门一生一死，一红一白，绝不可混用。这种奇特的现象，在众多土楼里是绝无仅有的（图 6-2-7）。

齐云楼在现存福建圆楼中是现知建造时间最早的，是福建土楼建筑文化和民俗文化研究的重要实物资料。2005 年福建省人民政府公布为第六批省级文物保护单位。

三、漳浦锦东锦江楼

锦江楼位于漳浦县深土镇锦东村。它是由三座同心圆的环形土楼逐渐扩建而形成的，清乾隆五十六年（1791 年）林升泽始建，嘉庆八年（1803 年）其妻李灿续建，后再建外环（图 6-2-8）。

锦江楼为内通廊式圆楼。内环楼三层，高 13 米，直径 23.7 米，共 12 个开间，正北间作为祖堂。全楼只在门厅一侧设一部楼梯上下，设一个大门出入，门楣上嵌门匾"锦江楼"、"乾隆辛亥年端月谷旦建"。内环楼所围的内院直径只有 8.9 米，用条石及块石铺地，院中有一口方形水井。楼底层为厨房，第二层为卧室，第三层作仓库。一层、二层为内通廊式，除门厅外分成 11 个小房间，内墙全部为承重的夯土墙。第三层不设隔墙，形成完全通敞的环形大空间。主楼四层，可通第三层楼顶。楼顶双坡顶，外墙高于屋顶，作女墙式。一、二层联系每个房间的内通廊不同于一般圆楼的悬挑式，通廊由 12 根檐柱直接落地支撑，而顶层两坡屋顶由穿斗木构架承托，内柱直接立在环形的内承重墙上。

中环单层，直径40.5米，共26个开间。只设一个大门，与内环的大门正对，楼门匾刻"安澜著庆"、"嘉庆癸亥年端月谷旦置"。单层的中环高约7米，入口处开间有三层高，顶层作瞭望室。屋顶是一圈坡向内院的环形单坡顶，在外侧女儿墙内设环形的屋顶跑道。各户都向内院开门，门上又设一圈环形的披檐。

外环也是单层，只是层高比中环低得多。直径58.5米，双坡顶，由37个开间围成一个开口的圆环，开口宽约20米，正对中环、内环的大门。外环的每个开间都向内开门，有部分房间同时向外开门。

锦江楼的布局形式堪称福建圆楼一绝。永定、南靖、平和等地的圆楼，无论是双环式还是三环式，都是外高内低，而锦江楼正好相反，从外到内一环比一环高。从远处望去，锦江楼内高外低、中轴对称、三环相套，犹如戒备森严、防卫严实的土堡炮楼（图6-2-9）。楼大门前铺设宽阔的砖埕，埕前还有半月形水池。这种与五凤楼相配套的禾坪和池塘设在圆楼门前，也是绝无仅有的。

坚实牢靠的防卫系统也是锦江楼的特色。该楼三环套叠形成三道坚实的防线，内环与中环的外围土墙尤其结实。内环底层为花岗岩条石墙，厚1.2米；第二层为夯土墙，厚0.9米；第三层也是夯土墙，厚0.7米。底层外墙不开窗，环周留有供射击用的枪眼，二层以上只开小窗，框窗及竖棂都用条石，形成窄小的窗洞，可往下射击，又便于投放引爆火器。中环外墙厚0.95米，单坡环形屋顶的外圈没有出檐，而是做1米高的夯土女儿墙，在女儿墙上部隔不远就开一个枪眼。女儿墙内是宽1.3米、周长120余米的环形屋顶跑道，地面用红地砖铺砌。在内环、中环门厅开间的屋顶上各突出一间瞭望楼（俗称燕子尾），高高屹立在土楼正面。内环、中环的外墙不是一般的用普通黄土夯筑的夯土墙，而是用三合土夯筑。这种土墙极其坚实，无须巨大的屋顶出檐遮盖，也不用石材压顶，只是做成女儿墙形式，历经200多年的风雨侵蚀仍然完好无损。内环、中环唯一的大门顶上均设有水槽，能有效地抵御火

图6-2-8 漳浦县深土镇锦东村锦江楼

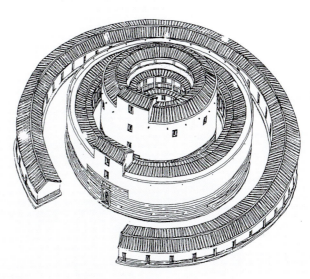

图6-2-9 锦江楼鸟瞰图（黄汉民绘）

攻。楼内有水、有粮，便于固守。一有敌情，外环的住户即进入中环守卫。出于防卫上的考虑，后建的外环较为低矮，为的是不遮挡中环屋顶射击的视线。据说该楼建成后曾遭到数十次海盗、土匪的侵扰，没有一次被攻破过，正是这一系列的防卫设施发挥了有效的作用。

锦江楼是福建圆楼中特殊形式的代表。2001年福建省人民政府公布为第五批省级文物保护单位，2006年国务院公布为第六批全国重点文物保护单位。

四、平和芦溪厥宁楼

厥宁楼位于平和县芦溪镇芦丰村，地处东溪和西溪的汇合处，始建于清康熙五十九年（1720年），为叶姓闽南人居住。

厥宁楼是由圆楼和"楼包"组成的土楼。中间是四层的单元式圆楼，圆楼外环绕一圈三层的单元式土楼，当地称之为"楼包"。楼包呈马蹄形，把圆楼包裹在内，开口延伸至溪边。圆楼大门正对溪边，距溪岸24米，形成宽敞的楼前广场。广场一侧是祖祠，另一侧设有商店、墟场等。这种带有商业设施的布局形式在其他土楼未见。厥宁楼大门的石匾上刻"丰作厥宁"四个大字，据说过去的楼联是："丰水汇双潮十二世开疆率作，厥家为一本亿万年聚族咸宁"，反映了本族十二世子孙建楼的历史和心愿。现在则是另一对联："团圆宝寨台星护，轩豁鸿门福祉临"，同样表达了团圆幸福的美好希冀（图6-2-10）。

圆楼直径77米，外圈四层，高14.5米，外墙底部厚2米。环周共56个开间，每开间为一个独立居住单元。单元呈狭长的扇形，进深23.6米。每个单元都从内院入口，进户门后依次为敞厅、前天井、前厅、小天井、后厅和卧房。前厅既是门厅又兼作厨房，后厅作为客厅和饭厅，卧房的一侧设楼梯直上二层、三层、四层卧房。这种聚族而居又彼此独立的模式，在动荡的年代里，既避免了一般土楼过度公共性的缺点，又消除了单门独户的恐惧心理，实在是两全其美的创造性设计（图6-2-11）。

圆楼的内院铺设鹅卵石。内院中有一口八角形的三眼大井。古井直径近3米，井口面上覆盖的石板由三条花岗岩质地、厚0.3米的长条石拼接而成，石板上雕凿三个直径0.42米的圆形井眼。井眼周围和石板拼缝的两侧雕刻凹槽，凹槽图案设计巧妙，既简洁美观，又利于井台面的排水，避免污水流入井内。楼内设有暗道，平时是下水道，危急时楼内居民能从暗道逃出。

圆楼之外，隔着2.4米的巷道就是环绕的楼包。楼包分隔成数段，每段都是由弧形的三层土楼与前院组成。每个开间为一个居住单元，单元进深16.7米，其布局也是前后厅及中间小天井，并有各自的小门楼与入口天井。各个单元的门前围出公共前院，院前设入口门楼，门楼两侧是杂物间、猪圈、厕所。

厥宁楼规模宏大，总体布局独具特色，现为县级文物保护单位。遗憾的是民国至今几经洪灾、火患，土楼损毁严重，现在圆楼内只有九个开间保持原貌，楼包也只有七个单元保持完整，实在令人痛惜。

五、平和西安西爽楼

西爽楼位于平和县霞寨镇西安村，清康熙十八年（1679年）由黄海澄建造（图6-2-12）。

西爽楼为单元式方形土楼。它的规模宏大，宽86米，长94米，平面呈四角抹圆的长方形。方楼周边是三层高的土楼，由65个独门独户的小单元围合，每户占一开间，从底层到顶层与相邻单元完全隔开，彼此之间没有走廊连通。方楼内院中整齐

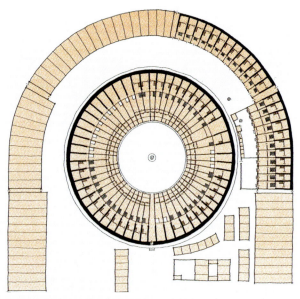

图6-2-10 平和县芦溪镇芦丰村厥宁楼平面图

图6-2-11 厥宁楼内单元入口

图 6-2-12　平和县霞寨镇西安村西爽楼（黄汉民摄）

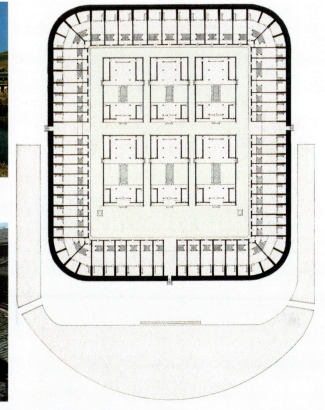

图 6-2-13　西爽楼平面图

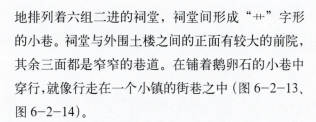

图 6-2-14　西爽楼内院

地排列着六组二进的祠堂，祠堂间形成"卄"字形的小巷。祠堂与外围土楼之间的正面有较大的前院，其余三面都是窄窄的巷道。在铺着鹅卵石的小巷中穿行，就像行走在一个小镇的街巷之中（图6-2-13、图6-2-14）。

西爽楼的外围土墙厚1.7米，土墙上只在第三层开小窗洞。全楼设一个正门和两个边门。大门前是一个宽15米、长90多米的前埕，作为晒谷坪。埕前有半月形池塘，池塘两端伸出壕沟，像护城河般围绕在方楼四周。这壕沟是建楼取土时自然形成的，可以起到防卫作用，现在已部分淤积。

西爽楼的每个单元面宽3～4米不等，进深13.9米。65个单元户门挨着户门，入口门罩整齐并列。各户有单独的入口大门，进门是单层的门厅，靠墙设灶台，经小天井旁的侧廊通大厅。开敞的大厅既作客厅又作餐厅，靠小天井采光。厅后是卧房，卧房一侧设楼梯上二层、三层。每个单元自成独立的小天地，创造了小家庭内部舒适的生活环境。这

种单元式的方楼，既有适合小家庭生活需求的私密性空间（小单元户内的居住空间），又有满足大家庭使用的半私密性、半公共性的空间（内院和祠堂），还有供公共活动的公共空间（前埕和池塘），充分满足了楼内生活各方面的需求。

巨大的西爽楼就像一个家族的小城堡，其规模、格局及聚居方式，令人赞叹不已。可惜的是，如今的西爽楼，大段的土墙坍塌，大部分房间被废弃，已面目全非。

六、永定高北承启楼

承启楼位于永定县高头乡高北村，为江姓族人住宅，始建于明崇祯年间（1628～1644年），而后依次向内续建二环、三环和四环，清康熙四十八年（1709年）落成。传说夯筑该楼外环土墙时天公作美，土墙未受雨水淋蚀，故又名"天助楼"（图6-2-15）。

承启楼为内通廊式圆楼。它坐北向南，由四圈同心环形建筑组合而成，两面坡瓦屋顶，穿斗、抬

图 6-2-15　永定县高头乡高北村承启楼

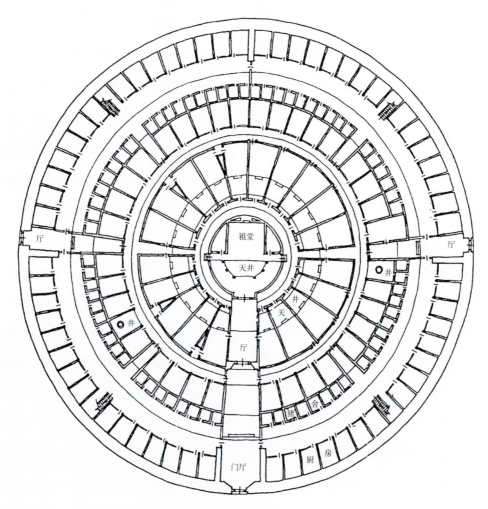

图 6-2-16　承启楼平面图

梁混合式木构架。楼中心是祖堂、回廊与半圆形天井组成的单层圆屋，圆屋外三个环形土楼环环相套，形成外高内低、逐层递减的格局。全楼占地面积5371.17平方米，共有402个房间，鼎盛时居住800余人，现仍居住300余人（图6-2-16）。

外环为主楼，直径73米，高四层，每层72个开间（含门厅、梯间），设四部楼梯。当时是分给四个兄弟居住的，因此环周用厚墙隔成四等分。外环的底层为厨房，二层为谷仓，三层、四层作卧房。外墙和门厅、梯间的墙体用生土夯筑，厨房、卧室的隔墙用土坯砖砌成。底层内通廊宽1.65米。二层以上挑梁向圆心延伸1米左右，构筑略低于栏杆的屋檐，屋檐下用杉木板按房间数分隔成一个个小储藏室；屋檐以青瓦盖面，上面可晾晒农作物。南面开大门，东、西两侧各开一个边门。正门门框用条石砌成，门楣上镌刻楼名，两边刻对联："承前祖德勤和俭，启后孙谋读与耕"。底层墙厚1.5米，顶厚0.9米，底层和二层不开窗。圆形屋顶外向出檐巨大，有效地保护了土墙免遭雨淋（图6-2-17）。

第二环高两层，每层40个开间，底层为客厅或饭厅，楼上为卧室。二环外侧的墙根用青砖搭盖一圈浴室、杂物间。

第三环单层，共32个开间，作为女子私塾的书房。

第四环为祖堂，单层，占地面积33.83平方米。后向的厅堂与正面两侧的弧形回廊围合成单层圆形屋，中为天井。祖堂是全楼的核心，歇山顶，雕梁画栋，供族人议事、婚丧喜庆等活动之用（图6-2-18）。厅堂内悬挂着清代至20世纪80年代一些名人赠送的题匾。最珍贵的是每逢重大节日祖堂摆设的巨型围屏。这件艺术珍品是十六世祖江馨轩七十一寿辰时的祝寿屏风，由12扇楠木板连接而成，高2.72米，精雕细刻，金碧辉煌。围屏正面中间雕刻一幅特大的《郭子仪拜寿图》，上下两边分别为《二十四孝图》和《四季图》，故事人物栩栩如生，呼之欲出；背面雕刻清代朝廷六部官员及楼主亲戚的祝寿词。

环与环之间以鹅卵石砌天井相隔，以石砌廊道或小道相连。在中轴线上和东、西两侧，二环、三环各有一个开间作为通道，外环的正门和两个边门

图6-2-17 承启楼内景

图6-2-18 承启楼祖堂鸟瞰

图6-2-19 南靖县梅林镇坎下村怀远楼

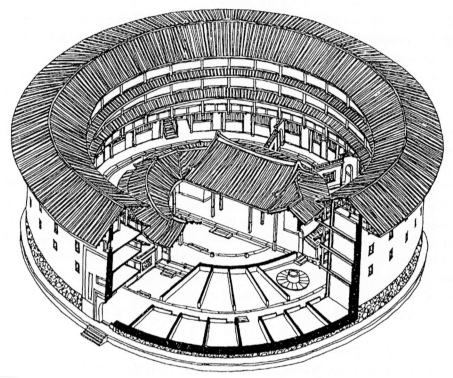

图 6-2-20 怀远楼透视图（黄汉民绘）

均可直通祖堂。二环和三环之间的东面和西南面的天井各有一口水井，俗称阴阳井。

承启楼在福建土楼中名气极大。1986 年我国邮电部发行的中国民居邮票，其中面值一元的"福建民居"邮票就是以它为样本绘制的。2001 年福建省人民政府公布为第五批省级文物保护单位，2001 年国务院公布为全国第五批重点文物保护单位，2008 年列入世界文化遗产名录。

七、南靖梅林怀远楼

怀远楼位于南靖县梅林镇坎下村，由简氏十六世简新喜建造，清光绪三十一年（1905 年）动工兴建楼基部分，而后每年建一层，至宣统元年（1909 年）建成。因为建楼的钱是简新喜的兄弟——旅居缅甸的简新盛、简新嵩从遥远的南洋寄回来的，为表示怀念和感谢，将该楼取名"怀远楼"（图 6-2-19）。

怀远楼为内通廊式圆楼，坐北向南，占地面积 1384.7 平方米，由环形土楼与中央圆形的祖堂两部分组成。外环楼四层，直径 42 米，高 13.5 米，外墙为夯土墙，楼内为木构架，土坯砖隔墙。环周 34 个开间，中轴线上的门厅及中厅开间较宽，楼梯间稍窄，四部楼梯沿圆环对称分布。每层有 29 个房间，底层作厨房、餐室，第二层为谷仓，三层、四层是卧房，各房间大小相同，不分老幼尊卑一律均等。二至四层悬挑走马廊联系各个房间，廊宽 1.2 米。三层、四层走马廊的栏杆外侧设腰檐遮雨，檐下的空间可贮物。大门朝南，大门上方的横匾书"怀远楼"三个大字，两侧以楼名作藏头嵌字联："怀以德敦以仁藉此修齐遵祖训，远而山近而水凭兹灵秀育人文"（图 6-2-20、图 6-2-21）。

内环楼为砖木结构，由后半部的正堂和前半部东、西厢房围合而成，为子孙读书、族人议事之所。祖堂正厅前面开敞，左右内回廊连前堂围成半圆形天井。祖堂入口正对土楼大门，石门框上镌刻"诗礼庭"，两边刻对联："诗书教子诏谋远，礼让传家衍庆长。"正堂上悬挂的横匾刻着苍劲有力的"斯是室"三个大字。室内雕梁画栋，雕刻惟妙惟肖，彩绘栩栩如生，连门窗也装饰得古香古色。正堂两端屋架斗栱上雕刻着书卷式饰物，镌篆书镏金对联："月过花移影，风来竹弄声"、"琴书千古意，花木

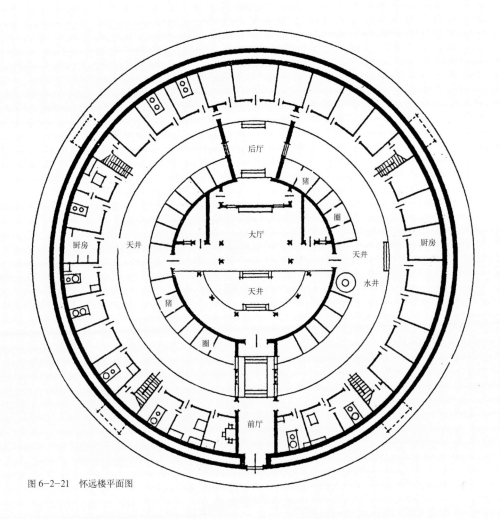

图 6-2-21 怀远楼平面图

四晓春"。厅堂两侧的厢房用作教书先生的卧室、书房，左室额书"三苟"，对联为"书为天下英雄业，善是人间富贵根"；右室额书"二南"，对联为"天下良谋读与耕，世间善事忠和孝"。浓烈的文化氛围充分表现了土楼居民崇礼重教的观念。祖堂圆形的高墙与外环楼之间形成环形的内院，沿中轴线又以矮墙分隔出前后两个小天井，布置有猪圈、水井等，形成充满生活气息的公共空间。

外环楼的底层墙厚1.2米，楼基用鹅卵石和三合土垒筑3米多高。二层以上虽然只是普通夯土墙，但是夯筑技术炉火纯青，历经百年的风雨侵袭，墙面仍然光滑无剥落。整座圆楼只有一个大门，设有牢固的门闩。门洞的横梁上埋三根竹筒直通第二层，可以从二层楼往下灌水，在木门外形成水幕以阻止火攻。在第四层楼梯口外墙的四个方向挑出瞭望台，瞭望台三面砌砖围合，留有枪眼，四个瞭望台可互为犄角对下射击。

怀远楼是一座建筑精美、保存完好的中型圆土楼。2001年福建省人民政府公布为第五批省级文物保护单位，2006年国务院公布为第六批全国重点文物保护单位，2008年列入世界文化遗产名录。

八、永定洪坑振成楼

振成楼位于永定县湖坑镇洪坑村，由洪坑林氏二十一世林鸿超兄弟等人于1912年建造，耗资8万多光洋，历时五年建成。林鸿超，字逊之，号超声，清末秀才、建筑设计师，曾任民国众议院议员、民国中央参议院议员（图6-2-22）。

振成楼为内通廊式土楼，俗称八卦楼。人们一般把振成楼当作圆楼，其实它是一座八卦形的同圆心两环土楼。该楼坐北向南，占地面积约5000平方米。外环直径57.2米，高四层，两面坡瓦屋顶，穿斗、抬梁式木构架。楼内按八卦原理布局，用青砖防火墙分隔成八个单元，楼房呈辐射状八等分，寓意八卦。每卦六间为一单元，关起门户自成院落，打开门户全楼贯通。每层有两个厅、44个房间。底层每单元各自与内环天井围合成一个院落。每个单元的青砖隔墙均有拱门，各层所设的内通廊通过拱门连通。楼中对称地布置四部楼梯。底层和二层不开窗，底层为厨房、餐厅，二层为粮仓，三层、四层为卧室。底层的内通廊以三合土铺面，二层以上用较薄的青砖铺地板，有隔音、防火作用。三层、四层外墙开窗，内通廊的木栏杆做成客家土楼中不多见的"美人靠"。楼大门朝南偏东20度，门楣镌刻楼名，两边镌刻对联："振纲立纪，成德达材"（图6-2-23）。

图6-2-22 永定县湖坑镇洪坑村振成楼

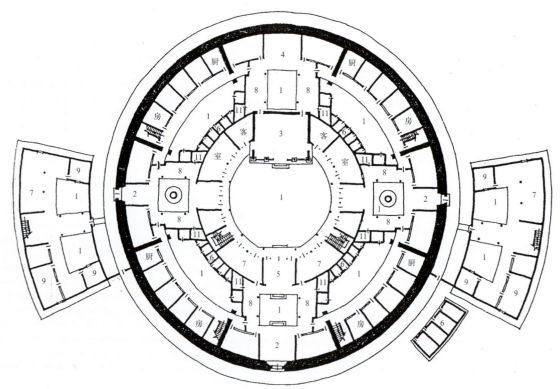

1.庭院 2.门厅 3.中厅 4.后厅 5.过厅 6.鸡舍 7.客房 8.过道 9.卧室 10.室外厕所 11.贮藏

图6-2-23 振成楼平面图

东、西两侧对称各开一个边门。正门、边门均为花岗石门框，门扇以铁板封面。

内环楼由两层的环楼与中轴线上高大的祖堂大厅围合而成，中间是用大块花岗岩石板铺地的内天井。内环楼每层两厅八间，两面坡瓦屋顶，穿斗、抬梁混合式木构架。底层不开窗，用作书房、客厅，二层为卧房，设两部楼梯。内环南面的厅堂称中堂或中厅，约占两个房间的位置。其后向与内环的通廊之间，用八块镂雕木质活页门扇相隔，既是中门，又是照壁。内环南面设正对楼大门的正门，石质门框。内环东、西两侧对称的厅堂俗称庐厅，东侧为超庐厅，西侧为醒庐厅，分别与侧门相对。石刻柱联是："振刷精神担当宇轴，成些事业垂裕后昆"、"醒世金绳觉，庐山面目真"，前者为民国初期大书法家李瑞清的笔迹。内环楼二层的回廊装饰精致的西式铸铁栏杆，花饰中心是百合，四周环绕兰花、翠竹、菊花和梅花，寓意春夏秋冬百年好合。这种铁花栏杆在客家土楼中绝无仅有，据说当时是在上海制造加工，然后用船运到厦门，再从厦门雇人工挑到永定湖坑的（图6-2-24）。

祖堂位于内环北面，平面为方形，攒尖屋顶。其中心大厅有两层楼高，屋面高于内环屋面。正面立四根西方风格的圆形花岗石柱，高至中心大厅屋檐，柱间设瓶式栏杆，这种中西合璧的做法也是客家土楼中少有的。石柱上有一副楹联也是"振"、"成"二字的藏头嵌字联："振乃家声，好就孝第一边做去；成些事业，端从勤俭二字得来"。前向敞开式，后向两边各设一个拱门与外环廊道相通。祖堂是宗族议事、婚丧喜庆、接待宾客的公共场所，还是演戏的舞台（图6-2-25、图6-2-26）。

内外环楼之间用四组走廊连接，将环楼间的庭院分隔成八个天井：圆楼大门入口门厅前的天井与两侧敞廊形成的空间，作为进入祖堂内院前的过渡；后厅前的小天井与两边的敞廊构成更有私密性的内部活动空间；圆楼两个侧门正对的是方形天井，天井东西两边各有一口水井，供日常洗刷、饮用；底层厨房前面隔出四个弧形天井，内置洗衣石台，摆设花木盆栽，形成亲切宜人的居住环境。其内院空间变化之丰富，在客家圆楼中首屈一指。

在楼外两侧各有一幢半月形的两层楼房，形如乌纱帽的两翼。一幢为学堂，一幢为条丝烟刀加工作坊。每幢六开间，均以砖砌围墙围合天井，自成院落，各开一拱门，与外环楼的边门相通。

振成楼以内部空间设计精致多变而著称，同时也是中西合璧的生土民居建筑的杰作。1985年该楼模型作为中国建筑模型之一，在美国洛杉矶国际建筑模型展览会上展出。1991年福建省人民政府公布为第三批省级文物保护单位，2001年国务院公布为全国第五批重点文物保护单位，2008年列入世界文化遗产名录。

图6-2-24 振成楼内环楼

图6-2-25 振成楼祖堂

图 6-2-26　振成楼内景

九、南靖梅林和贵楼

和贵楼位于南靖县梅林镇璞山村，由简氏十三世简次屏于清雍正十年（1732 年）开始兴建。始建为四层，1864 年土楼前半部遭太平军焚烧，后改建时又加高一层，成为如今的五层土楼（图 6-2-27）。

和贵楼为内通廊式方形土楼，坐西向东，占地面积 1547 平方米。这座高大壮观的土楼由楼和厝组成。方楼面宽 36.6 米，进深 28.6 米，高五层，前楼高 17.08 米，后楼高 17.95 米，每层 28 间，沿周边对称布置，围合成一个内院。内院中心是祖堂兼书斋，其间有一个方形小天井。方楼的底层为厨房，二层作谷仓，三层至五层为卧房，楼层内侧设回廊。住房按开间垂直分配，每户从一层至五层占一个开间。四部楼梯分布在方楼的四角。内院天井用鹅卵石铺地，两边各有一口水井，俗称"阴阳井"。两井相距不过 8 米，水质却截然相反。右边的井水清澈甘甜，可以饮用；左边的井水混浊不清，仅供洗涮之用。方楼外建有 15 间单层的护厝，围合出一个 11 米深的前院。当地有句俗语："厝包楼儿孙贤，楼包厝儿孙富"，和贵楼吻合这样的布局（图 6-2-28）。

楼外围以夯土墙承重，楼内全部为木构架。方楼四周用鹅卵石干砌 1 米多高的墙基，夯土墙底层厚 1.4 米，往上逐层收缩 0.1 米。底层不开窗，第二层开不足 0.2 米的小窗，第三层至第五层的窗洞内大外小，洞口只有五六十厘米宽。方楼只有一个大门，上部设有水槽，以防火攻。九脊顶高低错落，覆盖在厚实的土楼上。瓦屋顶坡度平缓，巨大的出檐达 3.3 米，使整座土楼显得格外雄伟壮观（图 6-2-29）。

方楼大门的门楣上刻"和贵楼"，门联"和地献奇山川人物星斗画，贵宗垂训衣冠礼乐圣贤书"。顾名思义，其楼名是教育子孙后代和睦相处、以和

图 6-2-27 南靖县梅林镇璞山村和贵楼

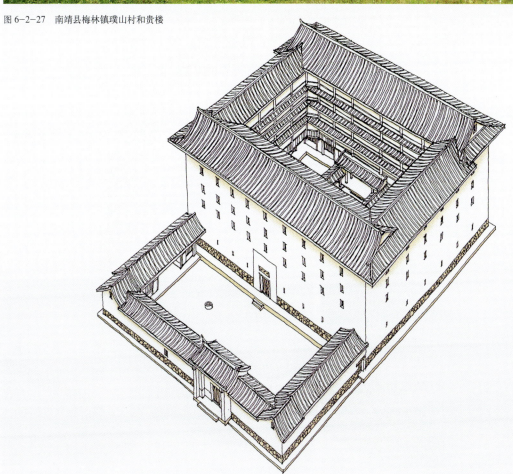

图 6-2-28 和贵楼鸟瞰图（黄汉民绘）

为贵、耕读传家。内院中建有面积159.1平方米的"三间一堂"式学堂，供族人读书。学堂内悬挂着一块"兴学敬教"的横匾，还有一块"兴学利后"的牌匾，可见和贵楼人对文化教育的重视。

最为奇特的是和贵楼建在方圆3000平方米的烂泥田上。据说当土楼建至第三层时，因地基松软，楼体严重下沉，只好拆除重建。重建时用200多根松木打桩、铺垫，形成筏形基础平台，并采取一年建一层的方式，直至五年才建成。历经200多年，这座楼仍然坚固稳定，巍然屹立，具有很高的建筑研究价值。

和贵楼是漳州最高的方形土楼，其布局、结构独具特色。2001年福建省人民政府公布为第五批省级文物保护单位，2001年国务院公布为第五批全国重点文物保护单位，2008年列入世界文化遗产名录。

十、永定高陂遗经楼

遗经楼又名华兴楼，位于永定县高陂镇上洋村，由当地陈氏十六世陈华兴建。清嘉庆八年（1803年）始建，咸丰元年（1851年）全面竣工，费时48年，经三代人努力才建成。

遗经楼坐南朝北，占地面积10336平方米，共有500多个房间。该楼的造型独特：高四层、五层的方楼包围着内院中心单层的祖堂，而方楼又被前面一层、两层的厝所包围，在楼前形成一个前院，因此有"楼包厝，厝包楼"之称。

方楼由五层的"一"字形后楼和四层的"冂"字形前楼围合而成，设一个正门、两个侧门。正门的楼匾上书"遗经楼"三个大字。整个方楼的布局是单元式与通廊式的结合。五层的后楼由三个完全隔断的标准单元组成，每个标准单元在底层都设一个大门，从内院出入。标准单元由中厅及左右共六个房间组成，厅后面设横梯，房间的隔墙都是承重的夯土墙。四层的前楼是内通廊式土楼，底层是厨房，第二层作谷仓，二层、四层是卧房，两个侧门的门厅内各设一部楼梯。前楼的通廊与后楼两侧单元的中厅有门相通（图6-2-30、图6-2-31）。

方楼的内院中心是独立的单层四合院祖堂，作为祭祀和婚丧喜庆的活动场所。祖堂的两侧与方楼底层之间有左右连廊相通（图6-2-32）。

方楼与祖堂之间的内院用漏花矮墙分隔，增加了内院空间的层次。内院中有两口公用的水井。前楼朝向内院的回廊宽约4米，比一般土楼宽得多，而且不像其他土楼那样做成敞廊。回廊的栏板封闭，栏板上部用通长的直棂窗分隔，直棂窗间有规律地装点圆形、方形的窗洞，形成既隔离又通透的半封闭暖廊。在前楼第四层窗底加设一道腰檐，既保护了回廊的木构件，又与屋顶出檐构成重檐的效果，丰富了内院的立面。后楼不设回廊，而是在严实的白灰墙面上开窗洞。每个单元中厅的窗洞较大，其余房间的窗洞很窄。后楼的封闭与前楼的开敞形成了强烈对比。

图6-2-29　和贵楼内院

图6-2-30　永定县高陂镇上洋村遗经楼

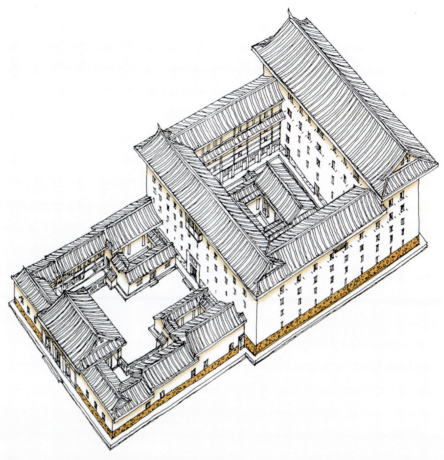

图 6-2-31 遗经楼鸟瞰图(黄汉民绘)

图 6-2-32 遗经楼祖堂梁架

图 6-2-33 永定县湖坑镇洪坑村福裕楼

方楼的大门前由两个四合院、两组两层楼房和入口门楼围合出一个"T"形的前院。四合院与方楼之间留出一条巷道,巷道的两端各设一个边门。两个四合院对称布局,作私塾学堂。与四合院相连接的两层楼房呈"L"形,楼前用漏窗花墙隔出窄院,形成相对独立的空间。穿过门楼的敞厅进入前院,雄伟壮观的方楼便完整地展现在眼前,在左右对称的单层合院的陪衬下更显得高大。

遗经楼的外围土墙全部用白灰粉刷,立面洁白、封闭、敦实。后楼高18米,底层夯土外墙厚0.8米,前楼底层夯土墙厚1.06米。一层、二层用三合土夯筑,三层以上用生土夯筑,硕大的歇山屋顶高低错落地覆盖在高大的土楼之上。正门上部的第四楼层挑出木构"楼斗",用于瞭望和加强大门前的防卫。土楼的窗户全部为花岗岩石窗框、窗楣,窗洞自上而下逐层缩小,底层外窗洞宽度不足0.2米,既有利于防卫,又形成退晕的韵律感。

遗经楼规模宏大,布局精妙,格调高雅。2009

年福建省人民政府公布为第七批省级文物保护单位。

十一、永定洪坑福裕楼

福裕楼位于永定县湖坑镇洪坑村，建于清光绪六年（1880年），系洪坑林氏二十世林德山、林仲山、林仁山三兄弟经营条丝烟刀加工作坊发财后，由林仲山牵头合建（图6-2-33）。

福裕楼为府第式土楼，坐西向东，占地面积约4000平方米。中轴线自东而西依次为门坪、内大门、门厅、前天井、中厅（祖堂）、后天井、后厅，两侧为横楼。前楼设三个门，中间为正门，两边为仪门。大门为花岗岩石门框，门楣上镌刻楼名，两边刻对联"福田心地，裕后光前"，既解释了楼名又表明了主人的追求。前楼和后楼为土木结构，夯土墙承重，土墙面用白灰粉刷。前楼高两层，底层为门厅、厢房，二层为卧室。中楼居内院中心，为砖木结构，高三层，底层为祖堂、厢房、过道等，二层、三层为观音厅、卧室等。作为祖堂的中厅高大宽敞，比

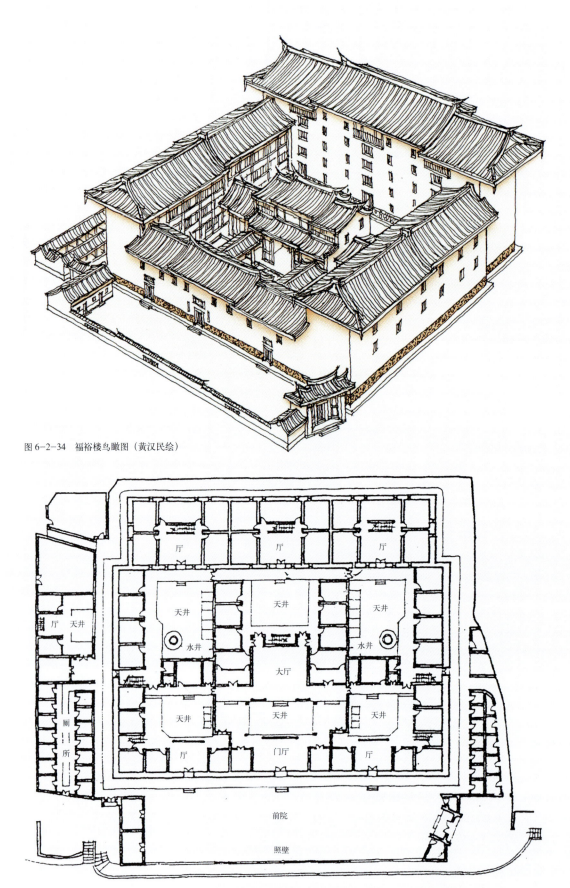

图 6-2-34 福裕楼鸟瞰图（黄汉民绘）

图 6-2-35 福裕楼平面图

同一座楼的其他房间高1米多，雕梁画栋，装饰精致华丽。中楼与两侧的内通廊及前后厢房组成"卄"字形，将内院分隔成大小六个天井。后楼高五层，底层为厨房、餐厅、客厅，二层为粮仓，三层以上为卧室。旧时楼里的族长居住在后楼，以示尊贵。后楼前庭院左右两边各有一口水井。与前后楼连接的两侧横楼高三层，砖木结构。全楼二层以上木地板均用较薄的青砖铺面，既防火又隔音；底层厅堂、天井、过廊的地面均以三合土夯铺，经久耐用。

土楼外侧各有一排平房，与横楼平行，设厕所、猪圈、杂物间、磨房、碓房。楼前是鹅卵石铺面的长方形门坪，门坪前的围墙紧邻溪流，围墙高2.3米。南侧围墙内有一座三间一厅两层的小院，作为学堂。外大门设在正面围墙东北侧，东南角另设一小门出入。外大门的屋脊作三段跌落，屋檐雕饰精美，古色古香（图6-2-34、图6-2-35）。

福裕楼是五凤楼发展到方楼的过渡类型。五凤楼的下堂相当于这座土楼的两层楼房，延长与两侧三层的横楼相连，中堂建成楼房，后堂五层的主楼扩大与两侧横楼相接，构成四周高楼围合的形式，更具防卫性。凡对开的门扇、楼梯的踏板，均以铁板封面，增强了防卫功能。前楼和中楼为悬山顶，后楼为歇山顶。前楼、中楼、后楼的屋顶均作三段跌落，由前往后层层升高，屋顶坡度比其他种类的土楼大得多，更显得宏伟壮观。

福裕楼中轴对称，屋顶错落，气势轩昂。2001年福建省人民政府公布为第五批省级文物保护单位，2001年国务院公布为全国第五批重点文物保护单位，2008年列入世界文化遗产名录。

十二、南靖书洋田螺坑土楼群

田螺坑土楼群位于南靖县书洋镇上坂村田螺坑自然村，由一座方形土楼（步云楼）、一座椭圆形土楼（文昌楼）和三座圆形土楼（和昌楼、振昌楼、瑞云楼）组成。方楼居中，四座圆楼环绕着方楼（图6-2-36）。

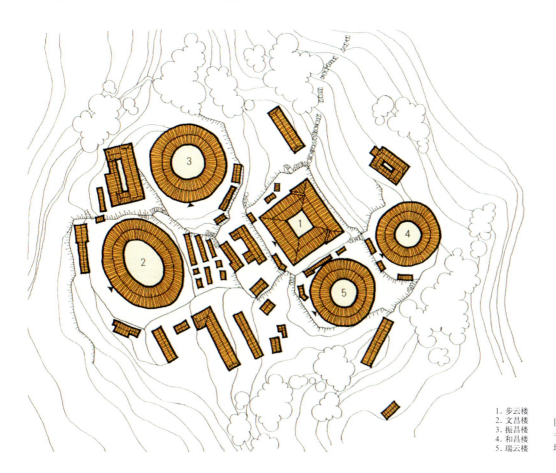

1. 步云楼
2. 文昌楼
3. 振昌楼
4. 和昌楼
5. 瑞云楼

图6-2-36 南靖县书洋镇上坂村田螺坑土楼群总平面图

田螺坑是黄姓客家人的小聚落。14世纪，黄贵希带着儿子百三郎从永定迁居此地。元末明初百三郎修建了田螺坑的第一座土楼，取名和昌楼。清康熙年间，黄氏十二世黄启麟在和昌楼的西侧兴建步云楼。20世纪30年代至60年代，黄氏族人又先后围绕步云楼修建了振昌楼、瑞云楼和文昌楼。在东西长145米、南北宽95米的山坡上，从高到低依次分布着和昌楼、步云楼、瑞云楼、振昌楼、文昌楼。五座土楼坐落在五层高低不同的台地上，依山势起伏，高低错落，形成一道独特的风景线（图6-2-37）。

五座土楼虽先后建造，但均坐东北向西南。楼高均为三层，内通廊式，第一层为厨房，第二层为谷仓，第三层为卧室。

位于土楼群中部的方楼名"步云楼"，始建于清康熙年间（1662～1722年）。面宽七间，24.6米；进深六间，24.9米。内院边长12.1米，底层前后高差0.45米，设三级台阶。楼高11.93米，每层26间。楼四角的位置设有四部楼梯。大门与祖堂均在中轴线上。承重墙以生土为主要原料，基墙厚1.15米，逐层收缩0.1米，楼顶层设有四个射击口。出檐达2.9米。

位于步云楼西侧的圆楼名"振昌楼"，建于1930年，1934年毁于战火，1940年重建。外径29.5米，内径16.1米，楼高11.53米，每层26间。大门朝向正南，但祖堂不与门厅相对，偏过三个开间后朝向正西南。据说，该楼第一次建的大门是西南向的，因风水原因，重建时改为南向。设两部楼梯，分别布置在与祖堂成直角的两侧。内院用鹅卵石铺地。基墙厚1米，外墙一层、二层不开窗。出檐达2.9米。

位于步云楼东南侧的圆楼名"瑞云楼"，建于1936年。外径28米，内径15米，楼高11.2米，每层26间。祖堂在门厅正对的中轴线上。设两部楼梯，布置在与门厅成直角的两侧。内院用鹅卵石铺地，东侧有一口水井。基墙厚1.1米，外墙一层、二层不开窗。出檐2.3米。

位于步云楼东侧的"和昌楼"原为方楼，始建于元末明初（约1354年），20世纪30年代被土匪烧毁，1953年黄氏族人在原址上重建，改为土木结构的圆楼。该楼外径28.4米，内径15米，楼高12.3米，每层22间。祖堂在门厅正对的中

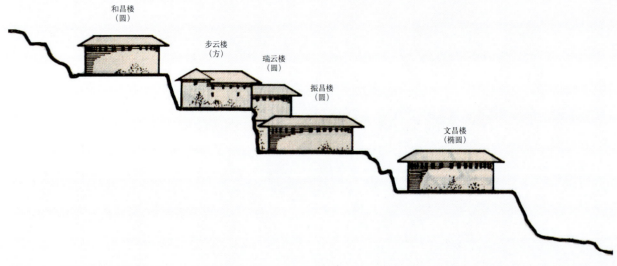

图6-2-37　田螺坑五座土楼高差关系图

图 6-2-38　田螺坑的"四菜一汤"土楼群

轴线上。设两部楼梯，在与门厅成直角的两侧。内院用鹅卵石铺地，东侧有一口水井。基墙厚 1.1 米，外墙一层、二层不开窗，楼顶层有四个射击口。出檐 2.35 米。

位于步云楼西南侧的"文昌楼"建于 1966 年，当时村中只留下一块长方形的晒谷坪，就依地形建成椭圆形土楼。该楼长径 41.5 米，短径 28.7 米；内院长径 30.5 米，短径 16.9 米。楼高 11.8 米，每层 32 间。大门与祖堂均在短轴方向，两部楼梯分设在长轴方向。内院用乱毛石铺地，院内正中偏西有一口水井。基墙厚 1.2 米，楼外墙顶层有三个瞭望台、四个射击口。出檐 2.5 米。

田螺坑土楼群结合地势建造，布局合理，高低有序，形成绝妙的组合。由坡顶向下俯瞰，四个圆环簇拥着一个方圈，如绽放的梅花；从山脚远眺，疏密得体，错落有致，又似布达拉宫。国内外许多专家考察后都这样评价：这是奇中之奇，没有看到田螺坑土楼群，不算真正看到中国福建的土楼。罗哲文先生 1999 年到田螺坑考察时，曾赋诗一首盛赞田螺坑土楼群，诗曰："田螺坑畔土楼家，雾散云开映彩霞。俯视宛如花一朵，旁看神似布达拉。或云宇外飞来碟，亦说鲁班墨斗花。似此楼形世罕有，环球建苑出奇葩"。

被戏称为"四菜一汤"的田螺坑土楼群是土楼民居中最精美的组合群体（图 6-2-38）。1996 年福建省人民政府公布为第四批省级文物保护单位，2001 年国务院公布为第五批全国重点文物保护单位，2008 年列入世界文化遗产名录。

福建古建筑

第七章 土堡

福建土堡分布图

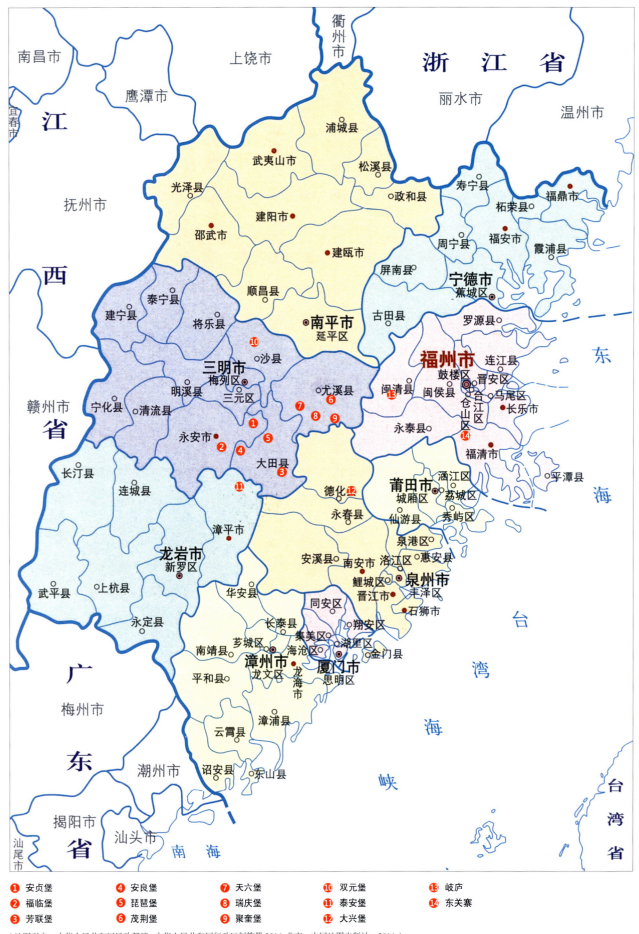

① 安贞堡　④ 安良堡　⑦ 天六堡　⑩ 双元堡　⑬ 岐庐
② 福临堡　⑤ 琵琶堡　⑧ 瑞庆堡　⑪ 泰安堡　⑭ 东关寨
③ 芳联堡　⑥ 茂荆堡　⑨ 聚奎堡　⑫ 大兴堡

（地图引自：中华人民共和国民政部编.中华人民共和国行政区划简册 2014.北京：中国地图出版社，2014.）

第一节 概述

一、福建土堡的定义

据《辞海》解释,"堡"是"土筑的小城。现泛指军事上的防御建筑。"

"土堡"在福建的一些族谱县志中,指代所有土楼和土堡。这种防御性极强的居住建筑大多集中在福建省西南部、中部的山区各县。如今,地处闽南、闽西山区的土楼已成为举世瞩目的世界文化遗产,而同样造型奇特、同属于集防御与民居于一体的土木建筑——闽中土堡正走出深山,逐渐引起国内外专家、学者的关注。

需要强调的是,本书这里所指的"闽中"是纯以地理区位来划分的一个特定区域,其范围以三明市各县为主,也包括福州市西部、泉州市西北部以及龙岩市漳平县北部的多山丘陵地区。还需要说明的是,这里所指的"土堡",特指由四周极其厚实的土石墙体环绕着院落式民居组合而成的防御性建筑。那些用墙体围合起整个城市或者整个乡镇、村庄,堡内有街有市的城堡、村堡、寨堡,如漳浦县的赵家堡、永安市的贡川堡不归入土堡范畴。

福建土堡是当地的先民们从实际防御需求出发,创造出来的乡土建筑。外围用石头垒砌基础,用生土或三合土夯筑成高大厚重的封闭式墙体;堡墙的二层或三层建有畅通无阻的防卫走廊(俗称跑马道),墙上安装内大外小的斗形窗户、平向或斜向的枪孔,门顶上设置注水孔;在土堡的四角或合适的位置,建有碉式角楼;围合的建筑多为木构,按照当地常见的传统民居风格建造,生活设施一应俱全。土堡平时可以供人居住,土匪和强盗来袭时又可保卫安全,甚至封闭数月。也有一部分土堡平时不住人,只有在遇到土匪流寇袭击的时候,村民或者族人才暂时居住其中。

福建土堡这种以防御为主、居住为辅的建筑形式,使其有别于其他防卫区与生活区合为一体的防御性建筑。福建土堡和闽西的土楼、赣南的围屋、粤东的围垅屋地缘相近,外形类似,都具有一定防御性,但在结构、布局等方面又存在差异。最主要的差异是:土堡的堡墙不作为建筑的受力体,外围的木结构体系独立存在,而土楼的外墙为承重墙,并联建木构架等主体建筑;土堡的外墙厚达2～6米,墙体内设封闭的通廊,而围屋、围垅屋的最外部是房间,外墙既是防卫围墙,也是每个房间的承重外墙,防御功能不如土堡。

综上所述,福建土堡是一种位于福建省中部山区独特的以防御为主的可居住建筑,外部为高大土石堡墙,内部为院落式民居,可供人居住,也可封闭御敌。土堡多以"堡"、"寨"命名,如安贞堡、聚奎堡、东关寨,也有少数用"堂"、"楼"等命名,如广崇堂、盛德楼。

二、土堡产生的原因

特殊的社会形态、特殊的地理环境是土堡产生最主要的因素,宗族组织则是营造土堡最重要的力量。

福建是以中原南徙的移民为主体而建构起来的社会。西晋"永嘉之乱"之后,南来的北方移民迁进至闽粤赣三角地区,并逐渐到达闽江上游的沙溪流域。大量的南来北往的移民以强劲的姿态影响着原住民的生产生活,各族群为了争夺生存空间和生产资料而发生的冲突不计其数。家族间在迁徙过程中形成了牢不可破的血缘关系、地缘关系和利益关系。为了守住家园、繁衍生息、聚族而居,加之时局动乱、盗寇流窜,土堡这种牢固的防御性可居住建筑便应运而生。

闽中处于武夷山脉、戴云山脉之间纵横交错的山地、丘陵等组成的大小山间盆地。这里竹木和矿藏资源丰富,土地肥沃,适宜农耕,百姓生活比较富庶,这自然引起匪寇的垂涎,烧杀抢掠事件频频发生。这里山谷阻隔,交通闭塞,与外地交往较为困难,往往成为盗寇窝藏之地。何况这里是多县交界之处,历史上府、州、县数次变迁,山高皇帝远,即使匪患成灾,朝廷也鞭长莫及。在这样特殊的地区,为了保护来之不易的财富和更为重要的身家性命，各家族、各村庄建寨筑堡的现象比比皆是。

大田县魁城村《镇中堡志·序》对建造该堡的社会背景和目的这样记载："盖闻古来筑城池为郡县屏翰之固，辟山寨为乡里保守之猷，御强寇保身家固地方，御外而卫内，治平之时也。观夫当今之世，偷安日少，战争日多，数年间干戈抢劫，家室靡宁，奔走不遑，民之流离失所者繁矣，家之十室九空者屡矣，又有绿林四处云集，昏夜出没无常。吾乡莲花寨，虽云险峻而僻在水尾，即或有危之际搬运不及，奚暇御寇。兹阖乡会议，于中央洋作立一堡，号镇中堡。"宁化县石壁村《清河郡张氏重修族谱》记载了建造土堡的情况："吾乡土堡先世未有，始自顺治八年（1651 年），族贤国维公讳一柱者，纠集叔伯，捐资买三房正儒之田，方广七十余丈。乃平地筑墙……南北角设两耳，俗名铳角。堡内架屋二十四楹，每楹三层，高出墙屋。"由此可见，土堡的建造，其实质就是举一家、一族甚至一村之力，模仿城池、山寨的规制，外筑堡墙，内建院落，聚众居住并防守，以达到防寇御敌、自卫保家的目的。

土堡产生的原因大体可分为主动防御、被动兴建、富裕自卫和合力自卫四类。

（一）主动防御

这是早期土堡产生的主要原因。清同治八年重刊的《宁化县志》卷一"建置"载："隋大业之季……其时土寇蜂举，黄连人巫罗俊者，年少负殊勇，就峒筑堡卫众，寇不敢犯，远近争附之。"黄连是宁化的古称，巫罗俊是黄连镇创建者。从宁化学者、巫氏后裔开展的田野调查中分析发现，在原黄连县治所在地（城关）、淮土长溪岸边建有不少此类土堡。究其原因，就是北方汉人南迁入闽，新到一地，为了休养生息，主动建造土堡，聚众而居，共同抵御匪寇，争得一块生存之地。

（二）被动兴建

这是明清时期土堡大量产生的主要原因。明清以来，社会动荡不安。从明正统十三年（1448 年）邓茂七揭竿起义，到明嘉靖年间倭患严重，再到清朝末年外患内忧，以及民国军阀混战，可谓时局动荡，匪寇横行，生灵涂炭。许多山乡出现了有路无人行、有屋无人住、有田无人耕的困境，于是闽中境内各地又纷纷建起土堡。如永安市西洋镇福庄村的会清堡建于清乾隆年间（1736～1795 年），据《邢氏族谱》记载："时当红巾肆虐，发逆逞凶，建土堡以卫族亲，联保甲以弭国乱"，是福庄邢氏为避"红巾"之乱而建造的。永安市小陶镇大陶口村的正远楼，堡内的二进殿堂式建筑始建于清咸丰四年（1854 年），咸丰九年（1859 年）被土匪烧毁，遂于同治二年（1863 年）重建并筑起堡墙。

（三）富裕自卫

这类土堡的特点是规模较大，结构精巧，房屋众多，装饰讲究。如沙县凤岗街道水美村的双吉堡、双兴堡、双元堡建于清道光年间（1821～1850 年），创建者是张顺治三兄弟。张氏家族从安溪迁徙到沙县定居，以种植和加工茶叶为生，兼收购周边农民的茶叶销往福州等地。经过几代人的辛勤劳作，渐渐积攒财富，成为方圆几里内的大户。为了安居乐业，防备土匪和盗贼的侵扰，先后兴建了三座土堡。据说当时张氏兄弟特地去省城福州托人找官办设计局设计了土堡的图纸，回来后聘请当地和老家的能工巧匠施工。

（四）合力防卫

这类土堡的特点是规模不大，注重实用，不重装饰。如大田县太华镇小华村的泰安堡为家族共有型，明末清初由村中林氏宗亲共同合资建造，清咸丰八年（1858 年）进行改造扩建，增加了角楼的高度和堡墙的厚度，并增设了书院、练武厅、议事厅。大田县太华镇魁城村的镇中堡为异姓合建，始建于清顺治七年（1650 年），由村中连、陈、范、卢、魏、林等六姓共建。

三、土堡的发展过程

关于福建土堡的渊源，目前主要有两种观点：一是认为土堡由城堡、坞堡演化而来，土堡夯土技术是两晋时期"衣冠南渡"的中原人带来的；二是认为早在 3500 年前三明的先民们就会用土来构筑建筑物中的墙体，土堡是土生土长的防御性建筑，是由山寨演变而来的。虽然两种观点相左，但土堡是封建社会动乱的产物，始出于隋唐的结论是一致的。

土堡构筑年代最早的是宁化县。如果《宁化县志》记载的巫罗俊筑堡卫众的史料确实的话，福建土堡的始出年代可追溯到隋末唐初时期。宁化最早的土堡全为方形，防卫功能与城堡无异。其规模庞大，可以容纳整个家族居住，这是客家人立足未稳，需要群居而创建的特殊居处。但当时的土堡与明清时期土堡有一定差异，只能说是土堡的初期。

唐末中原汉人第二次大迁徙，南迁汉人反客为主，主客比例高达1：4，土著不敢贸然侵犯，建土堡主要是用作匪寇侵扰时的临时逃避之所。宋元时期是土堡的发展期，土堡在闽中地区兴起，而且防御设施进一步完善。

明末清初，由于朝代更替，朝廷腐败，社会动荡，闽中地区屡受流寇骚扰。为了便于集体防御，又兴建了大量的土堡。这个时期的土堡开始呈现丰富的种类和形制，出现了前方后圆和不规则的平面形式。

随着社会治安的转好，土堡的防御性逐渐减弱，由原来的防御为主，转变为居住为主；防御对象由原来的土匪流寇，变为小偷强盗。从清末到民国，所建造的土堡与一般民居住宅的差异性变得更小，规模也更小。

四、土堡的分布

福建土堡主要分布在三明的永安市和大田、尤溪、沙县、宁化、清流、将乐、明溪、建宁、泰宁等县，以及三明市梅列区、三元区，泉州的南安市和永春、德化、安溪等县，龙岩的漳平市，福州的福清市和闽清、永泰、闽侯等县，宁德的古田县等区域。据不完全统计，历史上闽中地区大约建有土堡万余座，现在仅存500多座，其中保存较好的有150多座，土堡的原始状态和格局基本不变，保存完整的只有40多座，主要集中在三明的永安市、大田县、尤溪县和周边的三明市三元区、梅列区，龙岩的漳平市，泉州的德化县、永春县，福州的永泰县、闽清县等地（图7-1-1）。

从地理环境、土堡建造年代、建堡技术的传承等方面分析，三明是土堡这种古代防御性乡土建筑的中心。下面引用刘晓迎先生和李建军先生提供的有关资料，以三明为例来分析福建土堡的分布和数量。

根据方志、族谱、传记等有关记载和实地考察得知，三明地区的12个县（市、区）均有土堡。《沙县志》（1992年版）载："清中叶后，由于社会动荡，兵匪横行，几乎每个村庄都建有土堡。"明清时期沙县全境有村庄近600个，由此推断，清中叶后沙县境内土堡不少于500座。宁化、清流、明溪等县的情况与沙县差不多，永安、大田、尤溪三个市、县的土堡比沙县还多。在三明境内，许多村庄或乡镇都有土堡群落存在。如宁化县的延祥村，清流县的灵地村、田中村，永安市的福庄村、忠洛村，沙县的水美村，尤溪县的书京村都有3座以上的土堡；大田县的福塘村有4座土楼，魁城村有5座土堡，丰庄村有6座土堡；永安市小陶镇的大陶洋片区，有正远楼、永盛楼、允升堡、固吾围堡、永峙堡等多座土堡。宁化县的石壁、泉上、淮土、方田，清流县的长校、李家、灵地，明溪县的夏阳、瀚仙、

图7-1-1 闽中土堡在福建集中分布的地区

沙溪，永安市的西洋、洪田、小陶、青水，大田县的广平、太华、均溪，尤溪县的台溪、中仙、梅仙，都是有名的土堡群落乡镇。有些村庄干脆就用土堡命名，如土堡村、上土堡村、里土堡村等。直至20世纪80年代，梅列区还有1个乡镇2个村庄，明溪县有4个乡镇5个村庄，建宁县有4个乡镇15个村庄，清流县有5个乡镇7个村庄，宁化县有5个乡镇13个村庄，沙县有8个乡镇17个村庄都以土堡、土楼命名，足见土堡的重要地位和当时繁盛一时的景象。

三明市的大田、尤溪、永安是土堡最为集中的地方。大田土堡现存数量最多（完整、不完整以及遗址类的土堡300余座），年代最早（琵琶堡建于明洪武年间），种类最丰富。由安良堡、芳联堡、广崇堡、琵琶堡、泰安堡等土堡组成的"大田土堡群"，2013年被列为全国重点文物保护单位。尤溪土堡现存近100座，土堡建筑汲取和借鉴其他地区建筑技术与装饰艺术比较突出，含有土楼、围屋、围垅屋等元素。永安土堡现存100余座，其中槐南乡洋头村的安贞堡是福建现存规模最大、保护最完好、装饰艺术最精美的土堡，2001年被列为全国重点文物保护单位（图7-1-2）。

五、土堡的类型

（一）按功能分类，可分为防御型土堡和堡宅合一型土堡

绝大部分土堡以防御为主，其构筑理念是特别强调安全，尤其注重防御设施的布建。这类土堡以永安市安贞堡、大田县广平镇栋仁村的潭城堡（图7-1-3）、尤溪县梅仙镇汶潭村的莲花堡（图7-1-4）、宁化县城郊乡社背村的社背堡（图7-1-5）为代表。

少数土堡以居住为主、防御为辅，其构筑形式有两种，一种是在原已建好的堂屋的合适位置添建碉式角楼；另一种是在新建堂屋时把碉式角楼有机结合在一起。堡宅结合的土堡以大田县广平镇万筹村的光裕堡（图7-1-6）、大田县广平镇万宅村的绍恢堡（图7-1-7）、尤溪县台溪乡书京村的天六堡（图7-1-8）为代表。

（二）按平面分类，可分为方形、前方后圆形、圆形、不规则形的土堡

方形土堡（含长方形堡）数量最多，约占土堡总量的50%，以宁化县社背堡、永安市青水畲族乡过坑村的福临堡（图7-1-9）、大田县济阳乡济中村的凤阳堡（图7-1-10）、尤溪县中仙乡西华村的聚奎堡（图7-1-11）、德化县三班镇三班村的大兴堡、福清市一都镇东山村的东关寨、永泰县同安镇三捷村的青石寨为代表。前方后圆形土堡比较多，以大田县桃源镇东坂村的安良堡、沙县双元堡（图7-1-12）、尤溪县台溪乡书京村的瑞庆堡和天六堡、漳平市灵地乡易坪村的泰安堡为代表。这类土堡有的不设碉式角楼，有的含有围垅屋、围屋的建筑因素。圆形土堡（含椭圆形堡）很少，以大田县潭城堡、永安市小陶镇八一村的允升堡为代表。不规则形土堡（含"凸"字形、琵琶形堡）以将乐县白莲镇勒厚村的勒厚土堡、永安市洪田镇忠洛村的易安堡（图7-1-13）、永安市会清堡（图7-1-14）、大田县建设镇建国村的琵琶堡（图7-1-15）为代表。

（三）按选址分类，可分为高岗堡、坡地堡、田中堡

高岗堡建在离村不远的相对独立的山岗上，充分利用高岗边缘陡峭的地势，形成易守难攻的防御格局，如大田县琵琶堡、尤溪县聚奎堡、将乐县勒厚土堡。坡地堡建在离村庄较近的山坡，背靠陡峭的山梁或浅山坳，建筑高差大，屋面层叠有致，是最具有代表性的土堡，如大田县安良堡、永安市安贞堡、尤溪县台溪乡盖竹村的茂荆堡。田中堡建在水田当中或平地，利用泥烂的水田或水塘、溪流等自然条件御敌，如永安市会清堡和大田县的泰安堡（图7-1-16）、凤阳堡、潭城堡。

（四）按布局分类，可分为殿堂式、府第式、天井式土堡

福建大部分土堡的内院是合院式布局。殿堂式以方形土堡为多，其特点是堡内建筑中轴对称，主次分明，主屋高而横屋低。府第式从平面看为椭圆形，前有"门口池"，后堡呈半圆形，以永安市安贞堡、大田县均溪镇许思坑村的芳联堡（图7-1-17）为代

图 7-1-2　永安市槐南乡洋头村安贞堡

图 7-1-3　大田县广平镇栋仁村潭城堡

图 7-1-4　尤溪县梅仙镇汶潭村莲花堡

图 7-1-5　宁化县城郊乡社背村社背堡

图 7-1-6　大田县广平镇万筹村光裕堡

图 7-1-7　大田县广平镇万宅村绍恢堡

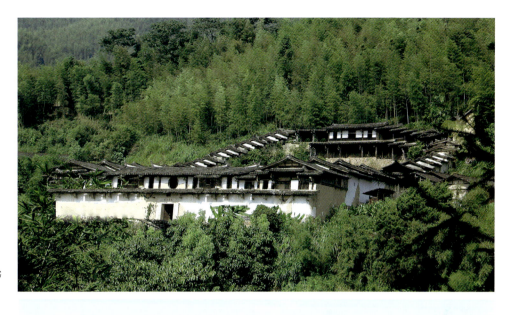

图 7-1-8 尤溪县台溪乡书京村天六堡

图 7-1-9 永安市青水畲族乡过坑村福临堡

图 7-1-10 大田县济阳乡济中村凤阳堡（录自《福建三明土堡群》）

图 7-1-11　尤溪县中仙乡西华村聚奎堡

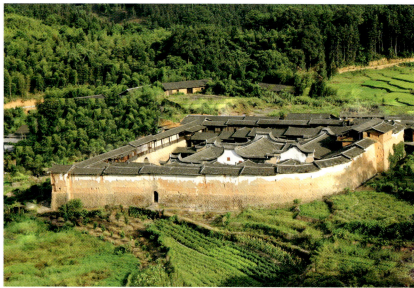

图 7-1-12　沙县凤岗街道水美村双元堡（录自《福建三明土堡群》）

图 7-1-13　永安市洪田镇忠洛村易安堡

图 7-1-14 永安市西洋镇福庄村会清堡

图 7-1-15 大田县建设镇建国村琵琶堡

图 7-1-16 大田县太华镇小华村泰安堡

土堡

图 7-1-17 大田县均溪镇许思坑村芳联堡

表。也有少数天井式土堡，其居住空间沿四周设置，内院中仅设主堂，如永安市福临堡、大田县泰安堡。

六、土堡与土楼的异同

福建土堡与福建土楼不仅外观相似，而且都可聚族而居，都有强大的防御功能。无论是土堡还是土楼，都有厚实的夯土墙，并设有枪眼和注水孔，内院设有水井，楼内设谷仓，便于长期驻守。

土堡与土楼的不同之处主要有以下五点：

一是始出年代不同。土堡在隋唐出现，土楼始于宋元。土堡的建造时间早于土楼。可以说先有土堡，后有土楼。

二是功能分布不同。土堡以防御为主，多建有碉式角楼，外圈是只起防御设施作用的跑马道，一般只做防卫，很少住人，主要生活空间在内部合院式民居建筑。土楼以居住为主，生活起居位于外圈环楼，集防御住宅于一体。土堡比土楼防御性能更强、更完善。

三是平面布局不同。土堡是外部环楼和内部合院式民居的结合，建筑平面以方形或前方后圆形居多，堡内有形状各异、大小不一的小庭院。土楼是单环楼或者多环楼组合，建筑平面多为圆形或方形，居住空间沿环周设置，各层设通廊相通，环楼当中通常有宽敞的庭院。

四是墙体材料不同。土堡的墙体底层为石块砌筑，二层以上用生土或三合土夯筑，墙体厚达2～6米，具有宽厚结实的特点。土楼的墙体用熟土或三合土夯筑，勒脚为鹅卵石，墙体厚1.5～3米，建筑出檐极大，具有牢固、不易裂、节省居住空间等特点。

五是受力体系不同。土堡的堡墙不作为建筑的受力体，主体建筑多为木结构，根根柱子落地，柱上架檩，柱与柱之间的穿枋上立瓜柱承檩，其传力体系一般为屋面青瓦——瓦下木板——木梁——木柱——基础。土楼的墙体受力承重，内部环楼是穿斗式木构架，搭在夯土墙上。正如黄汉民先生的分析："福建的土堡，外观与土楼很相似，其外围土墙类似厚重的城墙，墙上设有防卫走廊，但土墙与木结构楼房相互脱开，夯土墙只作为围护结构，不作为房子的承重结构，正所谓'墙倒屋不塌'。所以说'夯土墙承重'这一点使福建土楼区别于福建土堡。"

七、土堡的特点

（一）防御功能突出

土堡的主要功能是防御，因此有高大厚实的堡墙、宽敞的跑马道、突出的碉式角楼、斗式条窗、竹制枪孔、石砌堡门、双重木门、防火攻设施（木门外包铁皮，门上方设储水槽及注水孔），有的还设有犬洞和鸽楼等报警求救的设施。例如，大田县泰安堡的堡墙由毛石与夯土墙构成，墙基厚2.6米，顶墙厚2.4米，第三层依墙一周为跑马道。堡四角均设外凸出墙的碉式角楼，西北角楼清末时扩大为炮楼，东南角楼高达七层，密布斜向射击孔，可控制四周的各个角落。仅开一个堡门，门洞用花岗岩石起券成拱，外拱小，内拱大，设三道木门。第一道门的石拱顶上凿两个圆孔，有着当年用高温的流质物（如热水、热桐油等）打击匪寇遗留下的痕迹。第一道和第二道门的左门扇上均有一个圆孔，用以观测和向靠近的敌人注喷热流物。泰安堡构筑上下厚度接近的堡墙和用三道门把守的堡门，为三明土堡仅有的实例。

（二）建造因地制宜

土堡的主要材料是生土、石头和木材，闽中重峦叠嶂，森林茂盛，为构筑土堡提供了丰富的资源。工匠们根据自然环境和民众需求，充分发挥聪明才智，建造了适合当地当时生存和防守功能的土堡。这些土堡散建在崇山峻岭和山间盆地的不同位置上，建筑布局因地制宜，建筑类型灵活多样。如在选择堡址时，注重选择有利于防御的地点。或耸立山顶，依山而建，据险御敌，凭借山体之势使匪寇攻击困难；或建于开阔的田园之中，方便村民在匪寇来犯时及时躲进堡内；或贴溪河岸边而建，以水作为天然沟堑。如果无法利用地形，便在土堡周围挖壕沟，利用深沟、吊桥使匪寇无法轻易靠近堡墙。有些土堡的入口特意做成高台基、多台阶、长坡道，目的是设置人工障碍，增加匪寇的攻击难度，也增加了建筑的空间美感。

（三）结构奇特实用

福建土堡既保持院落组合、木构承重体系等中国传统建筑特征和当地传统民居建筑风格，又充分利用当地的自然资源和建筑条件，强调防御需求，其平面布局和建筑结构独具一格，实用性很强。有些土堡耸立在海拔较高的山冈上，利用悬崖峭壁作为天然屏障，依山形地势建造，多为不规则形，堡内建筑没有严格的中轴对称布局。有些土堡坐落在山坡上，堡内建筑前后水平落差大，呈现出多台基、高落差、层次分明的建筑风貌，极富韵律感。有些土堡吸收客家土楼、围屋、围垅屋的某些建筑元素，建筑布局讲究中轴对称，居住、生活设施齐全。

虽然土堡属于防御性建筑，建筑装修、装饰不如民居讲究，但也不乏精彩之处。不少土堡注重细部装饰，木雕、石雕、灰塑、彩绘等工艺精巧，形象生动，充分展示了当地工匠驾驭环境的能力和高超的技艺。例如，闽侯县鸿尾乡溪源村的溪源寨，占地面积6000多平方米，堡内建筑用材硕大，木雕精美，尤其是前厅、大厅和厢房的前檐有四根通梁，长度近15米，为福建土堡所罕见（图7-1-18）。又如，大田县凤阳堡的堡墙四边和四角彩绘变体盘肠寿纹、回纹和夔龙纹；辅门"德星门"的顶部开长方窗，窗边用灰塑加墨绘变体回纹、四季花卉装饰，窗两边彩绘对联、墨绘梅兰竹菊四君子纹样，对联两边各开一个圆窗，窗圈用红与留白画出太阳光芒。这种在堡墙上运用彩绘的装饰形式极为少见。

第二节 实例

一、永安槐南安贞堡

安贞堡又名池贯城，位于永安市槐南乡洋头村，

图7-1-18 闽侯县鸿尾乡溪源村溪源寨檐下通梁

由当地富绅池占瑞、池连贯父子出资兴建，始建于清光绪十一年（1885年），光绪二十四年（1898年）竣工，历时14年，耗金万两。

安贞堡位于山谷之中，坐西向东，背靠龙舌山，左右有二山环卫。正面面对开阔的盆地和蜿蜒的溪流，越过溪流东面又有金山作屏。右边的山延伸至土堡的前方，如一条巨蟒守护其侧翼，这是往来土堡的唯一通道。

该堡占地面积8500平方米，建筑面积6700平

方米，由外围堡墙和以厅堂为中心的院落组成。平面呈前方后圆，中轴对称布局，面宽88米，进深90米，依次为堡门、碉式角楼、前院、前厅、书院、边厢、中院、大厅、后院、后厅、墙屋、跑马道、外挂式瞭望台。堡门之外有一个占地面积1200平方米的长方形广场，广场南北两侧设护厝和入口，周边用约1.5米高的矮墙环护。矮墙前边有半月池（图7-2-1、图7-2-2）。

堡的中心是两层三进的院落式建筑。庭院两侧设通廊相连，上方是一个三开间的中心厅堂。厅堂两侧各有三排厢房，当地俗称"正官房"、"二官房"、"三官房"，各厢房之间由纵向通廊联系。楼宅外围是一圈两层护楼。护楼为木构架，与外侧的石砌夯土墙体既有联系又分开受力。护楼内侧有一圈层层抬高的通廊，面对侧天井与主楼宅对应。当中形成的侧天井又因左右三组连廊和后通廊自然分隔成尺寸不同、形状各异的七个庭院。堡内共有木构房屋320余间，厨房12个，水井5口，楼梯5部，可供千人居住。

安贞堡坐落在山坡上，纵向高差4米。堡的中部及两侧有三条主通道，由石级层层向内引申。中心院落为单檐悬山顶。楼宅的廊檐高低错落，组合巧妙，尤其是外圈跑马道护檐，随地势的高低而富于变化。由于宅院随地势前低后高，纵向布局的两侧护楼也依次抬高。回廊中石级步步抬高，屋顶、廊檐也随之重重升起，构成精美的屋宇造型。回廊在护楼的转角处变换角度，屋顶、廊檐依然层层升高，更显得屋宇跌落有序，给本来单调的侧庭空间注入勃勃生机。这种空间艺术处理手法，虽然在客家土楼如"五凤楼"屋顶上也曾出现，却达不到如此令人惊叹的效果。其原因就是安贞堡建筑规模宏大，护廊开间多，地面落差大，屋宇轮廓的变化就更具有韵律感。

安贞堡在防卫上很有特色。四周为厚实的堡墙，高9米，底部厚4米。墙的下半段为石墙，外墙面用大块鹅卵石垒砌，中间夯土，自下而上向内倾斜

图7-2-1　永安市安贞堡（录自《福建三明土堡群》）

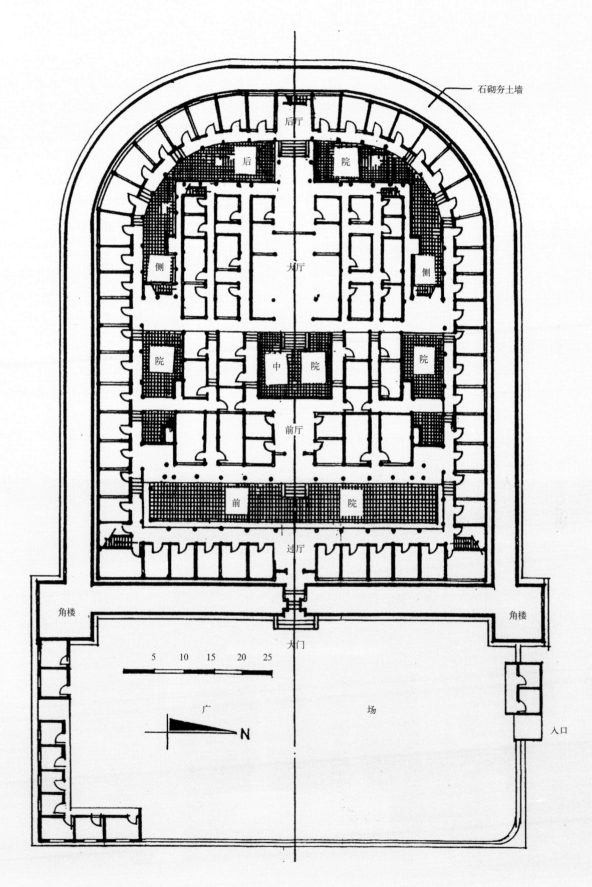

图 7-2-2 安贞堡一层平面图

收分。上半段为夯土墙，厚0.8米，共设96个瞭望窗洞、198个射击孔。二层墙体内侧有一条2米余宽的跑马道，联系着全宅的防卫系统。正面堡门两侧设突出墙外3米的碉式角楼，为悬山顶四面坡，有瞭望孔12个，射击孔24个。角楼下层暗藏无门小间，与上层只留一井洞相通，平时作储藏间，战时可关押战俘。在堡的背后屋檐下，突出悬挑一个瞭望台，在其四周和底部设瞭望孔4个、射击孔8个，用于观察、控制背后坡地。堡门宽1.8米，高2.7米，用花岗岩石起拱砌筑，安装两重硬木门板，木门厚达0.2米，铆着铁皮。石门框腰部两侧各有一个门闩洞，内藏长木门杠。门框上部二楼处设一暗室，装有"漏斗"装置，遇外敌火攻，可在铁包木门外两侧泄水漏沙，迅速将火扑灭。堡内还设有粮仓、水井、畜圈、咸菜缸，遇外敌进攻，可保障堡内人们生活无忧。

安贞堡的建筑装饰繁简有度，重点突出。装饰主要集中在中轴线的大门、厅堂、前天井的廊檐一带。大门在石砌门洞上方书"安贞堡"三个大字，两侧对联"安于未雨绸缪固，贞观休风静谧多"，旁边用如意图案装饰。二门上绘有两尊手持金花雀斧、身着甲胄的门神。跨过二门进入横向前院，整齐的柱廊上配有精美的梁架、窗扇装饰。三门上挂"紫气东来"匾额，指明了古堡的坐向。主厅堂、主庭院是全宅装饰的重点，梁枋、斗栱、垂花、雀替、漏窗、檐下、窗棂、屏风、隔扇、柱础上布满了色彩斑斓的花鸟虫鱼、人物、植物等图案。装饰手法有木雕、砖雕、石雕、泥塑、彩绘、壁画等，工艺精细，形象生动。单是窗的造型，就有正方、长方、八角、圆、椭圆、半圆、几何形体及吉祥图案多种。整个厅堂显得富丽堂皇、绚丽多彩（图7-2-3、图7-2-4）。

安贞堡是闽中最大的土堡，也是福建省保存最为完好的清代大型夯土建筑之一。1991年福建省人民政府公布为第三批省级文物保护单位，2001年国务院公布为第五批全国重点文物保护单位。

图7-2-3 安贞堡一进门厅

图 7-2-4 安贞堡内装饰

图 7-2-5 永安市福临堡（录自《福建三明土堡群》）

二、永安青水福临堡

福临堡位于永安市青水畲族乡过坑村，清嘉庆年间（1796～1820年）重建。过坑村是永安与大田交界的大山深处的一个村落，居民以林姓为主。据《林氏族谱》对福临堡建造时间的记载：卜乾隆庚申岁7月8日辰时监造，课庚申甲申丙子壬辰。福临堡的建造人为林仲昜。

福临堡坐落在村东北角的坡地上，背靠大山，左边山峰耸立，右边不远处散建数家农舍，四周是层层梯田。前山山形平缓，正中一峰兀立。堡前150米阶地低处，过坑溪由南向北流过，成为护卫该堡的天然沟堑（图7-2-5）。

该堡坐西北向东南，平面为方形，由外圈防御性围墙、中层生活性围屋和核心祭祀性主房三部分以及堡前长方形空坪组成，占地面积2500平方米，建筑面积1500平方米。堡墙基高1米，厚约3.6米，其上生土夯筑。沿堡墙周边建有房屋，左右的房屋为单层，前后为两层，第三层依堡墙一圈为跑马道。前楼屋第一层面阔九间，进深五柱，进深比二层、三层多3米。第二层面阔十一间，设中厅。第三层跑马道正中设房间，明间为厅，次、梢间为仓库，与堡墙之间仅留不足1米宽的过道。墙屋前的天井为通廊式，在堡墙的西南面开小拱门。后楼屋面阔十六间，进深五柱，明间作厅，次间、尽间作房和储存室，一层转角处为马房或厕所。二层设廊道和凭栏鹅颈椅，次间处凭栏上出屋檐1.2米，起到遮挡楼梯的效果。堡的两侧单层的房间依墙而建，大多为厨房与储藏间。为了防火，房与房之间用厚0.4米的土墙相隔。堡内天井正中建有祠堂，明间宽大，次间设二层楼，集议事、祭祀和活动大厅等多种功能。正堂为抬梁、穿斗式木构架，悬山顶，面阔五间，进深八柱。梢间两侧带檐廊通道，从檐廊经过水亭可通往厨房。前堡楼两边设三合土打制的26级台阶至三层跑马道，堡后楼的厅两侧设有上二楼的木楼梯（图7-2-6、图7-2-7）。

该堡正门的门洞用花岗岩石砌筑成拱形，门道3米多。双扇木门厚0.12米，包着铁皮，打上铆钉，门上还镂直径0.05米的观测孔，并用铁管塞入孔中。堡墙一层高7米，二层高2.5米，墙厚约0.45米。

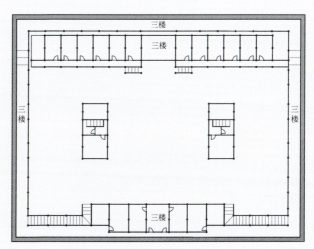

图 7-2-6 福临堡二层平面图（录自《福建三明土堡群》）

图 7-2-7 福临堡内院

一层几乎没有窗、孔,二层仅10余个孔,防御装置主要集中在三层堡墙上。三层跑马道宽约2米,内侧用木条作凭栏,地面用石块铺砌。墙上共有35个竹制枪孔、26个斗形条窗、7个小方窗。后墙上开2个天窗,以弥补后墙屋的光线不足。

该堡装饰讲究。堡门的门额上楷书"福临门",两边灰塑莲花加彩条形框,框内楷书藏头联:"福善后知天泽渥,临门还见日精华"。内门拱上用灰塑扇形成额,门轴上灰塑荷叶上立猛狮的图案。天井、厅堂为三合土地面,门厅和正堂的地面还刻画斜角方格纹、对角方格纹作为装饰。堡内中心位置为装饰精美的祖堂,大厅设神龛,用红、黑、鎏金装饰;厅上梁架用圆雕仙鹤、佛手、卧鹿、葫芦作驼峰,轩顶上用牡丹、莲花作驼峰,用香草龙作挂落,木雕精美。

福临堡建筑雄伟,装饰精美,2013年福建省人民政府公布为第八批省级文物保护单位。

三、大田均溪芳联堡

芳联堡位于大田县均溪镇许思坑村,始建于清嘉庆十一年(1806年),道光二十六年(1846年)续建。

芳联堡由许思坑村张氏第十五世祖张应滥和张元梅父子所建。先由张应滥建造二进殿堂式大厝,计76间房。其子张元梅到省城念书后眼界开阔,再耗巨资,续建外围堡墙,5年后建成这座全县间数最多的大土堡(图7-2-8)。

芳联堡坐北向南,坐落在山谷低洼坡地庄稼地里,三面环山,一边临野,堡前方有一条山溪自东北向西南缓缓流过。该堡占地面积3350平方米,建筑面积2147平方米。平面呈前方后圆,中轴对称布局,东西宽67米,南北长50米,有堡楼和内屋,共160间房。前堡墙不设大门,而是开挖半月形的水池。整座土堡的建筑高度随地势前低后高逐级而上,犹如飞凤张翼(图7-2-9)。

图 7-2-8 大田县芳联堡西侧立面

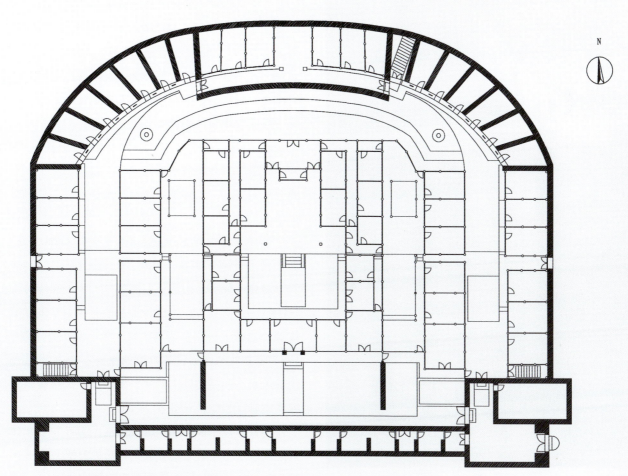

图 7-2-9 芳联堡平面图（录自《福建三明土堡群》）

该堡平面布局合理。从南到北分布着外坪、堡墙、前天井、前堂、中天井、厢房、正厅、后花台（也称花胎）、环墙廊屋、双重角楼等。堡墙廊屋共有两层，下为仓储室和杂物间，间与间之间的转角处还设暗室，专门用于储存火药等攻击武器。上层为居室，数间居室中设一厅，厅与廊道相连，可看见堡外情况。前堡墙上设一排石制漏窗，用于透风、采光以及装饰。漏窗内侧用上下关合的厚木板作窗门，平时下面的窗板可以作长条板凳使用。

内屋有上、下厅堂，左右设厢房和护厝等。中轴线的正厅面阔五间，进深七柱，穿斗式木构架。当心间内设太师壁及神龛，供奉张氏昭穆宗亲牌位。厢房及两侧护厝为居舍，天井两边和护厝的厅与阁楼等处设书院、书轩。二进中堂两侧有回廊通往护厝。后花台东、西两端各有一口水井，称为日月井，日井为圆井，月井为八角井。堡内还有粮仓、碾房、石碓和其他生活设施，以防被匪寇围困（图7-2-10）。

该堡防御能力强。堡墙高6.9米，墙基厚2.3米，用大块花岗岩石砌就，三合土勾缝。基础之上的墙体用三合土版筑而成，这是三明土堡中唯一的一例。外墙面上敷一层碎稻草拌泥，再用细三合土抹面。堡东南与西南角各有一个碉式角楼，三层的角楼错位重叠互通，结构特别，体量硕大。正门位于堡的东南角楼下，为石拱门，高2.4米，宽1.75米，门上方设有注水孔。大门木板厚0.1米，外包铁皮，并设三个竖向门闩。堡的东、西侧各开边门通行，为条石方门，均高2.1米，宽1.1米。堡墙及角楼上，共有斗式条窗60个，竹制枪孔内外封口均用三合土箍牢，斜向射击孔和平射孔密布在堡墙的各个部位，形成立体交叉防御网。堡内一层、二层的跑马道贯通各防御点和活动空间，第二层的廊道长达230米。后楼二层阁楼、护厝天井处阁楼设有三个大型的鸽鸟笼舍，一旦被围可放出信鸽，及时与外界取得联系。

该堡的装饰精美。装饰手法主要有木雕、彩绘和灰塑等，施于雀替、垂柱、驼峰、花梁、枋额、门窗隔扇、屋脊、山墙、柱础等处，主要图案有文房四宝、戏曲故事、神话传说、四时花卉、仙雀灵兽等。前廊二层凉台两侧灰壁上墨书藏头嵌字联："芳事庭垂花萼近，联辉阶接锦香余"。该堡的装饰注重风水，如前堡墙上的八卦太极窗、后堡墙窗外的拱式窗罩装饰等（图7-2-11）。

芳联堡是一座府第式土堡建筑，2009年福建省人民政府公布为第七批省级文物保护单位，2013年国务院公布为第七批全国重点文物保护单位。

图7-2-10 芳联堡后院

四、大田桃源安良堡

安良堡位于大田县桃源镇东坂村湖丘头自然村，始建于明万历四十七年（1619年），历代重修。据《熊氏家谱》记载，清嘉庆十一年（1806年）由熊坤生倡建，并逐级上报至福建巡抚衙门，批准备案后鸠工兴土起建，历时五年建成（图7-2-12）。

安良堡坐北向南，坐落在村东部的山前高坡上，北面山势高缓，东、西两面为低山丘陵，南面是低矮的水田。一条山溪自北向南复折向西，从土堡脚下流过，溪上设仅容一人通过的独木桥，加上堡前高高的石阶，构成了护卫土堡的屏障。堡的平面呈前方后圆，东西宽35米，南北长40米，占地面积近1500平方米，建筑面积1250平方米。堡楼回廊形，共两层。跑马道做成大阶梯状，道上内沿建墙上廊屋（当地称包楼或包房），绕堡一周，共48间，每间5平方米左右。廊屋一侧承重依赖堡墙，另一侧是夯土墙里向外挑出一个吊柱来承重。这种设计未在其他土堡中见到。大门右边用毛石垒砌16级台阶，可上至堡墙顶部的包房和跑马道。堡内木构建筑物由前后两座房屋组成，均为悬山顶，建筑台基前后水平落差达14米。正堂面阔三开间，进深六柱，穿斗式木构架，当心间中部设太师壁及神龛，由此后门间经台阶通后堂。一进、二进左右各有一排护厝，正堂与后堂各有通道连通护厝（图7-2-13）。

安良堡最独特之处是高台地、高落差的建筑布局。该堡依山而建，四周堡墙厚实而高大。前堡墙最高约9米，后堡墙高7米。墙体随着地势逐级升高，分16级延至后堡墙合拢，前后高差达12米。墙顶包房屋面层层叠叠、错落有致，如同排队的大雁，飞翔于翠绿的山间。堡内建筑也依山势分高台阶而建。从前院上3级台阶，再上4级，便是正厅。后厅突然抬高12阶，但还是不及后堡墙的石基高，更衬托出土堡的高大。该堡整体的建筑风格庄重朴素，除正堂花梁、雀替、驼峰等处有一些浮雕外，其余部分没有太多的装饰。然而它高落差的恢宏气势令人震撼，让人过目不忘（图7-2-14）。

安良堡是典型的防御性土堡。堡墙基础宽达5米，用大块毛石垒砌，其上的墙体用生土纵横向版筑而成，外墙敷一层厚约0.03米的草拌泥，以防止雨水对墙体的冲刷。一层堡墙高6米，厚4米；二层堡墙高约3米，厚0.8米。跑马道宽1米，贯通全堡。墙上设方向不一的竹制射击孔60余个，斗式条窗17个，方窗6个，做到了四面御敌、不留死角。堡门设在前堡墙正中，进入堡门必先经过独木桥，再从台阶拾级而上。大门为石质拱门，安

图7-2-11 芳联堡檐口装饰

图 7-2-12 大田县桃源镇东坂村安良堡

装双重门板，木质门板外包铁皮，门后有闩（图7-2-15）。门洞顶部的廊道地面处有三合土打制的长方形盆，盆内两侧镂注水孔，与大门洞上端两个螺旋形的注水孔相连，可在极短的时间内浇灭匪寇所纵之火。大门门扇两边各有一个射击兼观察孔，内以铁管贯通，并有铁片旋动遮盖。堡东侧另开一小门，用于应急。堡内水井、粮仓、石臼、风车等生活设施一应俱全。

安良堡是一座以防御为主、居住为辅的土堡建筑，2009年福建省人民政府公布为第七批省级文物保护单位，2013年国务院公布为第七批全国重点文物保护单位。

五、大田建设琵琶堡

琵琶堡位于大田县建设镇建国村澄江自然村，因平面类似琵琶而得名，始建于明洪武年间（1368～1398年），历代均有修葺。因该堡基址形如山龟，周边众多的小山包如"金蛇戏龟"，当时的风水先生和堡主又为其取名"龟头堡"。

琵琶堡为澄江村游姓始祖所建，明洪武初年在始建于元中期祖祠的基础上，改扩建为土堡。明成化年间（1465～1487年）游氏又进行过修葺，清乾隆五年（1740年）曾按旧制大修一次。该堡建成后，便成为当地游氏家族及他姓躲避祸乱的堡垒，也是族人聚居的屋舍。

琵琶堡最显著的特点是巧用地形，形状奇特。该堡耸立在澄江村后大山中一座孤凸的山冈上，东、南、北三面山势陡峭，只有一条小道可通向西面堡门，地势险要，易守难攻。澄江村游姓先祖在建堡选址时，根据地势与地形，刻意营造出琵琶的形状。前堡墙向南，宽26米，东西堡墙长40米，北堡墙仅18米。堡门口的水池为琴胡，小路为琴弦，小

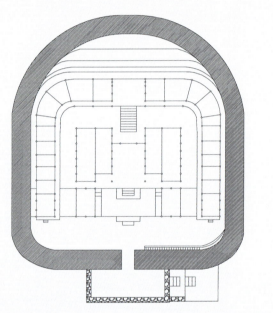

图7-2-13 安良堡平面图（录自《福建三明土堡群》）

图7-2-14 安良堡内土墙与包房

图7-2-15 安良堡入口背面

路分叉处两边各摆两块长方形石块，寓意琴把。堡西侧有一条山溪，在半山腰处跌宕而下，形成宽10余米、高20余米的瀑布，水声激越喧哗，犹如"大珠小珠落玉盘"的琵琶急奏曲。凡是见过琵琶堡的人，无不被它的奇筑巧构所折服（图7-2-16～图7-2-18）。

该堡坐西北向东南，由堡前小道、水渠、方池、排水沟、堡墙、堡门、三圣祠、主楼（祖堂）、观

图7-2-16　大田县琵琶堡

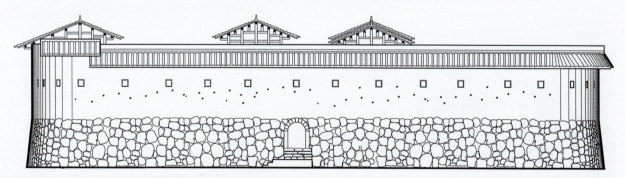

图7-2-17　琵琶堡正立面图（录自《福建三明土堡群》）

图7-2-18　琵琶堡剖面图（录自《福建三明土堡群》）

音楼、三圣庙、跑马道等组成，占地面积850平方米，建筑面积540平方米。堡墙高7米，墙基2.1米，墙厚2.5米，用大块毛石砌筑。墙基之上的墙体用生土夯筑，跑马道宽1.7米，环绕全堡。墙上安斗形条窗12个，竹制射击孔40余个，琵琶把端头安3个砖砌的大枪孔，以打击从小道来犯之敌。堡门设在西面，为花岗岩条石砌筑的拱形门，高1.9米，宽仅0.9米，显得窄小，却易于防守。木质大门上包铁片，门上设孔，门拱顶处有2个注水孔。堡内为二进两层木结构建筑。第一进又称龟头祠，系游姓宗祠，面阔五间，进深七柱，穿斗式减柱造木构架，悬山顶。二层楼内有檐廊一周，当心间设太师壁与神龛，供奉游姓列祖神位。两侧有寝室和储藏室8间。一进与二进之间的过道宽仅1米。三圣祠内供

图 7-2-19　琵琶堡内院

"三圣尊王",面阔五间,进深五柱,穿斗式木构架,悬山顶。在后堡墙处设有佛厅,与回廊合为一体,是游氏族人诵佛念经之处(图7-2-19)。

琵琶堡在闽中现存土堡中年代最早,形制最奇特,宗教色彩最浓。2009年福建省人民政府公布为第七批省级文物保护单位,2013年国务院公布为第七批全国重点文物保护单位。

六、尤溪台溪茂荆堡

茂荆堡又名盖竹堡,位于尤溪县台溪乡盖竹村,清光绪八年(1882年)始建。茂荆堂是陈姓村民的祖宅,由陈姓四兄弟合建,历时十余载方成,取厝名为"茂荆",表达兄弟昆仲同枝并茂的本意(图7-2-20)。

茂荆堡依山构建,要靠近该堡,必须经过1公里的弯曲山道。该堡利用高坡辟出三个台基,堡前水田低洼处用块石垒砌成高而长的石阶,阶上建高4.5米的门坪。堡门用条石做门框,门顶镂有3个直径0.06米的注水孔,木门板用铁皮包裹,门后有门杠(图7-2-21)。堡墙高8.5米,用大块毛石垒砌的墙体厚3米、高6米。其上的墙体用生土添加小山石夯筑,墙内每隔0.5米放入小石竹做筋,以增强堡墙的稳固性。墙上安置200多个不同方向的枪孔和几十个斗式条窗。跑马道及前廊依墙而建,跑马道为阶梯状。该堡前后高差大,层层屋脊错落有致,形成极美的韵律感。

茂荆堡占地面积2600平方米,坐东向西,平面呈前方后圆,前低后高。中轴线上建有堡门、门厅、前楼、天井、厢房、主堂、后楼、护厝、后花台等,共有房108间。门厅两侧设木拱门,可进一层的碾米房、侧天井、洗浴房、地下室、珍宝库、厕所、粮仓等,侧墙边设石阶直通跑马道。门厅为较陡的二层,石台阶边一侧设悬空的哨楼。前楼面阔七间,进深六柱,明间设隔屏,从屏边侧门可至跑马道及前廊。前楼第二层几乎都是粮仓。中天井分两层,用条石镶边,三合土铺地。厢房面阔三间,进深三柱,也分二级布建。下级厢房为单间房,上级为两间,中间为书院。厢房安双扇隔扇,檐廊柱梁上安垂莲柱。上级厢房靠主堂处的第二层设绣楼,开双扇花格槛窗,为女孩居住和读书处。主堂面阔五间,进深七柱,穿斗式木构架,悬山顶。金柱间设太师壁,壁上悬挂"茂荆堂"横匾(图7-2-22)。次间另开侧门进入,分前后房,为长辈所居。前檐两端设边门,可至过水亭、护厝和扶楼。扶楼面阔六间,进深四柱,

图 7-2-20 尤溪县台溪乡盖竹村残荆际

图7-2-21 茂荆堡大门

图7-2-22 茂荆堡主堂

设内通道，道一侧为粮仓，另一侧为厕所。护厝面阔七间，进深三柱，主要是居室和厨房。厨房门下设鸡舍，灶前或灶后置地窖。扶楼与护厝间为长条天井。后花台整理成坡状，以天然山石为景，并种植梨树、柿子、梅花等花木。后楼两层，上层设书院，面阔五间，进深三柱，书院连着跑马道；下层敞开，放置柴草等物。

该堡门厅边灰墙上行楷墨书"凤、麟"两字。前廊用土木墙作隔断，明间墙上安大型八棱窗，次间墙上安圆形槛窗（当地称凤眼），梢间、尽间相间安小方窗和圆窗，窗边、窗下设置固定的板凳。在正面堡墙上安装六个圆窗的做法很是独特，醒目而又美观。前楼檐柱上墨书楹联："茂树乘风神做主，荆花映日色成金"。主堂客厅雕梁画栋，所刻图案雕工精美，主题多为《二十四孝》或《三字经》中的典故；檐柱下有鼓墩式辉绿岩石柱础，表面浮雕东方朔偷桃、三国故事、壮士练武、农夫樵耕、凤穿牡丹、鼠食葡萄、鼠兔一家等图案；中柱上施随脊檩，檩下施灯梁，山面柱梁上安放"春、夏、秋、冬"柁墩支撑梁架，辅间补作上用木雕"福"字作装饰。

堡内房屋墙壁上还粘贴着1928年美国洛杉矶英文报纸和20世纪20～30年代的报纸、画报、宣传单、广告、招贴画、红军标语等。

茂荆堡含有土堡、围垅屋、围屋、当地民居多种建筑元素，建筑雄伟壮观，空间安排合理，装饰工艺精湛。2013年福建省人民政府公布为第八批省级文物保护单位。

七、尤溪书京天六堡

天六堡又名光裕堡，位于尤溪县台溪乡书京村，建于清道光三十年（1850年），是邱氏先祖长厚公为防匪患率孙子们所建。

天六堡依山而建，坐西向东，占地面积2600平方米，建筑面积2200平方米。平面呈前方后圆，由前通道、高台阶、堡墙、堡门、两级门厅、前楼、高陡台阶、天井、二级厢房、主堂、护厝、后花台、后楼、碉式角楼、跑马道等组成。该堡最大的特点是，依山势分四级台基构建，前后落差近15米，从大门须登35级台阶才到主厅（图7-2-23）。

该堡四周的围墙沿着山势攀坡而筑。堡墙高6米，厚2.4米，基础用大块鹅卵石垒砌，出露地表至2.5米用毛块石垒砌。石墙之上用生土夯筑，墙顶承托墙屋和跑马道屋架。在墙的底部用0.25米×0.25米×1.20米的条石做双重地漏窗，窗上用预制好的凹形厚砖做花型漏窗（图7-2-24）。堡门的门洞用条石和楔形石垒砌起券，石门额上镌刻"宽

图 7-2-23　尤溪县天六堡

图 7-2-24　尤溪县天六堡堡墙的通风口及出水口

厚流风"四个遒劲的大字和"道光三十年梅月吉旦"，为当时县令傅宗武所题（图 7-2-25）。门顶及两侧镂有带导流槽的圆形注水孔，门上镂两个注水孔，门楣的石板上有外部直径 0.06 米的射击孔。大门的门板厚 0.05 米，外用铁皮和铆钉加固，门后安五组粗门杠。堡前右侧原有三层碉式角楼，已于 20 世纪 80 年代倒塌。对角的后楼左侧建三层碉式角楼，

图 7-2-25　天六堡入口大门

用雷公柱支撑四面坡屋架和屋面，悬山顶。堡墙上有120多个方向不同的枪孔，每隔5米就有射击孔，可火力交叉御强寇。

前楼共两层，为穿斗式木构架，悬山顶。第一层面阔七间，进深八柱，明间中部设双扇隔屏和转弯侧门，次间与天井台阶相连，此处用木栏杆隔开，内部设粮仓。第二层面阔九间，进深七柱，明间为厅，次间、尽间隔成前后房，最边上的尽间设侧门。厕所建在前楼梢间转弯与护厝交接处、靠天井和漏窗最近处的地方，粪坑安在一层天井旁，厕所蹲坑与粪坑落差3米多，污浊之气能随风很快排出堡外。楼前廊畅通，长30多米，宽1.9米，廊前用厚板和土墙封隔，墙上安六组双扇窗门的槛窗，窗下用青砖和三合土做挡溅墙（当地称雨梗墙），靠墙部安置长条木凳。窗侧和窗下安不同方向的枪孔，守住堡门和进堡的路口。廊的两端设木梯至跑马道和碉式角楼内。设后檐廊，廊的明间、次间位置处设凭栏，廊柱上出二跳斗栱承托檩条和屋架。二层明间前墙中部设斗式条窗，窗下设直径0.2米的注水孔。前楼后部设13级台阶至中天井。天井分两层，两侧建两层厢房。厢房面阔五间，进深五柱，房前设檐廊，上层明间为厅，厅内辟为书斋，下层为房。上层天井设7级如意踏跺至主堂。

主堂面阔七间，进深九柱，穿斗式木构架，悬山顶。金柱上楹联："光前绳祖武,裕后衍孙谋"。明间中后部设太师壁，次间隔成前后间，二层设阁楼，梢间设子孙道。明间的柱础为鼓墩状，精雕细琢飞禽走兽、花草争春等图案。地面用米色三合土打制。次间与厢房间的雨梗墙上用红、绿、黑色彩绘郊游、农耕图。次间设双扇侧门，通过梢间和过水亭可至护厝。过水亭两侧设凳栏，是休闲的好地方。主堂与护厝间的天井依山势构建，排水系统与堡墙的地漏窗相连，大水能很快排干。护厝两层，面阔八间，进深三柱，前为餐厅，后为厨房。后花台左侧靠厨房之处有方形水井，可供全堡人饮用。后花台两侧设石阶，可至跑马道。跑马道分四级，最上一级可至后楼。后楼两层，第二层设"天六堂"和书房；第一层为干栏式结构，无隔断，用以存放柴草、粮食等物（图7-2-26、图7-2-27）。

图7-2-26　天六堡后楼与主厅堂屋面

图7-2-27 天六堡内景

天六堡建筑群落庞大，建筑布局合理，雕刻图案精美，富有民族特色，19世纪中期曾被许多富家大户仿造，据说盖竹村的茂荆堂就是模仿天六堡建造的。2013年福建省人民政府公布为第八批省级文物保护单位。

八、尤溪书京瑞庆堡

瑞庆堡又名邱家堡屋，位于尤溪县台溪乡书京村，建于清光绪六年（1880年），为邱氏先祖长厚公的长孙荣华公所建（图7-2-28）。

瑞庆堡坐落在天六堡的东南方，依坡而建，坐西南向东北，占地面积2500平方米，建筑面积2300平方米。平面呈前方后圆，由台阶、门坪、护堡濠、堡墙、堡门、下堂、天井、厢房、主堂、护厝、后花台、跑马道、碉式角楼等组成。堡门前用块石垒砌台阶（图7-2-29）和门坪。门坪两侧挖长13米、宽2米、深1.5米的护堡濠，濠内侧用大块山石垒砌出高3米、厚1.3米的堡墙，墙体之上用生土夯筑至4米。在石墙与土墙之间，用预制青砖做四个花格漏窗。堡门用条石垒砌作框，石门额上阴刻楷书填红描黑"紫气东来"、"大清光绪六年瑞庆堂春立"，两旁对联："分封上溯营丘地，选胜宏开瑞庆堂"。门框两侧用厚三合土打制，十分牢固。堡墙上密布不同方向的枪孔，不少枪孔藏于屋架的缝隙处，隐蔽性较强。屋架穿枋直接架于土墙顶部，露出一端安置垂莲柱。跑马道宽2.4米，靠外边为台阶，里边为坡道。

下堂面阔七间，进深三柱，檐柱上出二跳斗栱承托檩条和屋架。明间中后部设隔屏，进天井需经过隔屏两侧的曲折木门，梢间处设内通道至护厝。天井为两层，用凿面条石镶边，地面用三合土打制，设六组如意踏跺上下。天井两侧的厢房分两级构建，面阔四间，进深三柱，靠主堂一侧设书斋。从天井、厢房处的石阶可至主堂。

主堂面阔五间，进深九柱，穿斗式木构架，悬山顶。檐廊前柱间用透漏拐子花作护栏，柱上出三跳斗栱承托檩条和屋架。柱础为方形，表面浮雕牵牛花、竹节、蝴蝶、梅花、玉兰、雀喜梅等图案。前后枋上双重补间铺作用葫芦柁墩支撑。枋上双凤匾托上悬挂鎏金匾额"创业垂统"，为当时尤溪县县令汪学澄所题。次间设隔断和隔扇，出此门可至护厝。护厝有两排，面阔七间，进深三柱，厝与厝之间有过水亭相连。护厝主要是住房、厨房、农具房、杂物间等。后花台为三层，种植桃、柿子等果树。最顶部是书院，面阔五间，进深五柱，明间设厅，穿斗式木构架，悬山顶。书院尽间的隔墙上布满了枪孔。

瑞庆堡兼有土堡、围垅屋的建筑元素，但防御功能比围垅屋强得多。2013年福建省人民政府公布为第八批省级文物保护单位（图7-2-30、图7-2-31）。

图7-2-28 尤溪县台溪乡书京村瑞庆堡（采自《福建三明土堡群》）

图7-2-29 瑞庆堡前的高台阶

图 7-2-30 俯瞰瑞庆堡

图 7-2-31　侧看瑞庆堡

九、尤溪中仙聚奎堡

聚奎堡又名寺坂寨，位于尤溪县中仙乡西华村，是陈姓乡绅为抵御土匪及外人入侵而修筑的。清乾隆十九年（1754年）始建，道光十二年（1832年）重修，咸丰三年（1853年）筑围墙为土堡，历时27年，尚未完工又遭到土匪焚烧，现存建筑为清光绪十四年（1888年）重建。因该堡历史上出过10余位名人，大有奎士聚集之意，故名聚奎堡。

聚奎堡矗立在大山盆地边的一座相对独立的山冈上，前后左右有水田相围，一条山溪从堡前缓缓流过。该堡坐西向东，占地面积6552平方米，建筑面积约3000平方米。平面呈横向长方形，建筑依地势略有落差。四周筑堡墙，第二层设一圈跑马道，东北、东南、西南三角设碉式角楼。堡内建筑有三进，沿中轴线依次为门厅、中堂、正堂、后堂，堂与堂之间辟有天井，每进均用封火墙隔离。主体建筑面阔五间，进深七柱，穿斗式木构架，悬山顶。左右各有护厝，因受地形所限，北面有三直侧屋，南面只有两直侧屋。堡前中央及东北角各辟有一门，大门外有上、下两个露坪。坪上竖立三对木旗杆，杆柱部分用青石板旗杆夹固定（现仅存同治年间立的旗杆一根、光绪年间立的旗杆夹一对）。堡内有大小房间216间，碉式角楼3个，水井5个，石质大水柜5个，粮仓2个，藏物窖2个，射击孔60余个，斗式条窗80个，在功能上充分考虑防御和生活的需求。

该堡防御功能强。进堡时，必须通过特意设置的一条13级的长石阶，这主要是为了阻挠匪寇顺畅攻击土堡。堡墙的墙基用规整的毛石斜线错缝垒砌至3米高，石缝用三合土勾抹封牢。其上3.5米的墙体用生土夯筑，墙面用白灰面粉刷。跑马道主要踩踏面用厚木板架在土墙中，墙体上安斗式条窗、小方窗、竹制枪孔，并设放置照明灯具的灯龛。正门的门洞用花岗岩条石垒砌起券，券顶上精致的书卷石门额上阴刻楷书"聚奎堡"（图7-2-32）。门洞上方凿多个角度不同的注水孔，木门包以铁皮。土堡正面设不对称碉式角楼，为了增加建筑美感，正面屋面山花墙与堡门方向一致。东北角、西南角的碉式角楼凸出堡墙1.5米，为防御提供了良好的视线。西北的碉式角楼做成半弧状，并在第一层开一偏门，与之相连的墙体故意斜直砌筑，一是为了土堡后部的防御，二是为了风水。

沿着两层露埕往上，登上台阶进入堡门。前依楼两层，面阔十一间，进深五柱。中天井两边是厢房兼书斋。中堂面阔五间，进深七柱。梢间两边用高6.5米、厚0.8米的封火墙将主堂与护厝隔开，墙上各开三组小门，门与门之间横向连有廊道。出

图 7-2-32 尤溪县聚奎堡大门

图 7-2-33 聚奎堡后院

图 7-2-34 聚奎堡内景

中堂至中部两层天井，天井两侧设书斋。正堂面阔五间，进深七柱，设神龛祭祀列祖列宗。过较宽的排水沟至长条形的后天井，天井后部为后楼，后楼上下各12间。堂与护厝之间由过水亭互通。护厝每边各有11个房间，内设通道、天井和檐廊。据《陈氏家谱》记载，该堡出过陈经正、陈文明、陈文义、陈逢治等十余位文人，现存堂内大厅上有道光、光绪年间立的"文魁"匾两方、"璧水声光"匾两方。

该堡非常注重堡内防火设施的构筑。堡内筑二竖三横的封火墙，纵横交错，将主堂屋与护厝隔开，形成相对独立的区域。封火墙高出屋面1.2米，为"驼峰式"和"风字式"，具有福州民居特色。同时在墙与墙之间的门廊处堆放预制好的土坯，以便及时堵塞门洞，防止"火龙"乱串，殃及整座土堡。天井内还备有多个用整块青石雕凿而成的蓄水池，用以灭火（图7-2-33、图7-2-34）。

聚奎堡构筑雄伟，并具有多元建筑文化交融的特色。2001年福建省人民政府公布为第五批省级文物保护单位。

十、沙县凤岗双元堡

双元堡位于沙县凤岗街道水美村，建于清道光晚期，同治元年（1862年）竣工。

双元堡是水美土堡群之一。水美村土堡群由双吉、双兴、双元三座堡组成，系张氏兄弟合建。双吉堡又称敬德堂，建于清道光二十七年（1847年），坐北朝南，占地面积1090平方米；双兴堡又称致美堂，建于清道光二十八年（1848年），坐南朝北，占地面积约3150平方米；双元堡又称慎修堂，占地面积6500平方米，建筑面积5372平方米，在三座土堡中规模最大、保存最完好。

双元堡坐西向东，背靠高山，左右两边的群山以半包围之势围护着堡墙和堡前坪，东面是高大的远山，近处为大片的缓坡梯状水田。梯田北高南低，有一条小山溪由北向南流淌。堡的西南角约500米处为张氏宗祠。山下较远处为双兴堡，较近处为双吉堡，三座土堡呈"品"字形坐落在山边、水田中，相互守望（图7-2-35）。

图 7-2-35 沙县双元堡

双元堡依山而建，前低后高，高差达 12 米。堡墙高 7.9 米，墙基用大块的毛石垒砌，高 4.7 米，厚约 3.5 米，石缝用三合土填抹。基上用黄土夯实，墙面用白灰面粉刷，高 3.2 米，墙的二层内侧设跑马道环绕全堡。门洞用花岗岩石砌筑起券，门拱上方镂有防火攻的橄榄状注水圆孔。东面堡墙设正门，堡门异常高大，高达 3 米，宽 1.92 米，进深 3.75 米。为了防止风吹雨打造成土堡门楼处的墙体被侵蚀受损，用青砖一丁一顺砌筑门洞上的墙体。如此高大的堡门和构筑方法在其他土堡未见到。双扇木门板用铁皮包裹并用铆钉加固，门后安有横拴，可有效地抵御外来的进攻。堡门上门额为石制，题刻"奠厥攸居""同治元年立"（图 7-2-36）。南北面各设偏门，开在中堂与下堂交接处的内廊道两端。偏门略小，门洞高 2.1 米、宽 1.56 米、进深 3.28 米，有题刻石门额，南门为"磐安"，北门为"巩固"。堡的东南角、西北角和堡后建有角楼，与遍布堡墙的 58 个射击孔构成坚固的防御体系。堡前有一个约宽 20 米、深 11 米的长方形空坪，墙外围绕一条 1 米多深的壕沟。

图 7-2-36　双元堡入口大门

该堡按福州官办设计局提供的图纸建造，堡内建筑有福州民居的一些特点。堡内建筑平面布局前方后圆，中轴对称，为三进两横府第式建筑（图 7-2-37，图 7-2-38）。第一进为下堂，面阔七间，进深 5.51 米，穿斗式木构架，硬山顶。天井南北两侧设书院，书院面阔三间，进深五柱。第二进比第一进高三个台阶，正堂面阔七间，进深 12.05 米，穿斗式木构架，硬山顶。正堂明间设太师壁，前厅为正厅，悬挂"慎修堂"匾额，后部作后厅，次间、梢间前后为耳房，安复水椽。第三进又高于第二进三个台阶，后楼面阔五间，进深 7.5 米，为两层楼房，穿斗式木构架，硬山顶。中轴线的上、中、下堂次间处，用青灰长方砖砌筑高大的封火墙，墙高出屋面 0.7～1.5 米，墙帽做成风字式、驼峰式，其形式、装饰与福州地区封火墙极为相似（图 7-2-39）。封火墙外各建两排护厝，也分上、中、下三堂，外排为两层楼房。堡内厅堂居室共 99 间，并有水井，只要备足粮食，堡内居民可数月不出堡。

该堡注重装饰艺术。堡内空坪、天井采用长方青砖、长方灰砖、方砖或长石铺砌，厅堂等处地面的花样更是讲究，有红方砖对角拼砌、红方砖"工"字铺砌、小青方砖铺砌、长条灰砖"工"字拼砌等。天井地基石上的排水沟孔用石雕葫芦和钱纹装饰，一为镇邪，一为守财。天井两侧摆放大缸，用于养鱼，更是为了防火。缸后有两个高低错落的石花架，架上摆盆花。厅堂、书院的木雕、石雕、壁画精致讲究。装饰特色以主厅为代表，雕梁画栋巧夺天工，石柱础雕工精细，门扇、花窗、门楣上精雕细刻的花鸟人物栩栩如生，让人流连忘返。

双元堡布局严谨，装饰精美，保存完整。2009 年福建省人民政府公布水美土堡群为第七批省级文物保护单位。

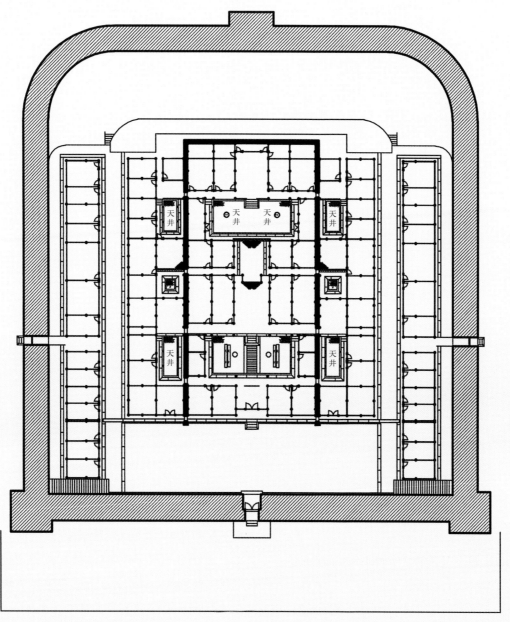

图 7-2-37 双元堡平面图（录自《福建三明土堡群》）

图 7-2-38 双元堡剖面图（录自《福建三明土堡群》）

图 7-2-39 双元堡前庭院

十一、漳平灵地泰安堡

泰安堡位于漳平市灵地乡易坪村，由易坪村许姓十二世祖许国榜建于清乾隆三十三年（1768年），乾隆四十五年（1780年）建成，历时13年。

泰安堡依山而建，轮廓分明的悬山式屋顶层层叠叠，雄伟壮观（图7-2-40）。堡占地面积约2000平方米，坐北向南，面阔、进深均为37.3米，平面呈前方后圆。堡墙高13米，墙基厚3.5米，用块石砌至3米高，其上用生土版筑。二层设宽大的跑马道（图7-2-41），两侧廊道摆放红漆柜式谷仓。堡墙上安34个哨窗和60多个射击孔。南墙中部设堡门，用砂岩条石垒砌并起券，高2.3米，厚3.5米。设三重双开木门，拱顶凿有三个角度不同的泄水孔，用来防范火攻。堡门门额灰塑，墨书"泰安堡"三个大字。门洞内门额彩绘，书有对联"处世须知怀若谷，为人当学志成城"，横批为"壮丽奇观"。大门内有左右两条台阶，可通往跑马道。该堡还有前坪及门楼，可惜已经破损（图7-2-42）。

堡内建三进楼房和左右护厝，沿中轴线对称布局，依地势逐层升高。中厅和前厅均为单层，厅堂较为高大宽敞，风格古朴大气。下堂面阔五间，进深七柱，穿斗式木构架，悬山顶。前后设檐廊，檐廊两端的厢房作书斋。上堂为祖堂，面阔五间，进深七柱。明间宽大深长，为抬梁、穿斗式木构架，

并带垂莲柱，显得豪华大气。中后部设太师壁，太师壁后设内围墙，开双开大门。后楼两层，面阔十一间，进深五柱，穿斗式木构架，悬山顶。上、下楼的明间均设厅，是商议大事的主要场所，其余为书斋、粮仓和住房。最后一进的天井有左右对称的两口水井。东西两侧各建有前、中、后三进的护厝，一楼为厢房，二楼为台阶式通廊。主体建筑在后院，为三层木构建筑，楼高13米，面阔十一间，进深一间。二楼设内圈走廊，将东西两边分隔，形成由四个开间组成一个单元。在三楼的房间后面是一条宽1.5米的室内环形通廊，与二楼东西两边的回廊贯穿组成一个完整的统一体，可绕堡一周畅通无阻（图7-2-43）。

该堡的阶梯、天井周边及台基边缘处于屋檐滴水下方，均用石条铺就。堡内的地面均为三合土，至今仍坚固平坦。灰塑、彩画工艺精细，用色淡雅。檐口、斗栱、梁枋、垂花、雀替、隔扇、窗棂等处木雕精巧，工艺精湛。

泰安堡是一座颇具特色的围廊式民居寨堡，2005年福建省人民政府公布为第六批省级文物保护单位。

图7-2-40　漳平市灵地乡易坪村泰安堡

图 7-2-41 漳平市泰安堡的跑马道　　图 7-2-43 漳平市泰安堡内院

图 7-2-42 漳平市泰安堡入口与门楼

十二、德化三班大兴堡

大兴堡位于德化县三班镇三班村，建于清康熙六十一年（1722年）。该堡由当地富人郑晟建造，后人因此称他为"大兴公"。德化地处戴云山，山高林密，历来匪患不断，筑寨建堡之习由来已久。此地原有清初建的土堡数十座，经过280多年的沧桑巨变，现在只有大兴堡保存完好（图7-2-44）。

大兴堡坐南向北，占地面积3648平方米，建筑面积2600平方米。平面呈长方形，东西长64.5米，南北宽56.96米，为合院式与围廊式结合的布局，共有房间240间。堡墙高10.2米、厚3.6米，下部用石块砌筑，上部为夯土构筑。设东、西两个堡门，东门为正门。堡门高3米、厚2米，用花岗岩石垒砌并起券，石块之间嵌接非常严密，薄刃难入。均设内、外两道厚0.12米的木质门，外包铁皮。堡门上石门额阴刻楷书"大兴堡"、"康熙壬寅年端月吉旦立"。堡墙四周有40余个铳眼，用于对外观察、射击及通风采光。门内有一条曲尺形石台阶，可通向二层的跑马道。跑马道较宽，梁架与主楼的梁架为同一整体。堡内东北、西南处各设方形角楼，与墙面呈45°角相接。

堡内建筑古朴大气，布局中轴对称。内院中心南北对称建"一"字形的两层楼房，两楼之间形成东西向的干道，但干道轴线与大门错开，以利于防卫。干道横贯东门、西门，长39.17米，宽5.25米，由此形成206平方米的宽敞天井。天井地面由鹅卵石砌成，并且根据道教教义组成各种图案。两幢楼房大体对称，北楼比南楼略高些（图7-2-45、图7-2-46）。每层面阔十至十五间，进深二间，带楼道间，穿斗式木构架，悬山顶。明间设祖厅和议事厅，楼上两边房间的木门边刻着"长房"、"二房"至"五房"。据说大兴公有两个老婆，分别生了五个儿子。大兴公在建这座土堡之前就按名分设计好了一切，较高的北楼给大老婆和她的五个儿子，南楼给小老婆和她的五个儿子。楼房前后设内廊道，外廊道与跑马道上屋架的穿枋直透土墙内，不用柱子支撑。所有的山花上都用瓦片封贴，并用石灰抹缝，将木结构遮盖住。山花下、檐口二层楼板下多加大雨披。楼后为粮仓，一层为牛栏和猪栏、柴草间、杂物及农具房等。

图7-2-44　德化县三班镇三班村大兴堡

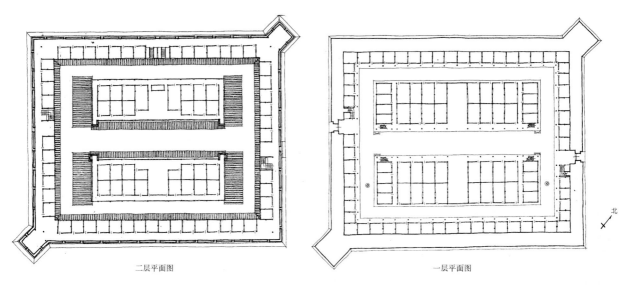

二层平面图　　　　　　　　　　　　　　　一层平面图

图 7-2-45　大兴堡平面图（录自《老房子》）

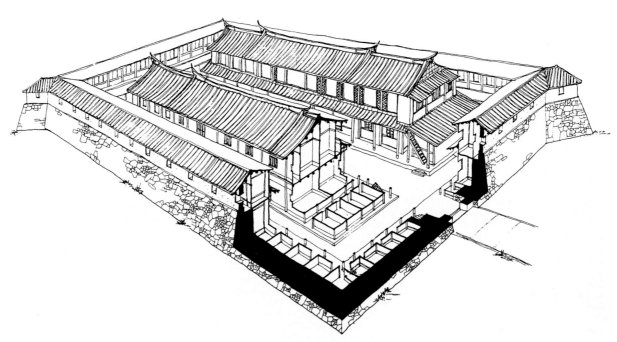

图 7-2-46　大兴堡透视图（录自《老房子》）

大兴堡是泉州地区罕见的大型方形土堡，现为县级文物保护单位。

十三、闽清坂东岐庐

岐庐又名品亨寨，位于闽清县坂东镇溪峰村，由清道光十五年（1835 年）进士、清同治年间江西九江知府张鸣岐（1808～1873 年）出资，其子张品亨兴建。咸丰三年（1853 年）动工，咸丰八年（1858 年）完工，同治年间（1862～1874 年）加固扩建（图 7-2-47）。

《闽清县志》载："全县现有寨堡 112 座。寨堡的建筑是在住宅四周累石为基，上筑厚厚的生土墙，或者在双重墙中留有通道，称为走马弄，以便于作战时人们的集中、遣散和抵抗入侵者。"张鸣岐曾

图 7-2-47　闽清县坂东镇溪峰村岐庐

经历太平天国战争,懂军事,擅防守。岐庐系仿战地防御工事而建,建成后曾遭土匪先后 20 多次攻打,均被击退,可见其修筑得何等坚固。

岐庐坐东南向西北,占地面积 4448.6 平方米。平面呈方形,宽 75.4 米,深 59 米,四周由高大的墙体围合(图 7-2-48)。墙基用大鹅卵石砌筑,石墙高 5.5 米、厚 3.6 米,其上夯筑 2 米高的土墙。夯土墙为里外两重,每重厚 0.7 米,中设走马道。正面以及左右两侧各有一个堡门,用方整辉绿岩石砌圆拱门洞,外大内小呈漏斗形。门设三重,外门宽 2.65 米,中门宽 1.91 米,里门宽 1.7 米,每个堡门均安装厚 0.1 米、重约 100 公斤的硬木门板。正门上方有一个石砌的小圆拱窗洞,窗顶饰灰塑麒麟,两侧墨书"岐庐",并用花草壁画装饰(图 7-2-49)。内墙檐下有灰塑、彩画装饰。

岐庐平面布局严谨。中轴线上依次为大门、门厅、主庭院、正厅、后庭院、后楼,主庭院两侧的厢房为卧室或书房。主体建筑的两侧围着两个 15 米宽、与整座建筑进深相同的大院子,既作为花园又便于防卫。堡内建筑为穿斗式木构架,双坡顶,燕尾正脊,并筑封火墙。封火墙曲线优美,上面贴着灰色壁瓦,如巨龙身上的鳞甲,既美观又防雨。正房面阔九间,明间为主厅堂,宽 7.2 米,空间最为高大,一、二、三官房均宽 3.9 米。左右各 3 间书院,回照 8 间,后厨房 8 间,火墙弄宽 2 米,用作通道。堡内有一口水井,还备有石磨等粮食加工工具。

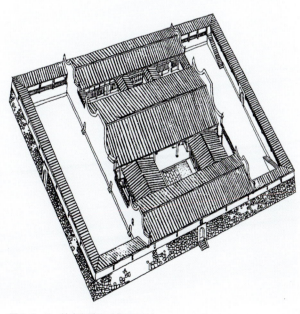

图 7-2-48　岐庐鸟瞰图(黄汉民绘)

图7-2-49 岐庐入口

岐庐建筑装饰精美（图7-2-50）。厅堂和主庭院四周是装饰的重点，插栱、童柱、雀替、门窗等处木雕精致，人物、花鸟栩栩如生。如正厅左右官房门窗隔扇和两边书院的木屏风上刻有三国演义、水浒传等故事人物60幅，每一幅叙述一个主要故事情节，雕刻的图案神态逼真，呼之欲出。

岐庐是闽清保存最为完整的土堡，现为县级文物保护单位。

十四、福清一都东关寨

东关寨位于福清市一都镇东山村，是清乾隆元年（1736年）何氏家族为防御盗匪而筹资兴建的。

东关寨依山势而筑，层层递升，气势雄伟。寨墙基座和墙体下半部用块状岩石砌筑，高10米许，既坚固又雄伟。石墙之上再筑土墙，沿内墙辟跑马道（也称哨廊），宽2米多，环寨一周共有260多米长。外墙开外窄内宽的小窗，供瞭望射击之用，并设有枪眼62个，还有若干炮口。设三处寨门，寨门为

图7-2-50 岐庐建筑装饰细部

图 7-2-51 东关寨入口

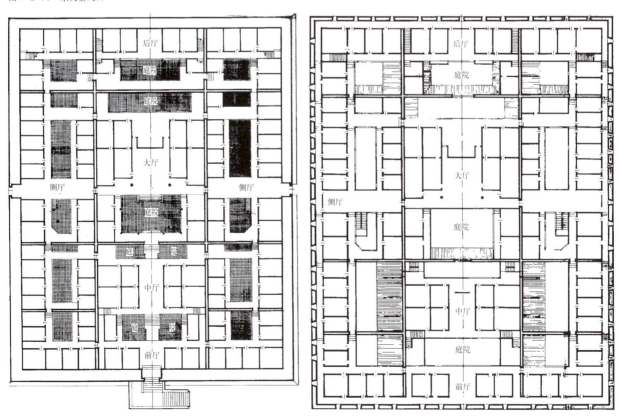

图 7-2-52 福清市一都镇东山村东关寨一层平面图

图 7-2-53 东关寨二层平面图

图 7-2-54 东关寨后视

石框木板门，门板用重阳木制成，石框门顶有注水孔，以防火攻（图7-2-51）。

东关寨坐东向西，占地面积4180平方米。平面呈长方形，宽55米，长76米，中轴线对称三进式布局，依次为门廊楼、前厅、正厅、后楼院，左右隔墙外的天井对称建两层房舍，连接前后楼（图7-2-52、图7-2-53）。寨内共有房屋99间，有水井一口。寨前为宽阔平整的埕地，地面用做工精细的花岗岩条石铺就，周围筑矮墙，左右墙均设小门供出入。埕中设石台阶，自南向北拾阶而上15级，折向东5级就进入寨门。寨门内是第一进两层楼房，背倚寨墙，面对厅堂，上、下楼均为五开间，穿斗式木构架，悬山顶。第二进厅堂前有左右披榭、回廊，除了长辈住房外，还是全东关寨举办婚丧庆典的场所和全寨集中活动的中心。正厅面阔五间，进深七柱，左右面阔三间，进深一间。堂前游廊两端设门通左、右别院和南、北寨门，堂后有高墙阻断第三进后楼院。后楼院为两层楼房，独成院落，坐东向西，结构与门廊楼相同。中、左、右三部分之间均有土筑封火墙。寨内房屋分为若干小单元，并用防火墙和火道隔离，各进之间还隔以高墙，目的是避免东关寨毁于火患。如果外人进入寨内，在没有人带领的情况下，宛若进入迷宫。寨内有跑马道，家家户户相连，居民可在里面奔跑巡逻，共同抵御外敌，具有军事防御作用（图7-2-54）。

东关寨是集军事防御和民居于一体的城堡式建筑，2001年福建省人民政府公布为第五批省级文物保护单位。

福建古建筑

第八章 桥梁

福建桥梁分布图

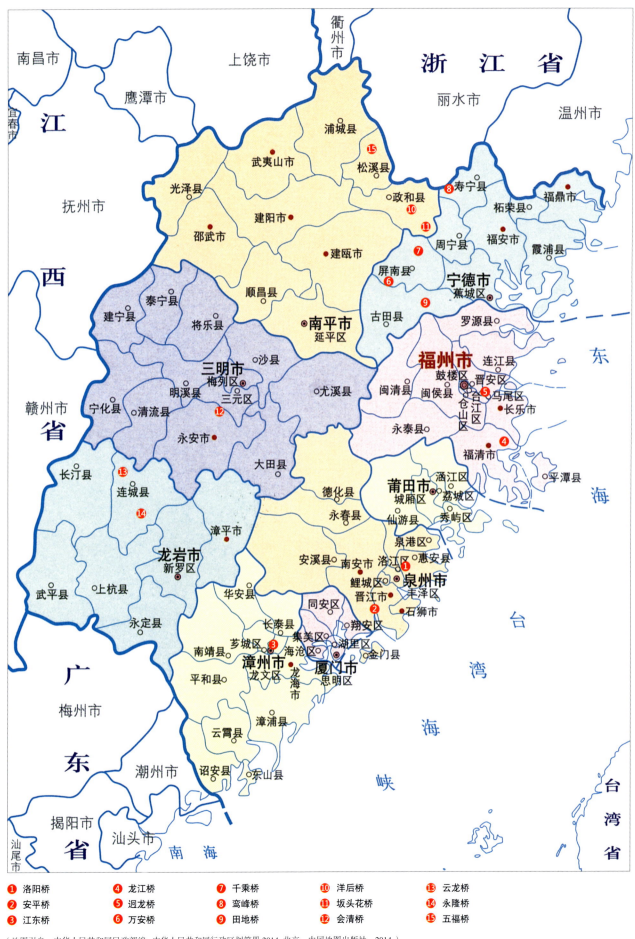

① 洛阳桥　④ 龙江桥　⑦ 千乘桥　⑩ 洋后桥　⑬ 云龙桥
② 安平桥　⑤ 迥龙桥　⑧ 鸾峰桥　⑪ 坂头花桥　⑭ 永隆桥
③ 江东桥　⑥ 万安桥　⑨ 田地桥　⑫ 会清桥　⑮ 五福桥

（地图引自：中华人民共和国民政部编．中华人民共和国行政区划简册 2014．北京：中国地图出版社，2014．）

第一节 概述

一、福建桥梁的发展

福建的地形地貌属丘陵地带，多山、多水、多险阻。古代的工匠根据地势的高低、河床的宽窄、水流的缓急以及建筑材料资源的不同，建造了各种形式的桥梁。这些古桥或横跨在险滩绝壁之上，或散布在青山绿水之间，或静卧在村落市井之中，处处桥接路通。福建桥梁建筑在我国桥梁史上占有突出的地位。

由于地理的变迁和风雨的侵蚀，福建最原始的以及秦汉时期的桥梁已无从查考。木质桥应是最早出现的桥梁，木材易朽、易燃，诸多古木桥已易木为石了。中小型的石梁或石板桥，材料耐久，构造方便，是民间最为喜用的桥型。闽侯县鸿尾乡超墘村的龙泉桥建于唐景云元年（公元710年），长3.3米，宽1.1米，厚0.3米，桥体用整块白石凿成拱形，直接罩在溪涧之上，古桥至今保存完整，实属难得。现存最早的大型石梁桥是福州市马尾区亭江镇闽安村的迥龙桥。迥龙桥始建于唐天复元年（公元901年），长66米，虽几经修建，梁、墩、柱等主体部分仍为唐末的遗构，是研究唐代桥梁建筑技术的珍贵实物（图8-1-1）。

宋元以来，福建便有"闽中桥梁甲天下"的美誉。在宋代，福建桥梁建造进入一个新的发展阶段，其结构造型、长度跨度、石梁重量、施工技术都达到很高的水平。由于石材经久不坏，耐压性强，加上福建石材质地良好且比比皆是，石梁桥、石拱桥被广泛运用。在石墩石梁桥方面，有建于北宋皇祐五年（1053年），首创"筏形基础"、"种蛎固基"的我国第一座横跨海湾的桥——泉州洛阳桥（图8-1-2）；有建于南宋绍兴八年（1138年），长2255米，被称为"天下无桥长此桥"的泉州安平桥（图8-1-3）；有建于南宋嘉熙元年（1237年），桥梁石板块最重达200吨左右的漳州江东桥（图8-1-4）；有建于北宋政和三年（1113年），长476米的福清龙江桥。英国剑桥大学李约瑟博士在《中国科学技术史》中说："中国古代桥梁在宋代有一个惊人的发展，造了一系列巨大的板梁桥。特别是福建省，在中国其他地方或外国任何地方，都无法与之相比。"在石拱桥方面，福建的拱桥以其拱券之薄、承载能力之大而享有盛誉。如福州市鼓楼区的安泰桥，始建于唐天复元年（公元901年），北宋宣和年间（1119～1125年）重建，拱跨约5米，主拱圈厚仅0.2米，如今日经车辆无数，仍岿然不动。福州市台江区的小桥，始建于元代，明成化六年（1470年）重建，拱跨7.2米，拱圈厚度也只有0.2米。

建造于宋明清时期的福建廊桥，具有鲜明的地方特色。廊桥是在桥面上盖建长廊或屋、亭、阁而形成的特殊桥梁，现闽东、闽北、闽西山区仍有遗存。在盛产木材的山区，采用木材作为廊桥的主要建筑材料，省工省时，方便经济。现存年代最早的廊桥是建瓯市迪口镇黄村的值庆桥，大梁下皮墨书"明弘治年"字样，是福建省发现有明确纪年的最早的廊桥。在各类廊桥中，木拱廊桥的结构最为特殊，

图8-1-1 福建现存最早的大型石梁桥——福州迥龙桥

图8-1-2 我国第一座跨海湾石梁桥——泉州洛阳桥

具有重要的文物价值。全国现存木拱廊桥只有118座，主要分布在福建、浙江两省交界处的闽东、闽北和浙南一带，其中福建省宁德市有50多座。屏南县长桥镇长桥村的万安桥始建于北宋元祐五年（1090年），清乾隆七年（1742年）重建，长98.2米，是我国现存最长的木拱廊桥（图8-1-5）。寿宁县下党乡下党村的鸾峰桥始建于明代，清嘉庆五年（1800年）重建，长47.6米，拱跨37.2米，是单孔跨度最大的木拱廊桥（图8-1-6）。2009年10月，以屏南县、寿宁县为主申报的"中国木拱桥传统营造技艺"正式列入联合国教科文组织《急需保护的非物质文化遗产名录》。

二、福建桥梁的类型

（一）碇步桥

碇步也称碇步、丁步，俗称马齿桥。严格地说，碇步不能称为桥，但它确实是桥的起步，是古代桥梁的雏形（图8-1-7）。为使行人免于涉水，在溪流中置放石块，石块的上部露出水面，一步一块，形成一个接一个的石碇。这便是人类构筑的最原始的桥梁，古代辞书称为"礿"，《说文解字》解释："聚石水中为步渡，礿也。"

碇步桥适用于水面宽、水流缓、常年低水位的溪流。它就地取石，构造简单，省工省钱，至今在福建山区乡间仍然可以见到。例如，古田县平湖镇平湖村的乔玉碇步桥长65米，共有石碇33步，石碇高1.3米、长0.8米、宽0.8米。古田县大桥镇苍岩村的碇步桥建于南宋绍熙三年（1192年），长108米，有石碇52步。柘荣县宅中乡西溪村的碇步桥建于清光绪十年（1884年），长82米，共123碇，碇高0.7米。寿宁县平溪乡平溪村的碇步桥长84.1米，以平整条石植入河床成碇步，计113步。

（二）浮桥

浮桥又称舟桥，是用数条或数十条木船（也有用木筏或竹筏）连锁起来并列于水面，船上铺木板供人马往来通行的桥梁。浮桥多架在河面较宽、河水较深或水流湍急的地方，一般用缆索维系，锚固于

图8-1-3 中世纪世界最长的跨海港石梁桥——泉州安平桥

图8-1-4 漳州江东桥

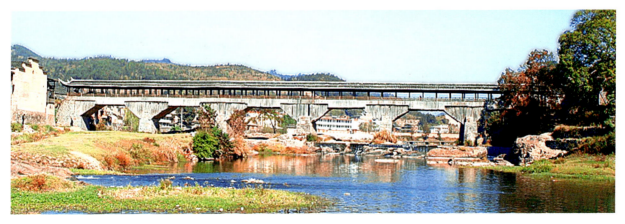

图8-1-5 我国现存最长的木拱廊桥——屏南万安桥

图 8-1-6 我国单孔跨度最大的木拱廊桥——寿宁鸾峰桥

图 8-1-7 寿宁县犀溪乡西浦村的磴步桥

岸边或水下，两岸多设柱桩或铁牛、铁山、石狮等用来系缆。架浮桥不需要在水中建桥墩，具有建造简单、造价低廉、移动方便、开合随意等优点。缺点是载重量小，维护费用大。随着建桥技术的发展，浮桥多被梁式桥或拱式桥所代替。据史志记载，福建历史上最长的浮桥是福州南台浮桥（万寿桥的前身），建于北宋元祐八年（1093年），以楞岩洲（今中亭街）为中点，南桥833米，用舟100艘；北桥167米，用舟20艘；用粗大绳缆紧固于闽江中的18根石柱上。

浮桥是最古老的桥梁形式之一，福建尚存的浮桥很少。现存较有名的有浦城县水北街镇渡头村的浮桥、浦城县万安乡桥头村的浮桥、永安市燕西街道吉山村的浮桥。水北浮桥建于明万历年间（1573～1620年），16艘木船用铁链串联，桥长90.4米。万安浮桥建于清嘉庆十年（1805年），用12艘木船排列组成，桥长76米。吉山浮桥始建于清初，用铁船14艘，桥长80米（图8-1-8）。

（三）梁桥

梁桥是以桥墩作为水平距离承托，然后架梁并平铺桥面的桥。其构造由跨空部分和跨空支承部分（即桥身和桥墩）组成。梁桥是应用最为普遍的桥梁。根据所用材料和构造情况，可分为木梁桥和石梁桥。

木梁桥包括木梁木柱桥、木梁石柱桥、木梁石墩桥、木撑架桥、伸臂式木梁桥等。因木材质松易腐，木梁木柱桥早已被木梁石柱桥和以石材砌筑桥墩的木梁桥取代。"木撑架桥"是一孔简支的木梁加上两个八字形斜撑的撑架桥，如寿宁县下党乡碑坑村的碑坑桥和凤阳乡大石村的观音桥（图8-1-9）。"伸臂式木梁桥"又称悬桥、挑桥、飞桥，是以圆木或方木纵横相迭，从两岸层层向河心出挑，待两头相距五六米时，再以梁搭接。如连城县四堡乡中南村的玉沙桥（图8-1-10）。由于石墩上的木梁不耐风雨侵蚀，便在桥上加盖长廊或建屋、亭保护桥身，形成造型别致的廊桥。

石梁桥包括石梁石柱桥、石梁石墩桥、石伸臂桥、三边石梁桥（也称八字形石撑架桥）等。石梁桥在福建最为常见，约占现存古桥总数近一半。石支架桥植石柱于水中，柱顶上置石横梁组成支架，再在支架上安放巨石，构成桥梁。例如，霞浦县牙城镇杨家溪村的通津桥始建于明嘉靖三年（1524年），为闽浙古道要津，长112.5米（已毁断30余米），34架35孔，每墩由四根方形条石竖成，两根斜靠加固，桥面用六块条石平铺。寿宁县犀溪乡西浦村的永安桥建于清道光二十六年（1846年），长73米，16架17孔，桥墩以两根条石竖撑，上横一根条石为梁，梁上直铺五条石板为桥面，各墩上游2米处竖一根条石以阻挡漂浮物（图8-1-11）。在福建，尤其在闽南沿海一带，石桥建造的技术突出，大型石梁石墩桥较多。宋代建造的洛阳桥（又名万安桥）、安平桥（俗称五里桥）、江东桥（又名虎渡桥）和龙江桥并称八闽古代"四大名桥"，饮誉海内外。典型的石梁桥还有：莆田市荔城区黄石镇桥兜村的宁海桥，元元统二年（1334年）始建，跨于木兰溪入海口，长225米，14墩15孔；莆田市城厢区延寿村的延寿桥，南

图8-1-8 永安市吉山浮桥

图8-1-9 寿宁县凤阳乡大石村观音桥

图8-1-10 连城县四堡乡中南村玉沙桥

宋建炎元年（1127年）始建，明正统五年（1440年）重建，长91.62米，现存10墩11孔；泉州市洛江区河市镇的濠溪桥，南宋绍兴年间（1131～1162年）始建，明隆庆三年（1569年）重建，长75.5米，7墩8孔。

（四）拱桥

拱桥可分为石拱、砖拱和木拱，最常见的是石拱桥。石拱桥建造技术在宋代已比较成熟，福建各地均有遗存。单孔石拱桥如福州的安泰桥、津门桥、澳门桥等，现石拱桥原构仍保存在扩建的路面之下。建阳市黄坑镇的黄坑桥群建于明崇祯十八年（1645年），现存七座单孔石拱桥，横跨长见村太子岭至李家塘村的溪涧上，其中太子桥长22米，孔跨18.6米。柘荣县乍洋乡溪口村的永安桥长36.22米，石拱净跨达23.76米，是华东地区现存单孔跨度最大的半圆石拱桥之一。还有多墩多孔的石拱桥。例如，大田县均溪镇红星村的镇东桥原为木桥，清乾隆十七年（1752年）改建为石拱桥，总长91.79米，四墩五孔。武平县中山镇新城村的永安桥长113米，七墩八孔，是闽西现存最长的石拱桥（图8-1-12）。建宁县滩城镇的万安桥长92.7米，四墩五孔，拱券厚仅0.5米，是闽江上游最长的石拱桥。

在盛产木材的闽东、闽北山区，至今仍然保留着按传统技艺建造的木拱桥。木拱桥用长原木和短横木交叉叠架成拱架，拱架上再铺木或砖或石的桥面，其建造结构原理与发明于宋代的虹桥相同。这种大跨度的木拱桥结构特殊而又巧妙，是中国在世界桥梁史上的独特创造。

三、福建廊桥的形式与特征

廊桥也称屋桥、厝桥。有些地方根据廊桥的作用,称之为风雨桥、风水桥或福桥;有的地方根据廊桥的外形,称之为蜈蚣桥、虾蛄桥;也有的地方因为桥屋的装饰华丽,称之为花桥。

（一）廊桥的上部结构

廊桥,上廊下桥。我们姑且把廊桥上部的廊、屋、亭统称为桥屋。福建雨水多、日照强,尤其是在自然条件较为恶劣的山区,村落分散,人烟稀少,道路崎岖难行。在桥面上加盖桥屋,在桥屋内设置固定坐凳,有的桥屋还有供人暂住的房间,既可以保护木桥,也为过往行人提供了遮风躲雨、避暑乘凉的场所,体现了形式与功能的统一。

廊桥的桥屋以木材为主要构架,最主要的建筑特色是采用榫卯结合的梁柱体系连成整体。梁架结构多为九檩四柱,五架抬梁式。桥屋正中是一条长廊式通道,两侧设置木护栏,沿着栏杆大多设木坐凳,由栏杆、坐凳连结着柱廊。桥面用木板铺就,或用砖、石铺砌（图8-1-13）。

为保护桥梁结构和桥面免受风吹雨打和烈日暴晒,桥身的外缘鳞叠铺钉木板（俗称风雨板或挡雨板）。有些廊桥的风雨板用油漆漆成红色或其他颜色,这既是防腐处理的重要措施,也是廊桥装饰的传统手法。为了让桥屋内通风、采光,且便于行人观赏风景,有的上层风雨板开启了形状各异的小窗,有圆形、方形、扇形、六边形、心形、桃形、瓶形等。

屋面施方椽、望板,铺小青瓦。屋顶以双坡式居多,曲线的屋脊形成柔和的凹凸面,显得轻盈活泼。有的在桥屋中间和两端高架起悬山式或重檐歇山式的楼亭,有的桥屋还建有牌楼式的桥门,既美观又气派。

（二）廊桥的下部结构

如果从廊桥下部的结构来区分,福建廊桥大致可分为木拱廊桥、石拱廊桥、平梁木廊桥和八字撑木廊桥。

1. 木拱廊桥

木拱廊桥也称叠梁式风雨桥、虹梁式廊桥。近年来,研究虹桥结构的专家还用"贯木拱桥"、"编木拱桥"来命名木拱廊桥的下部结构。"虹桥"是人们对发明于宋代的横跨汴河的许多木拱桥的泛称。它与河北赵县的赵州桥、福建泉州的万安桥、广东潮州的湘子桥并称中国四大古桥。其他三座桥梁至今仍留存于世,而汴水虹桥只留在北宋著名画家张择端的名画《清明上河图》中。过去人们以为,这种彩虹般美丽的桥,至明代以后就已经消失了。直到20世纪70年代末期,文物工作者和桥梁专家在闽浙交界的崇山峻岭中发现了保存完好的虹桥式样的木拱廊桥,才确认北宋时期盛行于中原的虹桥技术在民间并未失传,而且造桥工艺有所创新。与虹桥相比,闽浙木拱廊桥的桥拱技术已从绑扎结构发展为榫卯结构,而且木拱桥上建有桥屋,有的桥

图8-1-11 寿宁县犀溪乡西浦村永安桥桥下结构　图8-1-12 武平县中山镇永安桥

屋又发展为精美的楼阁。正因为如此，闽浙木拱廊桥近年来颇受建筑界、文物界专家学者的青睐，被誉为"古老概念的现代遗存"，具有"活化石的价值"。

木拱廊桥的拱架部分由三个系统组成。第一系统为三根长圆木，纵连成八字形拱架（俗称三节苗，顶部的水平拱木称平苗，两边称斜苗），可并列九组。第二系统为五根稍短的圆木，纵连成五折边形拱架（俗称五节苗），并列八组，与三节苗相互穿插。但五节苗平苗通过横木改为九根，与三节苗平苗对齐。在拱架的转折处都置一根横贯全桥的枋木（俗称牛头），拱木的端部与牛头相扣，使拱架相互联系成为整体。三节苗、五节苗的平苗与牛头用燕尾榫卯接，在结构上相当于梁的作用。拱架两端在桥台外壁各立一竖式木排架，木排架上下端也用牛头卯接。在三节苗牛头、五节苗下牛头和端竖排架之间置两组"X"形撑木（俗称剪刀苗），以避免桥拱产生侧移。第三系统为桥面系统，木纵梁两端各为九根，一端顶住竖排架上横梁，另一端与五节苗的上牛头卯接，并与五节苗的平苗一起，组成一个从左岸到右岸连通顶紧的水平支撑。在五节苗的中间横梁上，设立由三根短柱组成的小排架，支撑桥面系统木纵梁。桥面系统之上铺横板，横板之上铺九根半边圆木，然后在上面铺桥面板，做廊屋（图8-1-14）。

以上分析的只是木拱廊桥中最普遍的一种结构类型。木拱廊桥的拱架结构还有三节苗对三节苗、三节苗对四节苗等不同结构制式，三节苗的数量可以3~11组不等，因桥而异，也有因师傅木作而异。闽清县省璜镇省璜村的合龙桥为双孔木拱廊桥，东跨由三节苗、四节苗组合穿插构成，西跨为三节苗、五节苗组合，这种两跨不同节苗组合结构绝无仅有（图8-1-15）。各桥的做法虽有差异，但结构原理是相同的，由大小均匀的巨大圆木纵横相置、交叉搭置、互相承托、逐节伸展，形成完整的木架式主拱骨架的建造特点是一致的。木拱廊桥能最大限度地解决桥的跨度问题，通常建在河床宽大、水深流急之处。由于结构的特殊，木拱桥受到向上的反弹力，很容易失稳遭到破坏。因此桥面上一般都加盖廊屋，这样可以增加桥身的重量，增强木拱桥的稳定性。

图8-1-13 屏南万安桥桥屋结构

图8-1-15 闽清县省璜镇省璜村合龙桥

图8-1-14 屏南万安桥拱架结构

图 8-1-16　寿宁县坑底乡杨梅州村杨梅州桥

图 8-1-17　武夷山市余庆桥遗照

图 8-1-18　永安市贡川镇会清桥

图 8-1-19　政和县杨源乡坂头村坂头花桥

木拱廊桥在中国木构桥梁中技术含量最高，如今在我国能保存下来的数量极少。福建现存的木拱廊桥分布在闽东的福安市、福鼎市和寿宁、屏南、周宁、古田、柘荣、霞浦、闽侯、闽清等县以及福州市晋安区，闽北的建瓯市、武夷山市、政和县、顺昌县和南平市延平区，以及闽南的德化县一带。2006 年 5 月，闽东北廊桥，包括屏南县的万安桥、千乘桥、百祥桥，寿宁县的鸾峰桥、杨梅州桥（图 8-1-16）、飞云桥、升平桥、仙宫桥、登云桥，柘荣县的东源桥，古田县的田地桥，武夷山市的余庆桥（图 8-1-17）被列为全国重点文物保护单位。2012 年 11 月，福建屏南县的万安桥、千乘桥、广利桥、广福桥、龙津桥，寿宁县的鸾峰桥、杨梅州桥、大宝桥，周宁县的三仙桥，政和县的赤溪桥、洋后桥、后山桥等 12 座木拱廊桥入选《中国世界文化遗产预备名单——闽浙木拱廊桥》。此外，较典型的木拱廊桥还有寿宁县的福寿桥，周宁县的登龙桥，柘荣县的归驷桥，福鼎县的老人桥，政和县的大梨溪桥，闽侯县的龙津桥、坑坪桥、远济桥等。

2. 石拱廊桥

石拱桥虽然没有防腐要求，但出于为行人遮风挡雨的需要，也有不少建了木构桥屋，从而使其功能得到延伸。石拱廊桥大多建在河床窄小之处或小溪之上，用块石或条石砌筑成拱券状，也有的先用石头叠砌成舟形或半舟形的桥墩，再在石墩上砌筑桥拱。多为单孔，也有双孔或多孔。虽然石拱廊桥的建桥工艺不如木拱廊桥高超，但它比木拱廊桥更耐风雨侵袭和洪水冲击，因此受到人们的欢迎，分布范围最广。现存的石拱廊桥中，有的建造水平较高，地方特色鲜明，如永安市贡川镇集凤村的会清桥（图 8-1-18）、青水畲族乡青水村的永宁桥和政和县杨源乡坂头村的坂头花桥（图 8-1-19）。

图8-1-20 古田县鹤塘镇西洋村沉字桥

图8-1-21 屏南县甘棠乡漈下村漈川桥

3. 平梁木廊桥

平梁木廊桥包括简支木梁廊桥和伸臂式木梁廊桥。主要分布在闽西、闽北、闽东及闽中山区，单跨到多跨不等。它多选择粗大的杉木为梁，梁木直接搭建在两岸的块石桥台或河流中间用块石或条石叠砌的桥墩上，如古田县鹤塘镇西洋村的沉字桥（图8-1-20）。如果跨度较大，便在两侧桥台或桥墩之上用2～5行的粗大杉木架构成伸臂，以增加桥的承受能力。平梁木廊桥造价低，易施工，但桥面荷载不如拱桥大，且怕山洪冲刷。典型的木伸臂梁廊桥有连城县罗坊乡下罗村的云龙桥、莒溪镇壁洲村的永隆桥、莲峰镇的文川桥和永安市清水畲族乡三房村的安仁桥。

4. 八字撑木廊桥

八字撑木廊桥是平梁木廊桥的变异形式。它没有采用在两侧的桥墩之上用层层杉木架构成伸臂，而是用一排圆木成角度斜撑在两侧的块石桥台和粗大杉木横梁之间。增加斜撑后，桥的横梁中加了两个支点，从而增强木廊桥桥跨的受力和稳定，可以减少粗大木材的使用量。其优点是受力比较合理。但因这种形式的廊桥只适用于跨度不太大的溪流，采用不是很广泛。典型的八字撑木廊桥有屏南县甘棠乡漈下村的漈川桥（图8-1-21）。

四、福建古桥的特点

（一）多样的桥梁形式

福建水系发达，桥梁众多。现存的古桥散布在建溪、沙溪、闽江、晋江、九龙江等诸多水系溪涧河流和港湾、岛屿，以宋、元、明、清时期建造的居多。这些古桥因地制宜，形式多样。从用材看，有的以石料为主，有的以木料为主，也有的石木结合。从桥型看，有梁桥，有拱桥，有浮桥，有廊桥，还有原始的独木桥、磴步桥等，长短不拘，风格各异。霞浦县沙江镇的竹江汐路桥又名达路桥，是目前国内罕见的海埕石路桥建筑。它建于清嘉庆十六年（1811年），东起竹江岛，西至小马村，全长3651米，最宽1.8米，途经六座桥，最高2.9米。路和桥建在滩涂上，路基用松树打桩、铺垫杂木草皮，再铺上条石横竖三层砌成；有四座桥的桥孔上下两层，边有小孔，具有排潮防潮作用。

福建古桥受所在自然地理和人文社会的影响，形成各自相对独立的风格和特色。如福州、泉州、漳州、莆田等沿海地区盛产质地坚硬的花岗岩石，敦厚凝重的石构梁桥比比皆是。但与木材相比，石材难以加工和运输，造桥成本较高。因此，在盛产木材的大部分山区，轻灵秀美的木质桥梁更为常见。同样是采用木材作为廊桥的主要建材，由于造桥工匠和营造技艺的传承，闽东、闽北山区多建造木拱廊桥，闽西、闽中地区多建造木平梁廊桥和石拱廊桥。

（二）突出的技术成就

福建古代桥梁建筑在技术上取得了重大的突破，对国内外桥梁事业产生了极大的影响。

1. 创"筏形基础"法

宋元时期建造的石墩石梁桥，大都地处江河入海口，江面开阔，风大浪高。为了解决桥梁基础稳固问题，洛阳桥在建造时首创了"筏形基础"。即在江底沿桥梁中线抛掷数万立方米的大石块，并在两侧展开相当的宽度，筑成一条横跨江底的石堤，然后在这石堤上筑桥墩。此法成为现代桥梁应用较多的基础形式。

2. 创"种蛎固基"法

"种蛎固基"是在石桥基和石桥墩上种植牡蛎，利用牡蛎的石灰质贝壳附着在石块间繁殖生长的特性，使桥基和桥墩的石块相互连接成坚固的整体。洛阳桥在建造时首创"种蛎固基"法，解决了石灰浆在水里不能凝结，而采用腰铁或铸件的办法连接石块，铁连件却易被海水腐蚀等难题。

3. 创"浮桥架梁"法

"浮桥架梁"是把重达七八吨的石梁置于木排之上，利用海潮的涨落进行运送、砌筑和架设。趁退潮时砌筑石桥墩，趁涨潮时将木排驶入两个桥墩之间，潮退时木排下降，石梁就在桥墩上的木绞车牵引下，慢慢放置在石桥墩上。洛阳桥、安平桥在石梁铺架时便采用此法。

4. 创"睡木沉基"法

"睡木沉基"是用几层松木纵横交叉编成木筏，固定在预设的桥墩处，再在木筏上垒筑石墩，随着墩身逐渐加高加重，木筏也随着下沉河底。建于南宋绍兴十五年（1145年）的永春县东关镇东美村的东关桥、建于南宋德祐元年（1275年）的古田县沉字桥以及大田县镇东桥均采用这种沉基方式。

5. 木拱廊桥营造技艺

汴水虹桥在中国桥梁史上占有极其重要的地位。随着时间的推移，它们在北方已被湮灭，但造桥技术却在福建延播，保存至今。在与福建交界的浙江也发现这类桥梁，但从一些桥屋梁架上所写的工匠名字来看，绝大多数出自福建匠师之手。目前已发现周宁县礼门乡秀坑村张姓，寿宁县坑底乡小东村许、郑两姓，屏南县黛溪镇忠洋村韦姓等技艺世代相传的造桥世家。

（三）独特的艺术魅力

福建古代桥梁在附属建筑物及装饰上富有文化特征和地方特色。以塔幢作为桥梁的附属建筑物较为普遍。这些塔幢多出现于石梁桥上或桥头上，再配以亭台、石碑、石翁仲、石狮、石栏等附属物来装饰，使桥梁成为一座完美的建筑艺术品（图8-1-22～图8-1-24）。除廊桥内的雕梁画栋之外，福建古桥最负盛名的细部装饰就是石雕作品。无论是护桥石将军、镇水兽还是象征民族精神的石狮子，

图 8-1-22　泉州洛阳桥的石塔

图 8-1-23　福清龙江桥桥头石塔

图 8-1-24　福州迴龙桥的石狮

无论是具有纪念意义的人物造像还是表现宗教题材的坐佛、莲花，无不精雕细刻，生动自然。历代的文人墨客则为古桥留下韵味无穷的楹联、诗文、碑刻，更使桥梁增添了艺术魅力。

廊桥是桥梁和廊、屋、亭的巧妙结合，造型独特美观，本身就摇曳着艺术的风姿，具有极大的观赏功能。有的还在桥屋顶部制作精美的藻井，在桥屋内进行彩绘、雕刻等装饰，在桥两边建起门楼、碑亭、牌坊等附属建筑物，更显得婀娜多姿。因此，清朝的周亮工在《闽小记》中赞美廊桥："闽中桥梁，最为巨丽，桥上建屋，翼翼楚楚，无处不堪图画"。

（四）丰富的文化内涵

桥梁不仅是交通设施，还具有丰富的历史文化、人文典故、宗教信仰、民俗活动等方面的信息，这也是福建古桥最为吸引人之处。

在堪舆风水说盛行的古代，人们认为流水会带走财气，必须紧锁水口，以聚财源、利文运、兴村旺族。桥能锁水，自然是村落水口建筑的首选。因此桥梁多建造在村落的水口处；如果一个村庄建两座桥，一般是村口和村尾各建一座。实际上，桥梁在这里所起的作用不仅仅是满足人们保瑞避邪的心理需求。从规划角度看，它标识村落出入口处的位置；从环境角度看，它丰富了村落的景观，成为一种重要的地标。

桥梁为群众提供了重要的交往和娱乐空间。特别是地处交通要道或村落附近的廊桥，常常成为人们休闲娱乐的去处和信息交流的空间。有的在此摆摊设店，有的在此谈古论今，有的在此谈情说爱，有的地方还在规模较大的桥屋里铺台演戏。廊桥也是人们举行各种民俗活动的场所，每逢节假日，总是人来人往，热闹非凡。例如，周宁、政和、屏南等地有端午节举行走桥活动的习俗，既祭桥神，又纪念屈原。每年正月十四、十五，连城县罗坊乡的乡民云集在云龙桥前走古事，场面非常壮观。每年中秋节，建瓯市吉阳镇的村民到步月桥上观灯赏月，家家户户往桥屋挂灯笼，寄托风调雨顺、一家平安的企盼。

桥与庙的紧密结合也是福建古桥的一大特色。由于桥是从此岸跨越到彼岸，让人联想到佛教教义中的"此岸世界"和"彼岸世界"，常被引用到佛教建筑中去，成为宗教文化中较为重要的一员。在福建古桥中，由善男信女捐款修建的为数不少，许多僧人也积极参加桥梁的募建活动。古桥的周边常建有寺庙（图8-1-25），有些桥的命名带有宗教色

图8-1-25 政和县杨源乡杨源村的矮殿桥与英节庙

彩，如仙宫桥、观音桥、登仙桥。廊桥大部分设有神龛供乡民祭祀。神龛多设在桥屋当中，也有的偏居在桥屋的一旁，或设在廊桥的楼阁上。祭祀的对象有人们熟知的观音菩萨、真武大帝、五显大帝、文昌君、关公等，也有地方崇拜的临水夫人、林公大王、马仙姑、吴三公、齐天大圣等，反映了福建民间崇奉习俗的特点和多样性。

第二节 实例

一、泉州洛阳桥

洛阳桥又名万安桥，位于泉州市洛江区万安街道到惠安县洛阳镇的洛阳江入海口上。北宋皇祐五年（1053年）泉州郡守蔡襄主持建造，因这里江阔水深，工程极为艰巨，历时6年8个月才竣工。历代先后修葺19次，1993～1996年国家拨款又进行全面修复。

洛阳桥为多跨石平梁桥，南北走向。该桥在桥梁科学技术方面有许多突破和重要成就。在架设施工中首创"筏形基础"法：先抛石于水中为基址，而后在投石上筑桥墩。又创"种蛎固基"法：利用牡蛎繁殖，把桥基、桥墩石块胶结成牢固整体。在石梁铺架时，运用"激浪以涨舟"原理，利用潮汐涨落，浮运安装。

据蔡襄《万安桥记》碑载，全桥"酾水为四十七道，梁空以行，其长三千六百尺，广丈有五尺，翼以扶栏，如其长之数而两之。糜金钱一千四百万，求诸施者"。初建时，桥长约1106米，宽约4.6米，舟形桥墩46座。桥面两旁原立有栏杆石柱500根，并装饰石狮28只。桥头两侧及桥中岛计有佛塔9座，桥中筑亭7座（图8-2-1）。

现桥长731米，宽6米，尚存桥墩31座、石塔5座、石亭2座、石雕武士4尊（图8-2-2～图8-2-4）。桥墩用花岗岩条石纵横交错垒砌成舟形，桥墩最上两皮石稍向左右挑出，使墩面加宽，以增加桥孔的跨度。桥墩长17.7米，宽4.8米。墩间用6～7条巨型条石铺设桥面，条石长11米、宽1米、厚0.8米左右。五座小石塔筑于扶栏外，高5～6

图8-2-1 泉州市洛阳桥

图8-2-2 洛阳桥石塔

图8-2-3 洛阳桥塔幢

图 8-2-4 洛阳桥上的石雕武士

图 8-2-5 泉州市安平桥桥门

米,面雕佛像,有幡幢式佛塔、六角三级实心塔、方形佛塔、八角五级佛塔等四种形式。两座石亭为中亭和西川甘雨亭,均为宋代以后建造。中亭为石构四柱,东侧有宋代"万古安澜"石刻,亭后竖明代、清代重修洛阳桥碑记12通。西川甘雨亭在中亭左侧,内置明万历年间(1573～1620年)"西川甘雨"碑刻。

桥南有蔡襄祠,始建于北宋嘉祐四年(1059年),祀蔡襄,现存建筑系清代重建,祠内保存历代碑刻26通,其中蔡襄自撰并书写的《万安桥记》2通(一为原刻,一为摹刻),碑文精练,书法遒丽,刻工精致,世称"三绝"。桥北有昭惠庙和义波祠等。昭惠庙与洛阳桥同建,祀福祐帝君,现存为清代建筑,内存明、清两代碑记5通,其中2通记载重修洛阳桥事。义波祠祀协理洛阳桥工地总务的义波和尚,现存为清代建筑。

洛阳桥是我国第一座跨海港平梁式石桥,有"北有赵州桥,南有洛阳桥"之誉。1961年福建省人民委员会公布为第一批省级文物保护单位,1988年国务院公布为第三批全国重点文物保护单位。

二、泉州安平桥

安平桥俗称五里桥,位于晋江市安海镇到南安市水头镇的海湾上。南宋绍兴八年(1138年)僧祖派建桥未就,绍兴二十二年(1152年)郡守赵令衿续成,工程历时14年。桥成后曾几圮几复,明代、清代多次修葺。1980～1985年国家拨款进行维修,基本恢复了原貌。

该桥为石平梁桥,全桥用花岗岩石构筑。初建时,酾水三百六十二道,长2700米,宽5.3米。现桥长2255米,宽3～3.8米。该桥构筑,系于水深泥烂的海滩上做睡木桩基,特殊地点则打下木桩,而后在睡木桩或木桩上纵横砌筑条石,垒成桥墩361座。墩体针对所在位置水流的不同而砌成三种形式:水浅流缓处为长方形墩,海潮涌入与西面河水排泄之水深流急处为双向尖形的舟形墩,非主流处为西面尖形的半舟形墩。现存桥墩331座,其中长方形墩259座,舟形墩27座,半舟形墩45座。桥面用5～8条大石板铺架,石板长5～11米、宽0.6～1米、厚0.5～1米,最重约25吨,架设方法是利用海潮涨落用浮筏装架。桥面两侧有石护栏,柱头雕狮子、蟾蜍等。

桥上建五座亭供行人休息。东端为超然亭(现名水心亭),中部为泗洲亭(中亭),西端为海潮庵。中亭周围保存历代修桥碑刻14通,亭前立宋雕仗剑石将军2尊。中亭石柱镌刻楹联:"世间有佛宗斯佛,天下无桥长此桥"。海潮庵存有清嘉庆重修碑刻1通。桥两侧水中,有方形小石塔4座。桥东端(安海桥头)有一座五层六角楼阁式空心砖塔,高22.5米，是安平桥的镇桥塔，始建于南宋绍兴年间（1131～1162年），原名瑞光塔，因外粉刷白灰，俗称白塔（图8-2-5～图8-2-7）。

安平桥是中世纪世界最长的跨海港平梁式石桥，1961年国务院公布为第一批全国重点文物保护单位。

三、漳州江东桥

江东桥又名虎渡桥、通济桥，位于漳州市龙文区蓝田镇到龙海市角美镇的九龙江北溪下游江面。南宋绍熙年间（1190～1194年）设浮桥，南宋嘉定七年（1214年）郡守庄夏始建石墩木梁桥。嘉熙元年（1237年）桥面毁于火，漳州郡守李韶改建为石梁桥。元、明、清各代多次修葺。1928年开拓漳（州）嵩（屿）公路，改为公路桥。1969年将桥址增高，架设钢筋混凝土桥面。

江东桥这段溪流，古称柳营江，原是通津渡口。这里两岸峻岭对峙，水深流急。相传初建桥时，桥墩屡建不稳，偶有猛虎负子过江，遂依虎道堪得水中礁石，乃就石垒墩，桥墩遂固，故名"虎渡桥"。《漳州府志》则说此处"为郡之寅方，因名虎渡"。

据明陈壤《重修虎渡桥记》载，"桥原长二千尺，广二十尺，酾水一十五道，上铺长八十尺梁石三四条，间以板石填缝，两侧筑扶栏，东西两端建憩亭"。该桥为东西走向，长1000米，宽6米。桥墩用花岗岩条石纵横叠砌成舟形，每墩长10.8～11.4米，宽5.3米，各墩间距22米左右。现尚可见五座桥墩和两跨桥面，古桥雄风犹存。

该桥以石梁巨大为奇。石梁长22～23米、宽

图8-2-6 安平桥头的石将军

图8-2-7 安平桥东端的白塔

1.15～1.2米、厚1.3～1.4米，重在100吨以上。现存石梁最大一条长23.7米、宽1.7米、厚1.9米，重约207吨。当年在无先进的起重吊装设备条件下，巨梁如何开采、搬运、铺架，至今还是一个谜（图8-2-8）。

江东桥是我国古代十大名桥之一，有"江南石桥，虎渡第一"的称誉。1991年福建省人民政府公布为第三批省级文物保护单位，2001年国务院公布为第五批全国重点文物保护单位。

四、福清海口龙江桥

龙江桥位于福清市海口镇横跨龙江出海处，俗称海口桥，初名螺江桥，后改永平桥，南宋绍兴三十年（1160年）改称现名（图8-2-9）。

古时，龙江水流湍急，南北两岸交通仅以一叶扁舟摆渡，风涛一起，便有覆舟之祸。北宋政和三年（1113年），太平寺僧人惠国、守思等倡议，集资

图8-2-8 漳州市江东桥的大石梁

图8-2-9 福清市海口镇龙江桥

图 8-2-10　福清龙江桥是八闽古代四大名桥之一

图 8-2-11　福州市马尾区闽安村的迴龙桥与圣王庙

建造，取当地弥勒岩之石垒筑桥基，费时3年，桥基始出水面。后由里人林迁等募资续建，历时十载，于宣和六年（1124年）建成。当时只建到桥南渡头，距赤屿山岸还有400米滩涂地段。南宋绍兴三十年（1160年）里人林栗又续建，运石筑堤，堤宽与桥面同，为引道。明、清两代，历经修葺，仍保持原貌。

该桥为石构多跨平梁桥，东西走向，长476米，宽4.6米，原有42孔，现存39墩40孔。桥墩作舟形，墩长9.2米、高6米、宽3.6米。六条大石板平铺为梁，架设在墩顶帽石上，石梁长9.5米、宽0.67～0.75米、厚0.6～0.9米，每条石梁约重15吨。在石梁之上再横铺石板为桥面，桥面两侧设条石护栏。桥头有两座镇桥塔分立左右，为八角七层楼阁式实心石塔，高5.05米，塔身浮雕坐佛、侏儒、狮子、莲花等图案，造型古朴。

龙江桥是八闽古代四大名桥之一（图8-2-10）。1961年福建省人民委员会公布为第一批省级文物保护单位，2013年国务院公布为第七批全国重点文物保护单位。

五、福州闽安迴龙桥

迴龙桥位于福州市马尾区亭江镇闽安村，始建于唐天复元年（公元901年），南宋端平年间（1234～1236年）吏部尚书、观文殿学士郑性之捐资重修，改名飞盖桥。清康熙十六年（1677年）闽安协镇沈河清再修，改称沈公桥。嘉庆、道光年间及1922年重修。

该桥为石梁桥，横跨邢港，南北走向。桥长66米，宽4.64米，四墩五孔。桥墩呈两头尖舟形，用条石叠砌，每墩相距13.2米。桥墩间并排铺架五条大石梁，石梁长16米、宽1米、厚0.8米。桥面两侧护以石栏，栏柱36根，柱头有刻宝荃、莲花、海兽等唐代遗构，也有刻狮子戏球等明代构件。该桥结构坚固，造型古朴，虽经历代重修，但除栏板为后来配补外，墩、梁、栏柱等多是唐宋遗物。

桥两端有圣王庙、玄帝亭和碑刻。玄帝亭在桥南端，郑性之手书"飞盖桥"及清代立的"沈公桥"两通石碑均竖立在桥南。桥北端用方整石砌驳岸，上建有圣王庙。圣王庙由跨街亭、圣王殿、观音阁组成。跨街亭平面呈长方形，木构架，重檐歇山顶，亭内立三通石碑，其中《沈公桥》碑记载迴龙桥历史沿革；圣王殿为穿斗式木构架，歇山顶，祀齐天大圣孙悟空（图8-2-11）。

迴龙桥是福建现存最早的大型石梁桥，1991年福建省人民政府公布为第三批省级文物保护单位。

六、屏南长桥万安桥

万安桥初名龙江公济桥，俗称长桥，位于屏南县长桥镇长桥村，现为村镇行人的通道和乘凉歇息的场所。

该桥始建于北宋元祐五年（1090年），现能证明该桥为宋代遗构的是正中桥墩上有一块嵌入桥墩的石碑，碑文为："弟子江积舍钱一十三贯又谷

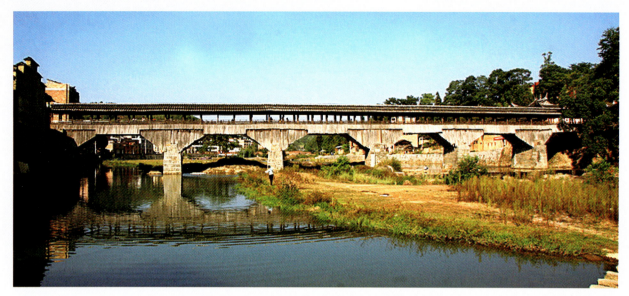

图 8-2-12　屏南县长桥镇长桥村万安桥

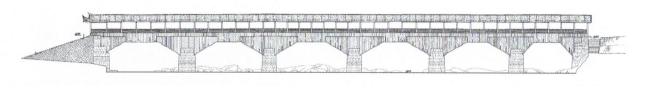

图 8-2-13　屏南万安桥立面图

三十四石，结石墩一造，为考妣二亲承此良因，又为合家男女及自身各乞保平安。元祐五年庚午九月谨题。"另据清《福州府志》载："长桥宋时建，两溪相接，亘如长虹，叠石为墩，五构亭其上。"清康熙四十七年（1708年）木梁桥面火毁，乾隆七年（1742年）重建，道光二十五年（1845年）及1932年、1954年重修。传说在1932年重修中有一个工匠从拱架上跌落河中而安然无恙，所以更名为万安桥。

该桥为石墩木拱廊桥，东西走向。桥长98.2米，宽4.7米，桥屋杉木立柱156根，三十八开间，双坡单檐悬山顶。桥墩用条石纵横叠砌，前尖后方呈半舟形，五墩六孔，不等跨，最大跨度15.3米，最小跨度10.6米。每孔两端用九根圆木与八根圆木相贯，间以四根横串梁木交架成拱架，上横铺木板为桥面，两旁设木条凳、靠背栏杆。桥屋挡雨板仅遮盖至桥面上一点，呈敞开式。西端桥台为平地起建，有石阶36级；东端桥台建于山石之上，有石阶10级。桥中原来设神龛，祀观音，新中国成立后为防火而拆除。该桥跨度大，桥孔多，技术性强，用材量大，仅拱与立柱就使用杉木长材430多根，充分体现了古代造桥工匠的高超技艺和智慧（图8-2-12、图8-2-13）。

该桥跨长桥溪，四周溪流开阔，树木青翠，古为龙江内八景之一，诗云："桥接溪渠畔，遥瞻似彩虹。横村连左右，隔水渡西东。雁齿休专美，鳌梁岂羡工。济人传旧政，今日不须蒙。"桥上还有13幅楹联，盛赞了长桥飞架的景观。

万安桥是我国现存最长的木拱廊桥。1991年福建省人民政府公布为第三批省级文物保护单位，2006年国务院公布为第六批全国重点文物保护单位。

七、屏南棠口千乘桥

千乘桥又名祥峰桥，位于屏南县棠口乡棠口村，始建于南宋理宗年间（1225年～1264年），明末毁于火患，清康熙五十四年（1715年）重建，嘉庆十四年（1809年）被大水冲毁，嘉庆二十五年（1820年）秀才周大权等人募捐复建。

该桥为石墩木拱廊桥，南北走向，桥长62.7米，宽4.9米，一墩二孔，单孔跨度27米。桥台、桥墩用块石整齐叠砌。桥墩呈舟形，墩尖端雕成鸡头形状，上面压着重石，墩左右桥屋为两翼，整座桥形似一只昂首展翅的雄鸡。用圆杉木纵横交搭成拱架，上横铺木板为桥面。桥屋杉木立柱102根，二十二开间，两侧设木条凳，檐下施挡雨板。桥中部设神龛，祀五显灵官大帝。屋面为单檐悬山顶，中脊置葫芦，翘角呈燕尾式，线条自然流畅。桥北端有石阶37级，南端有石阶15级（图8-2-14、图8-2-15）。

该桥横跨棠口溪，北连祥峰寺，南临八角亭，两岸风景秀丽（图8-2-16）。南端桥头墙上书棠口八景诗。桥端有清道光二年（1822年）立的碑记四通，其中三通记载着捐款人姓名和金额，一通为周大权撰写的《千乘桥志》，碑文曰："棠溪有桥，颜曰千乘，双峰其对峙也，双涧其汇流也。虽居僻壤，而北抵县城，南通省郡，实往来之通衢"，"临渊累石，下同鼎峙千秋；架木凌空，上拟虹横百尺"，形象地描述了本次造桥过程和该桥雄伟壮观的气势。

千乘桥是屏南境内第二长的木拱廊桥。2001年福建省人民政府公布为第五批省级文物保护单位，2006年国务院公布为第六批全国重点文物保护单位。

八、寿宁下党鸾峰桥

鸾峰桥又名下党水尾桥，位于寿宁县下党乡下党村，始建于明代，清嘉庆五年（1800年）重建，1964年曾修缮。

该桥为单孔木拱廊桥，南北走向，长47.6米，宽4.9米，单孔跨度达37.2米。桥飞架于悬崖峭壁之间，北面桥台利用悬崖凿成，南面桥台用块石砌筑。用三组（各9根圆木）与两根横贯梁木构成拱架，再用五组（各8根）圆木和四根横贯梁木交叠其上，交叉成拱，上横铺木板为桥面。桥屋为四柱九檩抬梁式木构架，十七开间，共72柱，上覆

图8-2-14　屏南县棠口乡棠口村千乘桥

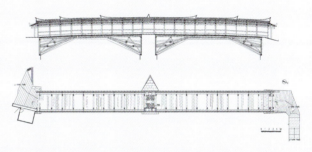

图8-2-15　千乘桥平面、剖面图

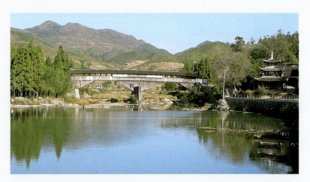

图8-2-16　千乘桥周边环境

图8-2-17　寿宁县下党乡下党村鸾峰桥

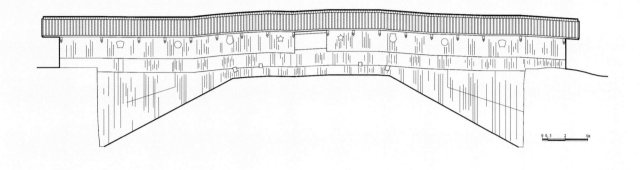
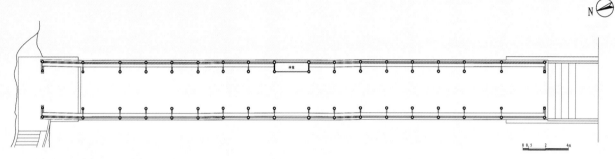

图 8-2-18 鸾峰桥平面、立面图

双坡顶，两侧设木条凳，檐下施挡雨板。桥屋中心间用如意斗栱叠梁成八角藻井，檩梁下皮墨书造桥木匠、捐款人等。桥中神龛主祀观音（图 8-2-17、图 8-2-18）。

该桥因跨度大、桥址险而著称，仰望如长虹凌空，非常壮观。1989 年 7 月，时任中共宁德地委书记的习近平同志到下党乡调研，会议场所就设在鸾峰桥内。

鸾峰桥是目前已知全国现存的单拱跨度最大的木拱廊桥。2005 年福建省人民政府公布为第六批省级文物保护单位，2006 年国务院公布为第六批全国重点文物保护单位。

九、古田鹤塘田地桥

田地桥又名公心桥，位于古田县鹤塘镇田地村，清嘉庆十一年（1806 年）建，1935 年重修。

该桥为单孔木拱廊桥，东西走向，长 42 米，宽 5.85 米，拱跨 36 米。桥横架于崇山峻岭之间，在两岸岩壁上用条石砌筑桥台，木拱架由三节苗与五节苗相互穿插而成，桥面木板上铺青砖。桥屋为四柱九檩抬梁式木构架，17 开间，68 柱，柱间连接长条杉木为凳，檐下施涂刷沥青的挡雨板。上覆歇山顶，顶脊中置葫芦，桥身中部拱起，两头翼角高高翘起，如雄鹰展翅欲飞。桥两端以石阶连接，东端 61 级，西端 111 级。桥内设神龛供乡民祭拜。桥内保存有墨书建桥时间及董事、桥匠等资料，解放初期解放军在护栏木板上书写的"抗美援朝，保家卫国"等标语，20 世纪 70 年代粘贴的田地村"护林公约"等历史信息（图 8-2-19、图 8-2-20）。

该桥地势险峻，处于古田通往闽侯、福州要道上。据《古田县志》载，"清嘉庆十一年黄锦和为首建"，其父黄仕昭鼎力相助，捐银 100 两。民国 24 年（1935 年），黄宋友等人募资重修，时任福建省政府主席林森为该桥题名"公心桥"。现桥头留下两个碑座，碑当为表彰建桥者而立，现已无存。新中国成立后曾有几次交通建设需要拆迁该桥，当地政府和村民想方设法保护，后在其下游 50 米处建水泥公路桥，古桥得以幸存（图 8-2-21）。

田地桥跨度大，落差高，造型美。2005 年福建省人民政府公布为第六批省级文物保护单位，2006 年国务院公布为第六批全国重点文物保护单位。

图 8-2-19　古田县鹤塘镇田地村田地桥

图 8-2-21　田地桥与下游的水泥公路桥

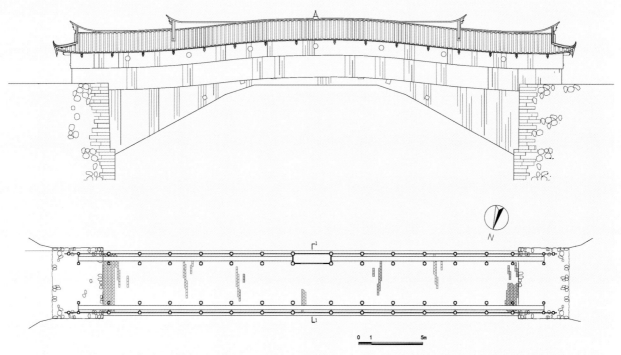

图 8-2-20 田地桥平、立面图

十、政和外屯洋后桥

洋后桥位于政和县外屯乡外屯村洋后自然村，始建年代不详，清道光三十年（1850 年）重建，曾多次修缮，2007 年大修。

该桥为单孔木拱廊桥，西南东北走向。桥身长 34 米，宽 5 米，净跨 27.7 米。桥体由 9 组三节苗、8 组五节苗交错搭置、互相承托而成。廊屋十四开间，每间用四柱，抬梁、穿斗式木构架，歇山顶。桥面条板横铺，两侧设木凳、栏杆，中部设神龛，供真武大帝神像。檐下施风雨板，木板鳞次蔽盖到拱梁墩台，以避免风雨对木构桥体的侵蚀（图 8-2-22、图 8-2-23）。

桥北面的引桥长 11.5 米。沿着台阶上桥，迎面是牌坊式桥门。牌坊的顶部装饰造型生动的"二龙戏珠"泥塑。牌坊拱门两侧有对联，拱门之上是"德惠万民"匾额。匾额之上绘莲花图案和一排通长的植物图案，植物图案之上装饰八仙过海的人物造型。匾额的两侧是"喜鹊登梅""竹报平安"灰塑，旁边绕着吉祥图案。桥屋内的梁上墨书该桥重建和修缮的时间、桥匠姓名等资料。南桥头由末间两侧开门出入。桥的南面连着一座寺庙，供奉观世音菩萨。该庙依山而建，重檐歇山顶，为廊桥增色不少。

洋后桥横跨七星溪，周边青山连绵，田野翠绿，结构独特的木拱廊桥倒映在波光粼粼的水面上，自然风光极为优美。在 20 世纪 60 年代之前，该桥是政和通往闽东各地的必经之路。该桥也是一座风水桥，每年端午节，各地有成百上千人到桥上"走桥"，向溪流中丢粽子。

洋后桥跨度较大，工艺精致，文化内涵丰富。2013 年福建省人民政府公布为第八批省级文物保护单位。

十一、政和杨源坂头花桥

坂头花桥位于政和县杨源乡坂头村，明正德六年（1511 年）始建，创建者为明户部主事员外郎、里人陈桓。后几经修建，1911 年毁于火，1914 年重建，1968 年、1982 年修葺（图 8-2-24）。

该桥为单孔石拱廊桥，南北走向。桥长 38 米，宽 8 米，净跨 12.2 米。桥面用条石、鹅卵石铺设。桥上建廊屋十三开间，杉木立柱 84 根。桥屋内东侧设一条通道，用木栅栏分隔，古时专为妇女通行，这种构造极为罕见。西侧密封，并列设神龛七

图 8-2-22 政和县外屯乡洋后自然村洋后桥

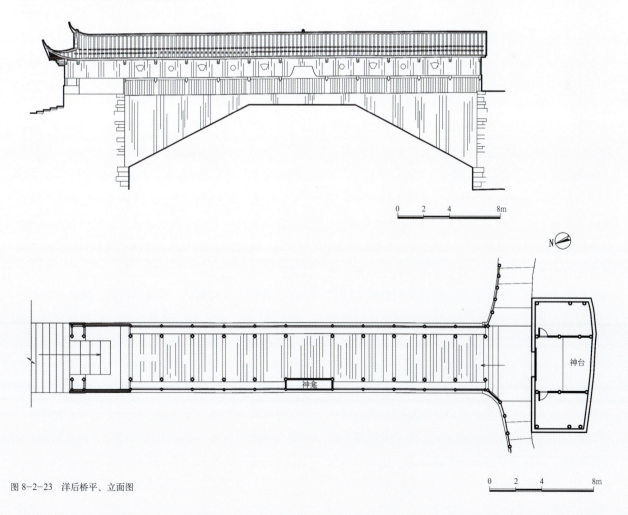

图 8-2-23 洋后桥平、立面图

图 8-2-24 政和县杨源乡坂头花桥

图 8-2-25 坂头花桥内景

间,桥两端亦设神龛。桥屋两旁置挡雨板。桥头两端为两层楼亭,中间建三层阁楼。阁楼高约10米,东面书写"文昌阁",西面书写"人杰地灵";第二层为三开间,当中供奉文昌君;第三层只有一开间,供奉魁星;阁内两侧设走廊,四面轩窗,三重檐歇山顶,层层飞檐翘角,屋脊置有葫芦宝顶。檐角下悬挂风铃,遇风时叮当作响。据说当地村民以此来预测天气,往往西边风铃响为晴天,东边风铃响是雨天。这可能是该桥地处峡谷,天气变化导致风向改变的缘故(图8-2-25、图8-2-26)。

该桥不但造型优美,而且人文气息浓厚。桥屋内中亭有八角斗栱藻井,两端为八角覆斗式藻井,藻井板壁彩绘"桃园结义"、"岳母刺字"等人物故事及花卉画案。丁头栱、雀替均雕饰花卉图案,外露梁枋均施彩绘或书写联句。桥柱上刻楹联32幅,立意深远,笔力苍劲。桥屋内神龛众多。南端供奉陈桓、陈文礼二公,北端神龛是通天圣母,桥屋西侧七个神龛塑有观音大士、魏虞真仙、许马将军、林公大王、福德正神、真武大帝、天王菩萨等民间传说与崇拜人物的雕像。屋梁上的墨书记载着当年的捐款人姓名。桥头立有清道光二年(1822年)重修碑两通,记载花桥始建及重建经历、捐银人名和数量,以及维护花桥安全、卫生的乡规民约等内容。

在桥拱左右两侧的石缝中埋夹着两把宝剑,剑尖向下指向溪面,现在剑尖仍露在外面二十几厘米长,历数百年而不锈。民间传说宝剑逢涝时能自动伸出,逢旱时则自动缩回。

坂头花桥为明代桥梁建筑的杰作,现为县级文物保护单位。

十二、永安贡川会清桥

会清桥位于永安市贡川镇集凤村,始建年代不详,明成化二十一年(1485年)重修,清道光二十年(1840年)再修。关于桥名的由来,民间流传的说法有两种:一说是该桥位于胡贡溪与沙溪交汇处,因两条溪水一清一浊在此会聚而得名;另一说是桥修建年代处在明末清初、明清交替之时,故以"会清"定名。

该桥为石拱廊桥,横跨胡贡溪,西南东北走向。桥长41米,宽7米,两墩三孔。桥身用丹霞石砌成拱券状,上覆以木构廊屋,桥面铺斗底砖。桥屋56柱,十一开间,屋架斗栱有一斗三升式和如意斗栱出挑等,四周设护栏,两侧檐下施挡雨板。桥中部施四方形藻井并设神龛,祀真武大帝。屋梁上墨书当年的捐款人和建桥工匠的姓名。桥正面高大的木牌坊式门楼上悬挂"会清桥"匾额。门楼从南北两端桥头攀架而立,斗栱重叠,檐角高翘。廊屋中

图 8-2-26 坂头花桥屋面造型优美

图 8-2-27 永安会清桥

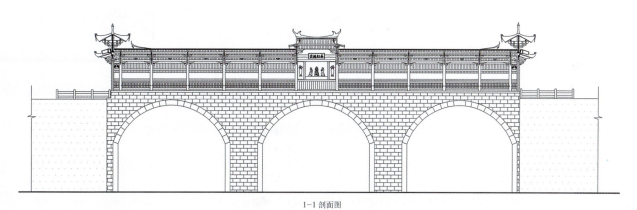

图 8-2-28 会清桥立、剖面图

段神龛上升起重檐歇山式的桥亭,与两头的桥门牌坊相呼应。桥的门楼和中部屋脊上塑飞鱼。该桥附近是砌筑在溪畔的明代城墙、古水门、古码头以及古庙、古井等。古朴典雅的廊桥与周围的景色融为一体,沧桑而又美丽(图 8-2-27、图 8-2-28)。

会清桥当属永安廊桥的经典之作,2001 年福建省人民政府公布为第五批省级文物保护单位。

十三、连城罗坊云龙桥

云龙桥位于连城县罗坊乡下罗村,始建于明崇祯七年(1634 年),清乾隆三十七年(1772 年)重修,后有维修,1984 年再修。该桥桥身呈褐色,遇时令变化,古桥间常有云雾缭绕,就像一条腾飞的蛟龙,云龙桥因此得名(图 8-2-29)。

图8-2-29 连城县罗坊乡下罗村云龙桥

该桥为石墩木伸臂廊桥，跨青岩河，东西走向。桥长81米，宽5米，五墩六孔。桥墩呈舟形，用花岗岩条石叠砌，上以圆杉木纵横铺叠七层承托木梁。桥面铺鹅卵石，上覆桥屋。桥屋三十一开间，用木柱128根。斗栱雕饰莲花状花卉，廊顶椽板密铺，青瓦覆盖。两边桥沿设木栏杆、坐凳，檐下的双层木雨棚漆成枣红色。令人叹为观止的是该桥的斗栱牌楼和桥屋中突起的阁楼。桥屋施藻井，中间升起歇山顶，旁边又突起一座双层的六角形重檐攒尖顶阁楼，称"魁星阁"（图8-2-30）。顺着狭小的楼梯登上魁星阁，周边的青山绿水尽收眼底。在廊桥的两端各竖一座四坡顶牌楼式桥门，上面悬挂"云龙桥"匾额，桥门斗栱高叠，飞檐翘角，气势不凡。桥头的一端连接田野，墩台引道用块石垒砌；另一端紧靠壁立的青石山岩，两条石径依岩砌筑，南道穿过石缝"一线天"和洞穴就是坦途，让人惊叹不已（图8-2-31）。

云龙桥下走古事，是当地一个独特的人文景观。走古事活动在每年正月十四、十五举行。古事共七棚，每棚古事由各房族挑选两个身体健壮、胆量大的10岁左右的男童，化妆脸谱，身着戏袍，一个扮主角，一个扮护将。扮主角的男童高高地直立在

图8-2-30 云龙桥当中的魁星阁

图8-2-31 云龙桥的一端紧靠山岩

一条铁杆上,腰身用铁圈固定;扮护将的男童坐在一座类似轿子的方形木框架上,以手托主公。走古事着重于"走",这里叫做走,实际上是在跑。第一天为陆地竞走,第二天为水上竞走。古事棚列队从云龙桥走下青岩河河滩,三响神铳之后,便蜂拥下河,情绪高昂地逆水而走。除领路的天官棚不能超越之外,以后棚超过前棚为吉利。所以抬者拼力相争,不顾天寒水深,河石苔滑,跌倒了再爬起,场面十分刺激。

云龙桥造型古朴,雄奇秀丽,1996年福建省人民政府公布为第四批省级文物保护单位。

十四、连城莒溪永隆桥

永隆桥位于连城县莒溪镇壁洲村,建于明洪武二十年(1387年),1984年重修(图8-2-32)。

该桥为石墩木伸臂廊桥,跨莒溪,南北走向。桥长100米,宽6米,三墩四孔。桥墩呈舟形,用花岗岩石叠砌,墩上纵横铺叠七层圆杉木承托木梁。桥面用鹅卵石铺就,中间铺三合土。桥屋十三开间,用木柱52根。两旁设木栏杆,外侧施两层漆成枣红色的风雨板。桥端架设两层的四角门楼,重檐歇山顶,檐角飞翘。桥廊的中段和另一端突起的歇山顶楼亭,与门楼相呼应,更显得精巧美观(图8-2-33)。桥门上方悬挂"永隆桥"匾,为1990年重修该桥时祖籍连城的原福建省委书记项南所题。

永隆桥是昔日交通要道,现为村庄通道。过桥约百步是天后宫和文昌阁。天后宫建于清乾隆末年,占地面积约700平方米,有上殿和下殿,上

图8-2-32 连城县莒溪镇壁洲村永隆桥

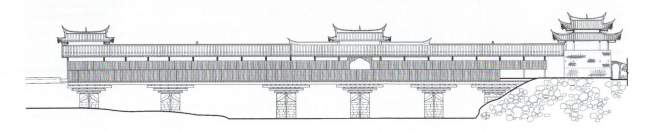

图8-2-33 永隆桥立面图

图 8-2-34　永隆桥的远处是天后宫和文昌阁

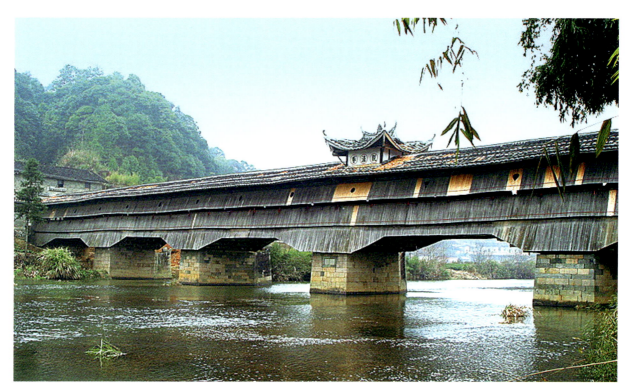

图 8-2-35　松溪县渭田镇渭田村五福桥

图 8-2-36 五福桥拱架结构

图 8-2-37 五福桥桥头

殿为斗栱牌楼建筑，内有八角藻井。文昌阁建于清康熙三十一年（1692年），占地面积约500平方米，高18米，共五层，攒尖顶，葫芦刹。三座古建筑连成一体，高度错落有致，景致优美壮观（图 8-2-34）。

永隆桥是闽西最古老的廊桥，为第五批省级文物保护单位"壁洲文昌阁"的附属文物。

十五、松溪渭田五福桥

五福桥位于松溪县渭田镇渭田村。明永乐九年（1411年）始建，明正统十二年（1447年）重建，清咸丰八年（1858年）毁于兵火，光绪二十九年（1903年）重建。最近一次重修是在1983年，按原貌恢复。

该桥为石墩木伸臂廊桥，横跨渭田溪，东西走向。桥长达109.5米，宽5.2米，四墩五孔。桥墩呈舟形，条石砌筑，分水尖上雕有鸟首。石墩上杉木纵横并列叠架，层层出跳，横架为梁。桥面用条石、鹅卵石和泥砖铺设，两侧置木栏杆和木条凳。桥屋三十五开间，用柱144根，抬梁、穿斗式木构架，单檐悬山顶，小青瓦盖顶。中段升起一座四角歇山顶的桥亭，飞檐翘角，雄伟壮观。桥亭两侧分别书写着"众志竟成"和"观濠赛"的大字。桥身通体鳞叠木板，风雨板每隔一段就开着圆形、桃形、六边形、八边形、扇形、瓶形等形状各异的小窗（图 8-2-35、图 8-2-36）。

五福桥在装饰方面很有特色。桥两端建有牌坊式石砌拱门，拱门上方勒石刻有"五福桥"竖向牌匾，牌匾两旁是形态逼真的八仙人物泥塑和色彩鲜艳的植物图案。桥门一端镌刻对联"恍步阿房犹睹何龙波卧，若登霄汉复逢是鹊桥填"，这是取唐杜牧《阿房宫赋》句中之意赞誉此桥，横批"司马题留"（图 8-2-37）；另一端桥门的对联为"安澜成砥柱，利济胜舟舆"，横批"风清坦道"。桥头立有一碑，记载清咸丰年间太平天国翼王石达开部在此与清军鏖战的历史。步入桥屋内，游人仿佛置身于五彩缤纷的绘画长廊。漆成枣红色的柱梁与绿色的栏杆形成强烈的视觉效果。梁枋、斗栱上绘着长方形、菱形、八角形、椭圆形的彩画700多幅，有《三国演义》《水浒传》、《红楼梦》、《东周列国》、《说岳》等历史故事、有《八仙过海》等神话故事，还有山水花鸟画，内容丰富，人物传神，画面清晰。

五福桥的桥身长，装饰华丽，现为县级文物保护单位。

福建古建筑

第九章 塔幢、牌坊

福建塔幢、牌坊分布图

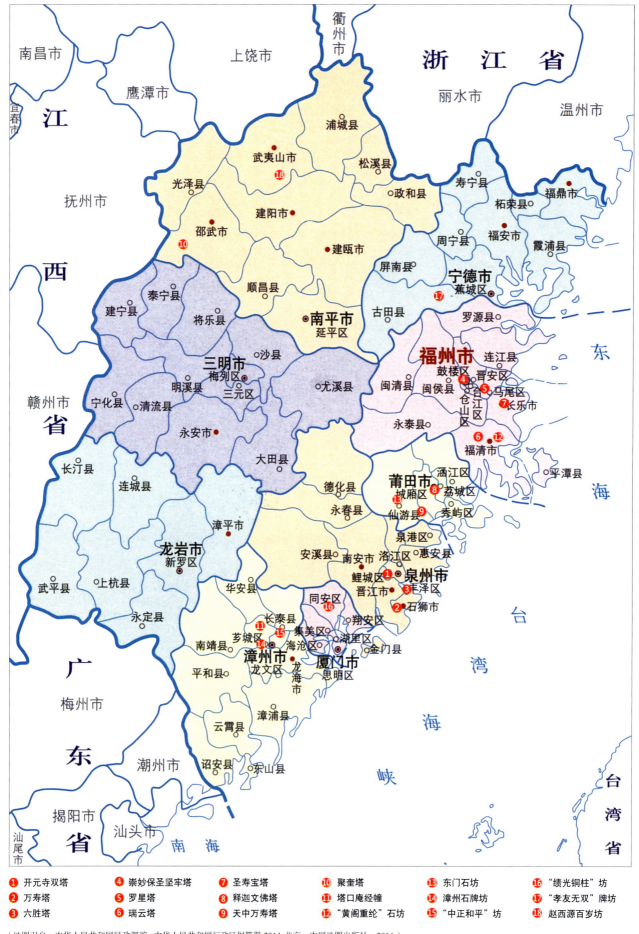

① 开元寺双塔　④ 崇妙保圣坚牢塔　⑦ 圣寿宝塔　⑩ 聚奎塔　⑬ 东门石坊　⑯ "绩光铜柱"坊
② 万寿塔　⑤ 罗星塔　⑧ 释迦文佛塔　⑪ 塔口庵经幢　⑭ 漳州石牌坊　⑰ "孝友无双"牌坊
③ 六胜塔　⑥ 瑞云塔　⑨ 天中万寿塔　⑫ "黄阁重纶"石坊　⑮ "中正和平"坊　⑱ 赵西源百岁坊

(地图引自：中华人民共和国民政部编.中华人民共和国行政区划简册2014.北京：中国地图出版社，2014.)

第一节　塔幢

一、概述

（一）福建塔幢的发展

佛塔，也称浮屠、浮图，起源于印度窣堵坡（梵语Stupa的音译），一种用于藏舍利和经卷等的佛教建筑。经幢是一种刻有佛经佛号的石柱状实心塔式建筑。福建目前保存各类大小古塔230余座，经幢近百座，在我国现存的塔幢中占有很大的比例。

塔幢随着佛教的传入加入到中国建筑的行列，传到福建的时间比中原地区要晚200年左右。晋太康三年（公元282年），晋安郡侯官建灵塔寺，寺以塔名，是否有塔，仅见文献，未见实物遗存。据《三山志·寺观类》载，"闽之浮屠，始于萧梁。高三百尺，至有倍之者，铦峻相望。乾符五年（公元878年），巢寇焚殄无遗"，明确记载福建建造佛塔始自南朝，且大都是高耸建筑，均毁于火。依此推测，早期佛塔应是木材建造，易建易毁，现已无遗存。

唐、五代随着佛教在闽地的发展，尤其是五代闽国时期闽王王审知大力推崇佛教，修建了许多佛寺和佛塔。唐、五代佛塔大多数为木构。例如，福州市鼓楼区的报恩定光多宝塔（俗称白塔）始建于唐天祐元年（公元904年），原为高66.7米的砖轴木构七层楼阁式塔，明嘉靖十三年（1534年）毁于雷火，嘉靖二十七年（1548年）重建时利用转轴改为高45.35米的八角七层砖塔（图9-1-1）。泉州开元寺的镇国塔（俗称东塔）始建于唐咸通六年（865年），初为五级木塔，南宋宝庆三年（1227年）改为砖塔，嘉熙二年（1238年）改为石塔；仁寿塔（俗称西塔）始建于五代后梁贞明二年（916年），原为七级木塔，南宋淳熙年间（1174～1189年）易为砖塔，绍定元年（1228年）改为石塔。

在现存四座唐塔中，最具代表性的是连江县凤城镇的护国天王寺塔（又名仙塔），建于唐大中二年（公元848年），现仅存两层，为八角楼阁式石塔，须弥座雕刻力士、瑞兽、牡丹等纹饰，塔内砌塔道，塔身外壁设佛龛，八角仿木立柱，柱下用石礩，柱顶施斗栱、下昂，檐面刻出瓦垄、勾头、滴水，仿木楼阁结构惟妙惟肖，应是福建石仿木塔最早的式样。在现存六座五代塔中，最突出的是福州市鼓楼区的崇妙保圣坚牢塔（俗称乌塔），后晋天福六年（公元941年）建，八角七层楼阁式，高约35米，有明确纪年且保存原貌，是福建保存最完整、最高大的五代石塔。闽侯县上街镇侯官村的镇国宝塔为方形七层楼阁式实心石塔，高7.5米，塔壁浮雕亭阁，阁中有坐佛，各层檐面刻瓦垄，檐口刻勾头、滴水，相轮塔刹，不失为塔中上品。仙游县枫亭镇的天中万寿塔建于五代年间，北宋嘉祐四年（1059年）重修，为方形五层实心石塔，塔顶四角做成山花蕉叶形，中间高起七层相轮塔刹，是福建建造年代最早的阿育王式塔（图9-1-2）。

宋代，佛教已盛行于福州、泉州、兴化（今莆田）、福宁（今宁德）等地，塔的建造更加繁荣。佛塔的平面从以方形为主，演变为以八角形为主，建塔的材料从以木材为主，转向以砖、石为主。现存宋塔58座，以仿木构楼阁式石塔为主流。最著名的有泉州开元寺东西塔、莆田市城厢区的释迦文佛塔（俗称广化寺塔）（图9-1-3）、长乐市的圣寿宝塔（也称三峰寺塔）、石狮市宝盖镇的万寿塔（俗称姑嫂塔）、石狮市蚶江镇的六胜塔、福州市马尾区的罗星塔等。开元寺东西塔和广化寺塔均为八角五层楼阁式空心石塔，都继承了唐代饱满、雄厚的风格。莆田市荔城区的报恩寺塔原为砖塔，隋开皇元年（公元581年）建，今塔建于北宋绍圣年间（1094～1098年），为八角三层楼阁式空心石塔，高13米，保留了隋、唐造型风格。福安市甘棠镇倪下村的倪下塔建于北宋熙宁六年（1073年），高6.85米，为八角九层楼阁式实心石塔，其造型承袭唐代砖塔风格。宋塔中有两座国内罕见的千佛陶塔，原立于福州龙瑞寺，1972年移置鼓山涌泉寺天王殿前（图9-1-4）。陶塔于北宋元丰五年（1082年）烧造，仿木构楼阁、柱、梁、斗栱、窗门、户扇、平坐、栏杆、瓦作等模仿逼真，堪称是宋代福州大式木构建筑的模型。厦门市同安区的婆罗门教塔建于北宋元祐年间

（1086～1094年），塔座、塔身均为方形石构，高4.68米，塔刹立于覆莲盆上，外观造型端庄、简朴，是外来宗教影响的佐证。

元代以后，塔的材料和结构技术方面无更高的突破。现存16座元塔中，最突出的是位于连江县东岱镇云居山的普光塔。该塔建于元至正十年（1350年），为八角楼阁式空心石塔，只有两层，高12米，角柱上用斗栱、昂等仿木构件，在建筑上有承上启下的风格。

现存明塔74座、清塔57座，以明万历三十四年（1606年）建的福清市瑞云塔最为精美。明清时期，佛塔在结构上仿木规制运用斗栱现象已不多见，而且不少塔从原有表现佛的崇高地位，演绎成祈佛佑福、镇恶祛邪和文运兴旺的风水塔、文峰塔。

在现存古塔中，有墓塔51座。安放一般僧人骨灰的墓塔，称"海会塔"，用砖或石砌造；名僧、方丈墓塔称"祖师塔"或"舍利塔"，如福州西禅寺的唐代慧棱法师墓塔、闽侯雪峰崇圣禅寺的五代名僧义存祖师塔、泉州开元寺的元代开元寺祖师、福州涌泉寺的神晏国师塔，均石构单层，覆钵圆顶，造型简朴。

经幢在佛教建筑中功能与塔近似。福建现存经幢分布在福州、泉州、厦门、漳州、莆田、南平、龙岩等地区，其体量大小、构造繁简不一，均为石构。典型的有北宋天圣三年（1025年）建的南安市丰州镇桃源宫陀罗尼经幢、北宋治平二年（1065年）建的莆田市广化寺经幢（图9-1-5）、北宋绍圣四年（1097年）建的漳州市芗城区塔口庵经幢和宋代建的泉州市鲤城区承天寺经幢（图9-1-6）。

（二）福建塔幢的功能

1. 佛教标志

埋葬舍利、礼佛拜佛是塔幢最基本的用途。佛塔传入中国后，初期佛寺的主要建筑是塔，内藏高僧舍利子，僧侣可围着塔做佛事。佛塔位于佛寺的中央，信徒礼塔即礼塔中的舍利或是佛经。俗话说"救人一命，胜造七级浮屠"，可见塔是佛的表征，是佛教的标志。

有着这类功能的塔幢多与佛寺有关，且大多雕有精美佛像。例如，长乐市三峰寺塔的底层塔壁浮雕文殊、普贤、罗汉、飞天及佛教故事图像，二层至七层塔壁浮雕莲花坐佛200尊。婆罗门教塔的塔身用整块方石逐层垒筑而成，第二层的四面浮雕坐莲佛像，第三层四面浮雕都取材于佛教故事。护国天王寺塔为唐代藏经阁，第二层塔门两边竖刻楷书"大方广

图9-1-1　福州市鼓楼区报恩定光多宝塔

图9-1-2　仙游县枫亭镇天中万寿塔

图9-1-3　莆田市城厢区释迦文佛塔

图 9-1-4　福州市鼓山千佛陶塔　　　　图 9-1-5　莆田市广化寺石经幢　　　　图 9-1-6　泉州市承天寺石经幢

佛华严经"、"大乘妙法莲华经",门额横刻篆书"悉达多密坦罗",可看出当年与佛教的密切关系。

2. 导航标志

福建东临大海,境内江河纵横,利用耸立在海边江口的塔幢作为导航的灯塔,是福建塔幢的又一个功用。有许多古塔已经成为航标塔。如罗星塔的塔身保存大量灯龛,显然是用于导航。此塔高 31.1 米,耸立于福州马尾港港口,作为中国沿海一座重要的航标塔而注入世界航海图。万寿塔雄踞于石狮市东南宝盖山巅,高 22.86 米,葫芦塔刹,顶头点灯,为古泉州港的重要航海标志。据顾亭林《读史方舆纪要》载:"绝顶有石塔,宏壮突兀,出于云表,商船以为抵岸之标",说明此塔久为航海标志,非专为佛教所用。六胜塔矗立在晋江南岸的金钗山上,高 36.06 米,与万寿塔南北相望,也是海船进出泉州湾的重要航标。在云霄县东厦镇漳江口的小礁石岛上,有清康熙九年(1670 年)始建、嘉庆十九年(1814 年)重建的高 24.81 米的石矾塔(图 9-1-7);在诏安县梅岭镇原是海上小岛的腊洲山上,有清嘉庆三年(1798 年)建的高 24.5 米的祥麟塔(图 9-1-8),均为八角七层楼阁式空心石塔,既作为风水塔,又是沿海的航标。

3. 点缀名胜

塔幢的造型优美,装饰华丽,给人以美的感受,本身就具有装点河山的功能,有些塔幢因此成为某一城市、地区或风景胜地的标志。如位于福州乌石山东麓的乌塔,与于山西麓的白塔遥遥相对,并称"榕城双塔",成为福州城市的标志。开元寺东西塔以塔身的雄伟、形制的奇妙和雕镂的精美而闻名,是泉州古城的标志。今天许多古塔已经成为著名的名胜古迹,供人登临、观赏的功用明显盖过内含的佛性。

这类古塔大多与风水有关,故也称风水塔、文峰塔、文昌塔等。例如,明万历三十三年(1605 年)建的南平市延平区双塔,位于南平建溪、富屯溪汇流处两岸,均为八角七层楼阁式实心石塔,在塔身第二层均刻有"民财永阜"、"文运遐昌"八个大字。传说当时建塔意在镇妖,两水交合处为"人"字,造双塔后成为"火"字,以此照妖。这两座塔隔江相望,俨然南平的守护神。建于五代闽国时期的闽侯县镇国宝塔为四角七层实心石塔,在濒临闽江的山冈上建造此塔,也是为了镇水妖,故俗称"浮镇塔"、"护镇塔",被视为侯官古镇和码头的标志。永安市登云塔、凌霄塔俗称南塔、北塔,明景泰三年(1452 年)始建,均为八角七层楼阁式砖塔,耸立在燕江之滨,

图9-1-7 云霄县东厦镇石矾塔（吴鲁薇摄）

图9-1-8 诏安县梅岭镇祥麟塔

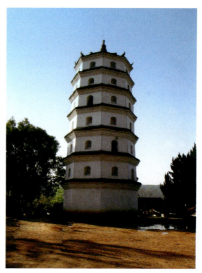
图9-1-9 漳平市双洋镇麟山塔

为永安开县风水塔。邵武市和平镇的聚奎塔建于明万历四十四年（1616年），选址在和平水口处的狮形山上，是古代和平（原称昼锦里）的风水塔、文峰塔，塔上有题刻"昼锦锁钥"、"文昌拱照"，寓意明显。

（三）福建塔幢的特点

1. 用材因地制宜

福建建造塔幢用材因地制宜，匠心独具，现存石塔180余座，占古塔总量的79.65%，因此福建被称为"石塔之乡"；现存砖塔40余座，占总量的18.18%；此外还有数量极少的夯土塔、陶塔、铁塔。在用材上各地不尽相同，沿海的福州、莆田、泉州一带以石塔居多，砖塔大多分布在缺少花岗岩石的闽东、闽北、闽西北一带。砖塔的形式有两种，一种是预制砖雕斗栱，以斗栱叠涩出檐；另一种是以砖块叠涩出檐。前者如南宋始建、明永乐九年（1411年）重建的福鼎市白琳镇下炉村的三福寺双塔，用36种不同形状的特制青砖砌造，倚柱、斗栱、塔檐飞椽、垂脊、瓦垄等惟妙惟肖。后者如明万历十六年（1588年）建的连江县江南乡文新村的含光塔，塔身用红砖砌筑，叠砌出檐，中有轴心柱，台阶沿壁绕轴盘旋至顶。

为了防火和保持坚固，我国在隋、唐之后建造了许多砖石结构或砖木混合结构的塔，但全部用石料建造的塔不是很多。福建古塔以石料为主材，石塔数量为全国之冠，但是建塔的材料也兼有其他。例如，福州报恩定光多宝塔，南朝梁大通元年（公元527年）始建、明嘉靖十三年（1534年）重修的福鼎市昭明寺塔，明万历三十年（1602年）建的漳平市双洋镇麟山塔（图9-1-9）均是砖构塔身，木质楼板、扶梯。明崇祯五年（1632年）建的泰宁县朱口镇青云塔为砖、石、木混合构成，塔基、层檐、塔内台阶用石材砌造，塔身为砖构，楼板为木构。龙岩市适中镇仁和村的文明塔建于南宋，八角九层空心楼阁式，塔身用三合土夯筑，高23.26米，底墙厚达1.64米，是福建罕见的单体土塔。福州鼓山千佛陶塔是用陶土手工分层捏制，经窑烧后组装而成的，这对陶塔的塔壁分别塑贴佛像1092尊、1122尊，反映了当时福州高超的陶瓷工艺水平。

2. 造型丰富多样

福建古塔自成系列，楼阁式居多，少量为阿育王式、覆钵式。楼阁式塔仿我国传统的多层木构架建筑，在结构规模上有建造技巧高、可供登临的大型空心塔和施工较简便、不可登临的小型实心塔两种。楼阁式实心石塔以古田县松台山顶的吉祥寺塔和古田县鹤塘镇幽岩村的幽岩寺塔最为著名。吉祥寺塔建于北宋太平兴国四年（公元979年），高25米；幽岩寺塔始建于北宋元丰三年（1080年），南宋庆元六年（1200年）重建，高13.5米，均为八角九层石构（图9-1-10）。阿育王式塔也称宝箧印经塔，平面呈四方，多在塔顶四角置蕉叶形插角。阿育王式塔多见于浙江，因五代吴越国与闽国交往密切而流传至福建，以仙游天中万寿塔最为典型。南安市诗山镇山二村的诗山塔建于南宋宝祐四年（1256年），全部用辉绿岩石砌筑，也是一座阿育王式塔。覆钵式塔保留了印度古塔式样，其造型是在须弥座上安置一个半圆形覆钵，上竖塔刹。闽侯县义存祖师塔建于唐天祐四年（公元907年），为石构塔墓，塔座八角形，圆钟形塔身石面上浮雕圆珠纹，如七层念珠环绕，顶如圆笠，上有圆珠结顶。

福建古塔除了普遍带有平坐、栏杆外，其造型丰富多彩，形态各异。有的塔造型雄壮，如石狮市万寿塔高22.86米，八角五层，底层尺度宽大，构成粗、大、矮、宽的笨重形态。有的塔造型挺秀，如福清市瑞云塔高34.6米，八角七层，须弥座边长3米，犹如凌霄玉柱，有明代"江南第一塔"之称；福州鼓山千佛陶塔高8.03米，八角九层，底径1.2米，整体外观亭亭玉立。有的塔瘦秀欹斜，如泉州市鲤城区崇福寺内的应庚塔建于宋初，为八角七层楼阁式实心石塔，塔体略有倾斜，传说塔斜向某方，即主兆某方五谷丰登，六畜兴旺。有的塔小巧玲珑，如南安市官桥镇竹口村的五塔岩石塔，建于宋代，五座石塔形制相同，每座相距2米，一字排开，塔高6米左右，塔基方形，上为六角形须弥座，塔身的第一层鼓状，第二层圆球形，六角攒尖顶，顶刹为相轮和葫芦。

不少塔造型极为独特。例如，仙游县西苑乡凤顶村的无尘塔建于北宋大中祥符年间（1008~1016年），为八角三层楼阁式空心石塔，高14.22米，一层在南北开门，东西设窗，二层、三层四面都开门。护门武士镶在东南、西南面石壁上，而不是置于门的两旁。这与宋以来的石塔结构迥然不同。仙游县龙华镇灯塔村的龙华双塔建于北宋大观、政和年间(1107~1118年)，为八角五层楼阁式空心石塔，建塔时即在塔尖灌铅作为避雷，这在古塔建筑史上亦属罕见（图9-1-11）。莆田市城厢区的石室寺塔

图9-1-10　古田县鹤塘镇幽岩寺塔

图9-1-11　仙游龙华镇龙华双塔之一

始建于南宋，明永乐年间（1403～1424年）重建，为方形七层楼阁式空心砖塔，楼板、回廊、护栏、出檐均为木构，这是明代塔所少见的。

3. 雕刻精致优美

福建塔幢的雕刻题材大致有三类，第一类是具有中国传统文化特色的装饰纹样、动植物图案和建筑构件，如莲花、祥云、龙、狮子、虎、斗栱等；第二类是佛教造像，如佛、菩萨、罗汉、天王、飞天等；第三类是与佛教相关的装饰纹样。

许多塔幢雕刻精细，形象生动逼真，与整座塔幢和谐相融为一体，成为精美的艺术品。例如，闽侯县尚干镇乌门村的庵塔，始建于南朝陈太建年间（公元569～582年），石塔浮雕龙如蜥蜴，凤如鸡，形象古拙，为他处所罕见。莆田释迦文佛塔的须弥座浮雕狮子滚球、牡丹花等图案，转角的侏儒力士表情生动，佛龛旁的观音像丰满圆润，檐下两层叠涩的凤凰、飞天、双翅羽人栩栩如生。莆田市湄洲湾北岸管委会东埔镇东吴村的东吴石塔建于明万历四十六年（1618年），须弥座束腰浮雕的鸟兽图案形象生动，底层门两旁的武士像威武雄壮，佛龛内的佛像神态各异。南安市陀罗尼经幢的须弥座八角浮雕力士顶托，束腰浮雕飞天，幢身各层均用整石精雕细刻而成，分别浮雕双龙戏珠、佛像、祈福题记等，十分精致。泉州开元寺东西塔的塔雕艺术与内容堪称福建之最。东塔须弥座束腰嵌以辉绿岩石浮雕释迦牟尼成佛故事39幅，西塔须弥座束腰浮雕花卉鸟兽，两塔的门、龛两旁均浮雕天王、力士、菩萨、天神、罗汉等佛像160尊，浮雕精美异常，表现出宋代泉州石雕艺术的杰出成就。

二、实例

（一）泉州开元寺双塔

泉州开元寺双塔俗称东塔、西塔，位于开元寺大雄宝殿前的东、西两侧庭院，相距约200米。东塔名镇国塔，西塔名仁寿塔，均为八角五层仿木构楼阁式空心石塔。

东塔始建于唐咸通六年（公元865年），初为五级木塔，南宋宝庆三年（1227年）改为七级砖塔。嘉熙二年（1238年）改为石构，至淳祐十年（1250年）建成，保存至今。石塔通高48.24米，底边长7.8米。塔基须弥座高1米，周绕石栏杆，塔基四面各设五级踏步。座身上下刻莲花、卷草各一层，八个转角处均雕一尊承托巨座的力士像。束腰石浮雕释迦牟尼成佛故事39幅，精致异常，表现出宋代泉州石雕艺术的杰出成就。塔身分回廊、外壁、塔内回廊和塔心柱四部分。正中的八角形塔心柱直贯各层，是全塔的支撑。塔心柱为石砌实心柱体，每层内各辟一方洞，以架梯上下。塔心柱体与外壁的联系，为内回廊楼层。各层塔心柱上的八个转角处均架有石梁，搭连于外壁和倚柱，柱头出华栱层层托出，使重心集中、结构稳定。每层塔身之外均设有平坐、栏杆，构成周绕的外廊，人们可以走出塔身凭栏眺望，这是北方砖石塔所少有的。每层开四门，设四龛，门、龛位置上下交错。门侧浮雕天王、力士，龛两旁浮雕菩萨、天神、佛弟子等，共有浮雕佛像80尊，神态各异，刻工精巧。塔檐呈弯弧状向外伸展，檐角高翘，悬风铎。塔顶为八角攒尖顶，塔刹由刹座、覆钵、宝珠、仰莲、七重相轮、镏金葫芦组合而成，极为挺秀高拔，有八条铁链连接塔顶八角的檐脊，以使之稳固（图9-1-12～图9-1-15）。

西塔始建于五代后梁贞明二年（公元916年），初为七级木塔，称无量寿塔。南宋淳熙年间（1174～1189年）易为砖塔，改今名。绍定元年（1228年）至嘉熙元年（1237年）改为石塔，建造时间比东塔早10年。石塔通高44.06米，底边长7.6米。塔基须弥座高1.2米，束腰雕刻瑞兽、花卉等图案纹饰。除须弥座上的辉绿岩石雕刻和石斗栱做法与东塔略有不同外，西塔的平面和立面的形制、层级、结构与东塔基本相同（图9-1-16、图9-1-17）。

泉州开元寺双塔为我国仿木构石塔中的佼佼者，是我国古代石构建筑之瑰宝。作为泉州开元寺的组成部分，1961年福建省人民委员会公布为第一批省级文物保护单位，1982年国务院公布为第二批全国重点文物保护单位。

图 9-1-12 泉州开元寺镇国塔

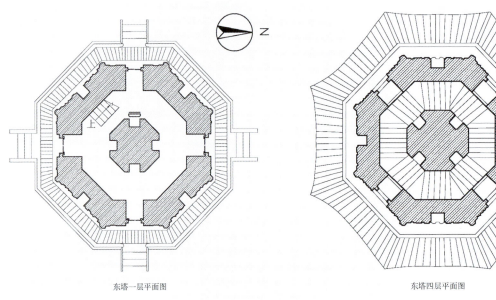

东塔一层平面图 东塔四层平面图

图 9-1-13 镇国塔平面图

图 9-1-14 镇国塔东方色彩之力士 图 9-1-15 镇国塔印度色彩之力士

图 9-1-16　泉州开元寺仁寿塔

图 9-1-17　仁寿塔细部

图 9-1-18　石狮市宝盖镇万寿塔

（二）石狮万寿塔

万寿塔又名关锁塔，俗称姑嫂塔，位于石狮市宝盖镇宝盖山顶，南宋绍兴年间（1131～1162年）僧介殊倡建。据清《晋江县志》载："宝盖山绝顶有石塔，名关锁塔，盖泉城关锁水口镇塔，高出云表，登之可望商舶来往。"

万寿塔为八角五层楼阁式空心石塔，通高22.86米，占地面积388平方米。底层边长3.8米，逐层缩减，顶层宽2.5米。以环廊取代须弥座。环廊内设方形佛龛七个，塔腹内设佛龛一个，各供坐佛一尊，分别朝向八个方向。塔门朝西，塔门前有单檐歇山顶石构门亭与之相连。门亭平面呈长方形，面阔三间，进深一间，内存清乾隆四十三年（1778年）维修碑记一通。塔身转角石柱断面为梅花形，柱顶大栌斗、檐口均砌出鼓楞挑檐，上置平坐、望柱和栏板。每层开一券顶门，塔内有旋梯。第二层门额有"万寿宝塔"题刻，内壁刻佛教偈语两处。第三层塔内设石磴，浮雕石像三尊及清代维修记事三则，石像传为姑嫂塔悲剧的主人公，正中为男像，两侧女像为其妻、妹。明何乔远《闽书》记载："昔有姑嫂，为商人妇，商贩海，久而不至，姑嫂塔而望之，若望夫石然，塔中刻二女。"塔盖翘脊上有坐佛像八尊，顶置葫芦塔刹（图9-1-18、图9-1-19）。

万寿塔造型雄壮，矗立于山巅，视野辽远，历代均为航海标志，也是晋江、石狮侨乡人登高望远、盼望海外亲人归来的瞭望台。1961年福建省人民委员会公布为第一批省级文物保护单位，2006年国务院公布为第六批全国重点文物保护单位。

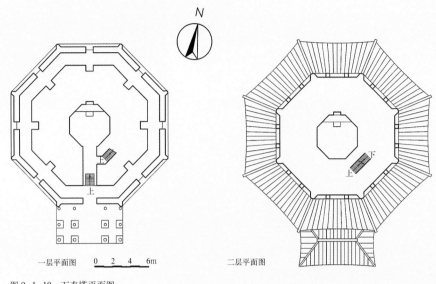

图 9-1-19 万寿塔平面图

（三）石狮六胜塔

六胜塔又名日湖塔，俗称石湖塔，位于石狮市蚶江镇石湖村的金钗山上。石湖为泉州沿海小港之一，在宋元泉州港崛起时，这里也曾是外贸商船停泊之处。六胜塔在晋江南岸临江矗立，与万寿塔南北遥相对峙，是海船进出泉州湾的重要航标。

六胜塔于北宋政和三年（1113年）由檀越薛公素、僧祖慧、宗什募资兴建。南宋景炎二年（1277年）被元军毁大半，元世祖至元二十二年（1285年）修复，惠宗至元二年（1336年）由锦江商人凌恢甫鸠资再修。现塔的每一层上都刻有建造时间，第二层为"岁次丁丑十一月"（1337年），第三层为"岁次戊寅十月"（1338年），第四层为"岁次己卯三月"（1339年），由此可知此塔共建5年时间才完成。

六胜塔为八角五层楼阁式空心石塔，占地面积425平方米，通高36.06米。基座周长47.5米，为双层须弥座，八角各雕一力士承托。平坐上置望柱、栏板，四面有台阶通四门。塔层层收分，各层均设四门四龛，并浮雕金刚力士和立佛16尊，拱门、佛龛位置逐层转换，交错设置，使塔身结构不易崩裂。塔身转角处有圆形倚柱，上叠莲花栌斗，两旁浮雕雀替，雀替的做法较宋代繁复，具有鲜明的元代建筑风格。每层双挑斗栱出檐，上盖扇形瓦纹石板，盖顶雕筒瓦及瓦当，八角作吻首翘脊，上雕坐佛各一尊。塔内用条石砌成八角形塔心柱，柱顶留有八角井，内安放宋代瓷碗三只、古钱币三枚。塔心与塔壁间架石梁，上铺板，板留一梯洞上下。塔刹由圆盘、莲瓣、瓜形石叠作小石塔，瓜形石一面阴刻佛像，一面浮雕坐佛（图9-1-20、图9-1-21）。

六胜塔整体结构严谨，雕刻精细，造型雄伟。1961年福建省人民委员会公布为第一批省级文物保护单位，2006年国务院公布为第六批全国重点文物保护单位。

（四）福州崇妙保圣坚牢塔

崇妙保圣坚牢塔俗称乌塔，位于福州市鼓楼区乌石山东麓。

唐贞元十五年（公元799年），福建观察使柳冕为德宗皇帝李适祝寿、祈福，建无垢净光塔，乾符六年（公元879年）毁于黄巢入闽战乱，迄今尚存《贞元无垢净光塔铭》碑在乌塔右边碑亭内，这是福州市目前已知最古老的碑碣。五代后晋天福六年（闽国永隆三年，941年）闽王王延羲为祈求江山永固，在前塔遗址上重建，改名"崇妙保圣坚牢塔"，此后历代屡有修葺。王延羲原定建造的是九层宝塔，闽国永隆六年（公元944年）塔建到七层时，王延羲被部属杀死，建塔工程就此收场，所以预先嵌在塔壁上的建塔碑记所载与塔的实际情况有所出入。

崇妙保圣坚牢塔为八角七层楼阁式空心石塔，造型雄伟挺拔，通高34.74米。台阶式塔座，五级，高1.88米。塔身各层转角设倚柱，每层都有平坐和护栏。每层叠涩出檐，塔檐平缓，唯第七层檐及塔顶比较高陡，腰檐凿刻勾头、滴水、瓦垄，角脊前端均置镇塔石佛一尊。塔内设石阶塔道，可登顶层。塔的第一层八角各立一尊力士，向东开门，中砌塔道。二层以上各层交错设两门，不开门的各面设佛龛或嵌碑记。每层佛龛内均镶嵌黑色页岩浮雕佛像，共46尊，雕刻精美，磨琢光润，是五代闽国雕塑的代表作。第四层东壁镶有塔名碑，第五层南壁嵌建塔碑记，第七层南面佛龛座下有祈福题名碑。塔顶八角以覆钵结顶，上置圆球小宝塔、铁葫芦塔刹，塔刹用链条固定（图9-1-22～图9-1-24）。

崇妙保圣坚牢塔是福建保存最完整、最高大的五代石塔，是研究五代闽国历史的珍贵实物。1961年福建省人民委员会公布为第一批省级文物保护单位，2001年国务院公布为第五批全国重点文物保护单位。

（五）福州罗星塔

罗星塔位于福州市马尾区罗星公园内。旧时罗星山位于江心，后江水中沙土积淀，与江岸连为一体。塔有如磨的轴心，故俗称"磨心塔"。

相传罗星塔由宋代柳七娘始建。据《闽都记》载："七娘，岭南（今广东）柳氏女，有色，里豪谋夺之，抵其夫于法，谪死闽南。七娘斥卖其产，入闽，捐资造塔，以资冥福。"明万历年间塔被海风摧毁。天启四年（1624年）福州著名学者徐𤊹等人倡议，在宋代塔座上重建，现存石塔为明代遗物。

罗星塔原为古代港口航标，位于闽江与乌龙江合流处的马尾港水深流缓，是一个天然良港，但是码头的周边有不少明礁暗石。为了能使进入港口的船只识别方向，便在位置醒目的罗星山上建起了这座灯塔，至今罗星塔身上仍保存着大量灯龛。罗星

图9-1-20　石狮市蚶江镇六胜塔

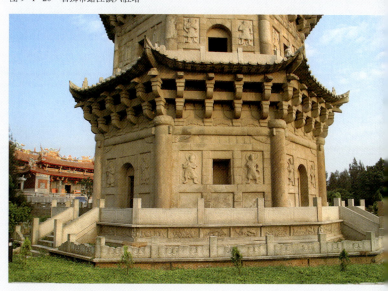

图9-1-21　六胜塔底层细部

图 9-1-22　福州市崇妙保圣坚牢塔

图 9-1-23　崇妙保圣坚牢塔底层力士像 1

图 9-1-24　崇妙保圣坚牢塔底层力士像 2

塔的名称和位置早在明初就标绘在《郑和航海图》中，后又收入《航海针经图册》，是国际公认的海上重要航标之一，世界邮政地名称为"中国塔"。

罗星塔为八角七层楼阁式空心石塔，高 31 米。须弥座直径 8.6 米。中砌塔道，通上层外廊，通连至顶。一层朝西设门，二至六层设两门，七层设一门。每层均建有平坐，围以护栏，可拾级而上，凭栏远眺。塔身外壁均砌佛龛，浮雕八方佛，八角用方柱，柱头上刻斗栱。门、龛上叠涩平出层檐，每层泄水檐角下悬有风铎。相轮塔刹。清光绪十年（1884年）中法马江海战，罗星塔的塔身及栏板中弹数发。1964 年经过了一次大的维修，古塔更加雄姿焕发（图 9-1-25）。

罗星塔整体建筑淳朴大方，是中国沿海一座重要的航标塔。1985 年福建省人民政府公布为第二批省级文物保护单位，2013 年国务院公布为第七批全国重点文物保护单位。

（六）福清瑞云塔

瑞云塔俗称利桥塔，位于福清市瑞云路。此处原有瑞云寺，后寺废塔存。据明叶向高《福清县新建桥塔记》载，明万历三十四年（1606 年），由知县凌汉翀和叶向高之子叶成学募捐倡建，名匠李邦达设计施工，历时 10 年告成。

瑞云塔为八角七层楼阁式空心石塔，通高 34.6 米。须弥座高 1.75 米，边长 3 米，束腰浮雕麒麟、玉兔、芝鹿、天马、狮子等祥禽瑞兽，下枭浮雕云浪翻腾，上枭浮雕仰莲绽放，八角各雕一尊侏儒力士。第一层塔身立于仰莲之上，北面开门，门额上竖匾阴刻"凌霄玉柱"，左、右浮雕武士像各一尊，其余七面设佛龛。从第二层开始，塔身渐次收分，层檐上施平坐、扶栏，供登临远眺。二、四、六层为东西对称开门，三、五、七层为南北对称开门，其余六面设佛龛。塔门两侧均雕武士，佛龛高 1 米，龛两侧浮雕力士、比丘、罗汉等，龛额上枋浮雕"五方佛"、"三世佛"。塔内设石阶通至塔顶。塔身转角立海棠形倚柱，柱头上施两层斗栱，叠涩出檐挑角。高翘的角檐上各置一尊镇塔将军，共计 56 尊。檐口石雕勾头、滴水、封檐板，檐面浮雕瓦垄。八角攒尖结顶，坡顶陡峭，高 3.45 米，顶端置三级宝葫芦。全塔共雕有菩萨、力士和佛像 388 尊，最大的高 1.5 米，最小的仅 0.2 米（图 9-1-26～图 9-1-28）。

瑞云塔造型颀长均匀，雕琢精致，工艺水平极高，是 17 世纪中国石工技术中的精品。1961 年福建省人民委员会公布为第一批省级文物保护单位。

图 9-1-25 福州马尾罗星塔

图 9-1-26 福清市瑞云塔

图 9-1-27 瑞云塔底部精美的石雕

图 9-1-28 瑞云塔角檐上置镇塔将军

（七）长乐圣寿宝塔

圣寿宝塔又名三峰寺塔，俗称南山塔，位于长乐市吴航街道南山上。北宋崇宁年间（1102～1106年），有僧人在山顶筑台讲经，后富室林安上就台址建佛庵，以后寺僧又建浮屠七级，即今三峰寺塔。第七层南面塔门旁刻有"圣寿宝塔，时政和丁酉十月二十三日圆满，同掌会陈致乾、戴顺、郑康、周寿、林伯材"等铭文，足证此塔为北宋政和七年（1117年）为祝贺宋徽宗寿诞所建。明初郑和下西洋，船队驻泊长乐，曾两次修葺三峰寺。今寺废塔存。

圣寿宝塔为八角七层楼阁式空心石塔，高27.4米，须弥座，葫芦刹。第一层仅设一门，二层至六层均设两门，七层开四门。第一层南门嵌"雁塔"门额；第二层西面塔檐下匾题"圣寿宝塔"；六层、七层塔壁刻有造塔记六条；七层穹顶用顶梁一根，梁底铭文："当今天子楙延圣寿"。第一层转角雕八尊护法天王，二至七层转角作瓜楞倚柱，塔檐下施仿木构斗栱铺作，塔壁设神龛，龛内嵌浮雕莲花坐佛。塔层层叠涩出檐，戗角饰龙头斗栱，设平坐。塔内为空心石室，内有石阶通至顶层。该塔石雕工艺精细，须弥座环雕蕉叶、莲花纹饰、八面浮雕狮子、花卉图案，八角有侏儒力士承托；塔身第一层正面浮雕文殊、普贤菩萨像，各面浮雕佛教故事图像以及50尊神态各异的罗汉、16尊手持管弦乐器的飞天；各层塔壁浮雕莲花坐佛，各作两排，每排四尊，共200尊（图9-1-29～图9-1-31）。

圣寿宝塔工艺精湛，古朴典雅。1961年福建省人民委员会公布为第一批省级文物保护单位，2006年国务院公布为第六批全国重点文物保护单位。

（八）莆田释迦文佛塔

释迦文佛塔俗称广化寺塔，位于莆田市城厢区凤凰山街道广化寺东侧。始建年代不详，根据塔二层北门柱上石刻铭文："乾道改元清明日，亳社张景醇挈家同登"推测，塔当建于南宋乾道元年（1165年）以前。明万历三十五年（1607年）重修。

释迦文佛塔为八角五层楼阁式空心石塔，通高30.6米，基座周长33.6米。须弥座高0.8米，束腰浮雕狮子滚球和牡丹等图案，转角浮雕的侏儒力士表情丰富，形象生动。须弥座四周栏板与众不同，使用较低的通连波涛云气纹图案的矮栏，使厚重的塔基有轻巧之感。南面正中砌五级石阶直通塔身，石阶两旁置望柱及海水卷云纹栏板，回廊栏板浮雕云水纹。底层东、西两面开门，南面砌小佛殿，其余各面设佛龛。佛龛内置佛像，门、龛两旁浮雕罗汉等，形象逼真生动。二层至五层四面开门，设佛龛，门旁浮雕金刚力士，龛旁浮雕观音菩萨，神态丰满逼真。第二层门口匾额上篆书"释迦文佛之塔"。塔身转角倚柱作瓜楞形，柱上置栌斗，出华栱，转角和补间铺作均为双杪双下昂。各层塔檐薄且长，出檐1米，显得深远而轻巧。檐下出两层叠涩，浮雕频伽鸟、凤凰、飞仙、祥云、花卉等纹饰。塔内为宽敞明亮的八角空心石室，逐层砌筑石台阶，通各层塔身外廊。沿石阶可登顶层，顶部为四组叠涩

图9-1-29　长乐市圣寿宝塔

图 9-1-30 三峰寺塔底层石雕

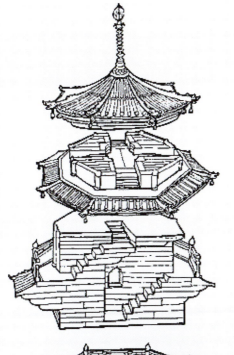

图 9-1-31 三峰寺塔结构

图 9-1-32 莆田释迦文佛塔

结构的八角藻井。八角攒尖顶上置相轮塔刹。塔身内外壁有宋、元、明历代题刻46处和多处宋、元墨书。内壁还保存1937年闽中游击队驻广化寺进行整编训练时所写的革命标语（图9-1-32）。

释迦文佛塔造型隽秀，庄重挺拔，是福建仿木构楼阁式石塔的精品。1961年福建省人民委员会公布为第一批省级文物保护单位，1988年国务院公布为第三批全国重点文物保护单位。

（九）仙游天中万寿塔

天中万寿塔俗称塔斗塔、青螺塔，位于仙游县枫亭镇塔斗山顶。据《仙游县志》记载，天中万寿塔创建于五代年间，已有千年历史。北宋嘉祐四年（1059年）端明殿大学士蔡襄重修，有"蔡忠惠襄建万安桥时，以其余石造此，由海运至，一夜而成"之说。

天中万寿塔为五层方形实心石塔，高7.4米，北面嵌有两方建塔记事碑。塔下方基座石砌，边长7.8米。须弥座底边长5.1米，四个转角各雕一尊力士，四面各浮雕两条蟠龙。第二层北面刻铭文，其余三面雕四季花卉，四角圆形倚柱。第三层每面浮雕三尊坐佛，嵌于三个拱门形佛龛中，四个角柱各雕一尊金刚力士。第四层每面浮雕一尊半身佛像，四个转角浮雕鸟嘴人形、长翅膀的雷电金刚，边缘饰卷草、覆莲组成的图案。塔顶四角作山花蕉叶形，中间安置相轮塔刹，七重相轮以一根花岗岩条石凿成（图9-1-33、图9-1-34）。

天中万寿塔是福建建造年代最早的阿育王式塔，造型古朴庄重，风格独特。1985年福建省人民政府公布为第二批省级文物保护单位，2001年国务院公布为第五批全国重点文物保护单位。

（十）邵武聚奎塔

聚奎塔又称奎光塔，俗称聚光塔，位于邵武市和平镇水口山。明万历四十四年（1616年）始建，历时20余年，于崇祯年间告竣。由和平黄六臣、黄兆武父子首倡并捐资始建，由时任邵武知县的袁

图9-1-33 仙游天中万寿塔造型独特

图9-1-35 邵武市和平镇聚奎塔

图9-1-34 天中万寿塔转角鸟嘴人形浮雕

图9-1-36 袁崇焕题写的塔名"聚奎塔"

图 9-1-37　聚奎塔外壁佛龛　　　　图 9-1-38　漳州市芗城区塔口庵经幢　　　　图 9-1-39　塔口庵经幢细部

崇焕题写塔额。

聚奎塔为五层六角楼阁式砖塔，通高 27.81 米，底层每边边长 3.79 米（图 9-1-35）。塔基以辉绿岩石砌造，塔身砖砌，并使用木、石、砖等各类装修。各层交错辟一券顶拱门，门楣均有题刻。底层门额阴刻行楷袁崇焕题写的塔名"聚奎塔"三个大字（图 9-1-36），上款为"天启元年秋月吉旦"，下款为"赐进士第知邵武县事袁崇焕立"，字迹清楚，完好无损。第二层至第五层的门额题刻分别为"昼锦锁钥"、"一涧玄朝"、"雄峙中区"、"层峦耸翠"。塔身外壁各层五面均砌拱券顶佛龛（图 9-1-37），龛内浮雕的塑像有四大天王、泗洲文佛、天将、观音、龙王、侍女、侍者等，龛顶雕花草图案。塔内壁各层均设一佛龛，内置砖质神像，均有题刻，自下而上为"一柱擎天"、"慈悲普渡"、"三元昭应"、"文昌拱照"、"玉铉上映"。各处砖雕形象生动，造型典雅。塔内沿壁砌石磴旋梯至顶层。楼板及桁条为木构（1990 年重修改为水泥地面）。塔外每层间以砖块叠涩伸出，砖层上方嵌椭圆形椽木及望板，再加覆石板条作为塔檐。塔檐转角起翘，翘角处雕成鸟首形状。塔檐外挑 1 米左右，可兼作平坐，沿每层的塔周绕行。塔顶部以条石斜置搭接，葫芦刹顶。

聚奎塔是福建明代砖塔的范例，2009 年福建省人民政府公布为第七批省级文物保护单位。

（十一）漳州塔口庵经幢

塔口庵经幢位于漳州市芗城区大同路塔口庵前，属净众寺遗物。北宋绍圣四年（1097 年）建，明崇祯十五年（1642 年）重修。

塔口庵经幢通高 7 米，由二十四层浮雕块石垒砌成，呈宝塔式。八角形基座系唐代遗存的石构件，底径 1.2 米。基座之上为雕刻有海水、螭龙、仰莲的圆鼓状、八角形、覆盆、圆柱形等六层块石，承托着中隔仰莲石平座的两层八角柱形幢身。幢身下层八面浮雕或坐或立、形态各异的佛像各一尊；上层南面竖刻四行楷书"宝塔建造于宋绍圣四年丁丑，至大明崇祯拾伍年陆月初十日飓风颓坏，原任钦差福建中路副总兵王尚忠捐资重造"，余七面均竖刻"南无阿弥陀佛"。幢身之上以雕有佛像、莲花等图案的十三层各种形状的块石构成幢顶，幢顶作五重八角出檐，顶端为葫芦状塔刹。经幢周围立八角形石护栏（图 9-1-38、图 9-1-39）。

塔口庵经幢是保存完整的具有唐、宋、元、明几代雕刻艺术与建筑艺术的文物，1991 年福建省人民政府公布为第三批省级文物保护单位。

第二节 牌坊

一、概述

牌坊是中国古代一种门洞式的建筑物，一般用木、砖、石等材料建成，上面镌刻题字。据不完全统计，福建各地保存的牌坊有170座左右，是民间建筑和雕刻艺术的结晶，也为研究福建历史和历史人物提供了可贵而又确凿的实物资料。

福建现存牌坊多是明清时期朝廷或地方为旌表尚义、萃贤、长寿、功名、贞节、节孝等所立，以石、木结构为主，额枋上多有名人题刻和花卉、鸟兽、人物故事等题材的雕刻（图9-2-1、图9-2-2）。明代牌坊以雄伟淳朴见长，清代牌坊以雕饰精美称秀。较典型的明代牌坊有福清市的"黄阁重纶"石牌坊、漳州市芗城区的"尚书探花"石牌坊和"三世宰贰"石牌坊、漳州市龙文区蓝田镇西坑村的"中正和平"石牌坊、长泰县武安镇的"秋水鱼龙"石牌坊和"祖孙执法"石牌坊、诏安县深桥镇上营村分水关的"功覃闽粤"石牌坊（图9-2-3）等。较典型的清代牌坊有古田县鹤塘镇鹤塘村的"孝友无双"木牌坊、武夷山市兴田镇城村的赵西源百岁木牌坊、仙游县的东门石牌坊、漳州市芗城区的"勇壮简易"石牌坊和"闽越雄声"石牌坊、厦门市同安区顶溪头村的"绩光铜柱"石牌坊、泉州市丰泽区的"急公尚义"石牌坊（图9-2-4）、建宁县里心镇岩上村的岩上节孝石牌坊、建宁县溪源乡上坪村的"七叶衍祥"石牌坊等。

福建的牌坊主要有立柱出头与立柱不出头两种形制。绝大多数是在额枋和柱顶上加盖檐顶，形成柱子不出头的楼阁式牌坊；极少数是柱头高出额枋的冲天式牌坊，如福州市仓山区城门镇的林浦尚书里牌坊。该牌坊始建于明隆庆年间（1567～1572年），1994年移位重建，为四柱三门三楼石坊。四根立柱为冲天式，柱顶出头做圆柱形云冠，雕流云

图9-2-1　武夷山市五夫镇连氏节孝坊细部

图9-2-2　仙游县东门"乐善好施"石牌坊上部

图9-2-3　诏安县深桥镇分水关"功覃闽粤"石牌坊

图9-2-4　泉州市丰泽区"急公尚义"石牌坊

装饰，柱前后以夹柱石支撑。明间施上、中、下枋，夹两层牌匾，上层两面刻"尚书里"、"科第联芳"，下层刻历代尚书名；次间施上、下枋，枋间亦为字牌。枋顶立三个小楼阁，尺度很小，只有坊间面阔的三分之一，雕刻粗犷简洁，中门的楼阁置圣旨牌。整座石坊造型别致，在福建极为少见。

从建造牌坊的材料分类，福建的牌坊主要有木牌坊、石牌坊、砖牌坊以及砖石混合牌坊等形式。

用木材建造的牌坊在福建已不多见。福建多雨，因此木牌坊的形式为带顶式，这样屋顶楼盖能够遮挡雨水，有效地保护下部的木构件。福建木牌楼通常施多层如意斗栱托起屋顶，屋角起翘特别大，木构件或清水、或仅施单色红漆，没有北方牌楼那么多彩画。有的木牌坊为单排柱，柱梁结构简洁明快，如福州市仓山区城门镇林浦村的木牌坊和福州市晋安区竹屿村的木牌坊。林浦木牌坊始建于明正德元年（1506 年），四柱三间，面阔 9 米，高约 8 米，单檐庑殿顶，檐下如意斗栱重叠，下用四根木柱，施以夹柱石，枋额书写林瀚家族三代五尚书诰封（图 9-2-5）。竹屿木牌坊始建于明嘉靖七年（1528 年），面阔 8.5 米，高约 9 米，四柱三间三楼，中为单檐庑殿顶，两侧为悬山顶，檐下斗栱层层出挑，横额楷书"父子贤良"、"兄弟孝友"。有的木牌楼为双排柱或三排柱，形成了有一定进深的牌楼下部空间，使牌楼屋顶的形式更加丰富。这种式样的木牌楼还经常被用在村落或祠堂作入口。如明万历年间始建、清康熙十年（1671 年）重建的福安市上杭陈祠木牌楼立于陈氏祠堂前，古田县"孝友无双"牌坊立于黄氏祠堂前（图 9-2-6），武夷山市赵西源百岁坊立于城村南门广场，均为十二柱三间三楼，檐下斗栱重叠，坊顶檐角高翘，做工考究，是福建现存木牌坊的杰作。

石牌坊占福建现存牌坊的 90%。牌坊虽用石材建造，却模仿木构样式。福建的石牌坊柱子多不出头，檐口两端起翘明显，出挑较大。绝大部分牌坊以梁枋承托屋顶，不设斗栱，而且常挑出垂莲柱作重点装饰。各种石雕技法在牌坊上广为应用，无论是整块石材雕凿而成的柱、梁、枋、匾、顶盖，还是小巧的斗栱、雀替、短柱、嵌件，都能进行雕刻装饰，尤其是用镂空透雕的手法装饰额枋间的花板，既减轻了花板重量，也使牌坊更为精巧、华丽。如漳州市芗城区"勇壮简易"坊和"闽越雄声"坊雕刻细腻，技艺精湛，而且透雕花板上刻有欧洲人形象，殊为少见。闽南的石牌坊常将青石和白石相间使用，石材颜色对比鲜明，整体和谐自然。

石牌坊主要有一间二柱式、三间四柱式、三间八柱式、三间十二柱式。一间二柱式属于规制最小的石坊，多为贞节坊、节孝坊。建于明万历四年（1576年）的长泰县"秋水鱼龙"坊为功名坊，也采用一间二柱式。三间四柱式是最多见的牌坊规制。例如，厦门市同安区"绩光铜柱"坊和明万历二十三年（1595 年）建的长泰县"祖孙执法"坊为三间四

图 9-2-5　福州市仓山区城门镇林浦木牌坊

图 9-2-6　古田县鹤塘镇黄氏祠堂前的"孝友无双"牌坊

柱三楼；仙游县东门石坊、清道光年间（1821～1850年）建的建宁县"七叶衍祥"坊、明嘉靖十年（1531年）建的建阳市考亭书院石牌坊为三间四柱五楼。三间八柱式有双排柱，造型淳厚谨严。如明崇祯年间（1628～1644年）建的诏安县"功覃闽粤"坊、清康熙五十四年（1715年）建的泉州市丰泽区"急公尚义"坊均为三间八柱五楼。三间十二柱式有三排柱，两次间做成真楼阁，形成一定的阁内空间，因此屋顶较大，檐口板上做真的坡屋顶及屋脊，层次显得更加丰富。如漳州市芗城区的"尚书探花"坊、"三世宰贰"坊、"勇壮简易"坊、"闽越雄声"坊和漳州市龙文区的"中正和平"坊、福清市的"黄阁重纶"石坊，均为三间十二柱五楼式，造型美观，雕琢精细，富有艺术魅力。建宁县岩上节孝坊的造型与众不同。它建于清乾隆四十四年（1779年），由左、右两座形制基本相同的石牌坊并中间加筑路亭组成，两坊相距5米，均为三间四柱五楼，枋上浮雕双龙、双狮、双凤、双鱼、人物、莲、菊等图案。

福建的砖牌坊或砖石牌坊模仿木结构梁枋及屋顶形式，使用青水灰砖砌筑，多用浅浮雕，显得较为简洁朴素。如武夷山市五夫镇的兴贤街，有四座砖砌牌坊跨街耸立。各坊均为一间二柱，坊匾分别为"五夫荟萃"、"籍溪胜境"；"过化处"、"三市街"；"三峰鼎峙"、"紫阳流风"；"邹鲁渊源"、"天地钟秀"。连氏节孝坊位于兴贤街的中段，清光绪十六年（1890年）建，砖石混构，三间三层，门框条石竖立，大块石横匾，其上竖匾"圣旨"，层间各嵌石刻浮雕，墙面壁砖浮雕人物故事、祥禽瑞兽等（图9-2-7、图9-2-8）。

福建的牌坊群引人注目。除了上述的漳州芗城石牌坊、武夷山五夫镇街坊外，还有诏安县的南诏镇明代石牌坊群、屏南县棠口乡漈头村的漈头石牌坊群等。南诏镇明代石牌坊群位于县前街至东门中街，在700米长的街上，保存有建于明正德元年至

图9-2-7 武夷山市五夫镇连氏节孝坊

图9-2-8 连氏节孝坊的龙头抱鼓石

图 9-2-9　诏安县南诏镇明代石牌坊群之"父子进士"坊

图 9-2-11　屏南县棠口乡漈头石碑坊群

图 9-2-12　屏南县漈头村的贞节石牌坊

竖镶"圣旨",正中有"彤映崇徽"等大字匾,下方有皇清旌表等字样。现存大体构架和石柱、额坊,立柱上的楹联、额坊上的图案纹饰仍清晰可见。在一个只有几百户人口的小山村,仅96年时间就建起如此规模的牌坊群,为国内所罕见(图 9-2-11、图 9-2-12)。

二、实例

(一)福清"黄阁重纶"石坊

"黄阁重纶"石牌坊位于福清市利桥街,明崇祯元年(1628年)叶长青为纪念其祖叶向高万历、天启朝曾两度入阁任首辅的殊荣而建造。

叶向高(1559~1627年),字进卿,号台山,福清人,明万历十一年(1583年)进士,历官南京礼部右侍郎、吏部左侍郎、北京礼部尚书兼东阁大学士、内阁首辅等。"黄阁"也作"黄閤",汉代丞相听事阁及汉以后三公官署厅门均涂黄色,所以"黄阁"即内阁之代称;"纶"是古代官吏系印用的青丝带,寓指官吏。该牌坊冠以"黄阁重纶"之名,

图 9-2-10　诏安县南诏镇明代石牌坊群之关帝坊

天启五年(1506~1625年)的石牌坊七座,其中五座功名坊、一座百寿坊均为三间四柱三楼,还有一座一间二柱三楼的关帝坊(诏安武庙的庙坊)(图 9-2-9、图 9-2-10)。漈头石牌坊群俗称"石坊岔",共有10座贞节石牌坊,竖立在漈头村北通往旧县城双溪的官道两旁,最早的建于清乾隆五十七年(1792年),最晚的建于光绪十四年(1888年),有一间二柱三楼和三间四柱五楼两种形式。坊额上方

表明叶向高乃内阁重臣之意。

该牌坊用白色花岗岩石砌筑，仿木楼阁式，十二柱三间五楼。面阔三间11米，进深二间3米，通高10.07米，重檐四坡顶。12根柱分立左、右石台上，台高0.33米。坊门跨街，门额为巨大月梁，月梁双面均浅浮雕鳌头、牡丹、双凤、丹书等图案。梁下有镂雕神鳌形的雀替承托，梁上置辉绿岩石雕隔扇，双面镂空透雕三组人物，或抚琴，或弈棋，或读书，或作画，神态各异，袍履、须发分明。隔扇上为诰封牌，列叶向高及其父朝荣、祖广彬、曾祖仕俨四代诰封官衔，全文21行，每行6字，另加款识8字，计134字。牌上用柱头枋，枋的双面均有浮雕，一面雕双龙戏珠，一面雕龙凤呈祥。枋上置匾，双面刻楷书"黄阁重纶"，字径0.6米。顶楼面阔一间，进深二间，山面用中柱，四根浮雕蟠龙方形角柱分立在左右次间楼顶，上承四坡坊顶。楼中立竖匾"恩荣"，匾周镂刻飞龙。前后檐各有一对垂莲柱，与角柱用弓梁连接，如宝盖璎珞悬垂。坊顶正脊中置宝葫芦，两端为神鳌衔脊，鳌身上翘，鳌尾朝天。次间门洞略低于明间。中柱间仍施月梁，梁上为双层阁楼。下层阁楼面宽同次间，进深二间；柱间镶嵌辉绿岩石镂空透雕隔扇，将阁楼隔为前后间，分别透雕渔、樵、耕、读；前后檐柱间也各镶嵌辉绿岩石透雕隔扇，作为门面，透雕内容为苏武牧羊、杨震拒金、秉笔直书等历史故事；柱头用坐斗，柱间仿木结构用额枋、地栿、穿枋等构件互相连接；坐斗上叠置一斗，上承雨盖，三面出檐，高与明间诰封牌齐。上层阁楼面阔仅次间一半，进深为一间，略有收分，用六根柱子立于下层楼顶；柱头仍用坐斗、叠斗，额枋下施弓梁一道以代门面；叠斗上承雨盖，三面出檐，屋脊一端插入中柱，一端刻卷云脊头，向外上翘（图9-2-13、图9-2-14）。

"黄阁重纶"石牌坊雕琢精致，仿木构造惟妙惟肖，是福建明代石牌坊中的精品，也是研究明代建筑和石雕技艺的重要实物。1985年福建省人民政府公布为第二批省级文物保护单位。

（二）仙游东门石坊

东门"乐善好施"石牌坊位于仙游县鲤城街道东门村。据牌坊题名匾记载，该县富商陈天高父子因捐资兴建仙游金石书院受朝廷褒扬，于清道光五年（1825年）奉旨建坊，由匠师郭怀师徒建造。

该牌坊为石构，仿楼阁式，四柱三间五楼，通高16米，面宽8米，四坡顶。四根方形石柱边长0.6米，分立左、右平台上，台高0.25米，石柱前后施石板式夹柱石。明间门额为巨大的月梁，两端高浮雕鳌头衔梁，中雕二龙戏珠，梁下雀替透雕成神鳌托梁。月梁上是建坊者的题名匾，说明陈氏父子的身份和建坊事由。牌上用柱头枋一道，枋上置辉绿岩石透雕隔扇，分三组浮雕历史人物故事。横枋上嵌御赐"乐善好施"横匾，匾周浮雕花卉纹饰，

图9-2-13 福清市"黄阁重纶"石牌坊

图9-2-14 "黄阁重纶"牌坊细部

左右各立一尊赐福天官。坊匾上为楼阁式牌坊顶楼，四角用四根圆雕龙柱分立于次间楼阁顶盖上，前后各用一对垂莲柱、一对弓梁；阁中龙牌透雕玲珑，牌中刻"玉音"；山墙面施中柱、横梁，挑承阁楼四坡顶盖，顶盖檐角四翘，角鱼悬垂，檐板雕饰花卉；正脊两端雕双龙朝天，正中饰火珠。次间月梁略低于明间，浮雕麒麟、雄狮、莲花图案，梁上花枋浮雕人物故事；柱头施大斗、横梁，上承顶盖，顶盖三面出檐，檐下用素面封檐板，角脊上翘，下垂角鱼；正脊向内一端伸入明间山面，向外一端雕作神鳌外向翻掀。次间两楼之上各置一座玲珑精致的小阁，以四根高浮雕方柱承托顶盖，顶盖形制与下层相同。小阁面阔为次间的三分之二，高及明间楼阁底部，前后饰隔扇、弓梁，隔扇中透雕人物故事，山面用圆月窗。整座牌坊上下间隔有致，搭配均衡匀称，雕刻栩栩如生。据传，该牌坊前后历时30年方建成，是八闽牌坊中最为精美者之一。清学政乌利布观瞻此坊后赞不绝口，举其为"天下第一"（图9-2-15～图9-2-18）。

仙游东门石牌坊的建筑结构、造型和雕刻非常精美，具有很高的建筑和艺术价值。1985年福建省人民政府公布为第二批省级文物保护单位。

（三）漳州芗城石牌坊

漳州石牌坊位于漳州市芗城区，包括明代的"尚书探花"坊、"三世宰贰"坊和清代的"勇壮简易"坊、"闽越雄声"坊。

四座牌坊均为石仿木结构，用花岗岩石和辉绿岩石相间建造，石材颜色对比鲜明。均为十二柱三间五楼，中为大方柱，前后为小方柱；正楼用四坡顶，各楼顶上有鱼形脊饰，檐翼角自然起翘；檐下置竖匾，以下用梁枋隔层；分嵌正匾、诰命及花板；梁、枋、柱以及斗栱、花板、垂柱等各式部件，设置巧妙，衔接精密；坊上用浮雕、镂雕、双面雕等不同手法刻出龙凤、花卉、飞禽、瑞兽、人物等，或写实，

图9-2-15　仙游县城东镇东门石牌坊

图 9-2-16 东门石牌坊细部 1

图 9-2-17 东门石牌坊细部 2

图 9-2-18 东门石牌坊细部 3

或夸张，或工整，或奔放，既具有细腻繁缛的精致，又有粗犷刚毅的气派。

"尚书探花"坊位于香港路双门顶，坐北朝南。该牌坊俗称林尚书牌楼，明万历三十三年（1605年）为林士章而建。林士章，漳浦人，嘉靖三十八年（1559年）探花，任南京礼部尚书，国史副总裁。该牌坊面阔8米，通高11米。正楼檐下立"恩荣"竖匾，正匾两面分刻楷书"尚书"、"探花"。梁枋上层为镂雕人物花板，中层镌楷书诰命，下层浮雕人物。阑额一面浮雕双龙祥云，一面浮雕双凤牡丹，下镂雕卷龙雀替（图9-2-19、图9-2-20）。

"三世宰贰"位于香港路双门顶，坐北朝南，与"尚书探花"坊相距29米。该牌坊俗称蒋侍郎牌楼，明万历四十七年（1619年）为蒋孟育及其父蒋玉山、祖父蒋相而建。蒋孟育，龙溪人，明万历十七年（1589年）进士，任南京吏部右侍郎，曾在漳州结"玄云诗社"，为漳州"七子"之一。该牌坊面阔8.09米，高11米。正楼面阔4.39米，以圆雕四力士置四角支撑坊顶，檐下立"恩荣"竖匾，正匾两面分别镌刻楷书"三世宰贰"、"两京敭历"。梁枋上层楷书诰命，下层浮雕花板（图9-2-21、图9-2-22）。

"勇壮简易"坊位于新华东路岳口街，坐东北向西南。该牌坊俗称蓝理牌楼，清康熙四十六年（1707年）为平台名将蓝理而建。蓝理（1649~1720年），漳浦人，官至福建陆路提督、左提督，挂镇

图 9-2-19 漳州市芗城区石牌坊之"尚书探花"坊

图 9-2-21 漳州石牌坊之"三世宰贰"坊

图 9-2-20 "尚书探花"坊细部

图 9-2-22 "三世宰贰"坊细部

朔将军印。康熙二十二年（1683年）从福建水师提督施琅进攻台湾，在澎湖拖肠血战，救施琅冲出重围，深得康熙皇帝赞赏，先后于康熙四十二年（1703年）、四十五年（1706年）御书两匾赐之。该牌坊面阔10.63米，高12.5米。正楼檐下置镂雕龙衔顶、双龙盘边、祥云托底的竖匾，上刻"御书"二字。正匾两面分别阴刻康熙御书"勇壮简易"、"所向无前"。其下以梁枋隔为三层：中层两边各雕站立人物，中阴刻楷书诰布；上层有一排双面镂雕人物，中雕抚琴图，左、右雕游园图；下层也是一排双面镂雕人物，中为游园图，左、右为出行图。再下是巨大的阑额，上面浮雕张口双龙和云纹。正楼两侧是各为两层的边楼，各楼均设四根小柱，支撑三面出檐的楼盖，柱间嵌有镂雕花板（图9-2-23、图9-2-24）。

"闽越雄声"坊位于新华东路岳口街，坐东北向西南，与"勇壮简易"坊相距159米。该牌坊俗称许凤牌楼，清康熙六十一年（1722年）为许凤而建。许凤，海澄（今龙海市）人，曾任总镇福建全漳总兵官、荣禄大夫、左都督，与蓝理同为清初平台名将。该牌坊面阔11.2米，高12米。檐下竖匾书"恩荣"二字，正匾两面分镌"闽越雄声"、"楚滇伟绩"。这两座清代牌坊的建筑形式颇为相似。在两坊的边楼上，二楼朝向正楼的大柱两边及一楼东面正向的辉绿岩石镂雕花板，各有五块雕着头戴礼帽、卷发虬髯的欧洲人，有的作舞蹈状，有的作与中国人交谈状，反映了当时漳州海外交通与贸易的景象（图9-2-25～图9-2-27）。

漳州石牌坊雕刻细腻，工艺精湛，极具闽南特色。1991年福建省人民政府公布为第三批省级文物保护单位，1996年国务院公布为第四批全国重点文物保护单位。

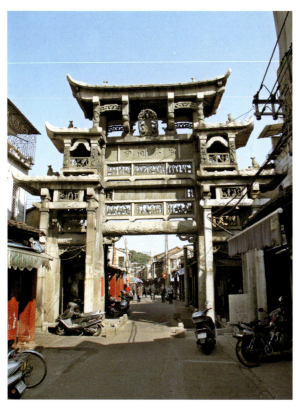

图9-2-24 "勇壮简易"坊细部

图9-2-23 漳州石牌坊之"勇壮简易"坊

图9-2-26 "闽越雄声"坊细部

图9-2-25 漳州石牌坊之"闽越雄声"坊

图9-2-27 "闽越雄声"坊上出现欧洲人形象

(四)漳州龙文"中正和平"坊

"中正和平"石牌坊位于漳州市龙文区蓝田镇西坑村,明崇祯九年(1636年)为表彰东阁大学士林釬功绩而建。

林釬(1568~1636年),字实甫,号鹤胎,龙溪县(今漳州)人,明万历四十四年(1616年)丙辰科殿试第一甲第三名,历任翰林院编修、国子监祭酒、礼部侍郎、东阁大学士,入阁参与商讨军国大事,卒谥文穆。林釬逝世后,崇祯皇帝下旨为其立"中正和平"牌坊。该牌坊立于福岐路这条漳州通往省城的古道上,现纳入漳州理工学院校园。

该牌坊为石仿木构,以辉绿岩石和花岗岩石相间建造,十二柱三间五楼,高12米,面阔7.1米,进深2.35米。正楼四坡顶,边楼三面出檐,各楼翼檐角皆有自然潇洒的起翘,楼顶两端翘脊为鱼尾状。明间前后檐各有一对垂莲柱,下用梁枋隔层。上层中嵌横匾,正背两面分别镌刻崇祯皇帝御笔"中正和平""澹泊宁静";上横梁刻立坊时间,下横梁浮雕双凤、祥云等图案。下层的石匾刻林釬生平事迹,巨大的额枋双面浮雕双龙戏珠。正楼两侧是深二间的边楼。明、次间立四根主柱,次间各用四根侧柱支撑。上层边楼面阔仅次间的一半,设四根雕花小方柱支撑楼盖(图9-2-28~图9-2-30)。

"中正和平"牌坊造型古朴壮观,2001年福建省人民政府公布为第五批省级文物保护单位。

(五)厦门同安"绩光铜柱"坊

"绩光铜柱"石牌坊俗称施琅坊,位于厦门市同安区大同街道顶溪头村,清康熙五十六年(1717年)朝廷为表彰施琅平定台湾而建。

施琅(1621~1696年),字尊侯,号琢公,晋江人。初为郑芝龙部将,顺治初随郑芝龙降清,官至同安总兵、福建水师提督。康熙二十二年(1683年)因率师平定台湾及治理善后有功,被授予靖海将军,晋封靖海侯。为了表彰施琅的功勋,由同安知县刘兴元报请,经康熙皇帝恩准,为施琅建造了这座牌坊。

该牌坊为石构牌楼式,四柱三间三楼,坐北朝

图9-2-28 漳州市龙文区"中正和平"石牌坊

图 9-2-29 "中正和平"牌坊背面

图 9-2-30 "中正和平"牌坊细部

南，面阔 7.86 米，高 8.08 米，歇山顶。明间顶层嵌镂空雕蟠龙纹"恩荣"匾，匾下坊额镌刻横题楷书，正面镌"绩光铜柱"，背面镌"思永岘碑"。"绩光铜柱"用东汉马援于建武中拜伏波将军，统兵平定交趾（今越南），立铜柱以纪功的典故；"思永岘碑"用西晋羊祜镇守襄阳时善施仁政，绥远远近，后人为之立"去思碑"（又名"岘山堕泪碑"）的典故。二则用典，寓意表彰施琅统一祖国、善治台湾的政绩。下额枋刻施琅生前所获荣典及官阶爵位："解赐御衣龙袍，褒锡诗章，太子太保内大臣靖海将军靖海侯，世袭罔替，兼管提督福建全省水师事务，统辖澎、台水陆官兵，加三级，前镇守同安总兵官，赠太子少傅，谥襄壮施琅。"正背面额枋有施琅之子施世骠和其他官员具衔题名，浮雕人物故事。明间石梁浮雕双龙戏珠、次间浮雕大舜耕田、太公垂钓等，雕刻精细生动。四柱均有狮座夹柱石（图9-2-31、图9-2-32）。

图9-2-31 厦门市同安区"绩光铜柱"石牌坊

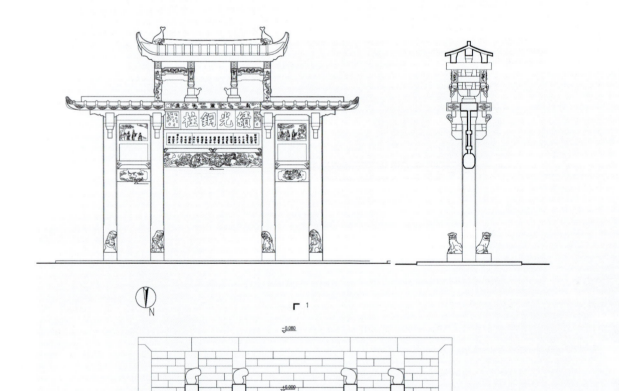

图9-2-32 "绩光铜柱"坊平面、立面、剖面图

图9-2-33 古田县"孝友无双"木牌坊

图9-2-34 武夷山市兴田镇城村赵西源百岁木牌坊

图9-2-35 城村百岁坊的木柱础

层小亭（图9-2-33）。

"孝友无双"牌坊堪称福建木牌坊的代表作，2001年福建省人民政府公布为第五批省级文物保护单位。

（七）武夷山城村赵西源百岁坊

赵西源百岁木牌坊位于武夷山市兴田镇城村，明万历四十五年（1617年）为城村村民赵西源百岁庆寿所建，现存建筑为清乾隆年间（1736～1795年）重建。

该牌坊为木构，十二柱三间三楼，坐西北向东南，面阔三间8.1米，进深二间5米，高约8米。主屋顶为歇山式，坊顶檐角高挑，檐下施六层"人"字如意斗栱，柱下用木櫍。明间悬挂的竖匾楷书"百岁坊"，款识"万历四十五年"；前后两面横匾楷书"四朝逸老"（款识"万历四十七年"）与"盛世人瑞"。次间为硬山顶，由六层如意斗栱承托，两侧砌砖墙护卫，下面周以木短护栏，中有寿桃石一枚（图9-2-34、图9-2-35）。

赵西源百岁牌坊是目前闽北保存最完整的木牌坊，现为市级文物保护单位。

"绩光铜柱"牌坊具有很高的历史文化价值，2009年福建省人民政府公布为第七批省级文物保护单位。

（六）古田鹤塘"孝友无双"牌坊

"孝友无双"木牌坊位于古田县鹤塘镇鹤塘村，清乾隆十四年（1749年）为表彰节女黄九姑而立，1983年大修。

该坊为木构，十二柱三间三楼，高6.3米，台基长15.7米，宽3.66米，4根中柱均有夹柱石。明间为单檐五脊顶，脊下有泥塑人物、花鸟和彩绘；中间匾额"孝友无双"，牌匾上方与两边有七块木雕，雕刻各种花鸟、人物。次间为单檐悬山顶，脊下有彩绘。檐下施四层如意斗栱，斗栱层层出挑承托屋檐，两旁出挑的斗栱分别雕刻形态逼真的龙凤图案。屋顶飞檐翘角，角叶悬垂，脊部中央立一座泥塑三

福建古建筑

第十章 建筑材料与装饰

第一节　建筑材料

一、木材

福建省是我国四大林区之一，森林覆盖率达63.1%，居全国第一位。全省林地面积908.07万公顷。杉木是福建省亚热带针叶树的主要树种，生长快，产量高，成材速度快。因其树干直，重量轻，易于加工，结构性能好，木质中又含杉脑可防虫蛀，还有较好的透气性，是理想的建筑材料，在福建古建筑中应用极为广泛。其他如松、樟、楠、竹、藤等森林资源，也是优良的建筑用材。

福建的许多古建筑都把木材作为主要建材。房屋的柱、梁、板、门、窗等构件均用木材制作。廊桥也大量使用木材。在传统建筑中，不用一钉一铁，只是支穿横榫，挑搭勾连，使木构的性能得到充分发挥。以杉木为主要材料建造的房屋既创造出亲切温馨的居住环境，又表现出浓郁的乡土气息。如闽北山区民居，至今仍沿用全木结构吊脚楼，具有轻巧、简洁、质朴的特色。福州民居不仅柱子、屋架、椽条用杉原木，而且楼板、隔墙也用杉木板，且不施油漆，完全清水，显得特别清爽。闽中民居常用木构架为承重结构，以木板隔墙为填充结构，也有用竹片或芦苇秆编织成块，外抹草泥作为内分隔墙，外墙仅起维护作用，墙倒屋不塌。

二、泥土

福建的土壤以红、黄壤为主，这种土质很适于夯实成墙，是理想的建筑墙体材料。除沿海一些地区外，几乎占福建90%以上的传统民居都采用夯土墙为主要墙体。

生土墙取材容易，价格低廉，而且坚固、承重、防潮、保温、隔热，直至今日仍是人们喜爱的墙体材料之一。通常生土墙如此夯筑：要把新挖出的黏土先放置一、二年，待到黏度合适后再进行夯制。夯土墙体施工时用1.5米左右的木模板，依墙厚两边放好，用特制的卡子夹住，再配置黏度合适的黄土分层夯筑，夯几层后放入竹片、松枝或木棍，以加强墙体的联系和拉结强度。夯好一板再移动模板，一板一板地夯筑。待墙体全部完成后，用特制的小木拍子在墙面进行补平拍实，以提高土墙的强度和耐水性。这种土墙貌似粗糙，却十分牢固，可以经上百年而不倒（图10-1-1）。

另一种常用的墙体用料是土坯（也称土结，古称土砖）。它是用红黏土或田土掺砂并加入铡碎的约两寸长的稻草，掺水搅拌均匀，用木模印制成形，晾干后即可使用。土坯有烧结和不烧结两种。烧结之后的土坯强度高，不怕水，可砌筑2～3层的楼房，但成本较高；不经烧结的土坯强度低、怕水，但成本较低，多用于室内的隔墙。土坯砌筑的墙体上通常抹有白草灰，以增加墙面的美观和墙体的耐久性（图10-1-2）。

闽南一带盛行用黏土、砂、壳灰（用蚌壳、海蛎壳等贝壳烧制）加入红糖水、糯米浆夯实，用于建筑外墙和坟墓修建。这种称为"三合土"或"三

图10-1-1　生土夯筑的墙体，百年不倒

图10-1-2　龙岩市适中镇的土坯墙体

图10-1-3 漳浦县锦江楼二层以上墙体用三砂土夯筑　　图10-1-4 福州"城市瓦砾土"墙体　　图10-1-5 长乐沿海民居多采用石头砌筑墙体

砂土"的墙体材料坚固异常，有的建筑已有三四百年的历史，墙体依然坚固如石，连铁钉都钉不进去。如漳州沿海有些土楼的外墙用三合土夯筑，其墙体厚度虽然比客家土楼用普通黄土夯筑的生土墙要薄，但更坚实、更耐风雨侵蚀（图10-1-3）。

福州的官式大宅多采用"城市瓦砾土"墙作为外围护墙体。这种墙体也称"碎砖三合土"墙，墙厚约0.6米，按4份瓦砾土、3份黏土、2份石灰的比例掺水搅拌，再用夯土墙板分层夯筑而成。瓦砾土中可以是碎砖、瓦片，也可以是小石子，只要材料质地坚硬就能使用（图10-1-4）。

福清的房屋为了适应台风多、雨量大的气候条件，外围护墙体采用灰包土夯筑墙。其做法是，在一块2厘米×15厘米×100厘米的木板上，铺约1.5厘米厚的灰砂料（壳灰与砂的比例一般为1∶1.5～1∶2.5，加水混合均匀，存放5～8天，使用前用5毫米筛子过筛），将灰砂料粘贴在模板两侧，中间再填充一般的黏土料。夯筑一个模板后，把墙面补平、拍实。在门窗洞口和转角附近，用砖或条石包口。这种夹心饼干似的夯土墙体，既可起到防水作用，又达到粉刷效果。

莆仙民居除了面向天井、庭院的部分采用木隔扇以外，外围护墙与主要内分隔墙均采用生土材料夯筑而成。墙的厚度通常为0.4米左右，材料有黄土、壳灰、砂母（粒径较粗的砂）和旧厝的瓦砾土渣，按1份壳灰、2份黄土、3份砂母及瓦砾土渣的比例加水拌匀。通常外护围墙在生土墙体外侧加砌一层块石或鹅卵石，起到勒脚的防潮保护作用。

三、石材

福建盛产石材，特别是闽东、闽南沿海的花岗岩石，材质均匀，强度高，古代大量用于造桥、建塔、盖房屋、立牌坊，也常用于阶梯、路面、堤岸、沟渠、涵洞等构筑。十几厘米厚的石板跨度可达4米多，建造桥梁用的巨形条石跨度可达十几米。在长期的建筑实践中，人们创造出多种石头砌筑方法，如辉绿岩石与花岗岩石相间砌筑形成色彩对比，风包石与规整石并用，形成质感对比，都是相当成功的做法（图10-1-5）。

石材质地坚硬，经久耐磨，又能防水防潮，多作为建筑中需防潮湿和需受力处的构件。在房屋建

图10-1-6 寿宁县犀溪村叶氏宗祠石雕柱础

筑上多用于房子的下半部,如台基、柱础、石柱、台阶、门框、窗框、门枕石等,每一部分都可由工匠雕刻人物、花草树木、飞禽走兽等图案(图10-1-6)。有些建筑的正门、墙壁上嵌入石雕,连窗户也由整块石材镂空雕成。尤其在福建沿海地区,石材得到了充分的利用。如惠安民居,不仅建筑的梁柱用石材,楼梯、门窗框也用石材;不仅外墙用石头,室内隔墙也用石头;不仅用条石铺地面,而且用石板材铺楼板、盖屋顶。花岗岩石良好的质地,加上精细的加工工艺,确实比任何墙体抹灰更为美观和经久耐用。

石料加工形式主要有:第一,四线直。外墙壁的石料正面弹两线,侧面分别又弹两线来修正,使石坯平直。第二,凿平。用一种名为石錾的工具将石料正面均匀錾平,分一遍凿(一遍齐)和两遍凿(两遍齐)。第三,崩平。石料凿平后,面层仍留有錾点。这时再用特制的工具均匀崩平,也分一遍崩和两遍崩。第四,水磨。这是石料的一种高级加工形式,过去采用人工水磨,现在采用机械水磨。一般民居普遍做法是正墙和门窗一凿加工,房屋两边和后面用毛坯石"四线直",较讲究的民居石料加工才用崩平和水磨。

四、砖

福建的红、黄壤泥土很适合烧制成砖。其优点是坚固、耐磨、防水防潮性能好,可以拼贴出各种图案,也可以雕琢成为美丽的砖雕。主要种类有

图10-1-7 泉州民居红砖墙体

图10-1-8 晋江市福全村民居采用"出砖入石"墙体

图10-1-9 莆田市涵江区民居"砖石间砌"墙体

红砖、青砖两大类。红砖、青砖都是采用同一种土壤为原料，主要成分为红壤，之所以有区别在于烧制的工艺不同。红砖制作是在烧到一定火候时（通常要4～5天）引入空气，慢慢降低温度，使其颜色保持不变。青砖制作是在烧到一定火候，砖体表面还很热时，突然浇水加以淬火，使砖体与水发生氧化反应以改变其颜色。青砖的强度比红砖好一些。

若按建筑用砖的色彩区分，福建有红砖建筑区和青砖建筑区之别。红砖建筑区约占全省的五分之一，以泉州为核心，向周边辐射，主要分布在泉州、厦门、漳州及莆田等地，其余地区为青砖建筑区。用红砖组成多种图案放在建筑的外墙上，是闽南建筑的一种装饰手法。另外，红瓦顶、红筒瓦、红地砖等，都体现了闽南建筑的红砖文化特性。如泉州民居以红砖为封壁外墙，以花岗岩石加工成的条石为勒脚和墙裙（图10-1-7）。在正堵墙上，用几种规格的红砖横、竖、斜、倒砌，组成各种精美的拼花图案，或用红砖錾砌成隶书或古篆体的对联，以及"福、禄、寿、喜"等字样，极富装饰色彩。随着泉州人、漳州人进入台湾，带去家乡的建筑文化和习俗，红砖文化也成为台湾民居的主导文化。

"出砖入石"墙面是泉州墙体砌筑中最有特色的一种。这种墙体利用碎砖与石头有规则混砌，石为竖砌，砖为横叠，砌到一定高度后，砖石相互对调，使受力平衡均匀。"出砖入石"墙面粗看起来简陋粗糙，仔细琢磨却红白颜色对比和谐，具有相当的美感和艺术品位（图10-1-8）。

莆田建筑的外墙面采用"砖石间砌"的砌筑方式。其做法是，墙体用红砖顺砌，并规则地丁砌小块花岗岩石，形成红砖墙面上点缀呈菱形布局的白石图案。这种处理手法不仅装饰了墙面，而且丁砌的小石块起到牵拉作用，增加了墙身结构的整体性（图10-1-9）。

在莆仙民居尤其是一些大宅院，人们采用专门烧制的平板红瓦粘贴在土墙上，用竹钉从瓦片上预留的小孔打进墙内，钉头和壁瓦四周用蛎灰勾缝，整个墙面犹如鳞甲披身，既保护了墙体，又装饰美化了墙面（图10-1-10）。福州地区也有类似"红壁瓦钉"的做法，不过采用的是灰色壁瓦（图10-1-11）。

在闽北有一种墙体是由石、土、砖三种材料依次砌成的。通常做法是，勒脚以下部位由鹅卵石叠砌成鹅卵石墙，其上砌青砖实心墙，再上用三合土夯成土墙，有的还在大约一层楼面以上的位置砌空斗砖墙。这种墙体材料搭配科学，受力合理，保证了墙体的稳定和牢固（图10-1-12）。

图10-1-10 莆田涵江"红壁瓦钉"墙体

图10-1-11 永泰县灰色壁瓦墙体

图10-1-12 光泽民居墙体材料从下至上依次为鹅卵石、砖、夯土

第二节 建筑装饰

一、石雕

石雕是福建最负盛名的民间工艺,在古代建筑装饰中占有重要地位。在福建的塔幢、牌坊、桥梁上,在寺庙、祠堂、民居的门框、门槛、抱鼓石、石柱、柱础、栏杆、窗棂、台阶、御路、壁堵等装饰部位上,无不留下石雕的影子,如泉州传统建筑的壁堵,尤其是对看堵(入口左右相对的两侧墙),就是石雕装饰工艺最集中、最精彩的位置之一。

福建石雕分为惠安石雕和寿山石雕。寿山石雕多用在工艺美术作品的艺术创作上,本书不作介绍。惠安石雕大量用在建筑上,是建筑艺术中不可多得的精品。它以辉绿岩石、花岗岩石为材料,经石雕工匠采用不同的工艺精心雕琢,成为经久耐用的建筑材料和精美绝伦的美术工艺品。清光绪五年(1879年)重修的晋江市安海龙山寺内,保存着许多精美的石雕,就是当年惠安石雕的杰作。如安海龙山寺的山门前壁堵雕"二十四孝"图像,虽然人物高度仅0.1米左右,但皆栩栩如生;窗户用整块辉绿岩石雕出八条相互纠结的云龙,余处镂空作窗格,造型奇特而又典雅;最负盛名的是中殿前廊的一对雕龙石柱,两条盘龙"鳞爪鲜明劲锐,矫逸欲腾",若以器物敲击,便发出鼓和磬的音色,实属鬼斧神工。

惠安石雕作品,早期多以石将军、石马、石狮等为主,艺术风格质朴粗犷。如唐末威武军节度使王潮墓的文官、武士、虎、马、羊、华表等圆雕和莲花浮雕,距今已有1100年。还有建于宋代的洛阳桥留下的石将军,明代资政大夫都察院右都御史张岳墓的石翁仲和石虎、石马、石羊、石狮、华表等圆雕及双龙、兽类等浮雕。明末清初，惠安石雕的内容逐渐丰富，技艺逐渐走向成熟，主要作品是石狮和龙柱以及各种人物浮雕。其艺术风格趋向精雕细琢，也开始注意线条结构和形态神韵之美。留下来的作品有福州市鼓山涌泉寺门前的石狮和福州市"南群会馆"的龙柱等。从清光绪年间（1875～1908年）开始，惠安石雕进入名匠辈出、精品不断的黄金时代。如蒋镗雕于晋江市陈林村的两块"四不像"，厦门市青礁慈济宫的石坊雕刻"施公案故事"；蒋双家雕于惠安县崇武城隍庙的两只石狮，安溪县文庙的石雕蟠龙柱等。惠安石雕工匠在福州、厦门、福安、台湾及东南亚各国开设石店，产品销往省内外，并向东南亚出口。这一时期，中国台湾龙山寺及妈祖宫、新加坡观音寺、日本奈良招提寺、马来西亚六甲青山寺等众多建筑均有惠安石匠的佳作。闽南的寺观、祠庙、塔幢、桥梁、牌坊和民居等建筑，都留下不少惠安石雕作品。新中国成立后，惠安石雕大放异彩。20世纪50年代，惠安有500多名石雕工匠参加国庆十周年北京十大建筑建设，有数百名石雕工匠参加历时6年的厦门市集美陈嘉庚陵园"鳌园"的建设。"鳌园"的石雕作品，内容包罗万象，有各种各样的花鸟虫鱼、飞禽走兽、花卉树木、山水风景，以及古代历史人物、历史故事、民间传说、近现代革命事迹等，姿态纷呈，琳琅满目，是我国工艺美术上的奇观。

福建石雕传统加工工艺分圆雕、浮雕、沉雕、线雕四大类。

（一）圆雕

圆雕是立体型的雕刻品，一般为单件艺术作品，前后左右都要求形象逼真。其工艺以镂空技法和精细剁斧见长。圆雕品种规格繁多，在建筑上常见的有石龙柱、石翁仲、石狮（图10-2-1）和飞禽走兽等。圆雕品种中，单狮子就有献腮狮、扒耳狮、卷毛狮、古钱狮、口含滚动石球的绣球狮等几十种，现在最常见的是寺庙、祠堂、府第大门前的守护狮和桥栏柱头等各种望柱头上的小坐狮。石雕龙柱是最能体现福建石雕特点的品类之一。寺庙大殿中的蟠龙柱，雕工精细，活灵活现。头上尾下似穿云破雾直上九天的"翻天覆地龙"更是其中的瑰宝，全国少有，如分别安置在泉州天后宫、安溪文庙、泉港区沙格灵慈宫和台北龙山寺的石龙柱。

（二）浮雕

浮雕是半立体型的雕刻品，因图像造型浮凸于石料表面，故称浮雕。集美"鳌园"内的3400多幅石雕就是浮雕作品的博览会。浮雕的雕刻技法与圆雕基本相同。根据图案突出石面的程度不同，又分为浅浮雕和高浮雕。泉州开元寺东西塔、仙游县东门石牌坊等众多塔幢、牌坊上精美的石雕均采用浮雕技法（图10-2-2）。在房屋建筑上，浮雕主要用在门窗、柱子、墙面、门槛等处，题材有飞禽走兽、花鸟鱼虫、山水风光、历史人物等。

（三）沉雕

沉雕是将石料经平面打平或磨光加工后，在石

图10-2-1　圆雕石狮

面上描摹图案，依图案刻上线条，以线条的粗细深浅程度来表现各种文字、花卉、图案等的石雕工艺。沉雕具有形象下凹、线条分明、立体感强的特点，大多用于建筑外壁墙面等部位的装饰。如南安市蔡氏古民居、泉州市杨阿苗民居的壁堵雕刻中就有沉雕作品（图10-2-3）。

（四）线雕

线雕是在加工成平滑光洁的石料上，描出各种线条及装饰图，按照所描线条，平整光滑地雕刻出作品。最著名的是福州鼓山喝水岩石壁上的线雕神光祖师佛像。线雕的线条明朗，图案清晰，效果明显，装饰性强。如闽南民居的壁堵有线雕装饰，建瓯文庙也有线雕作品（图10-2-4、图10-2-5）。

二、木雕

福建传统木构建筑中常使用木材作为雕刻的材料。福建莆田木雕与浙江东阳木雕、广东潮州木雕一起，并称中国三大木雕流派。木材质软，可以刻出繁复的花纹和玲珑剔透的层次，历来被工匠视为最好的艺术表现材料。最早的木雕源于建筑装饰、神像、日用家具雕刻上。如闽清县岐庐的门窗隔扇上，雕满了"草船借箭"、"火烧赤壁"、"三英战吕布"等三国演义的全套故事。莆仙地区的金漆木雕，多用在民间祭祀场所中有关物件上，如神龛壁面、神像的龙椅、礼盒、烛台、果盘、神案、神轿、香亭等。其构图饱满，层层透雕，题材广泛。

图10-2-2 仙游东门石牌坊的浮雕作品

图10-2-4 龙海市蔡宅的线雕作品

图10-2-3 泉州市杨阿苗民居的沉雕作品

木雕是福建古建筑最为主要的装饰技法之一，被广泛使用在寺观、祠庙、书院、民居、戏台、廊桥等建筑上，常用于雕饰门楣、外檐、梁架、托架、椽头、垂花、雀替、门窗（图10-2-6）、隔扇等地方。建筑的细部和构件收口及交接头等地方往往较难处理，通过精致复杂的木雕装饰，既可体现本身之美，又能修饰构件衔接难以处理的局部。如位于檐口下的吊筒，是一种不落地、悬在梁下的柱子，具有承接檐口重量及装饰的双重作用。它的末端被雕成由多层花瓣组成的莲花，或被雕成精致的花篮，因此也称垂花、吊篮（图10-2-7）。竖材是位于吊筒正面的小构件，其作用是封住从后方构材穿过来的榫孔，多以仙人或龙、凤、狮等异兽为题材（图10-2-8）。梁架是大木构架中很重要的结构构件，不论是官式建筑还是民间建筑，使用者都不惜重金对梁枋进行重点装饰处理。因此，斗栱、狮座、员光、雀替、梁托等构件上的木雕极其精细，甚至近于繁缛，其雕刻技艺达到很高水平（图10-2-9、

图10-2-5　建瓯文庙线雕孔子像

图10-2-6　连城县芷溪村翠畴公祠"千秋享祀"木雕

图10-2-7　南安市蔡氏古民居的木雕吊筒、雀替与竖材

图10-2-8　寿宁县龚宅竖材"母子情深"，木雕惟妙惟肖

图10-2-9 连城县芷溪宗祠梁架木雕

图10-2-11 长乐市九头马民居入口精美的藻井

图10-2-10 长泰县寺庙梁架上的狮座与员光

图10-2-10)。藻井是以不断向中心悬挑的斗栱交织成网状的天花板结构，外形绚丽夺目，具有很强的装饰性，是匠师展现设计及施工高度技巧的地方。福建的寺庙、廊桥、戏台顶部多施藻井，常见的形式有圆形、四方形、八角形等。祠堂较少饰藻井，民居更为罕见。长乐市鹤上镇岐阳村的九头马民居却在厅堂施精美的藻井。在这组五座宅院并列、每座五个院落、占地面积15000平方米的建筑群里，门扇、窗户、插屏、梁托等木构件处处精雕细刻，令人拍案叫绝（图10-2-11）。

根据不同的装修部位、不同的装饰题材，古建筑的木雕采用不同的工艺做法。屋架等较高远的地方常采用透雕或镂空雕法，栏杆、飞罩等处施用镂空的技法，隔扇、支摘窗等处多采用斗心、拉花的做法，屏风、门当、梁头等处多用浮雕、暗雕等技法，门罩、屏风等处运用透雕、钉凸、混合木雕等技法。例如，连城县培田村官厅的屏风、梁架、窗扇采用透雕、浮雕等技法，中厅隔扇"丹凤朝阳"、"龙腾虎跃"、"王侯福禄"、"孔雀开屏"均为九重镏金透雕，精美绝伦。培田村双灼堂的厅堂前八块窗扇上每扇雕刻一个字，连起来为"孝、悌、忠、信、礼、义、廉、耻"，含义深刻（图10-2-12）。

三、砖雕

砖雕是以砖作为雕刻对象的一种雕饰。砖雕模仿石雕而来，但比石雕经济、省工，也更为精细，因此在福建传统建筑中较多被采用。砖雕的雕刻手法与木雕、石雕相似，结合了圆雕、浮雕、透雕、线刻等技法，画面富于起伏变化，呈现出刚柔并济而又质朴清新的风格。特别是清代砖雕技术在剔地雕的基础上逐渐深化，形成了透雕、深雕、圆雕和多层雕等多种形式，而且在一块砖板上可使用各种技法，作品的层次分明，有景深不尽之感。按砖的色彩区别，可分为青砖雕饰和红砖雕饰两种类别。

砖雕所用的青砖，需要经过筛选泥土、搅拌、踩筋、沉淀、制坯、晾干、入窑、水磨等一系列的过程，最后在窑里烧制成与砌墙大小一致的淡青色水磨砖。深青色的砖质地太硬，容易迸裂。雕刻前匠人逐块挑选，依据画幅层次的要求，将青砖排列开来，依次逐块雕出纹样，然后逐层逐块嵌砌在墙上，形成多层次的画面。砖雕多用在大门门楼、山墙犀头、照壁等处。如滴水檐下、门框上方的位置嵌有长条形的青砖砖雕，两侧有方形的砖雕，或者整个门楣就是一整块砖雕。这种装饰方法既节省造价，看起来又别致清雅。在闽北的武夷山市、邵武市、光泽县等地，精美的砖雕门楼以及外墙装饰随处可见（图10-2-13～图10-2-15）。其优美的砖

图10-2-12　连城县培田村双灼堂"礼、义、廉、耻"窗扇

图10-2-13　武夷山市城村青砖砖雕

图10-2-14　武夷山市下梅村青砖砖雕门楼

图10-2-15　下梅村砖雕作品，上为狮子，下为喜鹊

雕艺术既受到徽派砖雕的影响,又吸收了广东砖雕的一些技法,雕工精致细腻,形象生动逼真。砖雕的内容极为丰富,有的雕刻图案寄托了人们祈求生活幸福、四季平安、耕读传家的美好希望,并具有明显的教化作用。也有的镂刻雀替、垂花,用磨砖拼成斗栱、漏花砖窗和各种线脚。如武夷山市下梅村参军第的砖雕门楼为五山跌落式,砖雕的题材丰富,有"福禄寿三星"、"紫气东来"、"渔翁得利"、"农夫摘蕉"等图案,以浮雕为主,也有镂空雕,雕刻工艺精细,造型逼真。又如邵武市和平镇黄氏大夫第的门楼,砖雕松、鹤、梅、牡丹、锦鸡等图案,四幅主要画面采用古朴粗犷的写意技法,寓意"松鹤延年"、"富贵长留"、"竹报平安"、"锦绣美满"。和平镇李氏大夫第的门楼,砖雕内容为"斩颜良"、"华容道"、"长坂坡"、"博望坡"、"千里送京娘"等历史人物故事,以及瑞兽花草等,雕刻精细传神,近于写真。

闽南、莆田的砖雕绝大多数也是属于在已烧好的砖上雕刻的窑后雕,但采用的材料是红砖。红砖比较容易碎,因此多用浅浮雕或线刻技法。砖雕一般施于墙堵、门额等处和厅堂重点部位(图10-2-16、图10-2-17)。红砖砖雕是在尺二砖上绘上花鸟人物图案,再采用浮雕的手法进行雕琢,然后拼成整幅画面,底子涂上白灰泥,红白相衬,醒目美观。还有一种做法是采用红砖墙拼花。红砖有六角、八角、圆形、古钱币形、海棠花形等,还有莲花形及带有宗教字样的形状。例如龟甲的六角形代表长寿,八角形代表吉祥,圆形代表圆满,钱币形代表富贵。经此拼砌成的各种图案和文字,装饰在墙面上,增加建筑的美感(图10-2-18、图10-2-19)。不过,由于闽南的石雕作品相当精彩,砖雕与之相比就相形见绌了。

在闽中、闽西也有运用砖雕装饰门楼的实例,但不如闽北砖雕精彩。

四、彩绘

彩绘指覆彩于土木之上的华饰,是对建筑木构、墙面之类的粉刷、涂抹。对木构架的最原始

图10-2-16 泉州民居红砖砖雕(左)
图10-2-17 莆田寺庙红砖砖雕(右)

图 10-2-18　晋江民居红砖拼砌的图案精美无比　　　　　　　　　　图 10-2-19　南安民居外墙用红砖拼砌成文字

的彩饰是油漆，油漆能防腐防潮，延长木构件的使用时间。彩绘也称彩画，是以绘画方式出现的装饰艺术。它既能发挥油漆的防潮防腐性能，有保护构件的作用，又能起到很好的装饰作用。福建民间建筑上装饰的彩画不能采用宫廷建筑的做法，而是由当地匠师自由创作，构图、用色没有固定模式，绘画题材的选取更加自由，富有地方特色（图10-2-20）。

福建传统建筑喜用浓烈、鲜明的色彩，尤其在闽南建筑和莆田建筑中表现得更为突出和充分。但是，不同的建筑形式对彩绘的使用还是有所不同的。例如，在建筑的外墙面，寺庙传统的华饰是涂成黄色，祠堂大多涂成红色，民居等其他建筑的墙面则朴素一些，多用灰色或白色。在建筑的内部，寺庙内木构件的彩绘以红色为基调，并常加金漆，显得富丽堂皇；文庙的装饰色彩虽然以朱红色为主，但通常没有过多的彩绘，显得庄重典雅；祠堂的梁柱、门板多以黑色为底，采用深色系的彩绘，给人于肃穆之感。闽南有句俗语"红宫乌祖厝"，说的就是寺庙与祠堂在色彩上的差别。

福建气候潮湿，彩画通常用于房屋的内部，如梁、枋、柱头、斗栱、檩身、垫板、天花、椽头等处。外檐部分一般用砖雕或木雕来装饰，门楼、大门的双墀头、外墙的水车堵以及挡溅墙等处则采用木雕、砖雕或灰塑与彩绘相结合的手法（图10-2-21）。如连城县培田村久公祠的木门楼施五重斗栱，斗栱上浮雕彩绘，其中"三娘教子"、"状元跨街"的彩绘精细异常。

福建廊桥的桥屋外缘多用油漆漆成红色或蓝色，桥屋中有的雕梁画栋，有的彩绘精美。如政和坂头花桥的桥屋装饰华丽，柱枋均漆成红色并彩绘或书写楹联，八角藻井板壁彩绘人物故事及山水、花鸟，具有极大的观赏性（图10-2-22）。

五、灰塑

灰塑也称泥塑或彩塑，是对以石灰、细砂等为原料调和而成的灰泥进行艺术造型的一种民间工艺。福建传统建筑盛行在屋脊或墙上施以灰塑装饰，尤其是闽东、闽中、闽北和客家地区运用极为广泛，闽南地区则偏爱将灰塑和剪粘装饰结合起来。灰塑的形式大致可分成三类：一是浮雕式灰塑。这种形式最为普遍，如在檐口、墀头、山墙面、门楣

图10-2-20 晋江祠堂檐口下彩绘

图10-2-21 闽清县宏琳厝挡溅墙彩绘与灰塑相结合

图10-2-22 政和县坂头花桥"丹凤朝阳"彩绘

图10-2-24 龙海民居窗檐彩塑

图10-2-23 宁德市霍童镇民居墀头灰塑

图10-2-25 连城县培田村"狮咬剑"灰塑

图10-2-26 闽西客家民居屋脊灰塑

图10-2-27 闽侯县孙宅檐口灰塑

上、外窗顶等处常用灰塑图案加以装饰（图10-2-23～图10-2-25）。二是圆雕式灰塑。这种形式技术要求较高、难度较大，一般装饰在门楼或屋顶的正脊、垂脊、翼角等处（图10-2-26）。三是立体式灰塑。这是最为复杂的灰塑形式，既要塑出单个的圆雕造型，又要在装饰位置塑出人物、动物、植物、山水、亭台楼阁等作为衬景。在屋檐下俗称"水车堵"的位置、在屋顶的脊堵、在天井上方的挡溅墙都可见到这种形态逼真的灰塑作品（图10-2-27）。

灰塑所用的灰泥要事先调制。灰泥的成分各地稍有不同，但基本上配方应包含石灰（用石灰石烧制或海边的蛎壳、贝壳等烧成）、细砂以及棉花（或麻绒），三者按一定比例混合调和而成。为了增加黏度，常掺入红糖汁或糯米汁。为了延缓干燥，减少裂缝，常加入煮熟的海菜汁。近年也有掺入一点水泥。这几种材料混合之后，需多次搅拌，使其均匀。再用细筛子筛过，除去杂粒，即可加水开始养灰。养灰就是将加水调制好的灰泥放在大桶中60天左右，灰泥经过化学变化，灰油渗出来，这时黏度最高，最适合制作灰塑。

灰塑作品大多是匠师利用灰泥的可塑性在现场施工完成的。制作圆雕式的灰塑，一般要先用铁丝（或铜丝）拗成骨架、支架，再糊上灰泥，层层加厚，修饰成型。古时也有用竹条或木条当骨材。为了避免生锈，近代有人采用不锈钢丝。一般而言，在屋脊上的龙、凤、螭虎吐草以及人物、花鸟造型都要以铁丝为骨。铁丝的直径约1～3分，但屋脊上的宝塔、龙、凤及螭虎团等因为体积巨大，内部需要直径5分以上的铁条，骨架之下还要伸出一段支脚，插入脊顶之内，以便有效地固定下来。造型较细小的花鸟枝叶，所用铁丝应多作交叉缠绕，以免时间长了灰泥松脱或龟裂。

灰塑多以手捏土而成型，但有些题材可用印模完成，如人物的面孔、武士的盔甲战袍或需要大量重复的构件。人物的头部因有五官，特别是眼、眉、鼻与嘴部的表情，现场施工不容易控制，多用模子印制。盔甲及战甲则分片模印，粘到身体上时依手脚姿态循势变化。

灰塑的颜色呈石灰的浅灰色，有素朴之感。为了增添华彩之气，也可在灰泥中掺入色粉，或者在其造型将干未干之际涂刷色料，这样所制出的灰塑便成为彩塑。彩塑常用的色彩有土朱、朱砂、乌烟、石青及铜绿等。色粉多为矿物质，也有少部分植物性。化学性质的颜料如油性水泥漆等，虽然色彩明亮，且有较多的颜色可供选择，但不耐久。

灰塑的题材广泛，多数是民间喜闻乐见、广为流传的内容和图案，有祈吉避邪的图案，有神话传说、戏文故事中的人物，有龙凤麟狮、花卉果蔬、鸟兽虫鱼等。民间传统建筑正脊的灰塑大多分为三段，中段置福禄寿三仙、麒麟、宝珠、宝塔、葫芦等，两头以龙、鳌鱼、花草为主。客家建筑有"三分厅堂七分门庐"之说，以灰塑装饰的门楼美观

图10-2-28　永春民居脊坠灰塑1

图10-2-29　永春民居脊坠灰塑2

气派。如培田村的工房门楼为八字形三屋顶砖门楼，在门楼的正脊、翼角、垂脊、披檐、楼额、垂花以及门楼上下层之间挡雨处、石门框两边的门脸等众多部位均饰以灰塑，工艺水平相当高。闽南传统建筑的正脊常做成两端起翘呈燕尾分叉的燕尾脊，加上屋脊上造型生动、鲜艳夺目的饰物，两面山墙伸出的檐下称之为"悬鱼"或"脊坠"的彩塑、剪粘图案，显得更有生机和活力（图10-2-28、图10-2-29）。

六、剪粘

剪粘也称剪花、剪碗或嵌瓷，是将彩色陶瓷片剪成所需要的形状，然后嵌入未干的泥塑之上而形成的一种装饰艺术。剪粘盛行于闽南地区和同属于闽海系的广东潮汕地区，普遍运用在寺庙、祠堂等公共建筑的屋脊装饰上，民居的屋脊和山墙脊坠也常运用这种装饰手法。剪粘作品极其华丽复杂，单看起来甚至过于烦琐。但由于花饰大都集中在屋脊上部，整个屋顶总体看来并不杂乱。这种特殊的装饰效果得到闽南、粤东人民的喜爱，甚至盛行于东南亚华人地区。随着清时闽南、潮汕工匠渡海去台，剪粘工艺传到了台湾并受到普遍欢迎。

剪粘是一种现场施工的陶瓷片镶嵌技巧。其工艺有泥塑和剪粘两道工序。泥塑也称打底，要先用铁丝扎成骨架，再用灰泥塑成坯。灰泥的成分包括石灰、壳灰、细砂、麻绒和糯米糊，与水混合，同样要经过养灰的过程。剪粘要先用尖嘴剪将各种颜色的瓷碗片按所需形状大小剪下来，再用平口剪修边缘，由内到外、由上到下地一层一层粘贴或插入未干透的泥塑上，拼贴成人形、动物、花草等图案。为了生动逼真，剪粘的人物头部大多也用模印出来，上白釉汁后进窑烧成。粘凝材料为红糖水或糯米水，粘结后非常牢固，不怕风吹雨打。陶瓷片的颜色亮丽，剪粘作品完成后，泥塑几乎都被五彩缤纷的陶瓷片遮盖住了，因此用剪粘手法装饰的建筑色彩特别明亮，视觉冲击力很强。

剪粘外表所粘的陶瓷片在古时是将废旧破损的碗、碟剪成各种形状的小片，从碗边到碗底都可派上用场，如用碗底做花，用瓷片做花瓣。近代用专为剪粘所制的碗，其釉色较一般碗更为鲜艳。近年又有一种新材料，即用预烧好的釉彩瓷片粘在泥塑体上。但是，省去剪的过程，结果反而太过整齐而显得呆板，远不如纯手工的剪粘那样造型生动。

剪粘是将剪好的瓷片嵌入未干的泥塑上面，在捏塑灰泥时要稍瘦一些，才有足够的余地嵌上瓷片。依各种题材有不同角度的插法。如龙头的瓷片以斜角嵌入，龙身鳞片的角度较平，虎、豹、狮、象的身体可平贴。为使云朵或螭虎的螺纹清晰，有一种贴法是留出白灰的细框，白框稍稍盖住瓷片，使边缘线条柔顺。

剪粘是一种在建筑屋脊上现场制作的艺术，

图 10-2-30　泉州天后宫屋脊剪粘

图 10-2-31　平和三平寺屋脊剪粘

图10-2-32 厦门市海沧区新垵民居屋顶剪粘

图10-2-33 海沧区新垵民居屋脊上的瓦将军

图10-2-34 泉州民居交趾陶作品1

图10-2-35 泉州民居交趾陶作品2

图10-2-36 晋江寺庙山花交趾陶作品

图10-2-37 南安市蔡氏古民居的水车堵

具有即兴创作的特点，因此剪粘重视构图与花鸟人物的姿态，适合远观，不大适合近看。剪粘作品长期暴露在阳光和雨水中，日晒后温度升高，雨淋时温度骤降，此时陶瓷片可能会断裂。因此剪粘在屋脊上无法保持完整，大约每隔30年就要进行重修。

剪粘装饰在全国独树一帜。闽南的宫庙、祠堂等公共建筑大量运用剪粘的装饰，外观相当华美绚丽。虽然有人评议它过于纤巧烦琐，不如北方建筑浑厚雄伟，但这种装饰却使福建建筑呈现了多彩多姿的特色（图10-2-30～图10-2-32）。

七、陶塑

陶塑是福建传统建筑重要的装饰手法之一。秦汉时期陶塑已经用到建筑上，如武夷山市城村汉城遗址、福州市屏山南面汉代建筑遗址出土了大量制作精致的板瓦、筒瓦、瓦当等建筑材料，从中可以窥见当时建筑屋檐的装饰已较丰富。宋代烧制的千佛陶塔，是福建古代建筑的一个亮点，反映了当时福州陶瓷工艺水平的高超。用陶土塑成所需形状后烧制而成的装饰构件，多用于屋脊和屋面，如板瓦、筒瓦、勾头、滴水、吻兽、仙

图10-2-38 水车堵的端头称为"景"

人走兽以及脊上镇邪的瓦将军（也称风狮爷）等（图10-2-33）。

陶塑可分为素色和彩釉两类，素色是原色烧制，釉陶是在土坯烧制前先涂上一层釉。釉陶色泽鲜艳，防水防晒，经久耐用，但造价较高。陶塑材料较粗重，成品主要靠烧制而成，实用性强，但工艺不如灰塑精致、逼真，适合用在距离较远的屋脊上，构件具有一定的象征意义就可以了。

交趾陶是盛行于广东、福建、台湾一带的陶艺作品。交趾陶又称交趾烧。"交趾"两字，按礼记中所谓"南方曰蛮，雕题、交趾"，指南方蛮人坐卧时，两足相交。汉代交趾郡在今广东以南、越南以北一带。如此看来，所谓交趾陶是指来自广东以南一带的陶艺。交趾陶是一种上釉入窑烧制的陶艺，烧的温度一般在900摄氏度之间，属于低温陶。它的釉药色彩丰富，可作细腻的艺术表现，但硬度不够，容易断裂，因此陶匠师制作时，尺寸无法放大。若要作一尊较大的动物，通常要分解成数小片分开烧制，完成之后再拼合。交趾陶多作为脊饰，也常置于建筑物入口正面墙上、大门两侧以及对看墙上（图10-2-34～图10-2-36）。

八、水车堵

水车堵也称水车垛，是在建筑物墙上靠近屋檐处的一种水平带状装饰，堵内布置山水人物泥塑或交趾陶艺。"水车堵"这个名词流行在闽南与台湾、澎湖一带的建筑匠界。闽南传统建筑的水车堵被设计在墙体上方靠近檐口的部位。也有在重檐歇山屋顶上檐下方的围脊，或是廊墙上方，或正面门楣或窗子之上（图10-2-37）。如泉州民居的水车堵多出现在正面檐口下、门楣之上或入口左右廊墙之上，也有在山墙外侧的鸟踏上。

水车堵的两端要有自然的收尾。在正面檐口下时，两端以墀头（闽南称为景）为框（图10-2-38）。若在山墙上，通常不作框。水车堵本身常分段，划分为堵头（犹如梁枋彩画的藻头）、堵仁（犹如梁枋彩画的枋心）。较长的水车堵常分隔为三段，每段之间以堵头分隔。

堵头起框边作用，是水车堵最复杂、难度最大的工艺。工匠在现场以精细的灰匙制作，塑出粗坯，再以硬纸片描绘堵头图案上去。硬纸片可重复使用，使左右图形对称。堵头的图案多为螭龙、蝴蝶、蝙蝠或云雷纹，线条极为细致，通常只有二分或三分宽度，但凹入的深度多达八分或十分。剔地的部分漆靛青或土朱色，线条则留出白边，颜色对比强烈，非常醒目。

堵仁是装饰主题安置之处。题材多为历史故事，也有表达忠孝节义内容，或祥瑞景物、男耕女织、渔樵耕读等。有的古建筑还塑造出一个生活场景，有楼台、亭阁、山水、小桥、树木、花鸟等，再布置士农工商或仕女、儿童的泥塑人物，诉说一个故事情节，颇为生动。

水车堵虽然是一种建筑装饰，但是它仍具有墙头收头的作用，使墙体有顶，成为墙的边缘，其上通常可衔接瓦片或梁柱结构。重檐歇山顶的博脊，有如腰带一样环绕下檐瓦顶一圈，其作用如同屋脊。因此，水车堵有时还兼有屋脊、悬挑及止水的功能。因为具有悬挑作用，所以很像古代砖塔出檐的叠涩，层层出挑的砖线如同阶梯，颇为秀丽。因为具有屋脊的功能，所以水车堵的断面细部如同脊身，上下凸出，而中部凹入。总之，水车堵实际上具有装饰、收边、止水、悬挑与压瓦的作用。它的功能增多，成为较复杂的构件，往往需由专业的匠师承制。

福建古建筑地点及年代索引

名称	类型	地点	建成年代（变化情况）	材料结构	规模	文保等级
城村汉城遗址	古城	武夷山市兴田镇城村	西汉时期闽越国王城，年代上限不早于汉高祖五年（前202年），下限止于汉武帝元封元年（公元前110年）	土	占地面积约48万平方米	国家级
崇武所城	城堡	惠安县崇武镇	明洪武二十年（1387年）建	城墙石构	占地面积约37万平方米	国家级
大京所城	城堡	霞浦县长春镇大京村	明洪武二十年（1387年）建，明万历二年（1574年）扩建	城墙石构	城墙长2815米	省级
赵家堡	城堡	漳浦县湖西畲族乡赵家城村	明万历二十八年（1600年）建，万历四十七年（1619年）扩建，崇祯七年（1634年）续建	城墙土石构	占地面积约10800平方米	国家级
鼓山涌泉寺	寺庙宫观	福州市晋安区鼓山半山腰	五代后梁开平二年（908年）建，明天启七年（1627年）、清光绪年间（1875~1908年）重建	木构	占地面积16000多平方米	省级
华林寺大殿	寺庙宫观	福州市鼓楼区华林路	北宋乾德二年（964年）建，1986年落架迁建	木构	建筑面积572平方米	国家级
泉州开元寺	寺庙宫观	泉州市鲤城区西街	唐垂拱二年（686年）建，明洪武年间（1368~1398年）重建，清代修建	木构	占地面积约78000平方米	国家级
安海龙山寺	寺庙宫观	晋江市安海镇型厝村	隋代始建，现存建筑为清康熙二十三年（1684年）修建，康熙五十七年（1718年）扩建	木构	占地面4250平方米	国家级
南普陀寺	寺庙宫观	厦门市思明区思明南路	唐代始建，清康熙二十三年（1684年）重建，现主要建筑为民国时重修或重建	木构	占地面积30000多平方米	省级
三平寺	寺庙宫观	平和县文峰镇三坪村	唐咸通七年（866年）建，现主要建筑为清代重建	木构	占地面积约30000平方米	省级
清净寺	寺庙宫观	泉州市鲤城区涂门街	北宋大中祥符二年（1009年）建，元至大三年（1310年）重修，元至正十年（1350年）、明万历三十七年（1609年）重修和扩建	石构	占地面积2184平方米	国家级
泉州天后宫	寺庙宫观	泉州市鲤城区天后路	南宋庆元二年（1196年）建，清康熙二十三年（1684年）重修、扩建	木构	占地面积7200多平方米	国家级
西陂天后宫	寺庙宫观	永定县高陂镇西陂村	明嘉靖二十一年（1542年）建，清康熙元年（1662年）重修	土木结构	占地面积6435平方米	国家级
元妙观三清殿	寺庙宫观	莆田市荔城区梅园东路	唐贞观二年（628年）建，北宋大中祥符二年（1009年）重建，明崇祯十三年（1640年）重修	木构	占地面积约700平方米	国家级
青礁慈济宫	寺庙宫观	厦门市海沧区青礁村	南宋绍兴二十一年（1151年）建，现存主体建筑为清代重修	木构	占地面积3060平方米	国家级
白礁慈济宫	寺庙宫观	龙海市角美镇白礁村	南宋绍兴二十年（1150年）建，清嘉庆二十一年（1816年）重修并增建前殿	木构	占地面积约5000平方米	国家级
临水宫	寺庙宫观	古田县大桥镇中村	唐贞元八年（792年）建，清光绪二年（1876年）重建	木构	占地面积约2000平方米	国家级
平和城隍庙	寺庙宫观	平和县九峰镇	明正德十四年（1519年）建，清代多次重修	木构	占地面积1200平方米	国家级
东山关帝庙	寺庙宫观	东山县铜陵镇	明洪武二十年（1387年）建，正德三年（1508年）扩建，清康熙十九年（1680年）重建	木构	建筑面积680平方米	国家级

续表

名称	类型	地点	建成年代（变化情况）	材料结构	规模	文保等级
建瓯东岳庙	寺庙宫观	建瓯市城东	东晋始建，明代重建，清嘉庆十九年（1814年）重修	木构	占地面积2600平方米	国家级
陈太尉宫	祠堂	罗源县中房镇大官口村	唐末为高行先生祠，南宋嘉定二年（1209年）扩建为太尉宫，明代、清代扩建	木构	占地面积1155平方米	国家级
闽王祠	祠堂	福州市鼓楼区庆城路	系五代时闽王王审知府第，北宋开宝七年（974年）重修，明万历二十九年（1601年）重建	木构	占地面积1621平方米	省级
林则徐祠堂	祠堂	福州市鼓楼区澳门路	清光绪三十一年（1905年）建	木构	占地面积3000平方米	国家级
德远堂	祠堂	南靖县书洋镇塔下村	明代始建，清乾隆二十五年（1760年）重修	木构	占地面积4000平方米	国家级
中湖宗祠	祠堂	平和县九峰镇西街大洋陂巷	明弘治五年（1492年）建，历代重修	木构	占地面积1490平方米	省级
陈埭丁氏宗祠	祠堂	晋江市陈埭镇岸兜村	明永乐年间（1403~1424年）建，万历二十八年（1600年）重建，清代四次大修	木构	占地面积1359平方米	国家级
衙口施氏大宗祠	祠堂	晋江市龙湖镇衙口村	明崇祯十三年（1640年）建，清康熙二十六年（1687年）重建	木构	占地面积1451平方米	国家级
湖头贤良祠	祠堂	安溪县湖头镇湖二村	清康熙二十四年（1685年）建	木构	占地面积约2000平方米	国家级
贡川陈氏大宗祠	祠堂	永安市贡川镇集凤村	明万历三十三年（1605年）建，清康熙三十六年（1697年）重建，光绪十六年（1890年）重修	木构	占地面积3027平方米	市级
廉村陈氏宗祠	祠堂	福安市溪潭镇廉村	明初建，清乾隆十八年（1753年）重建	木构	占地面积1040平方米	
双溪陆氏宗祠	祠堂	屏南县双溪镇双溪村	北宋熙宁年间建，现有规模形成于清咸丰七年（1857年）	木构	占地面积约1600平方米	县级
芷溪黄氏家庙	祠堂	连城县庙前镇芷溪村	清顺治十三年（1656年）建，嘉庆元年（1796年）重建	木构	占地面积3021平方米	省级
官田李氏大宗祠	祠堂	上杭县稔田镇官田村	清道光十六年（1836年）建，宣统元年（1909年）大修	木构	占地面积约5600平方米	国家级
福州府文庙	文庙	福州市鼓楼区圣庙路	唐大历七年(772年)建,现存建筑为清咸丰元年(1851年)所建	木构	占地面积7552平方米	国家级
泉州府文庙	文庙	泉州市鲤城区中山中路	唐开元末年建，北宋太平兴国初移建今址，南宋绍兴七年（1137年）重建，清乾隆二十六年（1761年）大修	木构	占地面积约5000平方米	国家级
安溪县文庙	文庙	安溪县凤城镇大同路	北宋咸平四年(1001年)建,南宋绍兴十二年(1142年)迁今址,现存建筑为清康熙年间重建	木构	占地面积13000平方米	国家级
建瓯文庙	文庙	建瓯市仓长路	北宋宝元元年（1038年）建,清同治八年（1869年）重建	木构	占地面积4688平方米	国家级
漳州府文庙	文庙	漳州市芗城区修文西路	北宋庆历四年（1044年）建， 明成化十八年（1482年）重修	木构	建筑面积约2600平方米	国家级
杨阿苗民居	民居	泉州市鲤城区江南街道亭店村	清光绪二十年（1894年）建，历时13年完工	木构	占地面积1349平方米	国家级
蔡氏古民居建筑群	民居	南安市官桥镇漳里村	清咸丰五年（1855年）开始兴建，至宣统三年（1911年）全部完成	木构	占地面积30000多平方米	国家级

续表

名称	类型	地点	建成年代（变化情况）	材料结构	规模	文保等级
蓝廷珍府第	民居	漳浦县湖西畲族乡顶坛村	清康熙末至雍正五年（1727年）建	木构	占地面积约4400平方米	国家级
莲塘别墅	民居	厦门市海沧区海沧街道海沧新街	清光绪三十年至三十二年（1904～1906年）建	木构	占地面积约30000平方米	省级
大宗伯第	民居	莆田市荔城区长寿街庙前路	明万历二十年（1592年）建	木构	占地面积2833平方米	省级
沈葆桢故居	民居	福州市鼓楼区宫巷	明天启年间（1621～1627年）建，清同治年间（1862～1874年）修葺	木构	占地面积约2000平方米	国家级
宏琳厝	民居	闽清县坂东镇新壶村	清乾隆六十年（1795年）建，历时28年落成	木构	占地面积17832平方米	省级
雷世儒宅	民居	霞浦县溪南镇半月里村	清道光二十八年（1848年）建	木构	建筑面积701平方米	
洋里民居	民居	福鼎市白琳镇翠郊村	清乾隆十年（1745年）建，历时13年完成	木构	占地面积10560平方米	省级
泰宁尚书第	民居	泰宁县杉城镇尚书街	明天启年间（1621～1627年）建	木构	占地面积5220平方米	国家级
厚丰郑氏大厝	民居	尤溪县西滨镇厚丰村	清乾隆五十五年（1790年）建，历时10余年完成	木构	占地面积4485平方米	国家级
西城卢家大院	民居	尤溪县西城镇团结村	清末始建，1927年扩建，历时5年竣工	木构	占地面积9984平方米	省级
下梅大夫第	民居	武夷山市武夷街道下梅村	清乾隆十九年（1754年）建	木构	占地面积932平方米	省级
培田继述堂	民居	连城县宣和乡培田村	清道光九年（1829年）建，历时11年建成	木构	占地面积6900平方米	国家级
彩映庚宅	民居	清流县赖坊乡赖安村	清光绪十八年（1892年）建	木构	占地面积449平方米	省级
二宜楼	土楼	华安县仙都镇大地村	清乾隆五年（1740年）建，乾隆三十五年（1770年）落成	土木结构	占地面积9300平方米	国家级
齐云楼	土楼	华安县沙建镇岱山村	明万历十八年（1590年）建，清同治六年（1867年）重修	土木结构	平面椭圆形，东西长62米，南北宽47米	省级
锦江楼	土楼	漳浦县深土镇锦东村	清乾隆五十六年（1791年）始建，嘉庆八年（1803年）续建	土木结构	圆楼外环直径58.5米	国家级
厥宁楼	土楼	平和县芦溪镇芦丰村	清康熙五十九年（1720年）建	土木结构	由圆楼和"楼包"组成，圆楼直径77米	县级
西爽楼	土楼	平和县霞寨镇西安村	清康熙十八年（1679年）建	土木结构	方形土楼，宽86米，长94米	
承启楼	土楼	永定县高头乡高北村	明崇祯年间（1628～1644年）始建，清康熙四十八年（1709年）落成	土木结构	占地面积5371平方米	国家级
怀远楼	土楼	南靖县梅林镇坎下村	清光绪三十一年（1905年）建，历时5年建成	土木结构	占地面积1384平方米	国家级

续表

名称	类型	地点	建成年代（变化情况）	材料结构	规模	文保等级
振成楼	土楼	永定县湖坑镇洪坑村	1912年建，历时5年建成	土木结构	占地面积约5000平方米	国家级
和贵楼	土楼	南靖县梅林镇璞山村	清雍正十年（1732年）建	土木结构	占地面积1547平方米	国家级
遗经楼	土楼	永定县高陂镇上洋村	清嘉庆十一年（1806年）始建，咸丰元年（1851年）竣工	土木结构	占地面积10336平方米	省级
福裕楼	土楼	永定县湖坑镇洪坑村	清光绪六年（1880年）建	土木结构	占地面积约4000平方米	国家级
田螺坑土楼群	土楼	南靖县书洋镇上坂村田螺坑自然村	步云楼清康熙年间（1662～1722年）建；和昌楼元末明初建，1953年重建；振昌楼1930年建；瑞云楼1936年建；文昌楼1966年建	土木结构	由5座土楼组成	国家级
安贞堡	土堡	永安市槐南乡洋头村	清光绪十一年（1885年）建，光绪二十四年（1898年）竣工	土木结构	占地面积8500平方米	国家级
福临堡	土堡	永安市青水畲族乡过坑村	清乾隆年间建，清嘉庆年间（1796～1820年）重建	土木结构	占地面积2500平方米	省级
芳联堡	土堡	大田县均溪镇许思坑村	清嘉庆十一年（1806年）建，道光二十六年（1846年）续建	土木结构	占地面积3350平方米	国家级
安良堡	土堡	大田县桃源镇东坂村	明万历四十七年（1619年）建，清嘉庆十一年（1806年）重建，历时5年建成	土木结构	占地面积约1500平方米	国家级
琵琶堡	土堡	大田县建设镇建国村	明洪武年间（1368～1398年）建，历代修葺	土木结构	占地面积850平方米	国家级
茂荆堡	土堡	尤溪县台溪乡盖竹村	清光绪八年（1882年）建	土木结构	占地面积2600平方米	省级
天六堡	土堡	尤溪县台溪乡书京村	清道光三十年（1850年）建	土木结构	占地面积2600平方米	省级
瑞庆堡	土堡	尤溪县台溪乡书京村	清光绪六年（1880年）建	土木结构	占地面积2500平方米	省级
聚奎堡	土堡	尤溪县中仙乡西华村	清乾隆十九年（1754年）建，清光绪十四年（1888年）重建	土木结构	占地面积6552平方米	省级
双元堡	土堡	沙县凤岗街道水美村	建于清道光晚期，同治元年（1862年）竣工	土木结构	占地面积6500平方米	省级
泰安堡	土堡	漳平市灵地乡易坪村	清乾隆三十三年（1768年）建，乾隆四十五年（1780年）建成	土木结构	占地面积约2000平方米	省级
大兴堡	土堡	德化县三班镇三班村	清康熙六十一年（1722年）建	土木结构	占地面积3648平方米	县级
岐庐	土堡	闽清县坂东镇溪峰村	清咸丰三年（1853年）建，咸丰八年（1858年）完工，同治年间加固扩建	土木结构	占地面积4448平方米	县级
东关寨	土堡	福清市一都镇东山村	清乾隆元年（1736年）建	石土木结构	占地面积4180平方米	省级
洛阳桥	桥梁	泉州市洛江区万安街道—惠安县洛阳镇	北宋皇祐五年（1053年）建，历时6年竣工	石构	原桥长1106米，现桥长731米	国家级
安平桥	桥梁	晋江市安海镇—南安市水头镇	南宋绍兴八年（1138年）建，绍兴二十二年（1152年）建成	石构	原桥长2700米，现桥长2255米	国家级

续表

名称	类型	地点	建成年代（变化情况）	材料结构	规模	文保等级
江东桥	桥梁	漳州市龙文区蓝田镇和龙海市角美镇交界的九龙江北溪	南宋绍熙年间设浮桥，嘉定七年（1214年）建石墩木梁桥，南宋嘉熙元年（1237年）改建石梁桥，1928年改为公路桥，现尚可见五座桥墩和两跨桥面	石构	桥长1000米，每条石梁重100吨以上	国家级
龙江桥	桥梁	福清市海口镇	北宋政和三年（1113年）建，宣和六年（1124年）建成	石构	桥长476米	国家级
迥龙桥	桥梁	福州市马尾区亭江镇闽安村	唐天复元年（901年）建，南宋端平年间（1234~1236年）重修，清康熙十六年（1677年）再修	石构	桥长66米	省级
万安桥	桥梁	屏南县长桥镇长桥村	北宋元祐五年（1090年）建，清乾隆七年（1742年）重建	石墩木拱廊桥	桥长98.2米，5墩6孔	国家级
千乘桥	桥梁	屏南县棠口乡棠口村	南宋理宗年间建，清康熙五十四年（1715年）重建，清嘉庆二十五年（1820年）复建	石墩木拱廊桥	桥长62.7米，1墩2孔	国家级
鸾峰桥	桥梁	寿宁县下党乡下党村	明代始建，清嘉庆五年（1800年）重建	木拱廊桥	桥长47.6米	国家级
田地桥	桥梁	古田县鹤塘镇田地村	清嘉庆十一年（1806年）建，1935年重修	木拱廊桥	桥长42米	国家级
洋后桥	桥梁	政和县外屯乡洋后村	始建年代不详，清道光三十年（1850年）重建	木拱廊桥	桥长34米	省级
坂头花桥	桥梁	政和县杨源乡坂头村	明正德六年（1511年）建，1914年重建	石拱木构廊桥	桥长38米	县级
会清桥	桥梁	永安市贡川镇集凤村	始建年代不详，明成化二十一年（1485年）重修，清道光二十年（1840年）再修	石拱木构廊桥	桥长41米	省级
云龙桥	桥梁	连城县罗坊乡下罗村	明崇祯七年（1634年）建，清乾隆三十七年（1772年）重修	石墩木构廊桥	桥长81米，5墩6孔	省级
永隆桥	桥梁	连城县莒溪镇壁洲村	明洪武二十年（1387年）建	石墩木构廊桥	桥长100米，3墩4孔	省级
五福桥	桥梁	松溪县渭田镇渭田村	明永乐九年（1411年）建，明正统十二年（1447年）、清光绪二十九年（1903年）重建	石墩木构廊桥	桥长109.5米，4墩5孔	县级
开元寺东塔（镇国塔）、西塔（仁寿塔）	塔	泉州开元寺大雄宝殿前的两侧庭院	东塔于唐咸通六年（865年）建木塔，南宋宝庆三年（1227年）改为砖塔，南宋嘉熙二年（1238年）改为石塔，淳祐十年（1250年）建成；西塔于五代后梁贞明二年（916年）建木塔，南宋淳熙年间改为砖塔，南宋绍定元年（1228年）改为石塔，嘉熙元年（1237年）建成	石构	八角五层空心，东塔高48.24米，西塔高44.06米	国家级
万寿塔	塔	石狮市宝盖镇宝盖山	南宋绍兴年间（1131~1162年）建	石构	八角五层空心，高22.86米	国家级
六胜塔	塔	石狮市蚶江镇金钗山	北宋政和三年（1113年）建，元世祖至元二十二年（1285年）修，惠宗至元二年（1336年）再修	石构	八角五层空心，高36.06米	国家级
崇妙保圣坚牢塔	塔	福州市鼓楼区乌石山	唐贞元十五年（799年）建，五代后晋天福六年（941年）重建	石构	八角七层空心，高34.74米	国家级
罗星塔	塔	福州市马尾区罗星公园	宋代始建，明天启四年（1624年）重建	石构	八角七层空心，高31米	国家级

[40] 苏旭东.闽浙木拱桥三种结构制式的比较[C].第四届中国廊桥学术（庆元）研讨会论文集.2011.

[41] 罗哲文、柴福善编著.中国名塔大观[M].机械工业出版社，2008.

[42] 罗哲文.擎天摩云的七宝庄严—古代名塔[M].辽宁师范大学出版社，1996.

[43] 金其祯.中国牌坊[M].重庆出版社，2002.

[44] 庄兴发、王式能.惠安石雕[M].福建人民出版社，1993.

[45] 李乾朗.台湾传统建筑匠艺二辑[M].台北：燕楼古建筑出版社，1999.

[46] 李乾朗.台湾传统建筑艺匠四辑[M].台北：燕楼古建筑出版社，2001.

[47] 李乾朗.台湾传统建筑泥塑与剪粘技艺[Z].广州：第四届海峡两岸传统民居（营造与技术）学术研讨会论文，2001.

后记

我出生在诏安,福建最南边一个滨海的小县城。我家旁边不到100米的地方有一座文昌宫,清代建的,占地将近1200平方米,供奉的是历代读书人崇拜的文昌帝君。我小时候经常到宫里玩,对宫里那些精美的木雕、石雕惊诧不已,这是哪路神仙才能做得出来啊?!文昌宫外的古街还有石牌坊,共有七座之多,也是精雕细琢,气势不凡。我参加工作后还专程回去看过,20年不见,那些牌坊怎么就缺胳膊少腿,残破不堪了?有的还被人砌进围墙里,实在让人痛惜。

8岁时我随我们全家下放到老家漳州天宝镇的洪坑村,一住就是11年。村里有几十座现在看来堪称经典的古民居,听老人说当地俗语"有洪坑厝也没洪坑富,有洪坑富也没洪坑厝",说的就是我们洪坑村的古厝。古厝用大条石砌基,墙壁用青砖,屋顶铺红瓦,人称"青砖石壁脚"。村里还有一座清康熙年间用石头砌筑的三层圆楼,风格浑厚,造型也很奇妙。我印象里的那些老房子,雕梁画栋,门户相连,下雨天在里面穿来穿去也不会被淋湿。当时我年纪还小,天天走街串巷在古厝里穿行,也不觉得村里的建筑有多漂亮。现在跑过了大半个中国再回头来看,洪坑村的建筑空间、布局和装饰还是值得今人好好学习、借鉴的。不过现在生活好过了,人们也嫌老房子挤了,纷纷在村的外围盖起小楼房。留在老房子里的住户大都是经济差的孤寡老人,脏、乱、差成了洪坑古村的代名词,从前的繁华、热闹已经成为记忆。就此使我更明确了一个理念:传统建筑保护刻不容缓,而且任重道远。

20世纪90年代以来,我经常利用课余时间进行传统建筑的调研工作。特别是近10多年来,我承担了福建省历史文化名城、名镇、名村的保护、改造和保护规划编制工作。我带着我的学生基本走遍了省内的城镇和村落,收获颇丰。我对福建的古建筑有了初步的认识和了解,也领悟到了中国建筑文化的壮丽辉煌、博大精深,深深地为古代能工巧匠的智慧和创造所折服。福建优秀的古建筑从建筑的整体环境到单个建筑形象,从建筑的某个局部到具体装修细部,都是那么和谐、完美,令人赏心悦目、叹为观止。我不止一次对学生们讲,我们这个专业在校园里是找不到实验室的。我们的实验室在古城、在聚落、在乡村,那里才是我们建筑创作取之不尽、用之不竭的源泉。

基于对中国传统建筑的喜爱和眷念,我在五年前萌生了编写关于福建古建筑的书籍的想法。这一设想得到了中国建筑工业出版社艺术设计图书中心李东禧主任的鼓励、支持并付诸实现,在此谨向沈元勤社长、李东禧主任、唐旭副主任和"中国古建筑丛书"的责任编辑表示衷心感谢!在我主持福建省历史文化名城、名镇、名村保护规划编制工作过程中,福建工程学院的李华珍副教授负责历史人文等资料的编写工作,厦门大学、华侨大学、福建工程学院的部分研究生和本科生承担了建筑测绘、图纸绘制工作,在本书中我引用了相关的资料,在此向他们表示衷心感谢。在进行福建传统建筑调研过程中,得到了诸多建筑界、文物界领导、朋友的帮助和支持;在本书编写、修改过程中,福建省文物局原局长、研究员郑国珍先生,福建省建筑设计研究院原院长、教授级高级建筑师黄汉民先生给予很多指导,提出了宝贵的意见;在本书编写时,泉州市古建中心姚洪峰高级工程师提供了珍藏的宝贵资料,研究生吴鲁薇、林禛湞、孙雪燕等人帮助整理有关资料和插图,在此一并表示诚挚的谢意。

戴志坚
2015年4月于厦门

作者简介

戴志坚

男，漳州市人，毕业于华南理工大学建筑学院建筑历史与理论专业，工学博士。现为厦门大学建筑与土木工程学院教授，建筑历史学科带头人。

主要社会兼职：中国民族建筑研究会传统民居学术委员会副会长；中国建筑学会生土建筑分会副秘书长；中国廊桥学会副会长；福建省土木建筑学会建筑师分会副会长；福建省民族民间传统文化保护立法工作专家组成员；福州市、厦门市文物管理委员会专家组成员。

主要学术成果：出版《福建民居》、《闽台民居建筑的渊源与形态》、《中国廊桥》、《福建土堡》等专著9部，参编4部，发表学术文章50余篇。

陈琦

女，漳州市人，毕业于福建师范大学中文系汉语言文学专业。副研究员，曾任福建工程学院监察审计处处长。